# 1 MONTH OF
# FREE
# READING

## at

## www.ForgottenBooks.com

By purchasing this book you are eligible for one month membership to ForgottenBooks.com, giving you unlimited access to our entire collection of over 1,000,000 titles via our web site and mobile apps.

To claim your free month visit:
www.forgottenbooks.com/free1003500

ISBN 978-0-332-28653-2
PIBN 11003500

II   *455*

# LIBRI del CANCELLIERE

## VOLUME PRIMO
CANCELLIERE ANTONIO DI FRANCESCO DE RENO.

PARTE PRIMA: MCCCCXXXVII—MCCCCXLIV

PUBBLICA PER CURA DELLA DEPUTAZIONE DI STORIA PATRIA

### SILVINO GIGANTE

FIUME 1912.

EDITORE IL MUNICIPIO DI FIUME.

Stabilimento tipo-litografico di Emidio Mohovich —

# Prefazione.

Tra gli obblighi del cancelliere della terra di Fiume era pur quello di tenere un libro nel quale egli ricopiava man mano tanto gli atti pubblici quanto le scritture private che venivano da lui rogate. Il più antico di tali libri a noi rimasto risale all'anno 1436. Esso, mancante delle prime 24 carte (nelle quali appunto dovevano trovarsi gli atti del detto anno, chè la carta 25.a incomincia col 2 maggio 1437), fu rinvenuto verso la fine del 1849 in una cantina dell'antico collegio gesuitico. È un grosso manoscritto cartaceo contenente un gran numero di svariatissimi atti pubblici e privati fino al gennaio del 1461, scritti in un fitto carattere gotico nitidissimo con le solite abbreviazioni allora in uso, ch'io per comodità del lettore ho risolte.

Il volume che oggi vede la luce contiene circa un terzo del manoscritto.

**S. G.**

Die secundo Mensis Madij in domo habitationis infrascripti Matei in terra Fluminis sci Viti praesentibus Judice Bartolo glauinich Judice Nicolao quondam Antonij Mateo Gastaldo omnibus habitatoribus dicte terre Fluminis testibus ad haec uocatis specialiter & rogatis ac alijs Ibique Mateus quondam grisani caureti de dicta terra Fluminis per se suosque heredes & successores fuit contentus & confessus se habuisse & manualiter recepisse ac sibi integre datum solutum & numeratum fuisse a Micha quondam georgij schulçich de Castua libras quadraginta paruorum Et hoc pro quoddam terreno uendito a dicto Mateo praefato Miche pro libris XL.ta. Quod terrenum est positum in loco dicto schurigna in hos confines ab uno latere terrenum & lacus Ecclesie sce Marie de schurigna ab alio terrenum uacuum uel alios siqui forent plures uel ueriores confines Ad habendum tenendum possidendum & quicquid dicto Miche suisque heredibus & successoribus de dicto terreno deinceps placuerit proprio faciendum cum omnibus & singulis juribus habentijs & pertinentijs dicte rei vendite quoquomodo spectantibus & pertinentibus Promittensque dictus Mateus praedicto Miche eiusque heredibus Iitem quaestionem uel controuersiam aliquam ei uel suis heredibus de dicto terreno uel parte ipsius ullo tempore non inferre nec inferenti consentire Sed potius ipsum terrenum cum totis suis iuribus ab omni homine persona comuni collegio & uniuersitate legitime guarentare defendere & auctoriçare omnibus suis periculis & expensis sub pena dupli ualoris dicti terreni habita ratione melioratus & reficiendi atque restituendi omne damnum expensas ac interesse litis & extra Pro quibus omnibus & singulis suprascriptis sic firmiter obseruandis attendendis & adimplendis dictus Mateus praefato Miche obligauit omnia sua bona mobilia & immobila praesentia & futura.

Procura Antonij de pensauro in Ser Colam de pensauro.

Die VII mensis Madij in publica plateå terre Fluminis in statione infrascripti Martini praesentibus Ser Stefano blaxonich de dicta terra Fluminis Martino aurifice de segna Antonio de monteabodo ambobus mercatoribus in dicta terra Fluminis testibus ad haec uocatis & rogatis ac alijs Ibique Antonius Ser Santi paterno de pensauro omni uia modo iure & forma quibus magis & melius sciuit ac potuit fecit constituit creauit & ordinauit Ser colam Antonij luce de pensauro praesentem & infrascriptum mandatum sponte suscipientem suum uerum & legitimum procuratorem actorem factorem & certum nuncium specialem praesertim ad exigendum & recuperandum a quacunque persona sibi dare debenti in terra Fluminis Segne Castue & ubique locorum omnem & singulam quantitatem pecunie res & quecunque aliå tam cum cartis cirographis & Instrumentis quam sine & de per eum receptis finem dimissionem transactionem & pactum de ulterius non petendo cum solemnitatibus necessarijs faciendum Et ad comparendum si opus fuerit coram quocunque regimine & Judicibus tam ecclesiasticis quam saecularibus Ad agendum petendum respondendum libellos & petitiones dandum & recipiendum terminos & dilationes petendum testes Instrumenta & alia iura sua producendum sententias audiendum & eas executioni mandare faciendum Et generaliter ad omnia alia & singula dicenda gerenda & procuranda quae in praedictis & circa praedicta & quolibet praedictorum duxerit facienda & necessaria ac utilia uidebuntur quae & quemadmodum ipse constituens facere posset si adesset Dans & concedens eidem procuratori suo in praedictis & circa praedicta & quolibet praedictorum plenum arbitrium & generalem mandatum cum piena libera & generali administratione agendi & exercendi omnia & singula dicta Promittens eidem procuratori suo & mihi notario infrascripto tamquam publice persone stipulanti & respondenti uice & nomine omnium quorum interest uel in futurum poterit interesse quicquid per dictum procuratorem actum & factum fuerit perpetuo habiturum firmum & ratum Insuper ipsum ab omni satisdationis onere releuare et ex nunc releuans promisit mihi notario ut supra de Iudicio sisti & Iudicatum solıendo sibi ypoteca & obligatione omnium suorum bonorum ᴑraesentium & futurorum.

Die XI mensis madij In publica platea terre Fluminis ŝci Viti prae- sentibus Iudice Mauro Vidonich Iu- ice Damiano quondam Matei Ser Castelino de pensauro omni- us habitatoribus dicte terrae Fluminis testibus ad haec uocatis & rogatis ac alijs Ibique Iudex Nicolaus quondam Ser Antonij de dicta terra Fluminis omni uia modo iure & forma quibus magis & melius sciuit ac potuit fecit constituit creauit & ordinauit Vitum quondam Iudicis Iohannis matronich de dicta terra Fluminis praesentem & infrascriptum mandatum sponte suscipientem suum uerum & legitimum procuratorem actorem factorem & certum nuncium specialem praesertim ad exigendum & recuperandum ab Ambrosio lustaler de lubiana & a luches de Cranburch & a quacunque alia persona sibi dare debenti ubicunque existat omnem & singulam quantita- tem pecunie res & quaecunque alia tam cum cartis cirogra phis & Instrumentis quam sine & de per eum receptis finem transactionem dimissionem & pactum de ulterius non peten- do cum solemnitatibus necessarijs faciendum Et ad comparen- dum si opus fuerit coram, quocunque regimine ac Iudicibus tam ecclesiasticis quam saecularibus Ad agendum petendum respondendum libellos & petitiones dandum & recipiendum terminos & dilationes petendum testes Instrumenta & alia iura sua producendum sententias audiendum & eas execu- tioni mandare faciendum Et generaliter ad omnia alia &c ad plenum uti in procura immediate praecedenti.

Die XXII° mensis Madij Castue in domo habitationis domini presby- teri doclegne plebani praesente dicto domino plebano Ibique Coram Çu- pano Iohanne Sormich Comparuit Ielena dicta Mlaisiça asse- rens & dicens qualiter Iacobus schabaç, iacens infirmus co- ram testibus fidedignis suum ultimum, condiderat testamen- tum Idcirco supplicabat ipsi Çupano quatenus dictos testes examinare deberet Coram me notario infrascripto ut possim

eorum dicta seriatim notare qui Çupanus audita & intellecta
dicta supplicatione & considerans ipsam fore iustam illico conuocare fecit infrascriptos testes videlicet Iudicem Georgium
Suagliçam Iudicem xauidam quondam Miche Quirinum spinçich Georgium milçinich Georgium stepanovich Georgium
tulinich & Iuanchum percapich omnes habitatores castue pro-
ductos per dictam Ielenam in causa praedicta qui testes examinati per suprascriptum Çupanum dixerunt ac testifficati fuerunt unanimiter & concorditer nemine eorum in aliquo discrepante
qualiter praedictus olim Iacobus schabaç iacens infirmus &
timens periculum mortis suum in hunc modum condidit te-
stamentum existens bone memorie & boni sensus Inprimis
reliquit fraternitati Sci Iohannis euangeliste de Castua unam
uegetem In omnibus autem alijs suis bonis mobilibus & im-
mobilibus iuribus & actionibus tam praesentibus quam futuris
ielenam praedictam sibi heredem universalem instituit in
cuius manibus animam & corpus suum recommisit.

[PRO] PETRO PERTUSANO &
BARTOLO DE LA ÇICHINA[FI]-
NIS

Die XXIII° mensis Madij In publica platea terre Fluminis sci Viti
praesentibus Ser Francisco matarelo de uenetijs Cola quondam An-
tonij de pensauro Enrico barbitonsore quondam Matei de sa-
grabia testibus ad haec vocatis specialiter & rogatis ac alijs
Ibique Petrus filius Ser Antonij pertusani de venetijs & Bartolus quondam Matei de la çichina de pensauro per se suosque
heredes & successores unus alteri adinuicem fecerunt finem
dimissionem transactionem & pactum de ulterius non petendo
de omni debito iure & actione & de omnibus & singulis ad
que unus alteri adinuicem tenebatur seu teneri poterat actenus ex aliquo Instrumento uel scriptura siue ex aliqua alia
ratione uel causa promittentes unus alteri adinuicem litem
quaestionem uel controuersiam aliquam unus alteri ad inuicem
uel suis heredibus non inferre nec inferrenti consentire Sed omnia
& singula dicta firma rata & grata habere tenere & non contrafacere uel uenire per se uel alium aliqua ratione causa uel
ingenio de iure uel de facto sub pena ducatorum quinquaginta auri Qua soluta uel non rata maneant omnia & singula
suprascripta.

PACTA INTER ·PRESBYTE-
RUM ANTONIUM VISIGNICH &
STEFANUM XORICH

Die XXVI.to mensis Madij In publica platea terre Fluminis sci Viti
praesentibus Vito sarctore quondam
georgij Vito filio ·domini arcidiaconi
Marco çersatich omnibus habitatoribus dicte terre Fluminis
testibus ad haec uocatis & rogatis ac alijs Ibique Stefanus
quondam Marci xorich de bichchia sponte libere & ex ˙certa
scientia dedit & locauit Marcum filium suum annorum quat-
tuor uel circa presbytero Antonio Visignich de dicta terra
Fluminis pro uno anno proxime futuro incipiendo a die pre-
sentis contractus his pactis & conditionibus quod dictus praesbyter Antonius dare debet praefato Marco uitum & uestitum honestum & ipsum bene & diligenter docere litteram
sclabonicam & gubernare tamquam filium Et completo dicto
anno praedictus Stefanus xorich dare debet praedicto Antonio presbytero libras sexdecim paruorum Et si praedictus Stefanus siue alius praedictum. Marcum accipere uellet praefato
presbytero Antonio ante praedictum terminum tunc ille uel
illa qui dictum Marcum accipere uoluerit teneatur praefato
presbytero Antonio dare dictas libras sexdecim Pro quibus
omnibus et singulis suprascriptis sic firmiter obseruandis attendendis & adimplendis unus alteri adinuicem obligauit omnia
sua bona mobilia & immobilia praesentia & futura.

PRO CIRIACO DE ANCONA
CONTRA SIMONEM PILAR

Die 29 mensis Madij In statione infrascripti Ser Castelini in terra Fluminis sci Viti praesentibus Ser Ca-
stelino de pensauro Nicolao repeglia de posega Antonio Nicolai de monteabodo testibus ad haec uocatis & rogatis ac
alijs Ibique Simon pilar quondam Tomasij habitator dicte terre Fluminis per se suosque heredes & ˙successores promisit
& dare ac consignare in dicta terra Fluminis se obligauit sexcentas tabulas segadicias˙ trium˙ sortum uelut dederat petro
pertusano & pro illo precio pro˙quo dedit praedicto petro
Ser Ciriaco de ´Ancona praesenti & pro se suisque ·heredibus
& successoribus stipullanti usque ad festum sce Malgarite sub
pena quarti Pro parte solutionis quarum tabularum dictus Simon fuit contentus & confessus se habuisse & manualiter recepisse a praedicto ciriaco libras centum & ˙sexdecim & sol-

dos duodecim paruorum Pro quibus omnibus & singulis suprascriptis sic firmiter obseruandis attendendis & adimplendis praefatus Simon obligauit omnia sua bona mobilia & immobilia praesentia & futura. *)

PRO SER CASTELINO CON-
TRA SER LAURENTIUM DE
BARCELONA

Die 15 mensis Iunij In publica platea terre Fluminis sci Viti praesentibus Ser Tonsa quondam Ser
Nicole Georgio strachouich Simone
pilar omnibus habitatoribus dicte terre Fluminis testibus ad
haec uocatis & rogatis ac alijs Ibique Ser Laurentius..... sponte
libere ex certa scientia non per errorem omni exceptione iuris uel facti remota per se suosque heredes & successores fuit
contentus & confessus se iuste teneri & dare debere Ser Castelino quondam Iohannis de pensauro habitatori dicte terre
Fluminis praesenti & pro se suisque heredibus & successoribus stipullanti ducatos sexaginta boni auri & iusti ponderis
Et hoc pro ferro uendito dicto debitori a praefato creditore
quam quidem pecunie quantitatem dare & soluere promisit
dictus debitor praefato creditori ad omnem petitionem ipsius
creditoris sub pena quarti qua soluta uel non rata maneant
omnia & singula suprascripta. Pro quibus omnibus & singulis suprascriptis sic firmiter obseruandis attendendis & adimplendis dictus debitor praefato creditori obligauit omnia sua
bona mobilia & immobilia praesentia & futura.

PRO MARCO FAMULO. FI-
LIORUM QUONDAM SER MOYSI
CONTRA DICTOS FILIOS

Die XVI.to mensis Iunij In domo
habitationis infrascripte debitricis in
terra Fluminis sci Viti praesentibus
Quirino filio Iudicis Marci glauinich Georgio filio Iudicis

---

*) Tutto il contratto è cancellato da due gran tratti di penna in
croce, e sul margine sinistro è scritto: „1439 die 22 mensis Augusti Ego
Antonius de reno cancellarius cancellaui & aboleui praesens Instrumentum
eo quod Mateus frater praedicti Ciriaci fuit contentus & confessus sibi
integre satisfactum fuisse de omnibus & singulis quae praefatus dare tenebatur olim ciriaco praesentibus Blasio quondam petri & Iacobo cigantich testibus ad hoc uocatis & rogatis ac alijs."

tefani de dreuenico Matiasio de Iapre omnibus ciuibus dicte
erre Fluminis testibus ad haec uocatis specialiter & rogatis
c alijs Ibique domina Ilsa uxor olim Moysi de pago tan-
uam tutrix & gubernatrix filiorum suorum & dicti quondam
'er Moysi per se suosque heredes & successores sponte li-
ere ex certa scientia non per errorem omni exceptione iuris
iel facti remota fuit contenta & confessa se iuste teneri &
are debere Marco quondam laurentij de dresinicha famulo suo
raesenti & pro se suisque heredibus stipullanti ducatos de-
em auri boni & iusti ponderis & soldos septuaginta paruo-
um Et hoc pro labore suo tempore quo stetit cum praedictis
lijs dicti quondam Ser Moysi Quam quidem pecunie quan-
itatem dare & soluere promisit dicta debitrix praefato cre-
litori usque ad festum sci Michaelis de mense septembris
roximi futuri Pro quibus omnibus & singulis suprascriptis
ic firmiter obseruandis attendendis & adimplendis dicta de-
itrix praefato creditori obligauit omnia sua bona mobilia &
mmobilia praesentia & futura.

PRO ADAM DE FIRMO CON-
TRA GEORGIUM BALOCH

Die XX° mensis Iunij In statione
infrascripti creditoris In terra Fluminis sci Viti praesentibus Ser To-
ma quondam Iacobi de Fano Martino terçich Vito filio domini arcidiaconi ambobus de dicta terra Fluminis testibus ad
haec uocatis specialiter & rogatis ac alijs Ibique Georgius
baloch de lubiana sponte libere ex certa scientia non per
errorem omni exceptione iuris uel facti remota per se suosque
heredes & successores fuit contentus & confessus se iuste teneri & dare debere Ser Ade Antonij de Firmo mercatori in
dicta terra Fluminis praesenti & pro se suisque heredibus &
successoribus stipullanti ducatos octo boni auri & justi ponderis & soldos septuagintaseptem paruorum Et hoc pro Oleo
uendito a praedicto creditore praefato debitori Quam quidem
pecunie quantitatem dare & soluere promisit praefatus debitor praedicto creditori usque ad festum sce Malgarite proxime
future sub pena quarti qua pena soluta uel non rata maneant
omnia & singula suprascripta Pro quibus omnibus et singulis
suprascriptis sic firmiter obseruandis attendendis & adimplen-

dis praefatus debitor praedicto creditori obligauit omnia sua
bona praesentia & futura. *)

Die uigessimo quinto mensis Iunij
In ecclesia sci Augustini in terra
Fluminis sci Viti praesentibus ve-
nerando viro domino presbytero Mateo arcidiacono & plebano
dicte terre Fluminis Iudice Iuacio quondam blasij & Curilo
de laurana omnibus habitatoribus dicte terre Fluminis testibus ad haec uocatis & rogatis ac alijs Ibique Iudex Stefanus roseuich per se suosque heredes & successores uolens se matri-
monio copullare cum domina Elisabeth filia Ançi barlech nomine puro libere simplicis e irreuocabilis donationis quae fit
& dicitur inter uiuos & quae nulla ingratitudine · iniuria uel
offensa magna uel parua commissa seu de cetero commit-
tenda possit reuocari dedit tradidit atque donauit praedicto
Ançe harlech praesenti stipullanti & respondenti nomine
ac vice praedicte domine Elisabet & eius heredum ac successorum medietatem unius uinee posite in scurigna iuxta dominam dragocham que medietas uocatur dolaç incipiendo ab
ingressu dicte uinee & eundo recto tramite Item unum ortum
positum prope fossas dicte terre Fluminis · iuxta Paulum · de
tinino merçarium Item tradidit dicto Ançe nomine quo supra
ad gaudendum & usufructandum quartam partem domus habitationis dicti donatoris donec praedicta Elisabeth honeste &
uidualiter uixerit Et hanc donationem ualere uoluit dictus
donator omni uia modo iure & forma quibus magis & melius ualere potest Promittensque dictus donator per · se suosque heredes & successores praedicto Ançe stipullanti nomine·
quo supra litem quaestionem uel controuersiam aliquam praedicte domine Elisabet uel suis heredibus ullo tempore non
inferre nec inferenti consentire sed potius praedictam donationem & omnia & singula suprascripta firma rata & grata

habere tenere & non contrafacerè uel uenire per se uel a-
lium aliqua ratione causa uel ingenio de iure uel de .facto
Pro quibus omnibus & singulis suprascriptis sic firmiter obseruandis attendendis & adimplendis dictus donator obligauit
omnia sua bona mobilia & immobilia praesentia & futura.

PRO IUDICE NICOLAO CON-
TRA SER MASIUM DE BAR-
LETA

Die XXVII mensis Iunij In statione
infrascripti Ser Castelini In terra
Fluminis sci Viti praesentibus Iu-
dice Vito quondam Matchi Ser Tonsa quondam Ser Nicole
Ser Castelino quondam Iohannis de pensauro omnibus habitatoribus dicte terre Fluminis testibus ad haec uocatis specialiter & rogatis ac alijs Ibique Ser Masius quondam Antonij ceparij de barleta sponte libere ex certa scientia non
per errorem omni exceptione iuris uel facti remota non ui
non dolo neque metu cohactus per se suosque heredes & successores fuit contentus & confessus se iuste teneri & dare
debere Iudici Nicolao quondam Antonij de dicta terra Fluminis praesenti & pro se suisque heredibus & successoribus stipullanti ducatos centum & quinquagintaquinque boni auri &
justi ponderis & soldos trigintaocto paruorum Et hoc pro
ferro & calibe uenditis dicto debitori a praefato creditore Quam
quidem pecunie quantitatem dare & soluere promisit dictus
debitor praefato creditori per infrascriptos terminos. Videlicet
ducatos centum usque ad festum sce Marie de mense Augusti proximi futuri Et residuum dicte quantitatis pecunie usque
ad & per totum mensem Augusti proxime futuri sub pena
quarti dicte quantitatis pecunie Qua soluta uel non rata maneant omnia & singula suprascripta Et ad maiorem cautelam
praefati creditoris dictus debitor obligauit & pro speciali pignore designauit omnem & singulam ac totam quantitatem
frumenti que est in manibus suprascripti Castelini & omnia
alia & singula sua bona mobilia & immobilia Volens ac mandans dictus debitor suprascripto Ser Castelino quatenus omnes
& singulos denarios qui extrahentur de frumento praedicto dare
debeat praefato creditori usque ad integram solutionem suprascripti debiti & si dicto creditori non fuerit integre solutum
& satisfactum in suprascriptis terminis quod tunc ipse credi-

— 14 —

tor possit & ualeat dictum frumentum poni facere ad publicum incantum secundum consuetudinem dicte terre Fluminis.

PRO SER CASTELINO FINIS Die VIII mensis Iulij In statione infrascripti Ser Ade In terra Fluminis sancti Viti praesentibus Simone Vāni de Esculo Ser Adam Antonij de Firmo Iacopono quondam bagnaroçi de sco Elpidio ad mare testibus ad haec uocatis specialiter & rogatis ac alijs Ibique Guarnerius Antonij de sco Elpidio ad mare tanquam procurator & procuratorio nomine Iohannis Vagnareli cole symonis de sco Elpidio ad mare habens ad infrascripta plenum mandatum uti constat publico Instrumento scripto manu Ser Petri Antonij Ser Massij de sco Elpidio ad mare anno domini MCCCCXXXVII Indictione quintadecima die XVII mensis Iunij a me notario infrascripto uisso & lecto per dictum Iohannem Vagnareli & eius heredes fecit Ser Castelino quondam Iohannis de pensauro habitatori dicte terre Fluminis praesenti & pro se suisque heredibus stipullanti finem dimissionem refutationem transitionem & pactum de ulterius non petendo specialiter de debito ducatorum centum quinque boni auri quos ipse Ser Castelinus tenebatur praedicto Iohanni Vagnareli ut patet publico Instrumento scripto Manu praefati Petri Antonij notarij & generaliter de omnibus & singulis ad quae dictus Ser Castelinus praedicto Iohanni Vagnareli actenus tenebatur seu teneri poterat occasione alicuius Instrumenti uel scripture siue alia quacunque ratione uel causa Et hoc ideo quia praefatus Guarnerius nomine quo supra fuit contentus & confessus se habuisse & recepisse a dicto Ser Castelino dictos centum quinque ducatos & quia sibi integre solutum & satisfactum fuit de omni debito & de omnibus & singulis ad que dictus Ser Castelinus praedicto Johanni Vagnareli actenus tenebatur Renuncians dictus Ser Guarnerius nomine quo supra exceptioni sibi non date & non solute praedicte quantitatis pecunie & sibi non dati & non soluti totius eius ad quod dictus Ser Castelinus praedicto Iohanni Vagnareli actenus tenebatur Et uolens & mandans praedictum Instrumentum scriptum manu Ser petri Antonij Notarij publici & omne aliud instrumentum & scripturam ex quibus appareret dictum Ser Castelinum fuisse hactenus dicto Iohanni Vagnareli obligatum aliqua occasione ex nunc cassa & uana esse & habita ineficacia & cancelata necnon absoluens et liberans nomine quo supra dictum Ser Castelinum & eius heredes Et promittens nomine quo supra dicto Ser Castelino pro se suisque heredibus stipullanti litem quaestionem uel controuersiam aliquam ei uel suis heredibus occasione praedictorum nullo tempore inferre Sed omnia & singula suprascripta firma & rata habere tenere sub pena ducatorum quinquaginta auri qua soluta uel non rata maneant omnia & singula suprascripta.

Pro Ser Castelino Die XV mensis Iulij In terra Fluminis sci Viti in publica platea praesentibus Iudice Nicolao quondam Antonij Ser Tonsa quondam Ser Nicole ambobus habitatoribus dicte terre Fluminis Iohanne cruiaz (o *criuaz?*) de cranburch testibus ad haec uocatis & rogatis ac alijs Ibique Georgius soch de locha per se suosque heredes & successores fuit contentus & confessus se habuisse ac manualiter recepisse a Ser Castelino quondam Iohannis de pensauro habitatore dicte terre Fluminis pro se suisque heredibus & successoribus stipullanti omnem & singulam quantitatem peccunie quam ipse Ser Castelinus dicto georgio tenebatur usque ad praesentem diem Saluo tamen ducatos XL.ta auri quos praefatus Ser Castelinus dare debet dicto georgio pro resto solutionis suarum rationum Non computatis tamen in hac ratione ducatis ducentis & sexaginta sex quos praedictus Ser Castelinus dare debet dicto georgio pro ferro habito nuper ab ipso georgio soch Promittens una pars alteri adinuicem omnia & singula suprascripta firma & rata habere & non contrafacere uel uenire per se uel nullum alium aliqua ratione uel ingenio de iure uel de facto. Pro quibus omnibus & singulis suprascriptis sic firmiter obseruandis attendendis & adimplendis una pars alteri adinuicem obligauit omnia &c *)

---

*) Cancellato, con in margine la nota: „1439 die XIo mensis Iulij Ego Antonius de reno cancellarius cancelaui & aboleui praesens Instrumentum debiti eo quod Iohannes Frai gener creditoris fuit confessus sibi integre solutum & satisfactum fuisse a dicto debitore praesentibus Iudice Mauro Vidonich & Iudice Nicolao micholich.“

Pro Iuri Soch de locha contra Ser Castelinum & eius uxorem

Die dicto ac testibus suprascriptis In domo habitationis infrascripti Ser Castelini creditoris Ibique Ser Castelinus quondam Iohannis de pensauro habitator dicte terre Fluminis & eius uxor dobriça ambo simul & quilibet eorum in solidum per se suosque heredes & sucessores non ui non dolo neque metu sed sua spontanea uoluntate omni & singula exceptione iuris uel. facti remota fuerunt contenti & confessi se iuste teneri & dare debere Georgio soch de Iubiana praesenti & pro se suisque heredibus & successoribus stipullanti ducatos ducentos et sexaginta sex boni auri & justi ponderis Et hoc pro ferro habito a dicto creditore Quam quidem pecunie quantitatem dare & soluere promiserunt dicti debitores & quilibet eorum in solidum praefato creditori usque ad festum natiuitatis domini nostri Jesu Christi proxime futurum sub pena quarti dicte quantitatis pecunie Qua soluta uel non rata maneant omnia & singula suprascripta Pro quibus omnibus & singulis suprascriptis sic firmiter obseruandis attendendis & adimplendis dicti creditores simul & in solidum obligarunt omnia sua bona mobilia & immobilia praesentia & futura. *)

[Pro J]achlino de locha [contra] Judicem Maurum

Die XVI.to mensis Julij supra ponte porte superioris terre Fluminis sci Viti praesentibus Ser Teodoro quondam dominici georgio clarich Johanne loliza pilipario omnibus habitatoribus dicte terre Fluminis testibus ad haec uocatis & rogatis ac alijs Ibique Judex. Maurus Vidonich tanquam plegius & fideiussor judicis damiani quondam Matei sponte libere ex certa scientia non per errorem omni exceptione iuris uel facti remota per se suosque heredes & successores fuit contentus & confessus se iuste teneri & dare debere Jachlino carar de locha praesenti &·pro se suisque heredibus & successoribus stipullanti ducatos quadra-

---

*) Cancellato, con in margine la nota: „1439 die XI⁰ mensis Julij Ego Antonius de reno cancellarius cancelaui & aboleui praesens Instrumentum debiti eo quod Johannes Frai gener georgij creditoris tanquam procurator heredum dicti georgij fecit alias conuentiones cum dicto debitore praesentihus Judice Mauro Vidonich & Judice Nicolao micholich.... ad hoc uocatis & rogatis &...."

ginta quinque boni auri & iusti ponderis Et hoc pro ferro quod
dictus Iudex Damianus habuit a praefato creditore Quam quidem pecunie quantitatem dare & soluere promisit dictus Iudex
Maurus praefato creditori usque ad festum sci Martini pro-
ximum futurum sub pena quarti qua soluta uel non rata maneant
omnia & singula suprascripta pro quibus omnibus & singulis
suprascriptis sic firmiter &c *)

PRO NICOLAO QUONDAM<br>
GEORGIJ DE ÇOUCHA

Die XXIIII mensis Iulij In publica
platea terre Fluminis sci Viti praesentibus Ser Antonio pertusano Ra-
doslauo pilipario ambobus habitatoribus dicte terre Fluminis
testibus ad haec uocatis & rogatis Ibique Adam Ser Antonij
de Firmo mercator in dicta terra Fluminis promisit dare &
soluere Nicolao quondam georgij de Çoucha marinario ducatos
octo boni auri & iusti ponderis quandocunque dictus Nicolaus
portabit literam scriptam manu Ser Antonij patris dicti ade
aut Ser Tome patrui sui aut eius fratris Bartolomei quod receperit alter ipsorum ducatos octo a Ser Simone Vagni de
Esculo nomine laurentij quondam Iohannis de clouca patroni
dicti Nicolai quos ducatos octo dare & soluere tenetur dictus
laurentius praefato Nicolao. **)

PARS CAPTA QUOD NULLUS<br>
AUDEAT EMERE UINUM SEU<br>
CUM UINACIJS SEU NON PRO<br>
CONDUCENDO AD TERRAM<br>
FLUMINIS EXTRA CONFINES

Die 29 mensis Iulij sub lobia comunis terre Fluminis sci Viti vbi ius
redditur in pleno & generali consilio consiliariorum dicte terre Fluminis more solito congregato In quo
interfuerunt infrascripti consiliarij videlicet Venerabilis vir dominus presbyter Mateus arcidiaconus & plebanus dicte terre

---

*) Cancellato, con in margine la nota: „1437 Indictione XV die XVII men-
sis decembris Ego Antonius cancellarius cancelaui praesens Instrumentum
quia dictus Iachlinus praesentibus testibus Iudice Paulo quondam Ser Marci
& Vito Matronich fuit confessus sibi integre solutum & satisfactum esse."

**) Cancellato c. s.: „1438 die 17 Iulij Ego Antonius de reno can-
cellarius cancelaui & aboleui hoc Instrumentum debiti eo quod ipso creditor fuit contentus & confessus sibi satisfactum fuisse integre A Ser Simone
Vagni de Esculo praesentibus Iudice Mauro Vidonich & Ser Castelino de pensauro."

Fluminis Iudex Bartolus glauinich Iudex Nicolaus quondam Antonij tunc honorabiles Iudices dicte terre Fluminis Iudex Iohannes Misuli Iudex Iuacius quondam blasij Iudex Vidacius Suanich Iudex Stefanus roseuich Iudex Vitus quondam Matchi Iudex Cosma radolich Iudex Vitus quondam Stefani Ser Stefanus quondam blasij Ser Tonsa quondam Ser Nicole per suprascriptos dominos nemine discrepante capta fuit pars infrascripti tenoris videlicet quod nulla persona cuiuscunque conditionis existat audeat uel praesumat conducere siue conduci facere ad dictam terram Fluminis Mustum siue uinum seu cum vinacijs seu sine uinacijs extra confines dicte terre Fluminis & illud introducere sub pena librarum quadraginta paruorum & perdendi uinum emptum secundum consuetudinem antiquam dicte terre Fluminis & habentes uineas extra confines debeant iurare singulo anno quando uinum intromittent.

PARS CAPTA QUOD NULLA PERSONA DIMITTAT PORCUM EXTRA STIUAM

Die & loco ultrascriptis per suprascriptos dominos nemine discrepante capta fuit pars infrascripti tenoris videlicet quod nulla persona cuiuscunque conditionis existat quae teneat aliquem porcum audeat uel praesumat dimittere extra domum siue curiam. Et quicunque interficere possit omnem & singulum porcum ubicunque inuenerit extra domum siue curiam eius qui dictum tenebit porcum sine aliqua pena Et qui interfecerit aliquem porcum existentem extra domum seu curiam ut supra habere debeat ipsum libere dando tamen Iudicibus partem consuetam.

DETERMINATIO TOTIUS CONSILIJ IN FAUOREM ECCLESIE SCE MARIE

Die 3º mensis Augusti sub lobia comunis terre Fluminis ubi ius redditur per dominum Capitaneum Arcidiaconum Iudices & consilium determinatum fuit quod quilibet debitor ecclesie sce Marie de dicta terra Fluminis debeat soluisse omne id in quo tenetur dicte ecclesie usque ad festum sci Bartolomei proxime futurum sub pena quarti illius in quo tenetur.

Societas inter Ser Andream Vitorelo & Tomam Remerium

Die Xᵒ mensis Augusti In statione infrascripti Ser Raphaelis in terra Fluminis sci Viti praesentibus presbytero Iacobo quondam Tomasoli Georgio sarctore quondam Stefani Nicolao repeglia piliario omnibus habitatoribus dicte terre Fluminis testibus ad haec uocatis & rogatis ac alijs Ibique Ser Andreas Vitorelo de Murano & Magister Tomas remerius de bucharo habitator dicte terre Fluminis insimul fecerunt consortium & societatem his pactis & conditionibus quod dictus Magister Tomas praeparare debeat in littore maris mille remos schietos interciatos inter quos esse debent ducenti de Aere usque ad festum sci Michaelis de mense septembris proxime futuro & praefatus Ser Andreas concedere debet dicto Magistro Tome ducatos triginta ut possit suprascriptam quantitatem remorum praeparari facere quos XXX.ta ducatos Illico coram testibus suprascriptis & me notario numerauit ac dedit dicto Magistro Tome Et dictam quantitatem remorum ferre debet dictus Ser Andreas uenetias in suo navigio ad periculum utriusque & habere debet pro naulo ducatos duo cum dimidio pro centenario Et ex denarijs quibus uendentur dicti mille remi primo debeat praefatus Ser Andreas recipere solutionem pro naulo & suprascriptos XXX.ta ducatos & similiter ipse Magister Tomas recipere debeat quicquid soluerit pro dictis mille remis Et siquid lucri suprauenerit diuidi debeat paribus portionibus inter dictos Ser Andream & magistrum tomam Et si damnum fuerit quod absit eodem modo partiatur Pro quibus omnibus & singulis suprascriptis sic firmiter obseruandis attendendis & adiplendis pro dicto Magistro Toma ad preces ipsius plegij & fideiussores fuerunt Iudex paulus quondam Ser Marci & Ser Rafael de Fossambruno ambo habitatores dicte terre Fluminis.

Pro Laurentio Pilar contra Grisanum Labutich

Die XIIᵒ mensis Augusti In publica platea terre Fluminis sci Viti praesentibus Blasio quondam Petri georgio mladonich Mateo quondam Iacobi de Creglino omnibus habitatoribus dicte terre Fluminis testibus ad haec uocatis & rogatis ac alijs Ibique Grisanus labutich de dicta terra Fluminis sponte libere ex certa scientia non per errorem omni exceptione

iuris uel facti remota per se suosque heredes & successores
fuit contentus & confessus se iuste teneri & dare debere Laurentio quondam Michse de primo habitatori dicte terre Fluminis
praesenti & pro se suisque heredibus & successoribus stipullanti
libras uiginti octo paruorum Et hoc pro una vinea posita in
districtu Fluminis nadreuagna Quam quidem pecunie quantitatem dare & soluere promisit dictus debitor praefato creditori in terminum quatuor annorum soluendo singulo anno in
festo sci Michaelis de mense septembris libras septem Que
solutio incipi fieri debet in festo sci Michaelis de anno domini MCCCCXXXVIII⁰ & sic singulo anno in dicto festo
usque ad integram solutionem dictarum XXVIII⁰ librarum
Pro quibus omnibus & singulis &c dictus debitor obligauit &c

PRO CONSILIO TERRE FLU-
MINIS CONTRA SER CASTELI-
NUM

Die 19 mensis Augusti sub lobia
comunis terre Fluminis sci Viti ubi
ius redditur consilio more solito
congregato in quo interfuerunt con-
siliarij quorum nomina inferius sunt notata seriatim In primis
dominus presbyter Mateus arcidiaconus & plebanus Nobiles Viri
Iudex Bartolus glauinich & Iudex Nicolaus quondam Antonij
tunc temporis honorabiles Iudices dicte terre Fluminis Iudex
Iohannes Misuli Iudex Ambrosius quondam Ser Marci Iudex
Iuacius quondam Blasij Iudex Marcus glauinich Iudex Vitus suanich Iudex stefanus roseuich Iudex Vitus quondam Matchi Iu-
dex Cosma radolich Iudex Maurus uidonich Iudex Paulus quondam Ser Marci Iudex Vitus barolich Ser Stefanus quondam
blasij Ser Tonsa quondam Ser Nicole Ibique cum lecta fuisset litera Magnifici ac potentissimi domini domini Rumperti
de Valse in qua rogabat dictos consiliarios quod recipere deberent in consilio suo Ser Castelinum de pensauro & ipsum
habere in consiliarium omnes unanimes & concordes nemine
eorum in aliquo discrepante deliberauerunt ipsum non recipere in consilio suo nec ipsum habere in consiliarium & sic
omnes fuerunt contenti quod non recipiatur in consilio quia
esset forensis.

Die 20 mensis Augusti in littore Maris praesente Nicolao scabich Iudex damianus dixit mihi quod scribere debe-

rem qualiter ipse erat eidem opinionis cum suprascriptis dominis quia tunc non affuit.

PRO RADOSLAUO PILIPA-
RIO IN IUDICEM PAULUM
Die 22ọ mensis Augusti In publica platea terre Fluminis sci Viti praesentibus Iudice Mauro Vidonich Ser Castelino de pensauro Teodora quondam dominici omnibus habitatoribus dicte terre Fluminis testibus ad haec uocatis & rogatis ac alijs Ibique Radoslauus piliparius quondam Iohannis de Corbauia dedit & concessit Iudici Paulo quondam Ser Marci plenum arbitrium & omnimodam potestatem concordandi se nomine dicti Radoslaui cum creditoribus dicti Radoslaui uenetijs Promittens habere firmum & ratum omnem & singulum concordium quod a dicto Iudice paulo erit factum cum dicti Radoslaui creditoribus uenetijs.

PROCURA ANTONIJ DE PEN-
S\URO IN VITUM SARCTOREM
Die 23ọ mensis Augusti in uia que uadit Çersatum prope Fluuium praesentibus Toma remerio de bucharo georgio strachouich Stefano Marci callelli omnibus habitatoribus dicte terre Fluminis testibus ad haec uocatis & rogatis ac alijs Ibique Antonius Ser Xanti paterno de pensauro ọmni uia modo iure & forma quibus magis &c fecit constituit creauit & ordinauit Vitum sarctorem habitatorem terre Fluminis sci Viti praesentem suum uerum & legitimum procuratorem actorem factorem & certum nuncium specialem in omnibus suis placitis litibus tam criminalibus quam ciuilibus quas habet uel habere posset cum quacunque persona comuni collegio e uniuersitate Ad agendum petendum respondendum libellos & petitiones dandum & recipiendum testes & omnia alia iura sua producendum sententias audiendum & Appellandum Item ad iurandum in anima dicti costituentis de ueritate dicenda. Et generaliter &c dans &c Promittens &c

PROCURA PRAEDICTI AN-
TONIJ IN STEFANUM CALLE-
LUM
Die & loco suprascriptis praesentibus Vito sarctore quondam georgij Georgio strachouich Toma remerio omnibus habitatoribus terre Fluminis sci Viti testibus ad haec uocatis & rogatis ac alijs Ibi-

que Antonius Ser Xanti de pensauro omni uia modo iure &
forma quibus magis &c fecit constituit creauit & ordinauit
Stefanum Marci calleli de Ancona habitatorem dicte terre Fluminis praesentem & infrascriptum mandatum sponte suscipientem suum uerum & legitimum procuratorem actorem factorem & certum nuncium specialem praesertim Ad exigendum
& recuperandum a quacunque persona sibi dare debenti in
dicta terra Fluminis omnem & singulam quantitatem pecunie
res & quecunque alia tam cum cartis & Instrumentis quam
sine & de per eum receptis finem dimissionem quietationem
& pactum de ulterius non petendo cum solemnitatibus necessarijs faciendum & ad comparendum si opus fuerit coram
quocunque regimine & Iudicibus tam ecclesiasticis quam saecularibus Ad Agendum petendum respondendum libellos &
petitiones dandum & recipiendum terminos & dillationes petendum testes Instrumenta & alia iura sua producendum sententias audiendum & eas executioni mandare faciendum Et
generaliter &c dans &tc Promittens &c

FINIS PRO PAULO BARBI-
TONSORE

Die dicto ante portam terre Fluminis sci Viti ad mare praesentibus
Iudice Nicolao quondam Antonij Iu-
dice Stefano roseuich Iudice Cosma radolich Iudice Mauro
Vidonich omnibus habitatoribus dicte terre Fluminis testibus
ad haec uocatis specialiter & rogatis ac alijs Ibique Eufumia uxor
Pauli habitatoris grobinichi per se suosque heredes & successores fuit contenta & confessa se iure proprio & in perpetuum dedisse uendidisse & tradidisse Paulo barbitonsori quondam georgij Vidotich eius fratri praesenti & pro se suisque
heredibus stipullanti partem suam omnium & singulorum suorum bonorum tam paternorum quam maternorum sibi quoquo
modo pertinentium Et sibi integre solutum e satisfactum
fuisse a dicto paulo faciens dicta Eufumia per se suosque heredes & successores praedicto paulo fratri suo praesenti &
pro se suisque heredibus & successoribus stipullanti finem
dimissionem refutationem transitionem & pactum de ulterius
non petendo specialiter de omni iure actione & de omnibus
& singulis ad que praedictus paulus dicte Eufumie actenus
tenebatur seu teneri poterat nomine & occasione dicte uendi-

tionis siue alia quacunque ratione uel causa Promittensque
dicta Eufumia per se & suos heredes praedicto paulo praesenti & pro se suisque heredibus stipullanti litem quaestionem uel controuersiam aliquam ei uel suis heredibus praedictorum occasione ullo tempore non inferre nec inferenti consentire Sed omnia & singula suprascripta firma grata & rata
habere tenere obseruare & non contraface:e uel uenire per se
uel alium aliqua ratione causa uel ingenio de iure uel de
facto sub pena dupli eius quod pateretur stipullatione in singulis capitulis huius contractus solemni promissa.

PROCURA SER ROSO DE LEXENA IN GALEACIUM DE ABONA (SIC)

Die XXVI.to mensis Augusti In publica platea terre Fluminis sci Viti
praesentibus Ser Cola quondam An-
tonij de pensauro Paulo quondam demitrij de Iadra Christoforo lapicida de Pola testibus ad haec uocatis & rogatis ac alijs
Ibique Ser Roso quondam georgij de lexena omni uia modo
iure & forma quibus magis & melius sciuit ac potuit fecit constituit creauit & ordinauit Galeacium quondam Grisani de Albona praesentem & infrascriptum mandatum sponte suscipientem suum uerum & legitimum procuratorem actorem factorem
& certum nuncium specialem specialiter ad exigendum & recuperandum a Floro manduçich de barbana omnem & singulam quantitatem pecunie quam dicto constituenti dare teneretur quomodocunque & de per eum receptis finem dimissionem
& pactum de ulterius non petendo cum solemnitatibus necessarijs faciendum Et ad comparendum si opus fuerit coram
quibuscumque rectoribus iudicibus tam ecclesiasticis quam saecularibus Ad agendum petendum respondendum libellos & petitiones dandum & recipiendum terminos & dillationes petendum testes Instrumenta & alia iura sua producendum sententias audiendum & eas executioni mandare faciendum Et generaliter ad omnia alia & singula dicenda gerenda procuranda
&c dans &c Promittens &c

CONUOCATIO & PROTESTUS VITI PLOUANICH CONTRA PRESBYTERUM MARCUM RADOLICH

Die XXVIII⁰ mensis Augusti in sacrastia sce Marie praesente presbytero
Antonio Visignich retulerunt mihi presbyter Iacobus quondam Tomasoli &

presbyter georgius susich qualiter coram Venerabili viro domino presbytero Mateo Arcidiacono & plebano dicte terre Fluminis Vitus dicti domini Arcidiaconi filius conuocauit presbyterum Marcum radolich absentem die 26 praesentis in publica platea ad respondendum sibi coram Reverendo in Christo
patre domino episcopo polensi die XXVIII⁰ mensis instante
Et hoc quia ut asseruit habere debet a dicto presbytero Marco
aliquos denarios quos nullo modo habere potest nisi cum auxilio dicti domini episcopi Quapropter ipse Vitus omnibus
modis & remedijs quibus magis & melius potuit protextatus
fuit pro damno & interesse sui itineris libras decem paruorum
pro expensis secutis & secuturis contra dictum presbyterum
Marcum licet absentem.

PRO VITO DOMINI ARCI-
DIACONI CONTRA PRESBYTE-
RUM MARCUM

Die secundo mensis septembris In
statione Ser Castelini praesentibus
testibus presbytero Iacobo quondam
tomasoli presbytero Gaspare filio Iu-
dicis Ambrosij presbytero Iohanne quondam Antonij omnibus canonicis in dicta terra Fluminis Ibique presbyter Mateus lepanich
retulit michi qualiter coram eo eadem die in mane in ecclesia sce
Marie Comparuerat Vitus filius domini arcidiaconi petens a presbytero Marco radolich soldos L.ta & uienarios nouem Qui presbyter Marcus dicebat se non teneri dicto Vito nisi in soldis XL.ta
& schopicijs octo et quod ipsi Vito credebat sacramento &
tunc ipse Vitus respondit iures tu qui · negas qui presbyter
Marcus iurare noluit sed dicto Vito numerauit ac dedit soldos
quinquaginta & uienarios nouem coram suprascriptis testibus.

PRO MARTINO AURIFICE
CONTRA ANTONIUM DE MON-
TE ALBODIO

Die secundo mensis septembris In
statione infrascripti Magistri Martini
in terra Fluminis sci Viti praesentibus Ser Mateo quondam Ser donati
Ser Antonio pertusano Ser Castelino de pensauro omnibus habitatoribus dicte terre Fluminis testibus ad haec uocatis & rogatis ac
alijs Ibique Antonius Nicolai de Montealbodio tanquam procurator & procuratorio nomine Petri Vital[is] olim de beluedere ciuis
& habitatoris Ancone uti propioris & legiptimi successoris necnon

heredis siue donatarij causa mortis quondam Nicolai sui filij
& Iohannis bettini de Ancona olim socij in trafico mercanciarum dicti quondam Nicolai & cuiuslibet ipsorum principaliter
& in solidum habensque ad infrascripta plenum mandatum
uti constat publico procuratoris Instrumento scripto manu Ser
Tome Ciutij de Ancona publici ac legalis notarij 1436 Indictione XIIIIª die XI octobris a me notario infrascripto uisso
& lecto fuit contentus & confessus se habuisse ac recepisse
a Magistro Martino quondam dominici de Segna habitatore
dicte terre Fluminis ducatos triginta boni auri & libras centum paruorum nomine mutui Renuncians nomine quo supra
exceptioni non habite non recepte & non numerate dicte quantitatis pecunie omnique alij suo iuri ac legum auxilio Et ad
maiorem cautelam dicti creditoris praefatus debitor obligauit
ac pro speciali pignere designauit nomine quo supra unam
domum positam in dicta terra Fluminis quam praedicti con-
stituentes nominibus quibus supra habent in pignere a presbytero Mateo plebano cregieni pro dicta quantitate peccunie.

PROCURA ANTONIJ DE MON-
TE ALBODIO IN MARTINUM
AURIFICEM

Vltrascriptis die loco ac testibus Antonius Nicolai de Monte Albodio tanquam procurator & procuratorio nomine Petri Vitalis olim de beluedere
de Ancona ut propioris & legitimi succesoris necnon heredis
siue donatarij causa mortis quondam Nicolai filij sui & Iohannis
bettini de Ancona olim socij in trafico mercanciarum dicti Ser
Nicolai & cuiuslibet ipsorum principaliter & in solidum ad infrascripta plenum mandatum uti constat publico procuratoris Instrumento scripto manu Ser Tome Ciutij de Ancona publici ac
legalis notarij anno domini 1436. Indictione XIIIIª die XIº mensis
octobris a me notario infrascripto uiso & lecto omni uia modo iure
& forma quibus magis & melius sciuit ac potuit sustituit suum
procuratorem actorem factorem & certum nuncium specialem
Magistrum Martinum quondam dominici de Segna habitatorem dicte terre Fluminis specialiter ad exigendum & recuperandum a presbytero Mateo plebano cregieni ducatos triginta
boni auri & iusti ponderis & libras centum paruorum & de
per eum receptis finem dimissionem transitionem & pactum
de ulterius non petendo cum solemnitatibus necessarijs facien-

dum Et ad comparendum dicto nomine si opus fuerit coram
quocunque regimine ac iudicibus tam ecclesiasticis quam saecularibus Ad Agendum petendum respondendum libellos &
petitiones dandum & recipiendum terminos & dillationes petendum testes Instrumenta & alia iura sua producendum sententias audiendum & eas executioni mandare faciendum Et generaliter ad omnia alia & singula dicenda gerenda & procuranda
que in praedictis & circa praedicta & qualibet praedictorum
duxerit facienda & necessaria ac utilia uidebuntur que & quemadmodum ipse sustituens facere posset si adesset Dans &c
Promittens &c

LOCATIO DOMUS & TERRE-
NI SER QUIRINI SUANICH
FACTA MAGISTRO IOHANNI
DE IADRA

Die quinto mensis septembris ante
domum habitationis infrascripti Iudicis Cosme In terra Fluminis sci
Viti praesentibus presbytero Antonio
belanich Iudice Cosma radolich Ma
gistro blasio cerdone omnibus habitatoribus dicte terre Fluminis
testibus ad haec uocatis & rogatis ac alijs Ibique Ser Quirinus filius Iudicis uiti suanich per se suosque heredes & successores dedit locauit & affictauit ad pensionem Magistro Iohanni quondam
Albertini de Iadra praesenti & pro se suisque heredibus stipullanti
unam donum solaratam positam In publica platea dicte terre
Fluminis & unum terrenum positum in districtu Fluminis in
loco dicto braida Hinc usque ad decem annos proxime futuros
Incipiendo primo die nouembris proxime futuri Quod terrenum dictus Magister Iohannes impastinare debeat & teneatur
circumcirca & unum fillum per medium in pergolis de te-
rano secundum consuetudinem patrie fori Iulij usque ad
dictum terminum decem annorum Promittensque firmiter dictus
locator sine aliqua exceptione iuris uel facti se obligando dicto
Magistro Iohanni pro se & suis heredibus stipullanti dictam
locationem firmam & ratam habere & non contrafacere uel
ucnire Sed praedictas res locatas ipsi Magistro Iohanni & suis
heredibus hinc ad dictum terminum legitime defendere auctoriçare & disbrigare & ex ipsis uel earum occasione aliquam
non facere dationem obligationem uel contractum cuius prae-
textu ipsi conductori aliquod praeiudicium uel damnum contin-

ere possit vult quominus ipse conductor dictas res hinc ad
ictum terminum per se uel alium quem uoluerit uti ualeat
tenere Quapropter idem Magister Iohannes per se & suos
.eredes promisit solemni stipulatione dicto Ser Quirino sti-
ullanti pro se & suis heredibus dare & soluere eidem no-
iine pensionis dictarum domus & terreni libras triginta quin-
ue paruorum singulo anno Pro quibus omnibus & singulis
uprascriptis sic firmiter obseruandis attendendis & adimplendis
na pars alteri adinuicem obligauit omnia sua bona mobilia
 immobilia praesentia & futura.

FINIS PRO NICOLAO MA-
OLICH DE CASTUA

Die Octavo mensis septembris In
littore maris ante portam terre
Fluminis sci Viti Praesentibus No-
bili Viro Bartolomeo filio Iudicis Iohannis Misuli .capitanei
Castue Iudice Fabiano quondam Xiuichi Nicolao quondam
Martini Mateo papich Filipo Iusich omnibus habitatoribus
Castue testibus ad haec uocatis & rogatis ac alijs Ibique Nobilis vir Iudex Iohannes Misuli per se & suos heredes fecit
Nicolao marolich de Castua praesenti & pro se suisque heredibus stipullanti finem dimissionem refutationem transitionem
& pactum de. ulterius non petendo Praesertim de quadam
fideiussione facta Stefano mortath de Castua de libris centum paruorum & de lucro singulo anno soluendo & de omnibus & singulis ad que ipse Nicolaus dicto Iudici Iohanni
actenus tenebatur seu teneri poterat occasione dicte fideiussionis seu alia quacunque ratione uel causa Et hoc quia dictus
Iudex Iohannes fuit contentus & confessus sibi integre solutum & satisfactum esse de dicta fideiussione & de omnibus
& singulis ad que dictus Nicolaus hactenus tenebatur occasione dicte fideiussionis siue alia quacunque ratione uel causa
Renuncians omnino exceptioni sibi non dati uel non soluti to-
cius eius ad quod idem Nicolaus sibi actenus tenebatur Et
uolens & mandans omne Instrumentum & scripturam ex quibus appareret dictum Nicolaum fuisse actenus dicto Iudici
Iohanni aliqua occasione obligatum ex nunc cassa & uana
esse & habita inefficacia & cancelata Necnon absoluens & liberans eum & eius heredes & bona per acceptilationem & A-
quilianam stipullationem legitime interpositam Promittensque

per se & suos heredes dicto Nicolao pro se suisque heredibus stipullanti litem quaestionem uel controuersiam aliquam ei uel suis heredibus praedictorum occasione ullo tempore non inferre nec inferenti consentire Sed omnia & singula suprascripta firma & rata habere tenere & non contrafacere uel uenire per se uel alium aliqua ratione causa uel ingenio de iure uel de facto cum obligatione omnium suorum bonorum.

PRO ADAM DE FIRMO ET MARTINO ÇERCH DE LOCHA

Die octauo mensis septembris In statione infrascripti Ade in terra Fluminis sci Viti praesentibus Mateo cersato Iohanne dicto Iagnaç Nicolao de Creglino omnibus habitatoribus dicte terre Fluminis testibus ad haec uocatis & rogatis ac alijs Ibique Martinus quondam georgij çerch de locha per se suosque heredes dare & consignare promisit in terra Fluminis usque ad XIIII diem mensis octobris proxime futuri Ser Ade de Firmo praesenti & pro se suisque heredibus stipullanti Miliaria octo ferri boni & bolati de Auspergo scilicet tria miliaria in ratione ducatorum duodecim auri pro singulo miliari pro quibus habere debet denarios contatos & quinque miliaria in ratione ducatorum tresdecim pro singulo miliari pro quibus quinque miliaribus ferri recipere debet a dicto Adam oleum pro illo precio quo tunc uendetur ab alijs mercatoribus Inquorum testium suprascriptorum & mei notarii praesentia dictus Martinus recepit a dicto Adam ducatos decem boni auri & justi ponderis pro parte solutionis dictorum trium miliarium ferri pro quibus dictus Martinus habere debet denarios contatos. *)

PROTESTUS FRATRIS ANTONIJ CONTRA VITUM MATRONICH

Die XIIII mensis septembris in publica platea terre Fluminis sci Viti praesentibus Ser Mateo quondam Ser donati Iohanne lisicich omnibus ha-

*) Cancellato, con in margine la nota: „1439 die XI.o mensis februarij Ego Autonius de reno cancellarius cancelaui & aboleui praesens Instrumentum de voluntate partium praesentibus Iudice Stefano rusouich et Blasio cerdone".

bitatoribus dicte terre Fluminis testibus ad haec uocatis & rogatis ac alijs Ibique Frater Antonius de pago ordini Sci Augustini Coram Nobili uiro Iudice Iohanne Misuli vicecapitaneo
dicte terre Fluminis protestatus fuit contra Vitum matronich
absentem sed tanquam praesentem de ducatis undecim auri
pro quodam suo equo.

PRO TOMASINO DE VEGLA
CONTRA PLEBAÑUM CREGLINI

Die secundo mensis nouembris In
terra Fluminis sci Viti In statione
Ser Ade de Firmo praesentibus Do-
mino Bartolo filio Iudicis Iohannis Misuli de dicta terra Fluminis Iudice Martino quondam Vicecomitis cotermani de Creglino Georgio filio Iudicis Stefani de dreuenicho testibus ad
haec uocatis et rogatis ac alijs Ibique dominus presbyter Mateus Matronich plebanus cregienj per se suosque heredes &
successores sponte libere ex certa scientia non per errorem
omni exceptione iuris uel facti remota fuit contentus & confessus se juste teneri & uere dare debere Ser Tomasino quondam Tome de Caldana de Vegla praesenti & pro se suisque
heredibus & successoribus stipullanti & respondenti ducatos
quadraginta octo boni auri & justi ponderis & libras trecentum & nouem & soldos decem paruorum nomine puri & meri
mutui Renuncians exceptioni non habite non recepte & non
numerate dicte quantitatis peccunie tempore praesentis contractus quam quidem pecunie quantitatem dare & soluere promisit dictus debitor praefato creditori usque ad festum Sci
georgij proxime futurum sub pena quarti Qua soluta uel non
rata maneant omnia & singula suprascripta Et pro dicto debito soluendo in dicto termino dictus debitor uoluit posse
compelli ad petitionem praefati creditoris realiter & personaliter in dicta terra Fluminis Segne (Buchari) Cregieni Iadre
Ancone Venetijs & ubique locorum Renuncians exnunc dictus
debitor omnibus & singulis foris priuilegijs statutis consuetudinibus Saluisconductibus tam factis quam qui fient & omni
alij & singulo iuri ac legum auxilio quod esset contra praesens Instrumentum debiti ita & taliter quod praedictus debitor non uult quod aliquod possit obici nec allegari a quopiam
contra praesens Instrumentum debiti nisi manifesta & publica solutio apparuerit Insuper praedictus debitor ad maio-

rem cautellam praefati creditoris obligauit & pro pignore speciali designauit domum suam quam habet in dicta terra Fluminis & omnia sua animalia ubicunque existentia & si haec
non sufficerent ad suprascriptum debitum satisfaciendum praedictus debitor praefato creditori obligauit omnia alia sua bona
mobilia & immobilia praesentia & futura.

PACTA INTER SER AN-
TONIUM PERTUSANO & SI-
MONEM PILAR

Die secundo mensis nouembris in
terra Fluminis sci Viti in statione
infrascripti Ser Antonij praesentibus Iudice Damiano quondam Ma-
tei Mateo de starigrado eius famulo Martino çabalich testibus ad
haec uocatis & rogatis ac alijs Ibique Ser Antonius pertusano
de uenetijs & Simon pilar quondam Tomasij ad talem conuentionem & pactum peruenerunt Videlicet quod dictus Simon dare debeat & teneatur dicto Ser Antonio Incipiendo a
festo Sci Martini proxime futurum usque ad aliud festum Sci
Martini proxime futurum omnes & singulas tabulas segadicias
quas seccabit cum sua secca pro precio librarum uiginti paruorum pro singulo centenario quarum tabularum Medietas
debet esse longitudinis pedum octo & altera medietas nouem
pedum & praedictus Ser Antonius dare & concedere teneatur dicto Simoni usque ad finem suprascripti termini libras
centum paruorum quas libras centum dictus Simon coram suprascriptis testibus manualiter recepit a suprascripto Ser Antonio Promittens una pars alteri adinuicem omnia & singula
suprascripta firma rata & grata habere tenere & obseruare. *)

PROCURA SER QUIRINI IN
VITUM DOMINI ARCIDIACONI

Die quinto mensis nouembris in terra
Fluminis sci Viti in statione infrascripti georgij praesentibus presby-
tero Gaspare filio judicis ambrosij Dominico carpentario georgio Crastich sarctore testibus ad haec uocatis & rogatis ac
alijs Ibique Ser Quirinus capitaneus gardoseli omni uia modo

---

*) Cancellato, con in margine la nota: „Die XV mensis Ianuarij
cancellatum fuit praesens Instrumentum de uoluntate ambarum partium
1441 praesente Ser Castellino Blasuta & michaele obachich testibus ad
haec uocatis & rogatis."

iure & forma quibus Magis & melius sciuit ac potuit fecit
constituit creauit & ordinauit Vitum filium domini arcidiaconi
absentem sed tamquam praesentem suum uerum & legitimum
procuratorem actorem factorem & certum nuncium specialem
praesertim ad exigendum & recuperandum a quacunque persona sibi dare debenti in dicta terra Fluminis omnem & singulam quantitatem pecunie res & quecunque alia & de per
eum receptis finem dimissionem quietationem & pactum de
ulterius non petendo cum solemnitatibus necessarijs faciendum
Et ad comparendum si opus fuerit coram quocumque regimine
& quibuscumque Iudicibus tam ecclesiasticis quam saecularibus Ad agendum petendum respondendum libellos & petitiones dandum & recipiendum terminos & dillationes petendum
testes Instrumenta & alia iura producendum Sententias audiendum & eas executioni mandare faciendum Et generaliter &c
dans &c Promittens &c

PRO ADAM DE FIRMO CON-
TRA CHRISTOFORUM SODI-
GNIDAM

Die suprascripto in terra Fluminis
sci Viti In statione infrascripti ade
creditoris praesentibus Nobili viro Iudice Iohanne Misuli Blasio quondam
petri Blasio pilar omnibus habitatoribus dicte terre Fluminis
testibus ad haec uocatis specialiter & rogatis ac alijs Ibique
Christoforus Sodignida de locha sponte libere ex certa scientia
non per errorem omni exceptione iuris uel facti remota per se
suosque heredes & successores fuit contentus & confessus se iuste
teneri & dare debere Ser Ade Antonij de Firmo mercatori in dicta
terra Fluminis praesenti & pro se suisque heredibus stipullanti
ducatos centum & octo boni auri & justi ponderis & libras nouem
& solidos quatuor paruorum videlicet ducatos nonaginta quatuor libras quatuor & soldos decem & septem pro decem &
septem zabris medris tribus & libris septem olei in ratione
ducatorum 54 pro Miliari olei & ducatos quatuordecim libras
quatuor soldos septem pro panno & alijs rebus ab ipso creditore prius habitis Pro qua quidem pecunie quantitate dare &
consignare promisit dictus debitor praefato creditori in dicta terra
Fluminis tot clauos bonos & sufficientes secundum pacta inter
ipsos habita quot ascendant ad quantitatem suprascripti debiti
Videlicet medietatem usque ad festum carnis priuij proxime

futuri & residuum usque ad festum Sci georgij proxime futurum sub pena quarti Qua soluta uel non rata maneant omnia
& singula suprascripta Pro quibus omnibus & singulis suprascriptis sic firmiter obseruandis attendendis & adimplendis
praedictus debitor praefato creditori obligauit omnia sua bona
mobilia et immobilia praesentia & futura.

Pro presbytero Georgio
Susich

Die Quinto mensis nouembris In lobia terre Fluminis Sci Viti praesentibus Iudice Cosma radolich Vito sar-
tore quondam georgij Stefano cernolich omnibus habitatoribus
dicte terre Fluminis testibus ad haec uocatis & rogatis ac
alijs Ibique Ser Quirinus filius Iudicis Viti suanich tamquam
commissarius & commissario nomine Ielene sororis quondam
presbyteri laurentij de Flumine per se suosque heredes & successores omni uia modo iure & forma quibus magis & melius
sciuit ac potuit cessit dedit & tradidit presbytero georgio Susich
ibidem praesenti duas domos insimul coherentes cum orto iuxta
dictas domos posito Que fuerunt praedicte quondam Ielene ad
gaudendum & usufructandum in uita sua tantum hac conditione & pacto quod praedictus presbyter georgius teneatur
missas celebrare & deum rogare pro anima dicte Ielene &
dictos domos & ortum teneatur tenere in colmo & bene apta-
tas Et quod post mortem dicti presbyteri georgij dicte domus
meliorate & non peiorate cum orto deuenire et redire debeant
in manus commissariorum dicte Ielene & per ipsos dispen-
sari & si casus accideret quod uiuente praedicto presbytero
georgio aliquis affinis praedicte quondam Ielene ad sacerdo-
talem perueniret ordinem quod dictus presbyter Georgius commissarius dicte Ielene restituere teneatur dictas domos cum
orto melioratas & non peioratas Pro quibus omnibus & singulis suprascriptis sir firmiter obseruandis attendendis & adimplendis praedictus presbyter Georgius obligauit omnia sua bona
mobilia & immobilia praesentia & futura.

Protestus Agabiti con-
tra Simonem de Laurana

Die secundo mensis decembris in lobia terre Fluminis sci Viti praesentibus testibus Vito matronich Satnicho
dominici carpentario & alijs Ibique Coram venerabili viro do-

mino presbytero Mateo Iudicibus & consilio comparuit Agabitus asserens & dicens qualiter ipsi relatum fuerat quod
domus Simonis claudi de laurana fuerat incantata pro collecta domini & deliberata quod matri eius uerteretur &
fratribus suis ac sibi in magnum dannum & preiudicium cum
habeant iurisdictionem in dicta domo Vnde dictus Agabitus
nomine suo matris & fratrum suorum omnibus modis & remedijs quibus' potuit protestatus fuit contra dictum Simonem
absentem sed tanquam praesentem de libris ducentis paruorum pro dicta domo pro suis damno interesse & praeiudicio.

Pro domino Arcidia-
cono

Die sexto mensis decembris in sacrastia Sce Marie in terra Fluminis
sci Viti praesentibus presbytero georg-
io susich presbytero Antonio Visignich Iudice Mauro Vidonich Iudice Paulo quondam Ser Marci Iudice Vito quondam
Matchi Iudice Nicolao quondam Antonij testibus ad haec uocatis & rogatis Ibique venerabilis vir dominus presbyter Mateus Arcidiaconus & plebanus terre Fluminis praedicte interrogauit infrascriptos canonicos quatenus in verbo veritatis remotis omnibus veritati obstantibus dicere debeant veritatem
super his super quibus interrogabuntur Et primo presbyterum
Mateum lepanich presbiterum Iacobum quondam Tomasoli presbyterum Gasparem filium Iudicis Ambrosij & presbyterum Iohannem quondam Antonij Qui omnes presbyteri & canonici dicte
terre Fluminis interrogati a praefato domino arcidiacono sigillatim quid ipsi canonici dederint eidem domino Arcidiacono
& plebano singulo' anno pro plebanatu unanimiter & concorditer nemine eorum in aliquo discrepante dixerunt quod quilibet eorum quando fuit camararius capituli dedit eidem domino plebano singulo anno unum modium uini & duos sta-
rolos frumenti & quatuor mixture & unum agnum in pasquate
uti eorum semper fuit & est consuetudo

Pro Iudice Nicolao con-
tra luc anum

Die Xo mensis decembris In statione
Ser Matei quondam Ser donati praesentibus Iudice Paulo quondam Ser
Marci Iudice Damiano quondam Matei testibus ad hacc uocatis & rogatis Ibique Lucianus de Schofalocha sponte libere

ex certa scientia non per errorem omni exceptione iuris uel
facti remota per se suosque heredes & successores fuit contentus & confessus se iuste teneri & dare debere Iudici Nicolao quondam Antonij praesenti & pro se suisque heredibus
stipullanti ducatos quindecim boni auri & iusti ponderis Et hoc
pro oleo habito a dicto creditore Quos quindecim ducatos dare
e soluere promisit dictus debitor praefato creditori usque ad
festum carnis priuij proxime futurum sub pena quarti Qua soluta uel non rata maneant omnia & singula suprascripta Pro
quibus omnibus & singulis suprascriptis sic firmiter obseruandis attendendis & adimplendis dictus debitor praefato creditori
obligauit omnia sua bona mobilia & immobilia praesentia &
futura

PRO IUDICE NICOLAO CON
TRA IACHLINUM ARAR

Vltrascriptis die loco ac testibus Iachlinus Arar de locha sponte libere
ex certa scientia non per errorem
omni exceptione iuris uel facti remota per se suosque heredes & successores fuit contentus & confessus se iuste teneri
& dare bebere Iudici Nicolao quondam Antonij praesenti &
pro se suisque heredibus & successoribus stipullanti ducatos
triginta duos auri & soldos quadraginta unum paruorum Et
hoc pro oleo habito a dicto creditore Quam quidem pecunie
quantitatem dare & soluere promisit dictus debitor praefato
creditori usque ad festum carnis priuij proxime futurum sub
pena quarti qua soluta uel non rata maneant omnia & singula suprascripta. Pro quibus omnibus & singulis &c

PRO IUDICE NICOLAO CON-
TRA ACHATIUM

Die XIII mensis decembris In statione infrascripti Iudicis Nicolai in
publica platea terre Fluminis sci
Viti praesentibus Iudice Paulo quondam Ser Marci Iudice Vito
quondam Matchi testibus ad haec uocatis & rogatis ac alijs
Ibique Ser Achacius de camenich per se suosque heredes &
successores fuit contentus & confessus se habuisse & recepisse a Iudice Nicolao quondam Antonij praesenti & pro se
suisque heredibus stipullanti Miliaria quatuor et zabros quatuor olei quod oleum dictus Achacius soluere debet dicto Iudici Nicolao pro tanto precio quanto eidem Iudici Nicolao

soluet Vitus spinglauaç de Lubiana qui Iudex Nicolaus fuit
contentus & confessus se habuisse & recepisse a dicto Achacio tantam quantitatem ferri quantam ascendit ad Valorem
ducatorum ducentorum quinque auri. Pro parte solutionis dicte
quantitatis olei Et pro residuo dicti olei dictus Achacius dare
debet dicto Iudici Nicolao ferrum bonum & bollatum in ratione tresdecim ducatorum pro Miliari ad omnem requixitio-
nem dicti Creditoris Pro quibus omnibus & singulis suprascriptis sic firmiter obseruandis attendendis & adimplendis
dictus Achacius obligauit praefato creditori omnia sua bona
mobilia & immobilia praesentia & futura. *)

PRO IUDICE NICOLAÓ &
ACHACIO

Vltrascriptis die loco ac testibus I-
bique Iudex Nicolaus quondam Antonij per se suosque heredes & suc-
cessores & Ser Achacius de Camenich per se suosque heredes & successores tales insimul fecerunt conuentionem concordium & pactum videlicet quod dictus Achacius dare &
consignare debeat dicto Iudici Nicolao in terra Fluminis pre-
dicta Miliaria triginta duo boni ferri in ratione XIII cim ducatorum auri pro singulo miliari Pro qua quantitate ferri dictus Iudex Nicolaus dare debet praedicto Achacio ducatos
LXX.ta auri & oleum pro precio illo quo uendetur per Mercatores dicte terre Fluminis habentes maiorem quantitatem
olei usque ad quatuor ebdomadas post festum natiuitatis domini nostri Ihesu Christi proxime futurum qui Achacius contentus & confessus fuit se recepisse a dicto Iudice Nicolao
nomine huius conuentionis & concordij ducatos LXX.ta auri
& Tria Miliaria & zabros quatuor olei. cum dimidio Et praedictus Iudex Nicolaus fuit contentus & confessus se recepisse
a dicto Achacio nomine huius conuentionis & concordij Miliaria XVI.cim & libras 646 ferri quod ferrum valet ducatos
216 auri Pro quibus omnibus & singulis sic firmiter obser-

---

*) Cancellato, con in margine la nota: „MCCCCXXXVIII Indictione
prima die XX.o mensis Marcij praesens Instrumentum fui cassum & cancellatum per Me Antonium de reno cancellarium de uoluntate creditoris
praesentibus Iudice Mauro Vidonich Iudice paulo quondam Ser Marci testibus ad haec uocatis & rogatis ac alijs"

uandis & adimplendis una pars alteri adinuicem obligauit omnia
sua bona mobilia & immobilia praesentia & futura.*)

PRO GEORGIO STRACHO-
UICH CONTRA DOMINICUM DE
MEDULINO

Die 13 mensis decembris in lobia
comunis terre Fluminis sci Viti praesentibus Antonio Fabrucio quondam
Andree Nicolao quondam dominici
Sgargaia ambobus ciuibus pole testibus ad haec uocatis &
rogatis ac alijs Ibique Dominicus quondam Petri Vglini de
Medulino sponte libere ex certa scientia non per errorem omni
exceptione iuris uel facti remota per se suosque heredes &
successores fuit contentus & confessus se juste teneri & dare
debere Georgio Strachouich Calafato praesenti & pro se suisque
heredibus & successoribus stipullanti ducatum unum auri Et
hoc pro aptatura unius Marciliane dicti dominici & Iohannis
peçinini de Medulino quam praefatus georgius aptauit Quem
ducatum dictus debitor dare & soluere promisit praedicto creditori usque ad festum Sci Viti proxime futurum sub pena
quarti Qua soluta uel non rata maneant omnia & singula suprascripta pro quibus omnibus & singulis suprascriptis sic
firmiter obseruandis attendendis & adimplendis dictus debitor
praefato creditori obligauit omnia sua bona mobilia & immobilia praesentia & futura.

PROTESTUS IUDICIS VITI
ZOUANICH CONTRA MAGI-
STRUM IOHANNEM DE IADRA

Vltrascriptis die ac loco praesentibus Mateo papich Mateo gastaldo
Georgio strachouich omnibus habitatoribus dicte terre Fluminis testi-
bus ad haec uocatis & rogatis ac alijs Ibique Coram Nobili
Viro Iudice Paulo quondam Marci tunc temporis Iudice dicte
terre Fluminis comparuit Iudex Vitus Çouanich asserens &
dicens qualiter Magister Iohannes de Iadra olim salariatus
dicte terre Fluminis rogauit eum quod comodaret sibi suum

---

*) Cancellato, con in margine la nota: „MCCCCXXXVIII Indictione
prima die XX o mensis Marcij praesens Instrumentum fuit cassum & cancelatum per Me Antonium de reno cancellarium de uoluntate partium
praesentibus Iudice Mauro Vidonich & Iudice Paulo quondam Ser Marci
testibus ad haec uocatis & rogatis ac alijs"

equum per sex uel octo dies & sic eidem comodauit equum & jam est elapsus mensis & ultra quod ipse Iudex Vitus dicto Magistro Iohanni equum comodauit suum & nondum ipsum rehabuit quod sibi uertitur in magnum incomodum & damnum Ideo protestatur dictus Iudex Vitus contra dictum Magistrum Iohannem absentem sed tanquam praesentem pro singulo die usque ad praesentem diem de octo soldis pro dicto equo Et a modo in antea quia dictus Iudex Vitus Macinaret oliuos in suo pistrino cum dicto equo si ipsum haberet & non poterat propter defectum equi protestatus fuit contra praedictum Magistrum Iohannem de soldis quinquaginta paruorum pro singula die donec suum rehabebit equum.

PRO MARTINO QUONDAM GEORGIJ DE ELSACH CONTRA MATCHUM CAPELARIUM DE CASTUA

Die XVII mensis decembris in stuba quondam Iurlini praesentibus testibus Iudice Iohanne Misuli Iudice ambrosio quondam Marci Iudice Iuacio quondam Blasij & alijs quam pluribus Ibique Coram Spectabili ac generoso Milite domino Iohanne Reichenburger honorabili Capitaneo Duini & Crase ac Vicedomino potentis ac Magnifici domini de Valse Sedente cum nobilibus & egregijs viris domino Iacobo de Raunacher Capitaneo dicte terre Fluminis domino Iohanne obeinburger Capitaneus prem domino Oldorico de Vngerspac Capitaneo gotnichi Matchus Pilearius de Castua per se suosque heredes & successores promisit & se obligauit dare & numerare Martino quondam georgij de Elsach praesenti & pro se suisque heredibus & successoribus stipullanti Marchas decem & septem cum dimidio usque ad unum annum proxime futurum quas decem & septem Marchas cum dimidio dictus Martinus dedit & numerauit praefato Matcho & Agneti eius filie pro quadam vinea posita sub Castua in loco dicto Vubolçach Quam vincam praedictus Martinus emit a praefatis Matcho & eius filia francham pro dictis XVII Marchis cum dimidio Hac condicione & pacto quod dictus Martinus praedictam uineam tenere laborare & usufructuare debeat quausque dictam quantitatem pecunie recipiet a praefatis Matcho & eius filia & cum praedictam quantitatem pecunie dictus Martinus receperit dicta vinea libera & expedita sit praefati Matchi Et si praefatus

Matchus dictas XVII Marchas cum dimidio non dederit &
numeraverit dicto Martino usque ad supradictum terminum
quod ex tunc prout ex nunc & exnunc prout ex tunc dicta
vinea & etiam domus dicti Matchi quam habet castue sint &
esse debeant dicti Martini & suorum heredum & de ipsis possit bonis disponere tanquam de rebus suis proprijs & ipsa
bona pro anima & corpore judicare.

De Mandato suprascripti domini Iohannis sedentis ut supra.

PRO IUDICE NICOLAO CON-
TRA NICOLAUM DE CADORO
& IACOBUM VNGARUM

Die XIIII mensis decembris In statione infrascripti Iudicis Nicolai creditoris presentibus Iohanne dicto Iagnaç Magistro Ançe Sarctore de Ale-
mania omnibus habitatoribus dicte terre Fluminis testibus ad
haec uocatis & rogatis Ibique Nicolaus quondam Iacobi de Cadoro & Nicolaus ungarus habitator Visigne gore ambo simul
& In solidum sponte libere ex certa scientia non per errorem
omni exceptione iuris uel facti remota per.se suosque heredes
& successores fuerunt contenti & confessi se iuste tenere &
dare debere Iudici Nicolao quondam Antonij & pro se suisque
heredibus & successoribus stipullanti ducatos duodecim boni
auri & justi ponderis Et hoc pro oleo habito a dicto creditore
Quos quidem ducatos dicti debitores ambo simul & Insolidum
dare e soluere promiserunt praefato creditori usque ad festum
carNisprivij proxime futuri sub pena quarti Qua soluta
uel non rata maneant omnia & singula suprascripta Pro quibus omnibus & singulis suprascriptis sic firmiter obseruandis
attendendis & adimplendis dicti debitores ambo simul & Insolidum praefato creditori obligarunt omnia sua bona mobilia &
immobilia praesentia & futura.

PRO IUDICE VITO QUON-
DAM MATCHI CONTRA SER
CASTELINUM

Die XXº mensis decembris In terra
Fluminis sci Viti Instatione Ser Antonij pertusano de Venetijs praesentibus dicto Ser Antonio Ser Stefano
blasonich Ser Cola Antonij de pensauro omnibus ad praesens
babitatoribus dicte terre Fluminis testibus ad hec uocatis &
rogatis ac alijs Ibique Ser Castelinus quondam Iohannis de
pensauro habitator dicte terre Fluminis sponte libere ex certa

scientia non per errorem omni exceptione iuris uel facti remota per se suosque heredes & successores fuit contentus &
confessus se iuste teneri & dare debere Iudici Vito quondam
Matchi praesenti & pro se suisque heredibus stipullanti ducatos triginta quinque boni auri & iusti ponderis Et hoc pro una
muralea uendita dicto debitori a praefato creditore Quos quidem ducatos trigintaquinque auri dare & soluere promisit dictus
debitor praefato creditori usque ad duos annos proxime futuros
sub pena quarti Qua pena soluta uel non rata maneant omnia
& singua suprascripta Pro quibus omnibus & singulis suprascriptis sic firmiter obseruandis attendendis & adimplendis dictus
debitor praefato creditori obligauit omnia sua bona mobilia &
immobilia praesentia & futura.

**PRO ADAM CONTRA FRAN-
CISCUM FABRUM**

Die XXI mensis decembris In publica platea terre Fluminis Sci Viti
praesentibus Iudice Paulo quondam
Ser Marci Ser Stefano quondam blasij ambobus habitatoribus
dicte terre Fluminis testibus ad haec uocatis & rogatis ac alijs
Ibique Franciscus quondam Martini faber in dicta terra Fluminis sponte libere ex certa scientia non per errorem omni
exceptione iuris uel facti remota per se suosque heredes & successores fuit contentus & confessus se iuste teneri & dare debere Ser Ade Antonij de Firmo praesenti & pro se suisque
heredibus & successoribus stipullanti ducatos uiginti duos cum
dimidio boni auri & iusti ponderis Et hoc pro quadam fideiussione siue plegiaria facta dicto Ser Ade pro Marco quondam
petri radnovich de Çemerniça Quos quidem ducatos dare &
soluere promisit dictus debitor praefato creditori usque ad festum natiuitatis domini nostri Ihesu Christi proxime futurum sub
pena quarti Qua soluta uel non rata maneant omnia & singula suprascripta Pro quibus omnibus & singulis suprascriptis
sic firmiter obseruandis attendendis & adimplendis dictus debitor praefato creditori obligauit omnia sua bona mobilia &
immobilia praesentia & futura.

**PROTESTUS DOMINI ARCI-
DIACONI CONTRA PRESBYTE-
RUM MARCUM**

Die XXII mensis decembris In lobia
terre Fluminis Sci Viti praesentibus
testibus presbytero Mateo lepani presbytero Iacobo quondam Tomaso pre-

sbytero Gaspare Iudicis ambrosij omnibus canonicis dicte terre
Fluminis Ibique Coram Spectabili ac generoso viro domino
Iacobo Raunacher honorabili Capitaneo Iudicibus & consilio
terre Fluminis praedicte Comparuit Venerabilis Vir dominus
presbyter Mateus Arcidiaconus dicte terre Fluminis asserens
qualiter presbyter Marcus radolich iniuriaverat eum dicens quod
faciebat iniusticiam sibi & alijs pauperibus presbyteris et etiam
domino tanquam is qui est infidelis domino & alia uti plene
constat in querela dicti domini arcidiaconi scripta manu mei
notarij infrascripti. Vnde erat accessurus ad dominum Quapropter protestatus fuit omnibus illis remedijs iuris quibus magis & melius potuit contra dictum presbyterum Marcum ibidem
praesentem de ducatis mille auri pro hac iniuria sibi data &
pro expensis factis & que fient in hac causa.

IN CHRISTI NOMINE AMEN ANNO DOMINI 1438 INDICTIONE PRIMA
PARS CAPTA QUOD TABERNARIJ SOLUANT DATIUM MENSURE VINI

Die XXX$^o$ mensis decembris In terra
Fluminis sci Viti In stuba uxoris
quondam Iurlini per dominum Capi-
neum Arcidiaconum Iudices & consilium dicte terre Fluminis capta fuit
pars infrascripti tenoris videlicet quod
quilibet tabernarius qui non soluerit datium mensure comuni
eo die quo mensurabuntur vassa vini quod vendidit cadat ad
penam dupli eius quod soluere tenetur pro dicto datio mensure vini.

PRO MARTINO GRUBICH & IACOBO DE PISSINO
**Anno 1438**

Die quarto mensis Ianuarij In publica platea terre Fluminis sci Viti
praesentibus Iudice Mauro Vidonich
Iudice Paulo quondam Ser Marci Ambobus habitatoribus dicte
terre Fluminis testibus ad haec uocatis & rogatis ac alijs Ibique Georgius chusaç de Maluicino per se suosque heredes &
successores fuit contentus & confessus se habuisse & manualiter recepisse A Martino grubich & Iacopo de Pisino habitatoribus dicte terre Fluminis libras trigintasex & soldos quindecim paruorum Et hoc pro quadam fideiussione siue plegiaria
quam dictus georgius fecit pro praefatis Martino & Iacobo in
Ciuitate Arbi pro vino quod emerit a presbytero Iohanne &
Stefano Morlacho.

Pro Adam contra lau- Die VII mensis Ianuarij In sta-
rentium brisouer tione infrascripti creditoris In terra
Fluminis sci Viti praesentibus Iu-
dice Iohanne Misuli Georgio diraçich ambobus habitatoribus
dicte terre Fluminis testibus ad haec uocatis & rogatis ac
alijs Ibique Laurentius quondam Matei brisouer de Iubiana
sponte libere ex certa scientia non per errorem omni exceptione
iuris uel facti remota per se suosque heredes & successores
fuit contentus & confessus se juste teneri & dare debere Ser
Ade Antonij de Firmo mercatori in dicta terra Fluminis praesenti & pro se suisque heredibus & successoribus stipullanti
ducatos quindecim boni auri & justi ponderis Et hoc pro oleo
habito a dicto creditore Quam quidem pecunie quantitatem
dare & soluere promisit dictus debitor praefato creditori usque
ad festum Sancti Georgij proxime futurum sub pena quarti Qua
soluta uel non rata maneant omnia & singula suprascripta
Pro quibus omnibus & singulis &c *)

Pro Adam contra Ia- Die nono mensis Ianuarij in sta-
cobum Leopolth tione infrascripti creditoris In terra
Fluminis sci Viti praesentibus Mar-
tino çerch de locha Francisco dicto Francho de Creglino testibus ad haec uocatis & rogatis ac alijs Ibique Iacobus leopolth de locha sponte libere ex certa scientia non per errorem omni exceptione iuris uel facti remota per se suosque
heredes & successores fuit contentus & confessus se iuste teneri & dare debere Ser Ade Antonij de Firmo praesenti & pro
se suisque heredibus & successoribus stipullanti ducatos sexdecim boni auri & justi ponderis Et hoc pro oleo habito a
dicto creditore Quos quindecim ducatos dare & soluere promisit dictus debitor praefato creditori usque ad festum Sci
georgij proxime futurum sub pena quarti Qua soluta uel non

---

*) Cancellato, con in margine la nota: „MCCCCXXXVIII Indictione
prima die 27 mensis Aprilis Ego Antonius de reno cancellarius cancellaui
& aboleui praesens Instrumentum debiti quia praefatus fuit contentus &
confessus sibi integre solutum & satisfactum fuisse a dicto debitore praesentibus testibus Iudice Iohanne Misuli & Ser Mateo quondam Ser donati"

rata maneant omnia & singula suprascripta Pro quibus omnibus &c

PRO ADAM CONTRA GEOR-
GIUM SCHURIANAÇ

Die ac loco suprascriptis praesentibus Ser Stefano quondam blasij Nicolao repeglia pilipario ambobus habitatoribus dicte terre Fluminis testibus ad haec uocatis & rogatis ac alijs Ibique Georgius schurianaç de locha sponte libere ex certa scientia non per errorem omni exceptione iuris uel facti remota per se suosque heredes & successores fuit contentus & confessus se iuste teneri & dare debere Ser Ade Antonij de Firmo praesenti & pro se suisque heredibus & successoribus stipullanti ducatos uigintiocto boni auri et iusti ponderis Et hoc pro oleo habito a dicto creditore Quos quidem ducatos dare & soluere promisit dictus debitor praefato creditori usque ad festum Sci Georgij proxime futurum sub pena quarti Qua soluta uel non rata maneant omnia & singula suprascripta Pro quibus omnibus & singulis &c

PRO BARTOLO DE LA ÇI-
CHINA CONTRA TREGLIAM

Die Xº mensis Ianuarij sub porta terre Fluminis sci Viti praesentibus Iudice Mauro Vidonich Ser Castelino petro pertusano omnibus habitatoribus dicte terre Fluminis testibus ad haec uocatis & rogatis ac alijs Ibique Treglia uxor Marini passatoris sponte libere ex certa scientia non per errorem omni exceptione iuris uel facti remota per se suosque heredes & successores fuit contenta & confessa se iuste teneri & dare debere Ser Bartolo de la çichina de pensauro praesenti & pro se suisque heredibus & successoribus stipullanti libras uiginti nouem paruorum Quam quidem pecunie quantitatem dare & soluere promisit dicta debitrix praefato creditori per terminos infrascriptos videlicet libras octo usque ad festum carnispriuij proxime futurum Et residuum usque ad festum Sce Marie de mense augusti sub pena quarti Qua soluta uel non rata maneant omnia & singula suprascripta Pro quibus omnibus & singulis &c

PRO MARTINO TERÇICH
CONTRA UXOREM BACHIE

Die decimo mensis Ianuarij In publica platea terre Fluminis sci Viti praesentibus Iudice Bartolo glauinich

Ser Teodoro quondam Dominici Iohanne Machagno \*) omnibus habitatoribus dicte terre Fluminis testibus ad haec uocatis & rogatis ac alijs Ibique uxor Bachie sponte libere ex certa scientia non per errorem omni exceptione juris uel facti remota per se suosque heredes & successores fuit contenta & confessa se juste teneri & dare debere Martino terçich habitatori dicte terre Fluminis praesenti & pro se suisque heredibus & succes- soribus stipullanti libras sexaginta quatuor cum dimidio pa- ruorum Pro qua quidem pecunie quantitate dicta debitrix prae- fato creditori obligauit & pro speciali pignore designauit suam vincam positam in contrata dicta Rastocine inter suos confines hac condicione quod dictus creditor teneatur & debeat dictam vineam bene & diligenter laborare secundum consuetudinem dicte terre Fluminis & pro labore habere debeat medietatem omnium fructuum dicte vinee & Alteram medietatem fructuum dicte vinee habere debeat dicta debitrix hac condicione & pacto quod praefata debitrix suam medietatem uue dare teneatur praedicto creditore *(sic)* pro solutione suprascripti debiti & praedictus creditor teneatur ipsam medietatem uue accipere pro illo precio quo uendetur vua uel vinum ab alijs in dicta terra Fluminis Et sic fieri & obseruari debeat per ambas partes singulo anno usque ad integram satisfactionem suprascripti debiti Pro quibus omnibus & singulis suprascriptis sic firmiter obseruandis attendendis & adimplendis una pars alteri ad inuicem obligauit &c

PRO IUD CE NICOLAO CON- TRA IUDICEM MAURUM VI- DONICH

Die Xº mensis Ianuarij In lobia terre Fluminis Sci Viti praesentibus Iu- dice Paulo quondam Ser Marci Ser Tonsa quondam Ser Nicole Vito ma- tronich omnibus habitatoribus dicte terre Fluminis testibus ad haec uocatis & rogatis ac alijs Ibique Iudex Maurus Vidonich sponte libere ex certa scientia non per errorem omni exce- ptione iuris uel facti remota per se suosque heredes &succes- sores fuit contentus & confessus se iuste teneri & dare debere Iudici Nicolao quondam Antonij praesenti & pro se suisque heredibus & successoribus stipullanti Ducatos quinquaginta

---

\*) Dev'essere un'abbreviazione perchè sopra la *g* c'è una piccola a.

duos boni auri & iusti ponderis Et hoc pro quadam plegiaria
seu fideiussione quam dictus debitor fecit praefato creditori
pro Iudice Damiano quondam Matei Quam quidem pecunie
quantitatem dare e soluere promisit dictus debitor praefato
creditori usque ad festum Resurrectionis domini nostri Ihesu
Christi proxime futurum sub pena quarti Qua soluta uel non
rata maneant omnia & singula suprascripta Et ad maiorem
cautellam praefati creditoris dictus debitor ipsi obligauit & pro
speciali pignore designauit suam domum cum curia & suis pertinentijs posita in dicta terra Fluminis in contrata Sce Marie.

PRO IUDICE MAURO CON-
TRA DOMINAM LEPIÇAM

Die Xᵒ mensis Ianuarij in domo habitationis infrascripti Iudicis damiani
In terra Fluminis sancti Viti prae-
sentibus Iudice Paulo quondam Ser Marci Ser Castelino de
pensauro Vito matronich omnibus habitatoribus dicte terre
Fluminis testibus ad haec uocatis & rogatis ac alijs Ibique
domina Lepiça uxor Iudicis Damiani quondam Matei tanquam
plegia & fideiutrix dicti mariti sui sponte libere ex certa scientia
non per errorem omni exceptione iuris uel facti remota per
se suosque heredes & successores fuit contenta & confessa se
iuste teneri & dare debere Iudici Mauro Vidonich praesenti &
pro se suisque heredibus & successoribus stipullanti ducatos
quinquaginta duos boni auri & justi ponderis Quam quidem
pecunie quantitatem dare & soluere promisit dicta debitrix
praefato creditori usque ad festum Resurrectionis domini nostri
Ihesu Christi proxime futurum sub pena quarti qua soluta uel
non rata maneant omnia & singula suprascripta Pro quibus
omnibus & singulis suprascriptis sic firmiter obseruandis attendendis & adimplendis dicta debitrix praefato creditori obligauit omnia sua bona mobilia & immobilia praesentia & futura.

FINIS INTER DOMINAM RA-
DENAM & NICOLAUM RE-
PEGLIAM

Die XXI mensis Ianuarij in terra
Fluminis sci Viti In domo habitationis infrascripti Magistri Nicolai
praesentibus Venerabile Viro domino
presbytero Mateo arcidiacono & plebano dicte terre Fluminis
presbytero Iacobo quondam tomasoli Iudice Nicolao quondam
Antonij omnibus habitatoribus dicte terre Fluminis testibus

d haec uocatis & rogatis Ibique domina Radena uxor olim
iatei piliparij per se & suos heredes unus alteri adinuicem
ecerunt finem dimissionem transactionem & pactum de ulte-
ius non petendo de omni debito iure & actione & de omnibus
: singulis ad que unus alteri adinuicem tenebatur seu teneri
oterat usque ad praesentem diem Et hoc fecit una pars alteri
dinuicem eo quia utraque pars fuit contenta & confessa sibi
ategre solutum & satisfactum fuisse de omni debito re &
mnibus et singulis ad que una pars alteri adinuicem teneatur quacunque ratione uel causa Promittens una pars alteri
dinuicem litem questionem uel controuersiam aliquam uni al-
eri adinuicem uel suis heredibus non imferre nec inferenti
onsentire Sed omnia & singula suprascripta firma & rata ha-
ere tenere & non contrafacere uel uenire per se uel alios
liqua ratione causa uel ingenio de iure uel de facto sub pena
lupli eius quod peteretur.

PRO ADAM DE FIRMO CON-
RA IACOBUM DE CRAIE

Die primo mensis Ianuarij *) in penu
quod tenet infrascriptus creditor in
contrata Sce Barbare Agabito Dira-
ich Barto o Stefancich omnibus habitatoribus terre Fluminis
estibus ad haec uocatis & rogatis ac alijs Ibique Iacobus de
Jraie de locha sponte libere ex certa scientia non per erro-
em omni exceptione iuris uel facti remota per se suosque
ieredes & successores fuit contentus & confessus se iuste te-
ieri & dare debere Ser Ade Antonij de Firmo praesenti &
iro se suisque heredibus & successoribus stipullanti ducatos
iuatuordecim boni auri & iusti ponderis & hoc pro oleo ha-
iito a dicto creditore Quam quidem pecunie quantitatem dare
k soluere promisit dictus debitor praefato creditori ad omnem
equixitionem ipsius creditoris sub pena quarti qua soluta uel
ion rata maneant omnia & singula suprascripta Pro quibus
mnibus &c

PAOTA INTER IUDICEM VI-
UM ZOUANICH & SIMO-
EM VIOLICH

Die tercio mensis Februarij in statione infrascripti Viti Sarctoris praesentibus Iudice Cosma radolich Vito
filio domini arcidiaconi Vito sarctore

*) Evidentemente è un errore; dev'essere *februarij*.

quondam georgij omnibus habitatoribus dicte terre Fluminis
testibus ad haec uocatis & rogatis Ibique Iudex Vitus çouanich dedit locauit & affictauit Simoni Violich ibidem praesenti vnam Vineam positam naruigne (*o nariugne?*) usque
ad quinque annos prcxime futuros his pactis & condicionibus
quod dictus Simon teneatur & debeat dictam uineam bene &
diligenter laborare secundum consuetudinem dicte terre Fluminis & omni singulo anno excepto primo anno teneatur &
debeat dictus Simon pūēnare (?) quinquaginta capita vitium in
dicta vinea Et dictus Simon omni & singulo anno habere debeat medietatem omnium fructuum dicte vinee Pro quibus
omnibus & singulis suprascriptis sic firmiter obseruandis attendendis & adimplendis una pars alteri adinuicem obligauit
omnia sua bona mobilia & immobilia praesentia & futura.

COPIA LITTERE MISSE CO-
MITI CHERSI

Spectabilis ac generose amice ca-
rissime quia credimus quod inten-
tionis dominij Venetiarum nec uestri
sit facere nouitates Idcirco vobis notificamus qualiter dum a-
lia die noster cancellarius & ciuis Albone transiret Albonam
cum aliquibus assidibus personis & carnibus sallitis vestri
Auserenses cum barcha armata nullum Sci Marci signum fe-
rentes ut pirate accesserunt ad eos & introeuntes barcham
dicti cancellarij acceperunt tribus mulieribus ciuibus nostris
Res infrascripta Et primo Ielene vidoue pecias XV lineas a
capite Item vella VII a capite de Sirico Item unum Gausape
brachiarum Ve Item tria gausape brachiarum trium Item fazolos
3 a capite de Sirico Item Ielene Suselichieue unum vellum a capite
de Sirico Item 2 vella de bombace Item pecias 3 a capite de bombace Item 2 pecias a capite de sirico Itém pecias lineas a capite
8 Item unum façolum a capite de foloselo Item façolos lineos a
capite V.e Item unum gausape brachiorum sex Item sacculum
unum foloselorum ualoris soldorum 30 Item lucie pecias 13
lineas a capite Item peciam unam a capite de foloselo Item
2 Vella de sirico Item façolos 2 a capite lineos Item nasiter-
gia 13 Item unum par paternostrorum de ambro & vitro tur-
chino Item unum biretum a puero de panno. Et etiam ipsis
mulieribus quod enormius est acceperunt panem et caseum
quem portabant pro usu suo in barcha His vero rebus iniuste

irreptis dicta barca armata cum barcha praedicta accesserunt
simul usque ad portum rabaç ubi iterum barcham introiue-
runt querentes siquid inuenire possent & sic in dicta barcha
nuenerunt clauos quingentos Blasij crouatini ciuis albonensis
& ipsis inuentis dixerunt quod uolebant quod dicta barcha accederet auserenses Qui cancellarius consideratis expensis quos
pateretur eundo & redeundo promisit ipsis unum ducatum quod
ipsum dimitterent cum barcha qui credentes ipsum plus dare
respuerunt & tandem dum dictus cancellarius introiuisset barcham ipsorum uolens cum ipsis accedere Auserenses accepto
ducato & duobus humeris sallitis dimiserunt eum libere cum
barcha & res suprascriptas dictarum mulierum nunquam ipsis
restituere uoluerint Quapropter Spectabilitatem vestram ora-
mus & immensum deprecamur dignemini facere restitui mulieribus praedictis & cancellario nostro res suas ne maiores
ipsi incurrant impensas etiam contra omne equitatis ac iu-
sticie debitum res praefate arrepte sint Agite super hoc &
prouidete uelut uestri maiores qui uti non solum in propin-
quis sed etiam in remotis locis liquet virtutibus ac prudentia
micuerunt facerent & fecissent Nosque similia & his maiora
pro uestra amicitia facere minime dubitetis Valete proatque
&c datum in terra Fluminis Sci Viti die Vo mensis Februarij 1438

SUSCRIPTIO     Iacobus Raunacher Capitaneus Iudices ac regimen terra Fluminis Sci Viti

A Tergo

Spectabili ac generoso viro domino Iacobo delphino honorabili comiti chersi & Auseri amico carissimo &c

PRO MARTINO AURIFICE     Die VIo mensis Februarij In terra
CONTRA LUCHAM DE POSANA     Fluminis Sci Viti In statione infrascripti creditoris praesentibus Iudice
Vito barolich Stefano callelli de Ancona omnibus habitatoribus dicte terre Fluminis testibus ad haec uocatis specialiter & rogatis ac alijs Ibique Luches quondam Iohannis de posana sponte
libere ex certa scientia non per errorem omni exceptione iuris uel facti remota per se suosque heredes & successores fuit
contentus & confessus se iuste teneri & dare debere Martino

aurifici quondam dominici de segna habitatori dicte terre Fluminis praesenti & pro se ac suis heredibus stipullanti ducatos tres boni auri & iusti ponderis nomine mutui Quos quidem dücatos dare & soluere promisit dictus debitor praefato creditori usque ad festum Sci georgij proxime futurum sub pena quarti Qua soluta uel non rata maneant omnia & singula suprascripta Et ad maiorem cautellam praefati creditoris dictus debitor ipsi obligauit & pro speciali pignore designauit unum suum lintrum quem emit a mateo çersato pro ducatis quinque auri.

PRO PRODANO CONTRA STEFANUM CERNOLICH

Die VIº mensis Februarij In publica platea terre Fluminis Sci Viti praesentibus Ser Castelino de pensauro Stefano calleli de Ancona ambobus habitatoribus dicte terre Fluminis testibus ad haec uocatis & rogatis Ibique Stefanus cernolich sponte libere ex certa scientia non per errorem omni exceptione iuris uel facti remota per se suosque heredes & successores fuit contentus & confessus se iuste teneri & dare debere Ser Prodano de Pago habitatori dicte terre Fluminis praesenti & pro se ac suis heredibus stipullanti libras uiginti octo & soldos duodecim cum dimidio paruorum Et hoc pro vino habito a praefato creditore Quam quidem pecunie quantitatem dare & soluere promisit dictus debitor praefato creditori usque ad festum Sci Michaelis de mense septembris proxime fúturo sub pena quarti qua soluta uel non rata maneant omnia & singula suprascripta Et ad maiorem cautellam praefati creditoris dictus debitor ipsi obligauit suam domum positam in dicta terra Fluminis.

FINIS PRO SIMONE OSLICH

Die VIIº mensis Februarij sub porta terre Fluminis Sci Viti praesentibus Iudice Mauro Vidonich Iudice paulo quondam Ser Marci Agapito diraçich omnibus habitatoribus dicte terre Fluminis testibus ad haec uocatis & rogatis ac alijs Ibique Volch habitator laurane per se & suos heredes fecit finem dimissionem transactionem & pactum de ulterius non petendo Simoni oslich praesenti & pro se ac suis heredibus stipullanti de omni debito iure & actione & de omnibus & singulis ad que dictus

Simon dicto Volcho tenebatur seu teneri poterat aut Malgarite de
Flumine uxori dicti Volchi Et hoc fecit dictus Volchus quia
contentus & confessus fuit sibi integre solutum & satisfactum
fuisse a dicto Simone de omnibus & singulis ad que dictus
Simon tenebatur dicto Volcho quacunque ratione uel causa.

<small>Procura Francisci fabri
in Ser blasium golobich de
Cherso</small>

Die Xº mensis Februarij in terra Fluminis Sci Viti in domo habitationis
Iudicis pauli quondam Ser Marci praesentibus testibus Iudice Mauro Vido-
nich Teodoro quondam dominici Vito Matronich omnibus habitatoribus dicte terre Fluminis testibus ad haec uocatis specialiter & rogatis ac alijs. Ibique Franciscus faber quondam
Martini habitator dicte terre Fluminis omni uia modo iure &
forma quibus magis & melius sciuit ac potuit fecit constituit
creauit & ordinauit providum virum Ser blasium golobich de
Cherso absentem sed tanquam praesentem suum uerum & legitimum procuratorem actorem factorem & certum nuncium
specialem praesertim ad exigendum & recuperandum a magistro
Iacobo carpentario olim habitatore terre Fluminis omnem &
singulam quantitatem pecunie res & quecunque alia tam cum
cartis cyrographis & Instrumentis quam sine & de per eum
receptis finem dimissionem transactionem & pactum de vlterius
non petendo cum solemnitatibus necessarijs faciendum Et ad
comparendum si opus fuerit coram domino Comite chersi &
quocunque alio Iudice tam ecclesiastico quam saeculari Ad
agendum petendum respondendum libellos & petitiones dandum & recipiendum terminos & dillationes petendum testes
Instrumenta & alia iura sua producendum Sententias Audiendum & eas executioni mandare faciendum Et generaliter ad
omnia alia & singula dicenda &c.

<small>Pro Iudice Nicolao con-
tra Vitum Matronich</small>

Die XII mensis Februarij In terra
Fluminis Sci Viti In statione Magistri
Viti sarctoris praesentibus venerabile
viro domino presbytero Mateo arcidiacono & plebano dicte
terre Fluminis Iudice Mauro Vidonich Iudice Paulo quondam
Ser Marci Iudice Vito quondam Matchi omnibus habitatoribus

dicte terre Fluminis testibus ad haec uocatis & rogatis ac alijs
Ibique Vitus quondam Iudici Iohannis matronich sponte libere
ex certa scientia non per errorem omni exceptione iuris uel
facti remota per se suosque heredes & successores fuit contentus & confessus se habuisse ac manualiter recepisse a Iudice Nicolao quondam Antonij ibidem praesente dante ac sol-
uente libras quingentas paruorum in dotem & nomine dotis
dominae Katarine uxoris dicti Viti & sororis dicti Iudicis Nicolai
Renuncians exceptioni non habite non recepte &· non numerate dicte quantitatis pecunie Speique future habitionis ac re-
ceptionis omnique alij suo iuri ac legum auxilio Promittensque
dictus Vitus per se suosque heredes & successores dicto Iudici
Nicolao stipullanti nomine quo supra dictam quantitatem pecunie integre restituere quocienscunque quod absit casus ad-
uenerit restituende dotis Pro quibus omnibus & singulis suprascriptis sic firmiter obseruandis attendendis & adimplendis
dictus Vitus obligauit omnia sua bona mobilia & immobilia
praesentia & futura

PRO IUDICE NICOLAO CON-
TRA ANDREAM DE BISTRIÇE
Die XVII mensis Marcij In terra
Fluminis Sci Viti In statione Ser Ade
Antonij de Firmo praesentibus Ser
Stefano quondam blasij Ser Adam praefato testibus ad haec
uocatis & rogatis ac alijs Ibique Andreas quondam pauli de
xelmona habitator bistriçe sponte libere ex certa scientia non
per errorem omni exceptione iuris uel facti remota fuit contentus & confessus per se suosque heredes & successores se
iuste teneri & dare debere Iudici Nicolao quondam Antonij
de dicta terra Fluminis praesenti stipullanti & respondenti pro
se suisque heredibus & successoribus libras quadraginta & soldos decem & octo paruorum & hoc pro vino habito a praefato
creditore Quam quidem pecunie quantitatem dare & soluere
promisit dictus debitor praefato creditori usque ad primum
diem mensis Madij proxime futuri sub pena quarti qua soluta
uel non rata maneant omnia & singula suprascripta &c

PROCURA TOMASINI IN SER
ADAM DE FIRMO
Die XVI mensis Marcij In publica
platea terre Fluminis Sci Viti praesentibus Iudice Mauro Vidonich Iu-

dice Nicolao quondam Ser Antonij Ançelino de Florentia omnibus habitatoribus dicte terre Fluminis testibus ad haec uocatis & rogatis ac alijs Ibique Tomasinus quondam Tome de Vegla omni via modo iure & forma quibus magis & melius sciuit ac potuit fecit constituit creauit & ordinauit Ser Adam Antonij de Firmo praesentem & infrascriptum mandatum sponte suscipientem suum verum & legitimum procuratorem actorem factorem & certum nuncium specialem praesertim ad exigendum & recuperandum a domino presbytero Mateo plebano creglini omnem & certam quantitatem pecunie res & quecunque alia tam cum cartis & Instrumentis quam sine & de per eum receptis finem dimissionem & pactum de ulterius non petendo cum solemnitatibus necessarijs faciendum et ad incantari subastari & uendi faciendum omnia & singula pignera tam ipsi constituenti designata quam designanda Et ad comparendum coram quocunque Iudice tam ecclesiastico quam saeculari Ad agendum petendum respondendum libellos & petitiones dandum & recipiendum terminos & dillationes petendum testes Instrumenta & alia iura sua producendum Sententias audiendum & eos executioni mandare faciendum Et generaliter ad omia &c

PRO PETRO PERTUSANO CONTRA LEONARDUM DE CAMENICH

Die 19 mensis Marcij In publica platea terre Fluminis Sci Viti praesentibus Iudice Nicolao quondam Antonij Ser Adam de Firmo testibus ad haec uocatis & rogatis ac alijs Ibique Ser Leonardus de Stayn sponte promisit & se obligauit dare & consignare Ser Petro filio Ser Antonij pertusano Miliaria septem Ferri boni & bollati in ratione ducatorum XIII pro singulo Miliari usque ad festum Sci georgij proxime futurum Pro qua quidem ferri quantitate dictus Ser Leonardus fuit contentus & confessus se habuisse ac recepisse a dicto Ser petro pro parte solutionis ducatos octuaginta boni auri & justi ponderis. Renuncians exceptioni &c Pro quibus omnibus &c una pars alteri &c

PROCURA SER CASTELINI IN SER MATEUM & NICOLAUM FACHINUM

Die & loco praescriptis praesentibus Iudice Iuacio quondam blasij Iudice Nicolao quondam Antonij Ser Antonio pertusano omnibus habitato-

tribus dicte terre Fluminis testibus ad haec uocatis & rogais
ac alijs Ibique Ser Castelinus quondam Iohannis de pensauro
habitator dicte terre Fluminis omni uia modo iure & forma
quibus magis & melius sciuit ac potuit fecit constituit creauit
& ordinauit Ser Mateum quondam Ser Donati de Ancona &
Nicolaum Fachinum de cherso & quemlibet eorum In solidum ita quod occupantis conditio melioris non existat Sed
quod unus inceperit alter prosequi mediare & finire valeat
absentes sed tanquam praesentes suos veros & legitimos procuratores actores factores & certos nuncios speciales in causa
quam habet siue habere intendit Crecho de notare petro de
besti & ab ipso exigendum & recuperandum omnem & singulam pecunie quantitatem res & quaecunque alia & de receptis per eum finem quietationem remissionem & pactum de
vlterius non petendo cum solemnitatibus necessarijs faciendum Et ad Agendum petendum defendendum ciuiliter & cri-
minaliter coram quocunque officiali iudice ac rectore & etiam
arbitris & arbitratoribus Ad libellum dandum & recipiendum
excipiendum replicandum duplicandum quotiens ipsis aut alteri ipsorum uidebitur fore expediens & ad litem contestan-
dam de calumnia & ueritate dicenda in animam ipsius constituentis iurandum terminos & dillationes petendum proba-
tiones faciendum testes instrumenta & alia iura sua producendum Sententias audiendum & eas executioni mandare faciendum Tenutas capi faciendum tam ex primo decreto quam
ex secundo & ipsas subastari & uendi faciendum Item ad sustituendum loco sui unum uel plures procuratores & eos reuocandum rato manente praesente Mandato & generaliter ad
omnia alia & singula dicenda gerenda & procuranda que in
praedictis & circa praedicta & quolibet praedictorum duxerint
facienda & necessaria ac utilia uidebuntur etiam si talia forent que mandatum exigerent speciale Dans & concedens ipse
constituens dictis suis procuratoribus & cuilibet eorum in solidum & sustituendis ab eis uel altero ipsorum in praemissis
uel circa praemissa & quolibet praemissorum plenum arbitrium & generale mandatum cum plena libera & generali administratione agendi & exercendi omnia & singula suprascripta
Promittens eisdem procuratoribus suis & cuilibet eorum in
solidum & sustituendis ab eis uel altero eorum & mihi no-

tario tanquam publice procure stipullanti & respondenti uice
& nomine omnium quorum interest uel in futurum poterit interesse quicquid per dictos suos procuratores & quemlibet eorum in solidum uel sustituendos ab eis uel altero ipsorum
actum gestum fuerit perpetuo habiturum firmum & ratum
Insuper ipsos & quemlibet eorum in solidum & sostituen-
dos ab eis uel altero ipsorum ab omni satisdationis onere releuare Et ex nunc releuans &c

PROCURA IUDICIS NICOLAI
IN IUDICEM VITUM QUONDAM
MATCHI

Die & loco praescriptis praesentibus
Iudice Paulo quondam Ser Marci Ser
Mateo quondam Ser donati Vito Matronich omnibus habitatoribus dicte
terre Fluminis testibus ad haec uocatis & rogatis ac alijs Ibique Iudex Nicolaus quondam Antonij de dicta terra Fluminis
omni uia modo iure & forma quibus magis & melius sciuit ac
potuit fecit constituit creauit & ordinauit Iudicem Vitum quondam Matchi absentem sed tanquam praesentem suum uerum
& legitimum procuratorem actorem factorem & certum nuncium specialem praesertim ad exigendum & recuperandum a
magnificis dominis Arsenatus comunis Venetiarum omnem &
singulam quantitatem pecunie quam ipsi tenerentur pro re-
migio Et de per eum receptis finem dimissionem & pactum
de vlterius non petendo cum solemnitatibus necessarijs faciendum Et ad comparendum coram Serenissimo ac ducali dominio
Venetiarum & quocunque alio officio Ad agendum petendum
respondendum libellos & petitiones dandum & recipiendum
Sententias Audiendum & eas executioni mandare faciendum &
generaliter &c Dans &c Promittens &c

PRO PETRO PERTUSANO

Die XXIº mensis Marcij In publica
platea terre Fluminis praesentibus
testibus domino Bartolo filio Iudicis Iohannis Misuli Ser Prodano de pago Ibique nobiles vir (sic) dominus Maurus Vidonich & dominus Paulus quondam Ser Marci honorabiles Iudices dicte terre Fluminis praeceperunt mihi notario infrascripto
quatenus scribere deberem in actis cancelarie quatenus de
ipsorum Mandato Petrus filius Ser Antonij pertusano soluit
Magistro Ançe carpentario pro toto tempore quo dicto Petro

suprauiuerat Milcha olim eius Ancilla & filiastra dicti Magistri
Ançe & hoć quia praefatus Ançe probauit quod dictos denarios dimiserat dicta Milcha sibi oretenus quando obijt.

ACCORDATIO ÇACHARIÆ FI-
LIJ GOLACIJ MOLENDINARIJ
CUM SER MATEO DE NONA
Die XXIII mensis Marcij In terra
Fluminis Sci Viti In statione infrascripti Ser Antonij praesentibus Ser
Antonio pertusano de Venetijs Mar-
tino grubich luca Zamburich omnibus habitatoribus dicte terre
Fluminis testibus ad haec uocatis & rogatis ac alijs Ibique Fabianus golaç molendinarius habitator dicte terre Fluminis
sponte libere & certa scientia dedit locauit & affetauit çachariam filium suum cum uoluntate & consensu ipsius çacharie
hinc usque ad quinque annos proxime futuros Ser Mateo de
nona habitatori gradi his pactis & condicionibus videlicet quod
dictus Çacharias teneatur & debeat bene & fideliter obedire &
seruire dicto Ser Mateo dictis quinque annis Et dictus Ser
Mateus dare teneatur & debeat praedicto Çacharie uitum &
uestitum & ipsum diligenter tenere & gubernare & dare debeat & soluere pro salario dictorum quinque annorum praefato.
Çacharie seu eius patri libras centum paruorum hoc modo &
per infrascriptos terminos videlicet quod nunc antequam dictum
Çachariam secum ducat dare & soluere debeat patri suo libras decem & sic singulo anno usque ad quinque annos Et
in capite dictorum quinque annorum residuum Salarij hoc est
libras quinquaginta dare & numerare debeat praedicto Çacharie dictus Ser Mateus uel alij seu alijs quibus dare ordinaue-
rit dictus Çacharias Et hoc dare & soluere teneatur dictus Ser
Mateus si & in quantum praedictus Çacharias cum ipso steterit dictis quinque annis Pro quibus omnibus & singulis suprascriptis sic firmiter obseruandis attendendis & adimplendis
vna pars alteri adinuicem obligauit omnia sua bona mobilia
& immobilia praesentia & futura.

PRO IUDICE PAULO CON-
TRA VITUM SARTOREM
Die XXVIₒ mensis Marcij In terra
Fluminis Sci Viti In statione infra-
scripti debitoris praesentibus Iudice
Iuacio quondam blasij petro glaunich testibus ad haec uocatis
& rogatis ac alijs Ibique Vitus sarctor quondam georgij sponte

libere ex certa scientia non per errorem omni exceptione iuris uel
facti remota per se suosque heredes & successores fuit contentus &
confessus se iuste teneri & dare debere Iudici Paulo quondam Ser
Marci praesenti stipullanti & respondenti pro se suisque heredibus & successoribus libras triginta octo paruorum Et hoc pro
quadam plegaria quam fecit dictus Iudex Paulus Michleso
ircher de lubiana pro praedicto Vito debitore Quam quidem
pecunie quantitatem dare e soluere promisit dictus debitor
praefato creditori octo diebus ante festum Sce Malgarite proxime futurum sub pena quarti Qua soluta uel non rata maneant
omnia & singula suprascripta Renuncians ex nunc dictus debitor omnibus & singulis Saluisconductibus tam factis quam
que fient & omni alij ac singulo iuri atque legum auxilio quod
esset contra praesens Instrumentum debiti Insuper dictus
debitor ad maiorem cautellam praefati creditoris ipsi obligauit
& pro speciali pignore designauit suam Vineam naponxal &
omnia alia sua bona mobilia & immobilia praesentia & futura.

PROCURA PRESBYTERI IA-
COBI DE BUCHARO IN BAR-
TOLUM EIUS GENERUM
Die XXVII mensis Marcij In publica platea terre Fluminis Sci Viti
praesentibus Iudice Iohanne Misuli
Toma quondam Iacobi Remerio An-
drea quondam Antonuçi de Firmo omnibus habitatoribus dicte
terre Fluminis testibus ad haec uocatis & rogatis ac alijs I-
bique presbyter Iacobus Michlauich de Bucharo omni uia
modo iure & forma quibus magis & melius sciuit ac potuit
fecit constituit creauit & ordinauit Bartolomeum branchouich
de planina habitatorem Buchari absentem sed tanquam praesentem suum uerum & legitimum procuratorem actorem factorem & certum nuncium specialem Presertim ad exigendum
& recuperandum A Martino radich habitatore pole omnem &
singulam quantitatem pecunie quam dictus Martinus praefato
constituenti quacunque ex causa teneretur & de per eum receptis finem dimissionem quietationem & pactum de vlterius
non petendo cum solemnitatibus necessarijs faciendum E-
tiam ad comparendum si opus fuerit coram domino Comite
Pole & suis consullibus Ad Agendum petendum respondendum libellos & petitiones dandum & recipiendum terminos &
dillationes petendum testes Instrumenta & alia iura sua pro-

ducendum Sententias Audiendum & eas executioni Mandare
faciendum Et generaliter &c

PRO ADAM CONTRA IURI
BALOCH

Die & loco praefatis praesentibus Iudice Ambrosio quondam Sci Marci &
Ma͟teo quondam Ser donati Magistro
Michaele calefato testibus ad haec uocatis & rogatis ac alijs
Ibique Georgius Baloch de lubiana sponte libere ex certa scientia non per errorem omni exceptione iuris uel facti remota
per se suosque heredes & successores fuit contentus & confessus se iuste teneri & dare debere Andree Antonij de Firmo
stipullanti & respondenti uice & nomine Ser Ade fratris sui
& eius heredum ducatos XV.cim boni auri & iusti ponderis
et hoc pro oleo habito ab ipso creditore quam quidem pecunie quantitatem dare & soluere promisit dictus debitor praefato creditori usque ad festum Sci georgij proxime futurum uel
taliter facere cum effectu quod Vorichus de Iubiana promittet
praefato creditori dictam quantitatem peccunie antequam suprascriptus terminus expiret uel dabit ipsam peccuniam usque
ad festum Sce Malgarite proxime futurum Pro quibus omnibus

PRO PRAEDICTO CONTEA
VORICH FAMULUM DOMINI
CAPITANEI

Die XXVIII mensis Marcij in publica platea terre Fluminis Sci Viti
praesentibus Iudice Paulo quondam
Marci & Iudice ambrosio eius fratre
testibus ad haec uocatis & rogatis ac alijs Ibique Vorich famulus Domini capitanei & maritus marie xelexenicoue sponte
libere ex certa scientia non per errorem omni exceptione iuris
uel facti remota per se suosque heredes & successores fuit
contentus & confessus se iuste teneri & dare debere Andree
Antonij de Firmo praesenti stipullanti & respondenti vice &
nomine Ser Ade fratris sui ducatos septem cum dimidio boni
auri & justi ponderis Et hoc pro quadam plegiaria seu fideiussione quam dictus debitor fecit praefato creditori pro
Cociano de los Quam quidem pecunie quantitatem dare &
soluere promisit dictus debitor praefato creditori usque ad festum Sci georgij proxime futurum sub pena quarti qua soluta

uel non rata maneant omnia & singula suprascripta pro quibus omnibus &c *)

Pro presbytero Iohanne
·pacta cum carpentariis

Die XXVIII mensis Marcij In publica platea terre Fluminis Sci Viti
praesentibus Ser Mateo quondam
Ser Donati Ser Castelino de pensauro Martino de Segna aurifice omnibus habitatoribus dicte terre Fluminis testibus ad
haec uocatis & rogatis ac alijs Ibique Ançe teotonicus & Vrbanus ambo carpentarij tales cum domino presbytero Iohanne
quondam Antonij fecerunt pactum concordium & conuentionem videlicet quod dicti carpentarij omnibus suis expensis
debeant muraleam dicti presbyteri Iohannis prope domum sue
habitationis claudere circumcirca de assidibus leuigatis ab uno
latere tantum Saluo quod paries anterior debeat leuigari ab
utroque latere & facere unum porticetum tantum quantus est
paries anterior & ipsum claudere de assidibus leuigatis ab
utroque latere & eundem coperire teneantur & dictam Muraleam solorare teneantur & cooperire de tegulis quas dictus
presbyter Iohannes tenetur portari facere supra tectum suis
expensis trabes omnes sub solario debent esse dolovrati Sed
qui erunt sub tecto debent esse leuigati Scalas portas & exe-
dras facere & construere teneantur eo modo quo prius erant
Intelligendo tamen quod dictus presbyter Iohannes praefatis
carpentarijs dare teneatur omnem praeparamentum Et praefati carpentarij habere debeant a dicto presbytero Iohanne pro
labore suo libras septuaginta paruorum Promittens una pars
alteri adinuicem omnia & singula suprascripta attendere &
obseruare sub obligatione omnium suorum bonorum praesentium & futurorum.


*) Cancellato, con nel margine inferiore la nota: „MCCCCXXXVIII.o
Indictione prima die X.o mensis Aprilis praesens Instrumentum debiti fuit
cassum & cancellatum per Me Antonium de reno cancellarius eo quia
dictus Adam de Firmo creditor fuit contentus & confessus sibi integre solutum & Satisfactum À Cociano de los debitore praesentibus testibus uocatis & rogatis Georgio glauinich & Iacobo Tonchouich"

Pro dorothea quondam
iudicis Martini filia contra Vasmam de grobinicho
Die secundo Mensis aprilis ante domum habitationis infrascripte creditricis praesentibus Iudice Bartolo
glauinich Iudice Nicolao quondam
Antonij Teodoro quondam dominici omnibus habitatoribus
dicte terre Fluminis testibus ad haec uocatis & rogatis ac
alijs Ibique Vasma Iuich de grobinicho sponte libere ex certa
scientia non per errorem omni exceptione iuris uel facti remota per se suosque heredes & successoribus fuit contentus
& confessus se juste teneri & dare debere Dorothee filie quondam Iudicis Martini praesenti stipullanti & respondenti pro
se suisque heredibus & successoribus libras centum & duodecim paruorum Et hoc pro quadam parte molendini vendita
dicto debitori a praefata creditrice Quam quidem pecunie quantitatem dare & soluere promisit dictus debitor praefate credi-
rici per infrascriptos terminos videlicet libras quinquaginta
usque ad festum Sci georgij proxime futurum Et residuum usque
ad festum Sancte Malgarite proxime futurum sub pena quarti
qua soluta uel non rata maneant omnia & singula suprascripta
Et ad Maiorem cautellam dicte creditricis praedictus debitor
ipsi obligauit suprascriptam partem Molendini & omnia alia
sua bona &c *)

Die tertio mensis aprilis in publica platea terre Fluminis Sci Viti
praesentibus Iudice Bartolo glauinich Mateo quondam Ser donati Mar-
tino aurifice de Segna omnibus habitatoribus dicte terre Fluminis testibus ad haec uocatis & rogatis ac alijs Ibique Mateus çersato sponte libere ex certa scientia non per errorem
omni exceptione iuris uel facti remota per se suosque heredes & successores fuit contentus & confessus se iuste teneri
& dare debere Iudici Vito zouanich praesenti stipullanti &

---

*) Cancellato, con in margine la nota: „MCCCCXXXVIII Indictione
prima die XXVII mensis Iulij praesens Instrumentum debiti fuit cassum
& cancelatum a me Antonio de reno cancelario praefata dorothea fuit contenta & confessa sibi integre solutum & satisfactum fuisse a dicto creditore Praesentibus Ser Mateo quondam Ser donati Laurentio labutich Mateo gastaldo testibus ad haec uocatis & rogatis ac alijs"

espondenti pro se suisque heredibus & successoribus libras
eptuaginta sex paruorum Et hoc pro quadam domo quae
uit quondam Iohannis Sirognich vendita a dicto creditore
raedicto debitori Quam quidem pecunie quantitatem dare &
oluere promisit dictus debitor praefato creditori per terminos
nfrascriptos videlicet medietatem dicte pecunie usque ad fe-
tum asumptionis Beate Marie Virginis proxime futurum & re-
iduum usque ad festum Sci Martini proxime futurum sub pena
uarti Qua soluta uel non rata maneant omnia & singula su-
rascripta Et ad maiorem cautellam praefati creditoris dictus
ebitor ipsi obligauit suprascriptam domum & omnia alia sua
ona mobilia & immobilia praesentia & futura *)

Pro Iudice Nicolao con-
ra Ser Tonsam

Die quarto mensis Aprilis In terra
Fluminis Sci Viti In statione Iudicis
Nicolai infrascripti praesentibus testi-
us Ser Stefano blaxonich Vito Matronich ambobus habitato-
ibus dicte terre Fluminis testibus ad haec uocatis & rogatis
c alijs Ibique Ser Tonsa quondam Ser Nicole sponte libere
x certa scientia non per errorem omni exceptione iuris uel
acti remota per se suosque heredes & successores fuit con-
entus & confessus se iuste teneri & dare debere Iudici Ni-
olao quondam Antonij praesenti stipullanti & respondenti
ro se suisque heredibus & successoribus ducatos quinquaginta tres boni auri & iusti ponderis & soldos uiginti & hoc pro
leo habito a dicto creditore Quam quidem pecunie quantita-
em dare & soluere promisit dictus debitor praefato creditori
er infrascriptos terminos videlicet ducatos trigintanouem
isque ad festum Sci georgij proxime futurum Et residuum usque
d festum natiuitatis domini nostri Ihesu Christi proxime fu-
urum sub pena quarti qua soluta uel non rata maneant omnia
& singula suprascripta Pro quibus omnibus & singulis supra-
criptis sic firmiter obseruandis attendendis & adimplendis
lictus debitor obligauit praefato creditori omnia sua bona mo-
ilia & immobilia praesentia & futura

---

*) Cancellato, con in margine la nota: „1440 die 26 Ianuarij Ego
Antonius de reno cancellarius cancelaui praesens Instrumentum debiti de
oluntate creditoris praesentibus testibus Iudice Mateo quondam Ser do-
ati Iacobo micholich"

Pro Iudice Nicolao & Ser Adam de Firmo contra Ser Tonsam

Suprascriptis die loco ac testibus Ibique Ser Tonsa quondam Ser Nicole sponte libere ex certa scientia non per errorem omni exceptione iuris uel facti remota per se suosque heredes & successores fuit contentus & confessus se iuste teneri & dare debere Iudici Nicolao quondam Antonij & Ser Ade Antonij de Firmo paribus portionibus praesentibus stipullantibus & respondentibus pro se suisque heredibus & successoribus ducatos septuagintaquatuor boni auri & iusti ponderis Et hoc pro oleo habito a praefatis creditoribus Quam quidem pecunie quantitatem dare & soluere promisit dictus debitor praefatis creditoribus per infrascriptos terminos videlicet ducatos uiginti sex per totum mensem praesentem Et residuum usque ad festum assumptionis beate Marie Virginis proxime futurum sub pena quarti Qua soluta uel non rata maneant omnia & singula suprascripta Pro quibus omnibus & singulis suprascriptis sic firmiter obseruandis attendendis & adimplendis dictus debitor praefatis creditoribus obligauit omnia sua bona mobilia & immobilia praesentia & futura

Pro Ser Antonio pertusano contra Ser Mateum quondam Ser donati

Die VII mensis Aprilis in publica platea terre Fluminis Sci Viti praesentibus Ser Adam Antonij de Firmo Martino aurifice de segna Iohanne bastaxio omnibus habitatoribus dicte terre Fluminis testibus ad haec uocatis & rogatis ac alijs Ibique Ser Mateus quondam Ser donati de Ancona habitator dicte terre Fluminis sponte libere ex certa scientia non per errorem omni exceptione iuris uel facti remota per se suosque heredes & successores fuit contentus & confessus se iuste teneri & dare debere Ser Antonio pertusano de venetijs praesenti stipullanti & respondenti pro se suisque heredibus & successoribus ducatos ducentos quadraginta boni auri & justi ponderis Et hoc pro quadam plegiaria seu fideiussione quam dictus debitor fecit praefato creditori pro Achacio de Camenich Paulo lustalar & Iurlino selario de lubiana pro sex ballis bombacij tincti asculani habitis a praefato creditore In ratione ducatorum quadraginta pro singula balla Pro qua quidem pecunie quan-

itate dictus debitor praefato creditori dare tantum ferrum
onum & mercimoniale quod & quantum ascendat ad
uprascriptam quantitatem pecunie pro precio & foro con-
ento inter praefatum creditorem & praedictum Achacium
aulum & Iurlinum Pro quibus omnibus & singulis supra-
criptis &c*)

PRO IUDICE NICOLAO CON-
RA IACHEL ARAR

Die 9 mensis Aprilis In terra Fluminis Sci Viti In statione infrascripti
creditoris praesentibus Ser Adam de
irmo Vito matronich habitatoribus dicte terre Fluminis te-
tibus ad haec uocatis & rogatis ac alijs Ibique Iachel arar
e locha sponte libere ex certa scientia non per errorem omni
xceptione iuris uel facti remota per se suosque heredes &
successores fuit contentus & confessus se iuste teneri & dare
debere Iudici Nicolao quondam Antonij praesenti stipullanti
& respondenti pro se suisque heredibus & successoribus du-
atos triginta sex boni auri & justi ponderis Et hoc pro oleo
abito a dicto creditore pro qua quidem pecunie quantitate
dictus debitor praefato creditori dare & consignare promisit
in dicta terra Fluminis tantum ferrum bonum & mercimoniale
quantum ascendat ad suprascriptam quantitatem pecunie In
ratione XIII.cim ducatorum pro singulo Miliari usque ad festum ascensionis domini nostri Ihesu Christi proxime futurum
sub pena quarti qua soluta uel non rata maneant omnia &
singula suprascripta Pro quibus omnibus &c**)

*) Cancellato, con in margine la nota: „1441 die 23 mensis Iunij can-
celatum fuit praesens Instrumentum debiti eo quod Ser Petrus quondam
dicti Ser Antonij pertusano creditoris fuit contentus & confessus sibi
fuisse satisfactum praesentibus presbytero Iohanne micolich Martino de
segna aurifice testibus ad haec uocatis & rogatis ac alijs - Ego Antonius
cancellarius scripsi"

**) Cancellato, con in margine la nota: „1439 die XVII mensis Mar-
c'j Ego Antonius de reno cancellarius cancelaui et aboleui praesens Instrumentum debiti eo quod ipse creditor fuit contentus & confessus sibi
integre solutum & satisfactum fuisse a debitore praesentibus Ser Angelino bonfiol... de Florentia & Ser Castelino de pensauro"

Die Xº mensis Aprilis In publica
platea terre Fluminis Sci Viti praesentibus Ser Petro Nardi de Ancona Georgio glauinich de dicta
terra Fluminis testibus ad haec uocatis & rogatis ac alijs I-
bique Quocianus de los sponte libere ex certa scientia non
per errorem omni exceptione iuris uel facti remota per se
suosque heredes & successores fuit contentus & confessus se
iuste teneri & dare debere Ser Ade Antonij de Firmo mercatori in dicta terra Fluminis praesenti stipullanti & respondenti pro se suisque heredibus & successoribus ducatos nouem
boni auri & iusti ponderis & libras quinque & soldos septem
paruorum Et hoc pro Oleo habito a dicto creditore Quam quidem pecunie quantitatem dare & soluere promisit dictus debitor praefato creditori usque ad festum pentecostes proxime
futurum sub pena quarti Qua soluta uel non rata maneant omnia
& singula suprascripta cuius quidem debiti fideiussor & prin-
cipalis debitor exstitit Vorichus maritus marie xelexenicoue
cum obligatione omnium suorum bonorum ad preces praefati Quociani. Cui quidem Voricho praefatus Quocianus
per se suosque heredes extrahere & liberare atque indemnem
conseruare a suprascripta fideiussione ducatorum nouem librarum quinque & soldorum septem *)

Die XVIIIº mensis Aprilis in publica platea terre Fluminis Sci Viti
praesentibus Nobili Viro Iudice Iohanne Misulich georgio diraçich Ser
Adam Antonij de Firmo omnibus habitatoribus dicte terre
Fluminis testibus ad haec uocatis & rogatis ac alijs Ibique
Iacobus cristinich de Iubiana omni uia modo iure & forma
quibus magis & melius sciuit ac potuit fecit constituit creauit & ordinauit Providum Virum Ser Mateum quondam Ser

*) Cancellato, con in margine la nota: „1439 die XVIIII mensis Fe-
bruarij Cassatum et cancelatum fuit praesens instrumentum debiti eo quod
creditor fuit contentus & confessus sibi integre solutum & satisfactum
fuisse a dicto debitore praesentibus georgio petricich et Iohanne sarctore
de alemania - Ego Antonius cancellarius scripsi"

donati de Ancona praesentem & infrascriptum mandatum suscipientem suum verum & legitimum procuratorem actorem
factorem et certum nuncium specialem specialiter ac nominatim ad exigendum & recuperandum a Ser Forte de Curçula
omnem & singulam pecunie quantitatem res & • quaecunque
alia que dicto constituenti quacunque ex causa teneretur tam
cum cartis cyrographis & Instrumentis quam sine & de per
eum receptis finem dimissionem transactionem & pactum de
ulterius non petendo cum solemnitatibus necessarijs faciendum Et ad comparendum si opus fuerit coram quocunque
officiali Iudice ac rectore Ad agendum petendum respondendum libellos & petitiones dandum & recipiendum terminos &
dillationes petendum testes & Instrumenta & alia iura producendum Sententias audiendum & eas executioni mandare
faciendum Item ad sustituendum loco sui unum uel plures
procuratores & eos reuocandum rato manente praesente Mandato Et generaliter ad omnia &c Dans &c Promittens &c.

CONUENTIO IUDICIS NI-
COLAI & VORICHI DE LU-
BIANA

Die XXº Mensis Aprilis In terra
Fluminis Sci Viti In domo habitationis infrascripti Iudicis Nicolai praesentibus Iudice Vito quondam Matchi
Ser Angelino quondam..... de Florentia Stefano quondam blasij
omnibus habitatoribus dicte terre Fluminis testibus ad haec
uocatis & rogatis ac alijs Ibique Iudex Nicolaus quondam Antonij & Vorichus piliparius de Iubiana tales insimul fecerunt
conuenctionem & pactum videlicet quod dictus Vorichus dare
& consignare debeat dicto Iudici Nicolao in terra Fluminis
Miliaria octuaginta ferri boni & bollati in ratione XIII ducatorum pro singulo miliari per terminos infrascriptos videlicet
Miliaria XL.ta usque ad festum pentecostes proxime futurum &
alia XL.ta usque ad festum Sce Malgarite proxime futurum El
dictus Iudex Nicolaus dicto Voricho ibidem dedit & numerauit ducatos ducentos auri. Et in festo Sce Malgarite proxime futurum praedictus Iudex Nicolaus dicto Voricho dare &
numerare debet ducatos trecentos boni auri & justi ponderis
Et pro residuo praecij dicte quantitatis ferri praedictus Iudex
Nicolaus dicto Voricho dare debet oleum eo precio quo uendetur per Ser Antonium pertusano & Ser Adam de Firmo ad

festum natiuitatis domini nostri Ihesu Christi proxime futurum
Saluo tamen iusto impedimento ambarum partium Pro quibus omnibus & singulis suprascriptis sic firmiter obseruandis
attendendis & adimplendis una pars alteri adinuicem obligauit
omnia sua bona mobilia & immobilia praesentia & futura

PROTEXTUS IUDICIS NI-
COLAI CONTRA IOHANNEM ÇI-
MACH

Die secundo mensis Madij In publica platea terre Fluminis Sci Viti
praesentibus Nicolao scabich Cola de
pensauro & Vito sarctore omnibus
habitatoribus dicte terre Fluminis testibus ad haec uocatis &
rogatis ac alijs Ibique coram Nobili Viro Iudice Mauro Vidonich comparuit Iudex Nicolaus quondam Antonij asserens
& dicens qualiter noliçauerat Iohannem çimach cum quadam
Marciliana pro onerando ferrum & quod fecerat pactum cum
dicto Iohanne quod omnibus remotis impedimentis debere
omnimode discedere A ciuitate Segne pro ueniendo ad terram Fluminis die XXVIIº mensis Aprilis Et quia dictus Iohannes non uenit adhuc ad terram Fluminis eo quod non discessit a ciuitate Segne secundum pacta quod dicto Iudici Nicolao redundat in maximum damnum & praeiudicium Idcirco
dictus Iudex Nicolaus omnibus illis iuris remedijs quibus potuit protextatus fuit contra dictum Iohannem licet absentem
de ducatis quinquaginta auri pro suo damno & interesse &
quod amplius ipsum non uult expectare eo quod propter moram dicti Iohannis ipsum oportuit aliam capere uiam.

PRO SER ADAM DE FIR-
MO CONTRA CRESTANUM PLA-
NINAM

Die nono mensis Madij In statione
mei notarij praesentibus testibus Iohanne barlech Suarçelino pilipario
Toma quirinich de Castua testibus
ad haec uocatis & rogatis ac alijs Ibique Crestanus planina
de Iubiana sponte libere ex certa scientia non per errorem
omni exceptione iuris uel facti remota per se suosque heredes & successores fuit contentus & confessus se iuste teneri
& dare debere Ser Ade Antonij de Firmo mercatori in dicta
terra Fluminis praesenti stipullanti et respondenti pro se
suisque heredibus & successoribus ducatos quinquaginta quinque boni auri & iusti ponderis Et hoc pro oleo habito a

dicto creditore Pro qua quidem pecunie quantitate dictus debitor praefato creditori dare & consignare promisit in dicta tèrra Fluminis tantum ferrum bonum & bollatum de Ospergo quantum ascendat ad dictam quantitatem pecunie In ratione XIII ducatorum pro singulo Miliari usque ad festum Sci Michaelis de mense septembris proxime futuro sub pena quarti qua soluta uel. non rata maneant omnia & singula suprascripta. Pro quibus omnibus &c

**PRO PRODANO CONTRA STEFANUM MORTATH**

Die XVIIIº mensis Madij In platea terre Fluminis Sci Viti praesentibus Iudice Cosma radolich Francisco fabro Grisano tonchouich omnibus habitatoribus dicte terre Fluminis testibus ad haec rogatis & uocatis ac alijs Ibique Stefanus mortath per se suosque heredes & successores fuit contentus & confessus se iuste teneri & dare debere Ser Prodano de pago habitatori dicte terre Fluminis praesenti stipullanti & respondenti pro se suisque heredibus & successoribus libras quadragintaseptem & soldos nouem paruorum Et hoc pro vino habito a dicto creditore Quam quidem pecunie quantitatem dictus debitor praefato creditori dare & soluere promisit usque ad festum assumptionis Virginis Marie proxime futurum sub pena quarti Qua soluta uel non rata maneant omnia & singula suprascripta Et ad Maiorem cautellam praefati creditoris dictus debitor obligauit & pro speciale pignere designauit suam vineam positam in bergud.

**PRO PETRO RASAR SARCTORE CONTRA IUDICEM BACHINUM**

Die Vltrascripto In statione mei notarij infrascripti praesentibus generoso Viro domino Iacobo Raunacher Capitaneo terre Fluminis praedicte Iudice Mauro Vidonich Iudice Nicolao quondam Antonij omnibus habitatoribus dicte terre Fluminis testibus ad haec uocatis & rogatis ac alijs Ibique Nobilis Vir Iudex Iohannes Misuli sponte libere ex certa scientia non per errorem omni exceptione iuris uel facti remota per se suosque heredes & successores fuit contentus & confessus se iuste teneri & dare debere Petro Sarctori quondam Iohannis rasar famulo domini Capitanei suprascripti praesenti stipullanti & respondenti pro

se suisque heredibus & successoribus ducatos octuaginta boni
auri & justi ponderis nomine Mutui quam quidem pecunie
quantitatem dare & soluere promisit dictus debitor praefato
creditori usque ad festum annunciationis beate Virginis Marie proxime futurum sub pena quarti qua soluta uel non rata
maneant omnia & singula suprascripta Pro quibus omnibus
& singulis suprascriptis sic firmiter obseruandis attendendis
& adimplendis dictus debitor praefato creditori obligauit omnia
sua bona mobilia & immobilia praesentia & futura.

PROTEXTUS PETRI PERTU-
SANO CONTRA LEONARDUM
DE CAMENICH

Die XXII mensis Madij In publica
platea terre Fluminis Sci Viti praesentibus Ser Rafaele de Fossambruno Ser Adam & Andrea eius fra-
tre de Firmo testibus ad haec uocatis & rogatis ac alijs Ibique Coram Nobili Viro domino Mauro Vidonich tunc temporis honorabili Iudice dicte terre Fluminis Comparuit Petrus
filius Ser Antonij pertusano asserens & dicens qualiter Leonardus de Camenich ipsi dare & consignare tenebatur in dicta
terra Fluminis Miliaria septem boni ferri et bullati usque ad
festum Sci georgij proxime praeteritum uelut clare constat
quondam Instrumento scripto manu mei notarij infrascripti
die 19 mensis Marcij 1438 quod ferrum sibi minime datum
aut consignatum estat quod dicto petro redundat in maximum damnum & incomodum Quapropter praefatus Petrus
omni via modo iure & forma quibus magis & melius sciuit
ac potuit protestatus fuit contra dictum leonardum licet absentem de ducatis decem pro damno & interesse praefato petro hac de causa secutis. *)

PRO SER IOHANNE QUON-
DAM SER PAULI DE GALIA-
NIS DE ARIMINO CONTRA NI-
COLAUM SCABICH

Die XXIIII mensis Madij In publica
platea terre Fluminis sci Viti praesentibus Petro filio Ser Antonij pertusano de Venetijs Iudice Marco
glauinich Paulo barbitonsore quon-

*) Cancellato, con nel margine inferiore la nota: „Cancelaui de Man-
dato nobili Viri domini Mauri honorabilis Iudicis terre Fluminis Sci Viti
die 29 mensis octobris praesentibus Iudice Nicolao quondam Antonij &
petro Marino de Firmo testibus ad haec uocatis & rogatis 1438"

am georgij ambobus habitatoribus dicte terre Fluminis te-
tibus ad haec uocatis & rogatis ac alijs Ibique Coram No-
ili Viro domino Mauro Vidoniċh honorabili Iudice dicte terre
luminis Comparuit Nobilis vir Ser Iohannes quondam Ser
auli de galianis de arimino petens A Nicolao scabich ibi-
em praesente libras ducentas & septuaginta paruorum vi-
ore cuiusdam sentencie scripte manu Ser Guidonis quondam
omucij de spilinbergo publici ac legalis notarij & olim can-
elarij dicte terre Fluminis anno domini MCCCCXXII.....
me notario infrascriptos uiso & lecto Qui Nicolaus confessus
st coram testibus suprascriptis & me notario infrascripto su-
rascriptum debitum & Eidem Ser Iohanni praesenti stipulanti & respondenti pro se suisque heredibus & successori-
us dictus Nicolaus per se suosque heredes & successores
bligauit & pro speciali pignere designauit omnia sua bona
obilia & immobilia praesentia & futura pro suprascripto de-
ito librarum ducentarum & septuaginta paruorum.

PRO PETRO PERTUSANO
ONTRA ACHATIUM DE CA-
IENICH

Vltrascriptis die ac loco praesentibus Cola luce de pensauro Nicolao
scabich Paulo barbitonsore quondam
georgij omnibus habitatoribus dicte
terre Fluminis testibus ad haec uocatis & rogatis ac alijs I-
bique Achatius de Camenich sponte libere ex certa scientia
non per errorem omni exceptione iuris uel facti remota per
se suosque heredes & successores fuit contentus & confessus
se iuste teneri & dare debere Petro filio Ser Antonij pertusano praesenti stipullanti & respondenti pro se suisque heredibus & successoribus ducatos octuaginta boni auri & iusti
ponderis Et hoc pro duabus ballis bombacij asculani tincti
Pro qua quidem pecunie quantitate dictus debitor praefato creditori dare & consignare promisit in dicta terra Fluminis tantum ferrum bonum & bullatum quantum ascendat ad suprascriptam quantitatem pecunie in ratione ducatorum duodecim
cum dimidio pro singulo Miliari per totum mensem Iulij proxime futuri sub pena quarti qua soluta uel non rata maneant
omnia & singula suprascripta Pro quibus omnibus &c *)

---

*) Cancellato, con in margine la nota: „1438 Indictione prima die
XVIII mensis nouembris cancelaui & aboleui praesens Instrumentum con-

Paota Ser Ade de Fir-
mo & Achatij

Die XXIIII mensis Madij In dom
habitationis infrascripti Ser Ade prae
sentibus Ser Toma iacobi de Fan
Iudice Stefano roseuich Blasio cerdone quondam Antonij · te
stibus ad haec uocatis & rogatis ac alijs Ibique Ser Ada
Antonij de Firmo & Achatius de Camenich tales insimul fe
cerunt conuentiones & pactum videlicet quod dictus Ser A
dam dare debeat praedicto Achatio ducatos ducentos auri quo
ibidem quam citius dedit & numerauit & Miliaria undeci
olei pro illo praecio quo vendetur in dicta terra Fluminis ɛ
alijs mercatoribus circa festum Sci Martini proxime futurum
praedictus Achatius dicto Ser Ade dare & consignare ten
tur in dicta terra Fluminis tantum ferrum bonum & bollat
de Ospergo quantum ascendat ad suprascriptas quantitate
pecunie & olei In ratione XIII ducatorum pro singulo milia
per terminos infrascriptos videlicet Miliaria triginta usque a
festum sce Malgarite et residuum usque ad festum Sci Mai
tini proxime futurum Pro quibus omnibus & singulis supra
scriptis sic firmiter obseruandis attendendis & adimplendi
una pars alteri adinuicem obligauit omnia sua bona mobili
& immobilia praesentia & futura *)

Pro Prodano contra
Bartolum de la çichina

Die XXVI mensis Madij In public
platea terre Fluminis Sci Viti prae
sentibus Cola luce de pensauro Se
Rafaele de fossambruno Petro filio Ser Antonij pertusano te
stibus ad haec uocatis & rogatis ac alijs Ibique Bartolus d
la çichina de pensauro sponte libere ex certa scientia non pe
errorem omni exceptione iuris uel facti remota per se suosqu
heredes & successores fuit contentus & confessus se iuste te

fessionis debiti eo quod dictus creditor fuit contentus & confessus sibi ir
tegre solutum & satisfactum fuisse A Ser Adam Antonij de Firmo nomin
Acatij debitoris praesentibus petro Marino de Firmo & Iacobo Antonio d
Flumine"

*) Cancellato, con in margine la nota: „1439 die XX.o mensis Apr
lis Ego Antonius de reno cancellarius cancelaui & aboleui praesentem ir
strumentum eo quod Adam creditor fuit contentus & confessus sibi int
gre fuisse satisfactum a dicto Achatio praesentibus Vito domini arcidiaco
& georgio..... criçich

neri & dare debere Prodano de Pago habitatori dicte terre
Fluminis praesenti stipullanti & respondenti pro se suisque
heredibus & successoribus ducatos triginta octo boni auri &
justi ponderis nomine mutui Quam quidem pecunie quantitatem dare & soluere promisit dictus debitor praefato creditori
usque ad XXVI diem mensis Iunij proxime futuri sub pena
quarti qua soluta uel non rata maneant omnia & singula suprascripta Et ad maiorem cautellam praefati creditoris dictus
debitor ipsi obligauit & pro speciali pignere designauit omnem
& singulam frumenti quantitatem quam habet in dicta terra
Fluminis hac conditione quod omnes & singuli denarij qui
extrahentur de ipso frumento singulo die dari debeant praefato
prodano uel eius nuncio usque ad satisfactionem suprascripti
debiti

TESTIFICATIO IN FAUOREM IACOBI FRATRIS IUDICIS NICOLAI

Die XXVIII mensis Madij In publica
platea terre Fluminis Sci Viti Coram
Venerabili Viro Domino Arcidiacono
Iudice Iohanne Misuli Iudice Mauro
Vidonich Iudice Paulo quondam Ser Marci Presbyter Mateūs
lepanich presbyter Antonius Visignich testes producti per Iudicem Nicolaum quondam Antonij In causa querele olim facte
A Milcha olim ancilla Ser Antonij pertusano sacramentati a
suprascripto domino arcidiacono dixerunt & testificati fuerunt
qualiter dum dicta Milcha iaceret infirma rogarunt eam quod
dicere uellet veritatem an Iacobus quondam Antonij ei aliquam
intulerit uiolentiam que respondit quod uerum est quod dum
esset in orto dicti Ser Antonij pertusano ad ipsam uenit praefatus Iacobus dicens *bondi rosiça* & ipsa dixit ei uade cum
domino quia patronus meus nunc est venturus & ipse dixit
ego portabo tibi unum anulum & ipsa dicebat uade cum domino & tandem dictus Iacobus ipsam cepit per manum & sic
cecidit & ipsa protrahere cepit Interim patronus eius uenit &
dictus Iacobus discessit & dixit dicta Milcha quod nullam facere uolebat querelam eo quia nullam verecundiam nec vio-
lentiam receperat a dicto Iacobo sed patronus eius coegit eam
conqueri & quod volebat quod exclamaret sed ipsa noluit.

Pro Capitulo contra Stefanum Capelarium Die 3ọ mensis Iunij In publica platea terre Fluminis Sci Viti praesentibus Iudice paulo quondam Ser Marci paulo barbitonsore quondam georgij testibus ad haec uocatis & rogatis ac alijs Ibique Stefanus capelarius habitator dicte terre Fluminis sponte libere ex certa scientia non per errorem omni exceptione iuris uel facti remota per se suosque heredes & successores fuit contentus & confessus se iuste teneri & dare debere presbytero Iohanni quondam Antonij praesenti stipullanti & respondenti uice ac nomine totius capituli dicte terre Fluminis libras decem et octo paruorum pro qua quidem pecunie quantitate dictus debitor praefato capitulo obligauit et pro speciali pignore designauit omnes & singulos usufructus suos anni praesentis.

Die 9 mensis Iunij In publica platea terre Fluminis Sci Viti praesentibus Iudice Nicolao quondam Antonij Paulo stefani mortath ambobus habitatoribus dicte terre Fluminis testibus ad haec vocatis & rogatis ac alijs Ibique Petrus Marci Laurentius quondam clementis de pirano & Valentinus de sca Cruce omnes habitatores Venetiarum dimisserunt in manus Ser Teodori quondam dominici Vnam capsam cum pipere & zinçibere & duos saccullos cum bombace fillato albo & nigro & Vnam capsam semiplenam sapono Albo. Et conuenerunt insimul partes praedicte quod dictus Teodorus teneatur & debeat suprascriptas res dare ipsis uel uni ipsorum qui petet ipsas & dicti Petrus laurentius & Valentinus dicto Teodoro uel opponere possint cuicunque ipsorum dederit suprascriptas res dum tamen ille uel illi extrahant eum de quadam plegiaria quam fecit heredibus quondam Moysi pro dictis Petro laurentio & Valentino pro quadam barca. *)

Pro Arcidiaconatu tote terre Fluminis Die 9 mensis Iunij in sacrastia ecclesie Sce Marie terre Fluminis Sci Viti praesentibus Iudice Mauro Vido-

*) Cancellato, con in margine la nota: „1438 Indictione prima die XVII mensis Augusti Cancelatum fuit hoc Instrumentum quia ipsi depositores fuerunt contenti & confessi habuisse omnes suas res contentas In Instrumento praesentibus Ser Tonsa quondam Ser Nicole et Mateo gaſtaldo. Ego Antonius cancelarius scripsi.“

ich Iudice Paulo quondam Ser Marci Iudice Nicolao quon-
am Antonij Nicolao scabich omnibus habitatoribus dicte terre
luminis testibus ad haec uocatis & rogatis ac alijs Ibique .... *)

PRO ADAM DE FIRMO CON-
RA MICHSAM DE LOS

Die XI mensis Iunij In statione infrascripti Ser Ade in terra Fluminis Sci
Viti praesentibus Martino Macellatore
oschano quondam Çanobij ambobus habitatoribus dicte terre
luminis testibus ad haec uocatis & rogatis ac alijs Ibique
Michsa Cramarius de los sponte libere ex certa scientia non
per errorem omni exceptione iuris uel facti remota per se
suosque heredes & successores fuit contentus & confessus se
iuste teneri & dare debere Ser Ade Antonij de Firmo praesenti stipullanti & respondenti pro se suisque heredibus &
successoribus ducatos decem boni auri & justi ponderis. Quam
quidem pecunie quantitatem dare & soluere promisit dictus
debitor praefato creditori usque ad festum Sce Malgarite proxime future sub pena dupli qua soluta uel non rata maneant
omnia & singula & suprascripta Pro quibus omnibus &c

PROTEXTUS RADOSLAUJ PI-
LIPARIJ CONTRA PAULUM
MORTATICH

Die XIIII mensis Iunij In statione
mei notarij infrascripti praesentibus
Nicolao scabich Quirino cigantich
ambobus habitatoribus dicte terre
Fluminis testibus ad haec uocatis & rogatis ac alijs Ibique
Coram Nobili Viro domino Paulo quondam Ser Marci honorabili Iudice dicte terre Fluminis comparuit Radoslauus piliparius asserens & dicens qualiter Paulus mortatich promisit
sibi dare trecentas & tres pelles agnelinas chersinas in ratione librarum quadraginta quinque pro singulo centenario &
quod ipsi uidetur quod non attendet sibi id quod promisit
Quapropter protextatus fuit contra dictum paulum ibidem
praesentem pro singula pelle que deficiet usque ad supra-

---

*) Il tratto seguente della pagina è lasciato in bianco, attraversato
da due croci intrecciate.

scriptam quantitatem pellium duodecim solidos omnibus illis iuris remedijs quibus melius potest & debet.*)

Die XIII mensis Iunij In statione mei notarij infrascripti in terra Fluminis Sci Viti praesentibus Martino terçich Ambrosio radolich Cosma mulsetich omnibus habitatoribus dicte terre Fluminis testibus ad haec uocatis & rogatis ac alijs Ibique Petrus filius Antonij pertusano & Antonius Nicolai de monte albodio insimul taliter conuenerunt videlicet**)

PARS CAPTA PRO PISCA-
TIONE TONORUM

Die XVIIII mensis Iunij In Lobia terre Fluminis Sci Viti Per generosum virum dominum Iacobum Raunacher Capitaneum Iudicem Maurum Vidonich Iudicem Paulum cresolich ad praesens Iudices dominum presbyterum Mateum Arcidiaconum Iudicem Iohannem Misulich Iudicem Stefanum ruseuich Iudicem Maurum glauinich Iudicem Ambrosium cresolich Iudicem Cosmam radolich Iudicem Vitum barulich Iudicem Nicolaum micolich Ser Tonsam quondam Ser Nicole omnes consiliarios terre Fluminis capta fuit pars infrascripti tenoris quod quilibet piscator dicte terre Fluminis siue de Castua possit proicere rectia tonorum in prelucham in mare dumtaxat aliquis alius non proiecerit prius rectia non obstante quod barcha siue linter esset legatus cum hominibus aut rectibus uel siue hominibus aut rectibus uel non ligatus

PRO TOTO ARCIDIACONATU
TERRE FLUMINIS

Die XX mensis Iunij In terra Fluminis Sancti Viti In ecclesia Sancti Augustini praesentibus Iudice Mauro Vidonich Iudice paulo quondam Ser Marci ad praesens Iudicibus Iudice Stefano roseuich Iudice Iuacio quondam blasij Iudice Vito quondam Ser Matchi Iudice Cosma radolich Iudice Ambrosio cresolich Iudice Vito barulich Iudice Nicolao micolich Ser Stefano blasinich Ser Tonsa quondam Ser Nicole omnibus consiliarijs dicte terre Fluminis testibus ad haec uocatis & rogatis Ibique cum Reuerendus In Christo pater ac

---

*) Cancellato senza alcuna nota.
**) Cancellato

dominus dominus dominicus de luschis episcopus polensis petat & intendat habere a sacerdotibus Arcidiaconatus terre Fluminis contra omne iuris debitum etiam contra consuetudines antiquas dicti Arcidiaconatus Idcirco venerabilis vir dominus presbyter Mateus Arcidiaconus &˙ plebanus dicte terre Fluminis scripsit Plebano & sacerdotibus Castue Plebano Valprinacij plebano & sacerdotibus Laurane plebano Muschieniçe plebano Breseci & sacerdoti Clane quod omnes venire siue mittere debeant ad dictam terram Fluminis pro prouidendo pro dicto Caritatiuo subsidio quod omnes miserunt & aliqui personaliter venerunt quorum sacerdotum nomina sunt hec Imprimis suprascriptus dominus presbyter Mateus Arcidiaconus & Plebanus presbyter Mateus lepanich presbyter Iacobus quondam Tomasoli *)

PROTESTUS QUIRINI QUON-
DAM MICHLINI DE VEGLA

Die XXIII mensis Iunij sub lobia terre Fluminis vbi ius redditur Ibique Coram dominis Iudicibus & consilio terre Fluminis predicte Comparuit Nicolaus Marcouich tanquam aduocatus Quirini quondam Michlini de Vegla ibidem praesentis petens a Ser Adam de Firmo medietatem carechie & lucri cum ea facti et quia causa finem habere tunc non potuit Ideo praefatus Nicolaus nomine quo supra protestatus fuit omnibus illis remedijs iuris quibus melius potuit de ducatis pro medietate dicte Carachie si aliquid de Carachia accideret & e conuerso dictus Ser Adam protestatus fuit de ducatis eo quod hac de causa non potest accedere quo intendit unde magnum patitur damnum & incomodum.

PRO FRANCISCO DE AN-
CONA CONTRA SER ANTO-
NIUM PERTUSANO

Die XVIII mensis Iulij in publica platea terre Fluminis Sci Viti praesentibus Agabito diraçich & Venetiano de Cregijno ambobus habitatoribus dicte terre Fluminis testibus ad haec uocatis & rogatis

---

*) Cancellato, con in margine la nota: „1440 die 4.o mensis Madij cancellatum fuit hoc Instrumentum de voluntate domini presbyteri Matei Arcidiaconi & plebani dicte terre Fluminis praesentibus Iudice Mauro Vidonich Iudice Paulo quondam Ser Marci testibus ad haec uocatis & rogatis — Ego Antonius cancellarius scripsi"

ac alijs Ibique Ser Antonius pertusano habitator dicte terre Fluminis Sponte libere ex certa scientia non per errorem omni exceptione iuris uel facti remota per se suosque heredes & successores fuit contentus & confessus se iuste teneri & dare debere Francisco Dominici de Ancona praesenti & pro se suisque heredibus & successoribus stipullanti libras quadraginta vnam & solidos quindicim paruorum Et hoc pro bombace habito a dicto creditore Quam quidem pecunie quantitatem dare & soluere promisit dictus debitor praefato creditori usque ad festum nundinarum Castri Cregijni proxime futurum sub pena quarti Qua soluta uel non rata maneant omnia & singula suprascripta Pro quibus omnibus & singulis suprascriptis sic firmiter obseruandis attendendis & adimplendis dictus debitor praefato creditori obligauit omnia sua bona mobilia & immobilia praesentia & futura *)

PRO SER ANTONIO PERTUSANO     Die & loco vltrascriptis praesentibus Iudice Mauro Vidonich Ser Castelino de pensauro Vitus Matronich fuit contentus & confessus se habuisse ac recepisse a Ser Antonio pertusano libras triginta sex paruorum quas idem Vitus anno praeterito dederat praefato Ser Antonio nomine Ciriaci magistri Francisci de Ancona qui fideiussit pro dicto Vito Ancone pro panno ibidem accepto a praefato Vito

PRO ADAM DE FIRMO CONTRA TOMAM DE CASTUA     Die XXI mensis Iulij In publica platea terre Fluminis Sancti Viti praesentibus Iudice paulo quondam Marci Teodoro quondam dominici Prodano de Pago omnibus habitatoribus dicte terre Fluminis sponte libere ex certa scientia

---

*) Cancellato, con in margine la nota: „1439 die 26 mensis Aprilis Ego Antonius de reno cancelarius cancelaui & aboleui praesens Instrumentum debiti eo quod Antonius magistri marini de Ancona procurator Francisci creditoris uti constat Instrumento publico scripto manu Ser Matei petri gratiani de Ancona publici ac legalis notarij anno domini MCCCCXXXVIIII Indictione secunda die undecima mensis Aprilis a me notario & cancelario viso & lecto fuit contentus & confessus sibi nomine quo supra integre solutum et satisfactum fuisse a dicto Ser Antonio debitore praesentibus testibus Ser Tonsa quondam Ser Nicole & Ser Cola luce de pensauro"

non per errorem omni exceptione iuris uel facti remota per
se suosque heredes & successores fuit contentus & confessus
se iuste teneri & dare debere Ser Ade Antonij de Firmo praę-
senti stipullanti & respondenti pro se suisque heredibus &
successoribus libras quinquagintasex paruorum pro qua quidem pecunie quantitate dictus debitor praefato creditori obligauit & pro speciali pignere designauit suam vineam positam
in districtu Fluminis in loco dicto borgud in ploç Pro quibus
omnibus &c

PRO PETRO PERTUSANO<br>CONTRA MATEUM QUONDAM<br>SER DONATI

Die XXVIIII mensis Iulij In publica platea terre Fluminis Sancti
Viti praesentibus Simone Vanni de
Esculo Vito matronich de dicta terra
Fluminis Ser Adam de Firmo testibus ad haec uocatis & rogatis ac alijs Ibique Ser Mateus quondam Ser Donati de Ancona sponte libere ex certa scientia non per errorem omni
exceptione iuris uel facti remota per se suosque heredes &
successores fuit contentus & confessus se iuste teneri & dare
debere Ser Petro pertusano de Venetijs praesenti stipullanti
& respondenti pro se suisque heredibus & successoribus ducatos trecentum boni auri & justi ponderis prout constat quoddam Instrumento scripto manu mei notarij infrascripti anno
domini 1438 die VII mensis Aprilis & quodam cyrographo
scripto manu praefati debitoris Anno domini 1438 die 19 mensis Aprilis a me notario infrascripto uisis & lectis quam quidem pecunie quàntitatem dare & soluere promisit dictus debitor praefato creditori in reuersione itineris quod nunc est
facturus Et ad maiorem cautellam praefati creditoris dictus
debitor eidem obligauit & pro speciali pignere designauit
septem uegetes olei positos in domum domini Iohannis de
prem prope Macellum & si praedictum oleum non satisfaceret usque ad integram solutionis satisfactionem praefatus debitor praedicto creditori obligauit omnia alia sua bona mobilia & immobilia praesentia & futura Predictum tamen oleum
stare & esse debet risico & periculo dicti debitoris. *)

*) Cancellato, con in margine la nota: „MCCCCXXXVIII Indictione
prima die quinto mensis nouembris cancelaui & aboleui praesens Instrumentum debiti eo quod ipse creditor fuit contentus & confessus sibi in-

Procura Iudicis Iohannis Misuli

Die penultimo mensis Iulij In littore maris ante portam terre Fluminis Sancti Viti praesentibus Iudice Ambrosio quondam Ser Marci Iudice Vito quondam Matchi Iudice Nicolao quondam Antonij omnibus habitatoribus dicte terre Fluminis testibus ad haec uocatis & rogatis ac alijs Ibique Nobilis Vir Dominus Iohannes Misuli omni uia modo iure & forma quibus magis & melius sciuit ac potuit fecit constituit creauit & ordinauit Nobilem Virum Nicolaum quondam domini Enrici de Vngerspach Absentem sed tanquam praesentem suum verum & legitimum procuratorem actorem factorem & certum nuncium specialem specialiter ac nominatim ad exigendum & recuperandum a dominis Arsenatus Comunis Venetiarum omnem & singulam pecunie quantitatem quam quomodocunque praefato constituenti dare tenerentur & de per eum receptis finem dimissionem & pactum de vlterius non petendo cum solemnitatibus necessarijs faciendum Et Ad comparendum si opus fuerit pro dicta causa Coram Serenissimo Inclito ac ducali Dominio Venetiarum Et generaliter &c dans &c Promittens &c

Pro Cola de pensauro contra bonacorsium

Die vltimo mensis Iulij sub arbore quae est in littore maris ante portam terre Fluminis Sci Viti Coram Nobilibus Viris Iudice Paulo quondam Ser Marci tunc temporis Iudice terre Fluminis Iudice Nicolao quondam Antonij tunc temporis Iudice loco Iudicis Mauri Vidonich Iudice Iohanne Misuli Comparuit Ser Bonacursius Petri Nicole de pensauro petens in Iudicio A Cola luce de pensauro ducatos quinquaginta sex auri pro affictu siue pensione Medietatis unius domus posite in ciuitate Segne quam medietatem domus dictus Cola emit ducatis triginta duobus auri

Protestus Ser Adam de Firmo contra Ser Tomam lodouici

Die primo mensis Augusti sub arbore populea quae est ante portam terre Fluminis Sancti Viti praesentibus Teodoro quondam Dominici Ser

tegre solutum & satisfactum fuisse a dicto debitore praesentibus Iudice Vito quondam Matchi Iudice Nicolao quondam Antonij Ego Antonius cancellarius scripsi."

Mateo quondam Ser Donati Milasino calafato omnibus habitatoribus dicte terre Fluminis testibus ad haec uocatis & rogatis ac alijs Ibique Coram Dominis Iudicibus & consilio comparuit Ser Adam Antonij de Firmo asserens & dicens qualiter Ser Tomas Iodouici habitator Segne vendidit sibi medietatem carachie que fuit Michlini de Vegla & nunc per dictorum dominorum sententiam dicta medietas fuit judicata heredibus praefati Michlini quod sibi redundat in maximum
damnum quapropter omni via modo iure & forma quibus ma-·
gis & melius potuit & de iure debuit protestatus fuit contra
praefatum Ser Tomam licet absentem sed tanquam praesentem de ducatis centum pro damno huc usque habito etiam
protestatus fuit contra eundem de omni damno interesse &
expensis secutis & secuturis

PROTESTUS EIUSDEM CON-
TRA HEREDES QUONDAM MI-
CHLINI

Vltrascriptis loco ac testibus Coram
Nobili Viro Iudice Iohanne Misuli
existente loco domini Capitanei Comparuit Adam Antonij de Firmo asse-
rens & dicens qualiter Iudices & consilium terre Fluminis
praedicte sententiarunt quod medietas sue carachie sit & esse
debeat heredum quondam Ser Michlini de Vegla quapropter
rogat Ser Nicolaum Marchouich & Quirinum filium dicti quondam Michlini quatenus habere debeant custodiam et ponere
in dicta carachia quamdam personam que custodiat aliter si
quid contingerit de carachia protestatur de ea & de omni
damno & interesse quod habebit pro ea

PROTESTUS SER NICOLAI
MARCHOUICH CONTRA ADAM
ANTONIJ DE FIRMO

Vltrascriptis die loco ac testibus Coram Nobili viro Iudice Iohanne Misuli existente loco domini Capitanei
Comparuit Nicolaus Marchonich tan-
quam procurator & procuratorio nomine Ser Tome Ludouici &
Nicolai dicti Culela & Quirini de Vlachi uti commissariorum Ser
Michlini de Vlachi de Vegla asserens & dicens qualiter rogat Adam Antonij de Firmo ibidem praesentem debeat & ve-
lit eidem consignare carachiam in Flumine ligatam aliter si-

quid contingerit protestatur pro carachia & coredijs ducatos ducentos auri & omne damnum & expensas secuturas

PRO VITO MATRONICH CON-
TRA GEORGIUM GLAUINICH Die secundo mensis Augusti In statione mei notarij infrascripti in terra Fluminis Sci Viti praesentibus Ser Stefano blaxonich Martino terçich Venetiano Bartoli de Cregijno omnibus habitatoribus dicte terre Fluminis testibus ad haec uocatis specialiter & rogatis ac alijs Ibique Georgius filius Iudicis Marci glauinich sponte libere ex certa scientia non per errorem omni exceptione iuris uel facti remota per se suosque heredes & successores fuit contentus & confessus se habuisse ac recepisse A Vito Matronich praesenti (*sic*) & stipullante pro se suisque heredibus & successoribus in rebus exstimatis libras quingentas paruorum nomine dotis Dominae Perse sororis Dicti Viti & uxoris praedicti georgij Conuenerunt — que simul praefati Vitus & georgius per solemne pactum quod vnus alteri non inferet litem quaestionem uel controuersiam aliquam de omni & singula re quam alter possideat Sed potius volunt & contentantur quod uterque ipsorum pacifice possideat omnia & singula que nunc possidet sine conditione alterius Pro quibus omnibus & singulis suprascriptis sic firmiter obseruandis attendendis & adimplendis vna pars alteri adinuicem obligauit omnia sua bona mobilia & immobilia praesentia & futura.

PRO GEORGIO DE DREUE-
NICO CONTRA ANTONIUM FUR
LANUM Die tercio mensis Augusti In statione mei notarij infrascripti In terra Fluminis Sci Viti praesentibus Martino terçich Mateo çersato Paulo Vidotich barbitonsore omnibus habitatoribus dicte terre Fluminis testibus ad haec uocatis & rogatis ac alijs Ibique Magister Antonius quondam Iacobi de Vtino habitator pirani sponte libere ex certa scientia non per errorem omni exceptione iuris uel facti remota per se suosque heredes & successores cum obligatione omnium suorum bonorum fuit contentus & confessus se iuste teneri & dare debere georgio filio Iudicis Stefani de dreuenico praesenti stipullanti & respondenti pro se suisque heredibus & successoribus ducatos duodecim boni

auri & justi ponderis & libras quadraginta sex paruorum Quos
quidem ducatos duodecim dictus debitor habuit ab hominibus
grisani pro ara quinque millium tegullarum quas ipsis ferre
debet usque ad festum assumptionis beate Marie Virginis
proxime futurum et praefatas quadraginta sex libras dare debet Iudici Iohanni Misuli pro segadicijs quas ab ipso habuit
usque ad festum Sci Michaelis de mense septembris proxime
futuro pro qua quidem pecunia dictus georgius creditor praefatis Iudici Iohanni & hominibus grisani fuit fideiussor & so-
lutor pro praedicto Magistro Antonio Quas quidem libras 46
& tegulas dare & soluere promisit dictus debitor praefato creditori per terminos suprascriptos sub pena quarti qua soluta
uel non rata maneant omnia & singula suprascripta Et pro
dicto debito soluendo in suprascriptis terminis dictus debitor
voluit posse compelli realiter & personaliter ad petitionem
praefati creditoris in dicta terra Fluminis Segne Iadre Venetijs Ancone pirani & vbique locorum Renuncians ex nunc
omnibus & singulis foris priuilegijs statutis consuetudinibus
saluisconductibus tam factis quam qui fient ac omni alij &
singulo iuri ac legum auxilio quod esset contra praesens Instrumentum debiti ita & taliter quod dictus debitor non uult
quod aliquid possit obici uel allegari a quopiam contra praesens Instrumentum debiti nisi manifesta & publica solutio
apparuerit Insuper ad maiorem cautellam praefati creditoris
praedictus debitor ipsi obligauit & pro pignere speciali designauit domum suam pirani cum omnibus iuribus habentijs &
pertinentijs suis.

CONCORDIUM AGABITI &
SIMONIS DE LAURANA

Die VI mensis Augusti In statione
mei notarij infrascripti in terra Fluminis Sci Viti praesentibus Iudice
Paulo quondam Ser Marci Iudice Iuacio quondam blasij Teodoro quondam dominici omnibus habitatoribus dicte terre Fluminis testibus ad haec uocatis & rogatis ac alijs Ibique Iudex
Simon tolchouich de laurana per se suosque heredes & Agabitus georgij diraçich per se suosque heredes simul tale fecerunt pactum et concordium videlicet quod praedictus Agabitus singulo anno defalchare debeat libras XIII cum dimidio
paruorum de summa expensarum quas praedictus Agabitus

fecit in aptando domum praefati Iudicis Simonis in dicta terra
Fluminis uelut constat de summa expensarum publico Instrumento scripto manu Ser Dominici quondam Christofori de
colalto anno domini 1432 Indictione decima die XXI mensis
Augusti Quam quidem defalcationem librarum tresdecim cum
dimidio debet incipere facere praedictus Agabitus de anno
domini MCCCCXXXII Indictione decima die XXI mensis
Augusti usque ad summam expensarum factarum in dicta
domo Cassantes & annullantes praefati Iudex Simon & Agabitus omnes & singulas scripturas prius factas & omnia alia
iura que quomodocunque essent contra praesens Instrumentum.

PROCURA BOGDANE IN AM-
BROSIUM RADOLICH

Die XV mensis Augusti In statione
mei notarij infrascripti in terra Fluminis Sci Viti praesentibus Iudice
Paulo quondam Ser Marci Iudice Cosma radolich Prodano de
pago omnibus habitatoribus dicte terre Fluminis testibus ad
haec uocatis & rogatis ac alijs Ibique Bogdana uxor doclegne
de Iesnouich omni via modo iure & forma quibus magis &
melius sciuit ac potuit fecit constituit creauit & ordinauit Ambrosium radolich praesentem & infrascriptum mandatum sponte suscipientem suum uerum & legitimum procuratorem actorem factorem & certum nuncium specialem praesertim ad
exigendum & recuperandum a quacunque persona sibi quomodocunque dare debenti in dicta terra Fluminis res & quecunque alia & de per eum receptis finem dimissionem transactionem & pactum de vlterius non petendo cum solemnitatibus necessarijs faciendum Et ad comparendum si opus fuerit Coram regimine dicte terre Fluminis & alio quocunque Iudice ad agendum petendum respondendum libellos & petitiones dandum & recipiendum terminos & dillationes petendum testes Instrumenta & alia iura sua producendum sententias audiendum & eas executioni mandare faciendum Et
generaliter &c dans &c Promittens &c

PRO AGNIA QUONDAM LU-
CACIJ CONTRA MATIASIUM
DE IAPRE

Die XVI mensis Augusti In terra
Fluminis Sancti Viti In statione mei
notarij infrascripti praesentibus Vito
Matronich Venetiano bartoli de Cre-

gijno Blasio cerdone quondam Antonij omnibus habitatoribus
dicte terre Fluminis testibus ad haec uocatis & rogatis ac
alijs Ibique Matiasius quondam Marci de Iapre habitator dicte
terre Fluminis sponte libere ex certa scientia non per errorem omni exceptione iuris uel facti remota per se suosque
heredes & successores fuit contentus & confessus se iuste
teneri & dare debere Agnie uxori quondam lucacij praesenti
stipullanti & respondenti pro se suisque heredibus & successoribus ducatos triginta boni auri & justi ponderis et tabulas
segadicias centum bonas. Et hoc pro quadam domo uendita
dicto debitori a praefata creditrice Quam quidem pecunie
quantitatem & tabulas dare & soluere promisit dictus debitor praefate creditrici per terminos infrascriptos videlicet dictas tabulas segadicias centum usque ad festum Sci georgij
proxime futurum Et ducatos triginta usque ad tres annos
proxime futuros sub pena quarti qua soluta uel non rata maneant omnia & singula suprascripta Pro quibus omnibus &
singulis suprascriptis sic firmiter obseruandis attendendis &
adimplendis dictus debitor praefate creditrici obligauit omnia
sua bona mobilia & immobilia praesentia & futura.

PROTESTUS AMBROSIJ LU-
STALAR CONTRA IUDICEM NI-
COLAUM

Die XVI mensis Augusti In publica
platea terre Fluminis Sci Viti praesentibus Mateo çersato georgio de
dreuenico radoslauo pilipario omni-
bus habitatoribus dicte terre Fluminis testibus ad haec uocatis & rogatis ac alijs Ibique Coram Nobili Viro domino Mauro
Vidonich honorabili Iudice dicte terre Fluminis comparuit Ambrosius lustalar de Iubiana asserens & dicens qualiter per Iudicem Nicolaum sequestrati fuerunt sibi duo çabri olei existentis sub penore Ser Castelini & iam tribus vicibus misit
pro oleo & ipsum habere non potuit hac causa et nunc sibi
deficiunt in uegete olei duo çabri cum dimidio oiei quod sibi
redundat in maximum damnum & detrimentum Quapropter
omnibus illis remedijs quibus magis ac melius potest & debet
protestatus fuit contra praefatum Iudicem Nicolaum licet absentem ducatos uiginti auri pro dicto oleo & damno ac interesse secutis sibi hac de causa.

Pro Ser Adam de Firmo contra Petrum Cudoxelexo

Die XVII mensis Augusti In statione infrascripti creditoris in terra Fluminis Sancti Viti praesentibus Iacobo cigantich georgio glada & Radoslauo pilipario omnibus habitatoribus dicte terre Fluminis testibus ad haec uocatis & rogatis ac alijs Ibique Petrus cudo xelexo de lach sponte libere ex certa scientia non per errorem omni exceptione iuris uel facti remota per se suosque heredes & successores fuit contentus & confessus se iuste teneri & dare debere Ser Ade Antonij de Firmo praesenti stipullanti & respondenti pro se suisque heredibus & successoribus ducatos tresdecim boni auri & iusti ponderis et soldos sexagintasex paruorum Pro qua quidem pecunie quantitate dictus debitor praefato creditori dare & consignare promisit in dicta terra Fluminis tantum ferrum bonum & bullatum quantum ascendat ad suprascriptam quantitatem pecunie in ratione XIII ducatorum pro Miliari usque ad festum Sci Martini proxime futurum sub pena quarti qua soluta uel non rata maneant omnia & singula suprascripta Pro quibus omnibus &c

Pro Ser Adam de Firmo contra Petrum Cudoxelexo

Vltrascriptis die loco ac testibus Ibique quia Ser Adam Antonij de Firmo dedit & numerauit promptam pecuniam petro cudo xelexo pro certa ferri quantitate Idcirco praedictus petrus promisit & obligauit se ad dandum & consignandum in dicta terra Fluminis praedicto Ade tantum ferrum bonum & bullatum in ratione XIII ducatorum pro singulo miliari quantum ascendat ad quantitatem precij quatuor sarcinarum olei usque ad festum natiuitatis domini nostri Ihesu Christi proxime futurum Quod oleum accipere debet praefatus petrus a praedicto Adam pro illo precio quo accipiet Achatius & leonardus de Camenich quando dabit ferrum

Procura Nicolai Raintalar in Georgium Paladinich

Die XVII mensis Augusti In publica platea terre Fluminis Sci Viti praesentibus Venerabili Viro domino presbytero mateo arcidiacono & ple-

bano dicte terre Fluminis presbytero georgio susich georgio
sarctore quondam Stefani omnibus habitatoribus dicte terre
Fluminis testibus ad haec uocatis & rogatis ac alijs Ibique
Nobilis Vir Nicolaus Rayntalar capitaneus Lourane tanquam
procurator heredum quondam Ser Moysi de pago uelut constare affirmauit in actis cancelarie Pagi omni uia modo iure
& forma quibus magis & melius sciuit ac potuit sustituit procuratorem actorem factorem & certum nuncium specialem
georgium paladinich de pago absentem sed tanquam praesentem Ad exigendum & recuperandum a quacunque persona
sibi dare debenti pagi tam denarios quam res alias quascunque & de receptis per eum finem dimissionem quetationem &
pactum de vlterius non petendo cum solemnitatibus necessarijs faciendum Item ad vendendum & locandum omnes & singulas possessiones praefatorum heredum quondam Ser Moysi
nomine ipsius sustituentis & ad contractus faciendum & ad
obligandum bona praefatorum heredum supra quocunque contractu Item ad comparendum si opus fuerit Coram domine Comite pagi & quocunque alio officiali Ad agendum petendum
respondendum libellos & petitiones dandum & recipiendum terminos & dillationes petendum testes Instrumenta & alia iura
praefatorum heredum producendum sententias audiendum &
eas executioni mandare faciendum Et generaliter &c dans &c
Promittens &c

Pro Andrea grassi de
Arimino

Die XVIII mensis Augusti In statione mei notarij infrascripti in terra
Fluminis Sci Viti praesentibus Iu-
dice Mauro Vidonich de dicta terra Fluminis Ser Rafaele
Francisci de Fossambruno Pelegrino tabernario de Segna testibus ad haec uocatis & rogatis ac alijs Ibique Iohannes Coliçe de segna confessus fuit qualiter in districtu Castri çersati
coram Capitaneo Buchari querelam exposuit aduersus Andream
Nicolai grassi de Arimino dicens & exponens qualiter dictus
Andreas existens ad nundinas Sce Malgarite furtiue subtraxit
sibi unam suam ancillam nomine Eienam quam in suo nauigio transportauit vltramare Qui Andreas respondit quod
praefatam ancillam ipse nunquam subtraxit Sed quidam suus

famulus Sed uerum est quod eandem ancillam in suo nauigio
vltramare transportauit Quapropter predictus Capitaneus con-
demnauit dictum Andream in ducatis quatuor auri & in expensis quas eidem Ancille fecit praefatus Iohannes eo quod
ipsam taliter vltramare transportauerat Quos ducatos quatuor
idem Andreas dedit soluit ac numerauit praedicto Capitaneo
buchari & unum ducatum dedit ac numerauit praefato Iohanni Coliçe Et omnia & singula sic acta & gesta fuisse praefatus Iohannes dixit & affirmauit & etiam quampluribus personis clare patuit fidedignis.

PRO IOHANNE CCLIÇA DE
SEGNA

Vltrascriptis die loco ac testibus Andreas Nicolai grasi de Arimino promisit & se solemni stipullatione obli-
gauit Iohanni Coliçe de Segna qui cum dei gratia appullerit
ariminum quod taliter cum effectu curabit facere & disponere
& taliter faciet & disponet quod praefatus Iohannes sciet &
clare sibi liquebit literis fidedignis Vbi Elena olim ancilla
praefati Iohannis quam ipsi praedictus Andreas furtiue transportauit vltramare supra nundinis Sce Malgarite stabit & in
quo loco & cum qua persona & quod est de ea.

PRO MATEO ÇERSATO &
KATARINA UXORE GEORGIJ DE
PISINO

Die XX mensis Augusti In statione
mei notarij infrascripti praesentibus
Ser Antonio pertusano Teodoro quondam dominici Nicolao scabich testi-
bus ad haec habitis & uocatis ac alijs Ibique katarina uxor
georgij quondam Martini de pisino de voluntate mariti sui
praesentis & consentientis fecit tale pactum & concordium cum
Mateo çersato videlicet quod ipsa katarina debeat bene & diligenter nutrire & lactare filiam suam quam habuit cum Marco filio dicti Matei çersato usque ad unum annum Et ipsi katarine dare & soluere tenetur praefatus Mateus çersato libras
decem & octo pro labore ipsius katarine pro uno anno & si
accideret quod dicta katarina nutriret siue lactaret praefatam
filiam suam vltra annum quod tunc dictus Mateus teneatur
soluere praefate katarine pro labore rata pro rata solutionis
vnius anni.

Die XXVII mensis Augusti in statione infrascripti Ser Raphaelis in
terra Fluminis Sci Viti praesentibus
Iudice Mauro Vidonich Iudice Ni-
colao quondam Antonij Ser Raphaele quondam Francisci de
Fossambruno omnibus habitatoribus dicte terre Fluminis testibus ad haec uocatis & rogatis ac alijs Ibique Iudex Damianus quondam Matei de Iadra habitator dicte terre Fluminis
sponte libere ex certa scientia non per errorem omni exceptione iuris uel facti remota & cum obligatione omnium suorum bonorum per se suosque heredes & successores fuit contentus & confessus se iuste teneri & dare debere Georgio
quondam Flori morganich de Iadra praesenti stipullanti &
respondenti pro se suisque heredibus & successoribus ducatos centum boni auri & justi ponderis mutui puri & ..... ari
nomine Renuncians omnino exceptioni non habite non recepte & non numerate dicte quantitatis pecunie tempore praesentis contractus omnique alio suo iuri ac legum Auxilio Quos
quidem ducatos centum dare & soluere promisit dictus debitor praefato creditori per terminos infrascriptos videlicet singulo anno in festo Sci Martini ducatos decem incipiendo facere hanc solutionem ab anno domini MCCCCXXXVIIII Et
si dictus debitor praefato creditori non dederit nec soluerit
singulo anno dictos ducatos decem in termino suprascripto
uelut se obligauit quod tunc & eo casu praefatus creditor possit & valeat a dicto debitore petere & esigere totum debitum
in quo dictus debitor eidem creditori obligabitur & pignera
infrascripta sibi a praedicto debitore designata ponere ad publicum incantum & ipsa subastari facere secundum consuetudinem dicte terre Fluminis. Et ad maiorem cautellam praefati creditoris dictus debitor eidem obligauit & pro speciali
pignere designauit suam vineam positam in coxala iuxta Iudicem Vitum quondam Matchi & pastinum qui deueniet sibi
de duobus pastinis quos idem debitor pastinauit fratrum monasterij Sci Augustini. Insuper praefatus creditor taliter conuenit cum dicto debitore videlicet quod si dictum debitorem
mori contigerit sine filijs quod tunc & eo casu prefatus creditor possit & valeat ab heredibus dicti debitoris petere &
exigere totum debitum in quo dictus debitor eidem creditori

obligabatur eo tunc quando morietur & suprascripta pignera incantari & subastari facere secundum consuetudinem dicte terre Fluminis

ACCORDATIO STEFANI CUM VITO SARCTORE

Die XXVIII mensis Augusti In statione mei notarij infrascripti in terra Fluminis Sci Viti praesentibus Iacobo stenta georgio crastich sarctore Suetina quondam xupani omnibus habitatoribus dicte terre Fluminis testibus ad haec uocatis & rogatis ac alijs Ibique Stefanus quondam Calmini de Delnic sponte libere se affictauit & accordauit cum Magistro Vito sarctore quondam georgij his pactis & conditionibus videlicet quod dictus Stefanus stare debeat cum praefato Vito octo annis proxime futuris & ipsi bene & fideliter seruire & obedire & Ipse Vitus dare teneatur & debeat dicto Stefano vitum & vestitum honestum & ipsum diligenter docere artem suam et in capite octo annorum habere debeat a praefato Vito unum Mantellum de rasia & ducatos quatuor auri pro suo salario & labore dictorum octo annorum

FINIS IUDICIS IUACIJ & DAMIANI QUONDAM DRAGOGNE.

Die XXVIIIo mensis Augusti in publica platea terre Fluminis Sci Viti praesentibus venerabile viro domino presbytero Mateo arcidiacono & plebano dicte terre Fluminis Ser Raphaele de fossambruno Iohanne Deminich de grobinico omnibus ciuibus dicte terre Fluminis testibus ad haec uocatis & rogatis ac alijs Ibique Iudex Iuacius quondam blasij per se & suos heredes & damianus quondam Ser dragogne de pago per se & suos heredes vnus alteri adinuicem fecit finem dimissionem transactionem & pactum de vlterius non petendo de omni debito iure & actione & de omnibus & singulis ad que unus alteri adinuicem quomodocunque tenebatur siue teneri poterat ex aliquo Instrumento uel scriptura siue aliqua ratione uel causa usque ad praesentem diem Et hoc quia uterque ipsorum fuit contentus & confessus sibi integre solutum & satisfactum esse de omni debito re & de omnibus & singulis ad que unus alteri adinuicem actenus tenebatur siue teneri poterat quacunque ex causa Promittens unus alteri adinuicem solemnibus stipullationibus hinc inde interuenientibus omnia & singula suprascripta habere firma rata & grata & non contrafacere uel uenire per se uel alium aliqua ratione causa uel ingenio de iure uel de facto.

PRO MARTINO AURIFICE CONTRA IOHANNEM & IA-COBUM DE VENETIJS

Die XXXº mensis Augusti In statione mei notarij infrascripti in terra Fluminis Sci Viti praesentibus Dominico quondam Iohannis a torculari Iohanne eius filio Bogdano quondam pauli de Iadra omnibus habitatoribus de Valle Medulini testibus ad haec uocatis & rogatis ac alijs Ibique Ser Iohannes quondam Ser Marci Sclaui de Venetijs et Ser Iacobus quondam Angeli habitatores Venetiarum ambo simul & in solidum sponte libere ex certa scientia non per errorem omni exceptione iuris uel facti remota per se suosque heredes & successores fuerunt contenti & confessi se iuste teneri & dare debere Martino aurifici de Segna habitatori dicte terre Fluminis praesenti stipullanti & respondenti pro se suisque heredibus & successoribus libras septuaginta quinque paruorum Et hoc pro segadicijs a dicto creditore habitis Quam quidem pecunie quantitatem dare & soluere promiserunt dicti debitores simul & in solidum praefato creditori per totum mensem octobris proxime futurum sub pena quarti qua soluta uel non rata maneant omnia & singula suprascripta Et ad maiorem cautellam praefati creditoris dicti debitores simul & in solidum obligarunt & pro speciali pignere designarunt Maluaticum quod habitant in dicta terra Fluminis ita & taliter quod uoluerunt praefato creditori solui de retratu dicti Maluatici solutis tamen prius ducatis XXV auri quos dicti debitores simul & In solidum dare debent Iudici Iohanni Misuli & Ser Angelino bonfioli Pro quibus omnibus & singulis suprascriptis &c *)

---

*) Cancellato, con in margine la nota: „MCCCCXXXVIII Indictione prima die XVIIII mensis nouembris cancelaui & aboleui praesens Instrumentum debiti eo quod creditor fuit contentus & confessus sibi solutum & satisfactum fuisse a debitoribus praesentibus presbytero georgio susich & Ser Castelino de pensauro. Ego Antonius cancellarius scripsi."

EXEMPTIO MAGISTRI BLA-
SIJ CERDONIS

Die vltrascripto mensis octobris sub lobia comunis terre Fluminis Sci Viti vbi ius redditur Spectabilis Vir dominus Iacobus Raunacher Capitaneus Iudices & consiliarij terre Fluminis praedicte praeceperunt mihi notario infrascripto quatenus scribere et publicare deberem qualiter de mense Iulij proxime praeterito considerantes quod quelibet proficua persona debet aliquo prodotari beneficio ut loca bonis popullentur hominibus Idcirco discernentes quod magister blasius cerdo quondam Antonij est utilis· persona dicte terre Fluminis & amantes quod habitet & stet illic eundem Magistrum Blasium receperunt in ciuem & ipsum fecerunt immunem & exemptum a qualibet colta dicte terre Fluminis usque ad decem annos proxime futuros solummodo & quod nullo modo teneatur esse portator literarum seu nuncius pro parte comunis dicte terre Fluminis· vsque ad suprascriptum terminum

EXEMPTIO MARTINI AU-
RIFICI DE SEGNA

Die primo mensis nouembris In terra Fluminis Sci Viti In statione mei notarij infrascripti existentes Spectabilis vir dominus Iacobus Raunacher Capitaneus Iudex Maurus Vidonich Iudex paulus quondam Ser Marci Iudices ad praesens dicte terre Fluminis venerabilis vir dominus presbyter Mateus arcidiaconus & plebanus dicte terre Fluminis Iudex Iohannes Misuli Iudex Ambrosius quondam Ser Marci Iudex Stefanus roseuich Iudex Iuacius quondam blasij Iudex Marcus glauinich Iudex Vitus quondam Matchi Iudex Vitus barolich Iudex Nicolaus quondam Antonij Ser Stefanus blasonich Ser Tonsa quondam Ser Nicole omnes consiliarij dicte terre Fluminis Et considerantes quod Magister Martinus aurifex quondam dominici de segna est utilis persona dicte terre Fluminis & bonus vir discernentesque quod bonum est praefatam terram Fluminis bonis personis popullare Eundem Magistrum Martinum fecerunt immunem & exceptum a qualibet colta dicte terre Fluminis usque ad decem annos proxime futuros solummodo Et quod nullo mcdo teneatur esse portator literarum seu nuncius pro parte comunis dicte terre Fluminis usque ad suprascriptum terminum.

Pro Ser Adam de Firmo contra Eberardum de pensauro

Vltrascriptis die ac loco praesentibus Iudice Damiano quondam Matei Ser Castelino de pensauro ambobus habitatoribus dicte terre Fluminis testibus ad haec uocatis & rogatis ac alijs Ibique Ser Eberardus quondam Francisci de pensauro sponte libere ex certa scientia non per errorem omni exceptionc iuris uel facti remota per se suosque heredes & successores fuit contentus & confessus se iuste teneri & dare debere Ser Ade Antonij de Firmo praesenti stipullanti & respondenti pro se suisque heredibus & successoribus ducatos centum & quinque boni auri & justi ponderis et soldos XLV paruorum & hoc pro fasijs quadraginta duobus ferri habitis a dicto creditore Renuncians exceptioni non habite non recepte & non librate dicte quantitatis ferri omnique alij suo iuri ac legum auxilio Quam quidem pecunie quantitatem dare & soluere promisit dictus debitor praefato creditori per totum mensem Madij proxime futurum sub pena quarti qua soluta &c Et ad Maiorem cautellam praefati creditoris dictus debitor praefato creditori obligauit omnem singulam ac totam quantitatem vini quam habet in dicta terra Fluminis in manibus georgij cauponis de sagabria Nolens ac mandans dictus debitor praedicto georgio quatenus omnes & singulos denarios qui extrahentur de suprascripto vino dietim dare debeat praefato creditori usque ad integram satisfactionem suprascripti debiti Et si dictum vinum nou venderetur usque ad suprascriptum terminum siue non satisfaceret praefato creditori quod tunc dictus debitor teneatur & debeat soluere in suprascripto termino sub pena praescripta Pro quibus omnibus & singulis sic &c

Pro luca de ragusio contra Gasparlinum

Die XXI mensis nouembris In statione mei notarij infrascripti praesentibus Nobili viro Iudice Iohanne Misuli Ser Castelino de pensauro ambobus habitatoribus dicte terre Fluminis testibus ad haec uocatis & rogatis ac alijs Ibique Gasparlinus quondam Matlini sponte libere ex certa scientia non per errorem omni exceptione iuris uel facti remota per se suisque heredes & successores fuit contentus & confessus se iuste teneri & dare debere luce quondam blasij de Ragusio libras uigintitres paruorum Et hoc pro vino habito a praefato creditore Quam quidem pecunie quantitatem dare & soluere promisit dictus debitor praefato creditori per totum mensem praesentem siue magistro Tome remerio nomine ac vice praefati creditoris sub pena quarti qua soluta uel non rata maneant omnia & singula suprascripta Pro quibus omnibus &c

PRO MAGISTRO MARTINO AURIFICE CONTRA LUCAM DUBICH DE CASTUA

Die vltimo mensis nouembris In statione infrascripti creditoris in terra Fluminis Sci Viti praesentibus Iudice Cosma radolich Iudice Vito barolich Prodano de pago omnibus habitatoribus dicte terre Fluminis testibus ad haec uocatis & rogatis ac alijs Ibique Lucas dubich de Castua sponte libere ex certa scientia non per errorem omni exceptione iuris uel facti remota per se suosque heredes & successores fuit contentus & confessus se iuste teneri & dare debere Magistro Martino aurifici de segna habitatori dicte terre Fluminis praesenti & pro se suisque heredibus & successoribus stipullanti libras octuagintaseptem & soldos vndecim paruorum Et hoc pro denarijs & planchonis (?) habitis a dicto creditore Pro qua quidem pecunie quantitate dare & consignare promisit dictus debitor praefato creditori tabulas segadicias in dicta terra Fluminis in ratione librarum sexdecim pro singulo centenario per terminos inter ipsos assignatos Pro quibus omnibus & singulis suprascriptis sic firmiter obseruandis attendendis & adimplendis dictus debitor praefato creditori obligauit omnia sua bona mobilia & immobilia praesentia & futura.

COMPROMISSUM IUDICIS VITI BAROLICH & MARSE XUPAGNE

Die VIII mensis decembris In terra Fluminis Sci Viti In statione infrascripti Ser Castelini praesentibus Petro filio Ser Antonij pertusano de Venetijs Vito matronich Mauro de Scurigna testibus ad haec uocatis & rogatis ac alijs Ibique cum inter Iudicem Vitum Barolich & dominam Marsam xupagnam iam diu verteretur ac uersa fuisset lis & controuersia Idcirco dicte partes optantes finem imponere promiserunt & compromiserunt Comuniter &

concorditer tam de iure quam de facto de omnibus ac singulis litibus questionibus differentijs quas quomodocunque uel
quacunque causa simul habuerunt haberent & habere possent
In ser Castelinum de pensauro Ser Prodanum de pago Martinum terçich et Blasium dictum Blasuta tanquam in arbitros
arbitratores & amicabiles compositores Promittens una pars
alteri adinuicem solemnibus stipullationibus hinc inde interuenientibus quicquid per dictos Arbitros arbitratores & amicabiles compositores dictum sententiatum terminatum seu ar-
bitratum fuerit perpetuo se habituras firmum & ratum sub pena
librarum centum paruorum cuius' pene medietas sit & esse
debeat comunis dicte terre Fluminis & altera medietas partis
obseruantis & parentis.

PRO IUDICE NICOLAO CON-
TRA IACOBUM ARAR

Die Xº mensis decembris In statione infrascripti Iudicis nicolai creditoris In terra Fluminis Sci Viti prae-
sentibus Iudice Vito quondam Matchi Radoslauo pilipario Martino morganich de Iadra testibus ad haec uocatis & rogatis
ac alijs Ibique Iacobus Arar de locha sponte libere ex certa
scientia non per errorem omni exceptione iuris uel facti remota per se suosque heredes & successores fuit contentus
& confessus se iuste teneri & dare debere Iudici Nicolao
quondam Antonij praesenti & pro se suisque heredibus &
successoribus stipullanti ducatos tresdecim boni auri & iusti
ponderis nomine Mutui quos dictus creditor mutuauit praefato debitori hac condicione & pacto uidelicet quod dictus
debitor teneatur & debeat ab eodem creditore accipere usque
ad carnis priuium proxime futurum sarcinas quatuor olei pro
illo precio quo uendetur oleum in dicta terra Fluminis tunc
quando accipiet praedictum oleum pro quo quidem oleo dare
& consignare debet ferrum in dicta terra Fluminis in ratione
XIII ducatorum pro Miliari. Et pro suprascripta quantitate
pecunie dare debet ferrum in ratione duodecim ducatorum
pro singulo miliari sub pena quarti Qua soluta uel non rata
maneant omnia & singula suprascripta Pro quibus omnibus &
singulis suprascriptis sic firmiter obseruandis attendendis &
adimplendis dictus debitor praefato creditori obligauit omnia
sua bona mobilia &c

PRO IUDICE NICOLAO CON-
TRA IACOBUM ARAR

Vltrascriptis die loco ac testibus praescriptus Iacobus arar sponte libere
ex certa scientia non per errorem
omni exceptione iuris uel facti remota per se suosque heredes
& successores fuit contentus & confessus se iuste teneri &
dare debere Iudici Nicolao suprascripto praesenti & pro se
suisque heredibus & successoribus stipullanti ducatos viginti
boni auri et iusti ponderis et hoc pro oleo habito a dicto creditore Quam quidem pecunie quantitatem dare & soluere promisit dictus debitor praefato creditori usque ad medietatem
quadragessime proxime futurae sub pena quarti Qua soluta uel
non rata maneant omnia & singula suprascripta

PROTESTUS IUDICIS PAULI
CONTRA SUOS SAGINARIOS

Die XIIII mensis decembris in littore maris ante portam terre Fluminis Sci Viti praesentibus Prodano
de pago & georgio glauinich testibus ad haec uocatis & rogatis ac alijs Ibique Coram Nobili Viro Iudice Iohanne Misuli Comparuit Iudex Paulus quondam Ser Marci asserens &
dicens qualiter occassione suorum piscatorum perdiderat suum
lintrum Quapropter protestatur contra• eos de omni damno
expensis ac interesse secutis & secuturis ocassione dicti lintri
& hoc omni via modo iure & forma quibus magis & melius
potest & debet.

PRO IUDICE NICOLAO CON-
TRA SER TONSAM

Die XVI mensis decembris In terra
Fluminis Sci Viti In statione mei
notarij infrascripti praesentibus Ser
Castelino de pensauro Petromarino de Firmo Martino de Segna Aurifice testibus ad haec uocatis & rogatis ac alijs Ibique Ser Tonsa quondam Ser Nicole sponte libere ex certa
scientia non per errorem omni exceptione iuris uel facti remota per se suosque heredes & successores fuit contentus &
confessus se iuste teneri & dare debere Iudici Nicolao quondam Antonij praesenti & pro se suisque heredibus & successoribus stipullanti ducatos octuaginta sex boni auri & iusti
ponderis Et hoc pro oleo habito a dicto creditore de Mense
praesenti Quam quidem pecunie quantitatem dare & soluere
promisit dictus debitor praefato creditori usque ad festum re-

surrectionis domini nostri lhesu Christi proxime futurum sub
pena quarti qua soluta uel non rata maneant omnia & singula suprascripta Pro quibus omnibus & singulis suprascriptis sic firmiter obseruandis attendendis & adimplendis Iudex
Paulus quondam Ser Marci Ad preces dicti debitoris se constituit plegium fideiussorem & principalem debitorem praefato
creditori cum obligatione omnium suorum bonorum mobilium
& immobilium praesentium & futurorum *)

PRO ADAM DE FIRMO CONTRA GEORGIUM TERDO XE-LEXO

Die XVIIII mensis decembris in statione infrascripti creditoris praesentibus Ser Castellino de pensauro Ser
Rafaele de Fossambruno georgio Iu-
dicis Stefani rusouich testibus ad haec uocatis & rogatis ac
alijs Ibique Georgius terdo xelexo de Iubiana sponte libere
ex certa scientia non per errorem omni exceptione iuris uel
facti remota per se suosque heredes & successores fuit contentus & confessus se iuste teneri & dare debere Ade Antonij de Firmo praesenti & pro se suisque heredibus & successoribus stipullanti ducatos uigintinouem boni auri & iusti
ponderis Pro qua quidem pecunie quantitate dictus debitor
praefato creditori dare & consignare promisit in dicta terra
Fluminis tot Schiopetos ferreos quot ascendant ad suprascriptam quantitatem pecunie pro precio inter ipsos conuento usque
ad carnispriuium proxime futurum sub pena quarti qua soluta uel non rata maneant omnia & singula suprascripta Pro
quibus omnibus & singulis suprascriptis sic firmiter obseruandis attendendis & adimplendis dictus debitor praefato creditori obligauit omnia sua bona mobilia & immobilia praesentia & futura.

PRO IUDICE NICOLAO CON-TRA MARTINUM BOBACH

Die XX mensis decembris in statione infrascripti creditoris praesentibus Martino morganich de Iadra

*) Cancellato, con in margine la nota: „1455 Die XVI mensis Iulij
cancelatum fuit praesens Instrumentum debiti de voluntate creditoris praesentibus Chirino mulçich Mochoro Seualich testibus ad haec uocatis &
rogatis — Ego Antonius cancellarius scripsi

Veneciano de Cregnino testibus ad haec uocatis & rogatis ac
alijs Ibique Martinus bobach de locha sponte libere ex certa
scientia non per errorem omni exceptione iuris uel facti remota per se suosque heredes & successores fuit contentus &
confessus se iuste teneri & dare debere Iudici Nicolao quondam Antonij praesenti & pro se suisque heredibus & successoribus stipullanti ducatos duodecim auri & solidos septuaginta Et hoc pro oleo habito a dicto creditore Pro qua quidem pecunie quantitate dictus debitore praefato creditori dare
& consignare promissit In dicta terram Fluminis ferrum bonum & bullatum in ratione XIII ducatorum pro miliari usque ad Scum Georgium proxime futurum sub pena quarti Qua
soluta &c Pro quibus omnibus & singulis &c

PROCURA IUDICIS PAULI
IN GEORGIUM FILLACANO-
UAM

Die XXI mensis decembris In publica platea terre Fluminis Sci Viti
praesentibus Ser Stefano blasonich
georgio glauinich Mochoro seualich
omnibus habitatoribus dicte terre Fluminis testibus ad haec
uocatis & rogatis ac alijs Ibique Iudex paulus quondam Ser
Marci de dicta terra Fluminis omni via modo iure & forma
quibus magis & melius sciuit ac potuit fecit constituit creauit
& ordinauit Georgium fillacanouam quondam Martini habitatorem Venetiarum praesentem & infrascriptum mandatum
sponte suscipientem suum verum et legitimum procuratorem
actorem factorem & certum nuncium specialem praesertim ad
exigendum & recuperandum A Mateo de Subinico habitatore
Venetiarum omnem & singulam pecunie quantitatem res &
quecunque alia Venetijs & de per eum receptis finem dimissionem transactionem & pactum de vlterius non petendo cum
solemnitatibus necessarijs faciendum Et ad comparendum si
opus fuerit coram quibuscunque officio ac Iudicibus Venetiarum Ad Agendum petendum respondendum libellos & petitiones dandum ac recipiendum terminos ac dillationes petendum testes Instrumenta & alia iura sua producendum sententias audiendum & eas executioni mandare faciendum Et generaliter ad omnia &c Dans &c Promittens &c

## 1439

In Christi nomine amen anno natiuitatis eiusdem Millesimo

Pro Iudice Nicolao con-
tra Fortem de Curçula quadrigentessimo trigessimo nono Indictione secunda die uigessimo quin-
to mensis decembris In publica pla-
tea terre Fluminis Sci Viti praesentibus Ser Rafaele de Fossambruno Toma remerio de bucharo ambobus habitatoribus
dicte terre Fluminis testibus ad haec uocatis & rogatis ac alijs
Ibique Ser Forte de Curçula sponte libere ex certa scientia
omni exceptione iuris uel facti remota per se suosque heredes & successores fuit contentus & confessus se iuste teneri
& dare debere Iudici Nicolao quondam Antonij praesenti &
pro se suisque heredibus & successoribus stipullanti ducatos
uigintinouem boni auri & iusti ponderis nomine mutui Quam
quidem pecunie quantitatem dare & soluere promisit dictus
debitor praefato creditori per totum mensem Marcij proxime
futurum sub pena quarti Qua soluta uel non rata maneant
omnia & singula suprascripta Pro quibus omnibus & singulis suprascriptis sic firmiter obseruandis attendendis & adimplendis dictus debitor praefato creditori obligauit omnia sua
bona mobilia & immobilia praesentia & futura. *)

Pro Damiano de Al-
bona contra Mateum cer-
satum Die XVIIII mensis Ianuarij In publica platea terre Fluminis Sci Viti
praesentibus Vito domini Arcidiaconi Blasio cerdone ambobus habi-
tatoribus dicte terre Fluminis testibus ad haec uocatis & rogatis ac alijs Ibique Mateus cersato sponte libere ex certa
scientia non per errorem omni exceptione iuris uel facti remota per se suosque heredes & successores fuit contentus &

*) Cancellato, con in margine la nota: „1439 die 19 mensis Aprilis
Ego Antonius de reno cancelarius cancelaui & aboleui presens Instrumentum debiti eo quod dictus creditor fuit contentus & confessus sibi integre solutum a dicto debitore praesentibus venerabile viro domino presbytero Mateo arcidiacono & plebano dicte terre Fluminis & Iudice Mauro
Vidonich.

confessus se iuste teneri & dare debere Damiano quondam
Ser Dragogne de pago praesenti & pro se suisque heredibus
& successoribus stipullanti ducatos quinque boni auri & iusti
ponderis minus octo soldis Quam quidem pecunie quantitatem dare & soluere promisit dictus debitor praefato creditori
usque ad festum annunciationis beate Marie Virginis de mense Marcij proxime futuri sub pena quarti Renuncians omnibus saluisconductibus tam factis quam fient ac omnique alij
suo iuri ac legum auxilio protestatus fuitque dictus creditor
pro singulo itinere suo quod faciet causa dictorum denariorum
elapso termino ducatum vnum Pro quibus omnibus & singulis suprascriptis sic firmiter obseruandis attendendis & adimplendis dictus debitor praefato creditori obligauit

PRO AGABITO ABSOLUTIO A PETITIONE QUIRINI MILÇICH

Die XXᵒ mensis Ianuarij In publica platea terre Fluminis Sci Viti
Nobiles Viri Iudex Iohannes Misuli
& Iudex Vitus quondam Matchi
praeceperunt mihi quatenus scribere deberem qualiter dederunt terminum Quirino Milçich qui dixerat & quaerelam ex-
posuerat aduersus Agabitum qui acceperat sibi quoddam Si-
gnale rectium araçijs quod per totam diem lune proxime prae-
teritam probare deberet quod esset ipsius siue eius auunculi
pauli bunich aliter absoluerent ipsum Agabitum & sic ipsum
absoluerunt a petitione praedicti Quirini quia non comparuit
in termino nec alius suo nomine nec aliquid probauit.

QUERELA IUDICIS NICOLAI & PRESBYTERI IOHANNIS FRATRUM & FILIORUM QUONDAM ANTONIJ

Die XXII mensis Ianuarij In Sacrastia Sce Marie terre Fluminis Sci
Viti Coram venerabili viro domino
presbytero Mateo arcidiacono & plebano ac Capitulo terre Fluminis
Comparuit presbyter Iohannes quondam Antonij & Iudex Nicolaus eius frater quaerelam exponentes aduersus presbyterum Mateum Lepanich in eo de eo & super eo quod dum
dictus presbyter Iohannes esset in publica platea terre Fluminis praedicte prope lobiam praedictus presbyter Mateus per
iniuriam dixit sibi Tu es filius iniqui patris & infidelis & tuus

pater fuit cassatus a dominio terre Fluminis quod non erat dignus credi duobus denarijs

Eadem die & hora praefatus presbyter Mateus ad suam defensionem interrogatus a praelibato domino arcidiacono dixit & confessus fuit se praedicto presbytero Iohanni dixisse omnia & singula in suprascripta querela contenta & ipsa uult probare esse vera per omnes consiliarios praedicte terre Fluminis.

TESTIFICATIO CONSILIARIO-RUM IN FAUOREM IUDICIS NICOLAI MICHOLICH

Die XXIII mensis Ianuarij sub lobia comunis vbi ius redditur Coram Spectabili ac generoso viro domino Iacobo Raunacher capitaneo dicte terre Fluminis necnon Coram venerabili viro domino presbytero Mateo arcidiacono & plebano dicte terre Fluminis Infrascripti consiliarij fuerunt producti in testes super suprascripta querela Et primo Iudex Iohannes Misuli Iudex Vitus quondam Matchi Iudex Ambrosius quondam Ser Marci & eius frater Iudex paulus Iudex Marcus glauinich Iudex Stefanus rusouich Iudex Bartolus glauinich Iudex Iuacius quondam blasij Iudex Maurus Vidonich Iudex Cosmas radolich Iudex Vitus barolich Ser Stefanus barolich & Ser Tonsa quondam Ser Nicọle testes producti examinati & Sacramentati a suprascripto domino Iacobo & interrogati si quid scirent in suprascripta causa omnes unanimiter & concorditer nemine eorum discrepante dixerunt & testificati fuerunt qualiter sunt octo anni uel circa quibus petrus glauinich eandem iniuriam dixit Iudici Nicolao quondam Antonij praefato & obtulit se probaturum & tandem facta querela dictus petrus probare non potuit & tamdiu in carceribus stetit quamdiu gratiam a patre praedictorum presbyteri Iohannis & Iudicis Nicolai habuit & condemnatus pro ea iniuria soluit comuni Et vltra hoc dixerunt & testificati fuerunt quod dictus olim Antonius pater praedictorum fuit bonus vir & fidedignus et ab omnibus talem semper fuit reputatus Et vltra haec Iudex Maurus praescriptus dixit & testificatus fuit quod dictus olim Antonius propter defectum Cancelarij dedit sibi duos soldos quod deberet scribere qualiter praefatus petrus qui dixerat sibi iniuriam fuit castigatus & punitus ac etiam condemnatus pro dicta iniuria quia illam probare non potuit & in mendacio inuentus fuit.

Die XVIII mensis decembris in Ecclesia Sce Marie terre Fluminis Sci Viti In pleno & generali consilio totius populi terre Fluminis more solito congregato proposite fuerunt alique res per venerabilem virum dominum presbyterum Mateum arcidiaconum & plebanum dicte terre Fluminis videlicet si vellent quod rogarent nuncios domini Magnifici domini nostri de Valse quod ipsi nuncij supplicarent domino nostro quod de gratia speciali concederet quod fierent nundine singulo anno semel libere & franche. Item quod dominus ipsis concederet quod vina de partibus Marchie & Vltramarinis nequeant vendi ad tabernam usque ad festum Sci georgij Quibus propositis praefatus dominus arcidiaconus interrogauit sigillatim omnes ibidem existentes si vellent quod rogarent nuncios suprascripti domini nostri pro suprascriptis rebus vnde vltra quam due partes populi ibidem fuerunt contenti quod peteretur ut supra

Die XXIII mensis Ianuarij In statione mei notarij infrascripti In terra Fluminis Sancti Viti praesentibus venerabili viro domino presbytero Mateo arcidiacono & plebano dicte terre Fluminis Iudice Mauro Vidonich & Vito domini arcidiaconi omnibus habitatoribus dicte terre Fluminis testibus ad haec uocatis & rogatis ac alijs Ibique Vitus sarctor quondam georgij sponte libere ex certa scientia non per errorem omni exceptione iuris uel facti remota per se suosque heredes & successores fuit contentus & confessus se iuste teneri & dare debere Iudici Vito çouanich praesenti stipullanti & respondenti pro se suisque heredibus & successoribus libras octuaginta nouem & solidos vndecim paruorum Et hoc pro vino habito a dicto creditore Quam quidem pecunie quantitatem dare & soluere promisit dictus debitor praefato creditori usque ad festum Sci Martini proxime futurum sub pena quarti Qua soluta uel non rata mancant omnia & singula suprascripta Et ad maiorem cautellam praefati creditoris dictus debitor eidem obligauit suam domum quam habet in platea dicte terre Fluminis & suam vineam na ponxal.

PRO MARGARITA UXORE TOMACIJ

Die XXX mensis Ianuarij sub lobia Comunis ubi ius redditur Ibique Coram domino Capitaneo iudicibus & consilio terre Fluminis Sci Viti Tomaç confessus fuit qualiter quando duxit Margaritam in uxorem donauit filijs quos dicta Margarita cum ipso haberet medietatem sue vinee posite in loco dictó vubulçe iuxta vineam Sci Iacobi a prelucha cum omnibus eius habentijs & pertinentijs.

TESTIFICATIO IN FAUOREM TEODORJ QUONDAM DOMI-.NICI

Die XXXº mensis Ianuarij sub lobia comunis vbi ius redditur Ibique Coram Spectabili ac generoso viro domino Iacobo Raunacher honorabili capitaneo terre Fluminis Sci Viti Iudicibus & consilio Venerabilis vir dominus presbyter Mateus arcidiaconus & plebanus terre Fluminis Sci Viti & Iudex Ambrosius quondam Ser Marci testes producti per Teodorum quondam dominici in eo de eo & super eo quod petrus glauinich dixit sibi per iniuriam quod vendiderat matrem suam dixerunt & testificati fuerunt qualiter Martinus Iudu capitaneus Castri noui rogauit Iudicem Ambrosium praefatum & dominum presbyterum Ambrosium (sic) arcidiaconum Iudicem Vitum zouanich & paulum quondam Matchi qui deberent rogare Teodorum praefatum quod vellet sibi parcere & quod ipse volebat facere quicquid ipsi volebant Vnde precibus praefatorum quatuor uirorum dictus Teodorus cum difficultate eidem pepercit cum hac condicione quod idem Martinus teneretur emere vnum calicem pro duodecim ducatis ecclesie Sce Marie pro anima matris dicti Teodori Quapropter praefati capitaneus Iudices & consiliarij posuerunt penam quinquaginta librarum quod nullus praefato Teodoro audeat dicere talem iniuriam.

PRO VITO MATRONICH CONTRA MAURUM BASMIÇICH

Die nono mensis Februarij in publica platea terre Fluminis Sci Viti praesentibus Georgio glada pilipario

Paulo Vidotich Domigna de Grubinico omnibus habitatoribus dicte terre Fluminis testibus ad haec uocatis & rogatis ac alijs Ibique Maurus quondam Ser Nicole sponte libere ex certa scientia non per errorem omni exceptione iuris uel facti remota per se suosque heredes & successores fuit contentus & confessus se iuste teneri & dare debere Vito matronich praesenti stipullanti & respondenti pro se suisque heredibus & successoribus libras uigintinouem paruorum Et hoc pro tabulis segadicijs venditis dicto debitori a praefato creditore. Quam quidem pecunie quantitatem dare & soluere promisit dictus debitor praefato creditori usque ad festum Sci georgij proxime futurum sub pena quarti. Qua soluta uel non rata maneant omnia & singula suprascripta Pro quibus omnibus &c

PRO GULIELMO DE BERGAMO CONTRA VITUM SARCTOREM Die decimo mensis Februarij In statione mei notarij infrascripti praesentibus Vito domini Arcidiaconi georgio Iudicis Stefani de dreuenico omnibus habitatoribus dicte terre Fluminis testibus ad haec uocatis & rogatis ac alijs Ibique Magister Vitus quondam georgij sponte libere ex certa scientia non per errorem omni exceptione iuris uel facti remota per se suosque heredes & successores fuit contentus & confessus se iuste teneri & dare debere Gulielmo quondam Antonij de Bergamo habitatori Albone libras triginta tres & soldos decem & septem paruorum Et hoc pro panno habito a dicto creditore Quam quidem pecunie quantitatem dare & soluere promisit dictus debitor praefato creditori usque ad festum Sci georgij proxime futurum sub pena quarti Qua soluta uel non rata maneant omnia & singula suprascripta Cessantes ambe partes & annullantes omnem & singulam scripturam cirographum & instrumentum que essent ante praesens Instrumentum debiti Pro quibus omnibus & singulis suprascriptis sic firmiter &c *)

---

*) Cancellato, con in margine la nota: „1440 Ego Antonius de reno cancellarius cancelaui praesens Instrumentum debiti de voluntate creditoris die XXII mensis Ianuarij Praesentibus Petro glauinich Vito matronich testibus &c"

PRO ADAM DE FIRMO CON-
TRA MARTINUM ÇERCH

Die vndecimo mensis Februarij In statione mei notarij infrascripti prae- sentibus Iudice Stefano rusouich Bla- sio cerdone quondam Antonij omnibus habitatoribus dicte terre Fluminis testibus ad haec uocatis & rogatis ac alijs I- bique Martinus çerch de lach sponte libere ex certa scientia non per errorem omni exceptione iuris uel facti remota per se suosque heredes & successores fuit contentus & confessus se iuste teneri & dare debere Ade Antonij de Firmo prae- senti stipullanti & respondenti pro se suisque heredibus & successoribus ducatos centum & sex auri & soldos nonaginta septem paruorum Et hoc pro oleo habito a dicto creditore pro qua quidem pecunie quantitate dictus debitor praefato credi- tori dare & consignare promisit tot clauos fereos in dicta terra Fluminis quot ascendant ad suprascriptam pecunie quantita- tem per terminos infrascriptos videlicet medietatem dictorum clauorum usque ad festum Sci Georgij proxime futurum & residuum usque ad festum Sce Malgarite proxime futurum pro quibus omnibus &c *)

PRO ADAM DE FIRMO CON-
TRA MARINUM FILIUM CO-
CIANI DE LOS

Die XIII mensis Februarij in pu- blica platea terre Fluminis Sci Viti praesentibus georgio petriçich Io- hanne sarctore de Alemania ambo- bus habitatoribus dicte terre Fluminis testibus ad haec uoca- tis & rogatis ac alijs Ibique Marinus filius Quociani de los sponte libere ex certa scientia non per errorem omni exce ptione iuris uel facti remota per se suosque heredes & suc- cessores fuit contentus & confessus se iuste teneri & dare debere Ade Antonij de Firmo praesenti stipullanti & respon- denti pro se suisque heredibus & successoribus ducatos vn- decim auri boni & iusti ponderis & soldos quinquaginta octo paruorum Et hoc pro oleo habito a dicto creditore Quam qui- dem pecunie quantitatem dare & soluere promisit dictus de-

*) Cancellato, con in margine la nota: „1439 die 12 mensis octobris Ego Antonius de reno cancellarius cancelaui & aboleui praesens Instru- mentum debiti de voluntate creditoris praesentibus testibus Curilo de la cupriua & Toscano quondam çanobi"

bitor praefato creditori usque ad festum annunciationis beate
Marie Virginis proxime futurum sub pena quarti qua soluta
uel non rata maneant omnia & singula suprascripta Pro quibus omnibus &c *)

PRO DICTO ADAM ET VR-
BANO CRESANICH DE CRAN-
BURCH

Die XVIIII mensis Februarij in publica platea terre Fluminis Sci Viti
praesentibus Paulo Vidotich barbitonsore Simone Violich ambobus ha-
bitatoribus dicte terre Fluminis testibus ad haec uocatis &
rogatis ac alijs Ibique Adam Antonij de Firmo taliter conuenit & pactum fecit cum Vrbano crisanich de Cranburch
videlicet quod dictus Vrbanus debeat & teneatur dare & consignare in dicta terra Fluminis falces ducentas dicto Ade tales quales nunc ipsi vendidit pro foro & precio ducatorum
decem & octo auri usque ad festum Sci georgij proxime futurum et dictus Vrbanus accipere teneatur a praefato Adam
çabros quatuor olei pro illo precio quo tunc vendetur ab alijs
mercatoribus in dicta terra Fluminis in foro dictarum falcium
& pro residuuo praedictus adam dare debeat promptam pecuniam Et nomine are et capare dicti fori dictus Vrbanus fuit
confessus se habuisse ac recepisse a dicto Adam ducatum
unum auri Pro quibus omnibus &c**)

PROTEXTUS CAPITULI CON-
TRA PRESBYTERUM MARCUM
RADOLICH

Die XX mensis Februarij ante portam terre Fluminis Sci Viti praesentibus Iudice paulo quondam Ser
Marci Ser Castelino de pensauro Ia-
cobo micholich omnibus habitatoribus dicte terre Fluminis
testibus ad haec uocatis & rogatis ac alijs Ibique Coram

*) Cancellato, con in margine la nota: „1439 die XXIII mensis Mar-
cij Ego Antonius cancellarius cancelaui & aboleui praesens Instrumentum
debiti de voluntate & consensu creditoris praesentibus testibus venerabili
viro domino presbytero Mateo arcidiacono & plebano & Iudice Mauro Vidonich"

**) Cancellato, con in margine la nota: „1439 die 19 mensis Aprilis
Ego Antonius de reno cancellarius cancelaui & aboleui praesens Instrumentum de voluntate & Consensu utriusque partis praesentibus georgio
diraçich et georgio petriçich"

Spectabili viro domino Iacobo Raunacher honorabili capitaneo dicte terre Fluminis Comparuerunt venerabilis vir dominus presbyter Mateus arcidiaconus & plebanus dicte terre Fluminis dominus presbyter Gaspar filius Iudicis Ambrosij presbyter Iohannes micholich nomine ac vice totius capituli asserentes & dicentes qualiter dederunt ad liuellum presbytero Marco radolich duas vineas positas in districtu Fluminis in loco dicto reçiça in vita sua tantum hac condicione quod ipsas bene & diligenter laborare debeat secundum consuetudinem dicte terre Fluminis et quia ipsis relatum est quod dicte vinee non laborantur bene nec diligenter secundum pacta insimul habita Idcirco omnibus melioribus modo & forma quibus possunt protestantur pro dictis vineis ducatos centum auri praesente ibidem dicto presbytero marco & dicente ac respondente quod omnibus datum est protextari & nulli prohibetur

PROTEXTUS MATEI ÇER-
SATI CONTRA SER MATEUM

Die XXI mensis Februarij ante portam terre Fluminis Sci Viti sub Arbore praesentibus Iudice Stefano rusouich georgio mladonich Bartolomeo Antonij de Firmo testibus ad hec uocatis & rogatis ac alijs Ibique Coram Nobili Viro Iudice Iohanne Misuli comparuit Mateus cersato asserens & dicens qualiter sua Sagena propter cursum aquarum deuenit super Anchoram Ser Matei quondam Ser donati & nunc dictus Ser Mateus fecit leuare Anchoram & noluit expectare quominus tempus foret bonum vnde dictus Mateus cersato non potuit suam habere Sagenam nisi aliquam partem vnde non poterit piscari Quapropter omnibus illis remedijs quibus melius potuit protestatus fuit dictus Mateus çersato contra praefatum Ser Mateum quondam Ser donati licet absentem ducatos quadraginta pro lucro quod ipsi fuisset secutum pro dicta Sagena.

FINIS PRO TONSA & PAULO
CONOPSE DE RIBINIÇA

Die secundo mensis Marcij In publica platea terre Fluminis Sci Viti praesentibus Iudice Nicolao micolich Ser Castelino de pensauro omnibus habitatoribus dicte terre Fluminis testibus ad haec uocatis & rogatis ac alijs Ibique

Paulus conopse de ribiniça per se suosque heredes ac nomine & vice crestani eius fratris et Ser Tonsa quondam Ser Nicole de dicta terra Fluminis per se & suos heredes vnus alteri adinuicem fecit finem dimissionem transactionem & pactum de vlterius non petendo de omni debito iure & actione & de omnibus & singulis que vnus alteri adinuicem quomodocunque tenebatur siue teneri poterat aliquo Instrumento uel scriptura aliqua ratione uel causa usque ad praesentem diem Et hoc quia uterque ipsorum fuit contentus & confessus sibi integre solutum & satisfactum esse de omni debitore & de omnibus & singulis ad que vnus alteri adinuicem actenus siue teneri poterat quacunque ex causa Promittens vnus alteri adinuicem solemnibus stipullationibus hinc inde interuenientibus omnia & singula suprascripta firma rata & grata habere tenere & non contrafacere uel uenire per se uel alium aliqua ratione causa uel ingenio de iure uel de facto Sub pena dupli eius quod peteretur.

PRO IUDICE VITO QUONDAM MATCHI CONTRA RAUINUM

Die XIIII mensis Marcij In Statione mei notarij infrascripti praesentibus Ser Castelino de pensauro Teodoro quondam dominici Georgio glauinich omnibus habitatoribus dicte terre Fluminis testibus ad haec uocatis & rogatis Ibique Rauinus quondam Iudici Martini de pago sponte libere ex certa scientia non per errorem fuit contentus & confessus se iuste teneri & dare debere Iudici Vito quondam Matchi praesenti stipullanti & respondenti pro se suisque heredibus & successoribus libras triginta octo paruorum nomine mutui Quam quidem pecunie quantitatem dare & soluere promisit dictus debitor praefato creditori ad omne beneplacitum ipsius creditoris Et ad maiorem cautellam dicti creditoris dictus debitor eidem designauit & pro speciali piguere designauit partem suam uinee posite nacoxal iuxta Iudicem Iohannem Misuli.

PRO MATEO ÇERSATO

Die XVII mensis Marcij In publica platea terre Fluminis Sci Viti praesentibus Ser Angelino bonfioli de Florentia Ser Rafaele de fossambruno Teodoro quondam dominici omnibus habitatori-

bus dicte terre Fluminis testibus ad haec vocatis & rogatis
ac alijs Ibique Coram Nobili viro domino Iohanne Misuli honorabili Iudice dicte terre Fluminis Comparuit Mateus Çersato asserens & dicens qualiter hesterna die quae fuit XVI
huius mensis incepit piscari cum sua Sagena que dillacerata
fuit per nauigium Ser Matei quondam Ser donati & Supplicans ipsi domino Iudici mandaret mihi notario infrascripto
quod hoc scriberem Sicquid de Mandato ipsius domini Iudicis scripsi

PRO IUDICE MAURO CON-
TRA IACOBUM ARAR
Die praescripto In statione infrascripti Ser Antonij In terra Fluminis
Sci Viti praesentibus Ser Antonio
pertusano de Venetijs Mateo cersato Toschano quondam za-
nobij omnibus habitatoribus dicte terre Fluminis testibus ad
haec uocatis & rogatis ac alijs Ibique Iacobus arar de lach
sponte libere ex certa scientia non per errorem omni exceptione iuris uel facti remota per se suosque heredes & successores fuit contentus & confessus se iuste teneri & dare debere Iudici Mauro Vidonich praesenti stipullanti & respondenti
pro se suisque heredibus & successoribus ducatos viginti vnum
& soldos nonaginta sex paruorum Et hoc pro oleo habito a
dicto creditore Pro Qua quidem pecunie quantitate dare &
consignare promisit dictus debitor praefato creditori tantum
ferrum bonum & bullatum quod ascendat ad suprascriptam
quantitatem pecunie in ratione ducatorum XIII pro singulo
Miliari usque ad festum Sci geórgij proxime futurum sub pena
quarti Qua soluta uel non rata maneant omnia & singula suprascripta Pro quibus omnibus *)

PRO ADAM DE FIRMO CON-
TRA QUOCIANUM DE LOS
Die 26 mensis Marcij In statione mei
notarij infrascripti praesentibus Venerabili Viro domino presbytero Ma-
teo arcidiacono e plebano terre Fluminis praedicte Ser Ca-

---

*) Cancellato, con in margine la nota: „1439 die XV mensis Iulij
Ego Antonio de reno cancellarius cancelaui & aboleui praesens Instrumen-
tum debiti de voluntate creditoris praesentibus testibus Georgio Iudicis
Stefani rusouich & Antonio roseuich.“

stelino de pensauro ambobus habitatoribus dicte terre Fluminis testibus ad haec uocatis & rogatis ac alijs Ibique Quocianus de los sponte libere ex certa scientia non per errorem
omni exceptione iuris uel facti remota per se suosque heredes
& successores fuit contentus & confessus se iuste teneri &
dare debere Ade Antonij de Firmo praesenti stipullanti & respondenti pro se suisque heredibus & successoribus ducatos
uiginti auri & soldos septuaginta quinque paruorum Et hoc
pro oleo habito a dicto creditore Quam quidem pecunie quantitatem dare & soluere promisit dictus debitor praefato creditori usque ad festum Sci georgij proxime futurum sub pena
quarti Qua soluta uel non rata maneant omnia & singula suprascripta. Pro quibus omnibus &c

PROCURA QUIRINI PARCICH DE VEGLA IN TOMAM RE-MERUM DE BUCHARO

Vltrascriptis die ac loco praesentibus testibus Iudice Vito quondam
Matchi Vito matronich Quirinus quondam georgij parçich de Vegla omni
via modo iure & forma quibus magis & melius sciuit ac potuit fecit constituit creauit & ordinauit Tomam remerum de
bucharo suum procuratorem actorem factorem & certum nuncium specialem specialiter ad exigendum & recuperandum a
lucia olim uxore pauli bachie omnem & singulam quantitatem pecunie res & quaecunque alia & de per eum receptis
finem dimissionem transactionem & pactum de vlterius non
petendo cum solemnitatibus necessarijs faciendum Et ad comparendum si opus fuerit coram quocunque Iudice tam ecclesiastico quam sacculari Ad Agendum petendum respondendum libellos & petitiones dandum & recipiendum testes instrumenta &c Et generaliter &c dans &c Promittens &c

PROCURA FRATRIS PAULI DE ORDINE SCI ANTONIJ IN MATIASIUM

Die XXVI mensis Marcij ante portam terre Fluminis Sci Viti a mari
praesentibus Nobili viro Iudice Iohanne Misuli Ser Castelino de pen-
sauro Adam Antonij de Firmo omnibus habitatoribus dicte
terre Fluminis testibus ad haec uocatis & rogatis ac alijs I-
bique Frater

SOCIETAS INTER QUIRI-
NUM DE VEGLAM & TOMAM
REMERUM

Die XXVI mensis Marcij in Statione infrascripti Ser Rafaelis praesentibus Ser Castelino de pensauro
Ser Rafaele de Fossambruno Domi-
nico carpentario de Iadra omnibus habitatoribus dicte terre
Fluminis testibus ad haec uocatis & rogatis ac alijs Ibique
Quirinus quondam georgij parçich de Vegla & Tomas remerius de bucharo simul tales fecerunt consortium & Societatem videlicet quod praefatus quirinus debeat dare pecuniam
& dictus Tomas debeat emere remos prout ipsi melius uidebitur & quicquid lucri seu damni quod absit consequetur diuidi debeat inter ipsos paribus portionibus Praefatus autem
Tomas coram testibus suprascriptis fuit contentus & confessus habuisse ac recepisse a praefato Quirino in suprascripta
societate ducatos auri triginta quatuor. *)

PRO SER RIÇARDO DE
FIRMO CONTRA VORICUM DE
LABACO

Die 17 mensis Aprilis In Statione
Iudicis Nicolai in terra Fluminis Sci
Viti praesentibus Iudice Vito quondam Matchi Iacobo micholich & Ve-
netiano de Cregnino omnibus habitatoribus dicte terre Fluminis testibus ad haec uocatis & rogatis ac alijs Ibique Vorichus de Iubiana piliparius sponte libere ex certa scientia non
per errorem omni exceptione iuris uel facti remota per se
suosque heredes & successores fuit contentus & confessus se
iuste teneri & dare debere Ser Riçardo quondam lodouici de
Firmo praesenti stipullanti & respondenti pro se suisque heredibus & successoribus ducatos trecentum & septuagintano-
uem boni auri & iusti ponderis et soldos octuaginta septem
paruorum Et hoc pro oleo ac denarijs promptis habitis a Petro Marino de Firmo Pro qua quidem pecunie quantitate dare
& consignare promisit dictus debitor praefato creditori tantum ferrum bonum & bullatum quantum & quod ascendat ad
supradictam quantitatem pecunie in ratione ducatorum XIII

---

*) Cancellato, con in margine la nota: „1439 die 29 mensis octobris
Ego Antonius de reno cancellarius cancelaui & aboleui praesens Instrumentum Societatis de voluntate utriusque partis praesentibus Iudice Mauro Vidonich georgio cersatich et laurentio quondam blasij marinario"

pro singulo miliari ferri per terminos infrascriptos videlicet
Miliaria duodecim ferri usque ad festum pentecostes proxime
futurum & residuum usque ad festum Sce Malgarite proxime
futurum sub pena quarti Qua soluta uel non rata maneant
omnia & singula suprascripta Pro quibus omnibus suprascriptis sic firmiter obseruandis attendendis &c *)

PACTA ADE DE FIRMO &
VRBANI DE CRANBURCH

Die XVIIII mensis Aprilis in publica platea terre Fluminis Sci Viti
praesentibus georgio diraçich & geor-
gio petriçich ambobus habitatoribus dicte terre Fluminis testibus ad haec uocatis & rogatis ac alijs Ibique Vrbanus Cresinich de Cranburch taliter conuenit cum Adam Antonij de
Firmo videlicet quod dictus Vrbanus dare & consignare teneatur dicto Ade falces 200 bonas a seccando in ratione decem & octo ducatorum auri pro singulo centenario & dictus
Vrbanus teneatur & debeat accipere a dicto Adam çabros olei
4 & pro residuo habere debeat promptam pecuniam Quas falces dare teneatur usque ad festum natiuitatis domini nostri
Iesu Christi proxime futurum Et dictus Vrbanus recepit a
dicto Adam pro ara ducatum vnum auri Pro quibus omni--
bus &c

PRO IUDICE NICOLAO CON-
TRA ERMAN CRESINICH

Die XXVI mensis Aprilis In publica platea terre Fluminis Sci Viti
praesentibus Iudice Vito quondam
Matchi Iudice Vito barolich testibus ad haec uocatis & rogatis ac alijs Ibique Erman Cresinich de Cranburch taliter conuenit cum Iudice Nicolao micholich videlicet quod dicto Iudici Nicolao dare & consignare teneatur falces 200 bonas a
seccando in ratione ducatorum decem & octo auri usque ad
festum natiuitatis domini nostri Iesu Christi proxime futurum
Et recipere debeat pro dictis falcibus a dicto Iudice Nicolao

---

*) Cancellato, con in margine la nota: „1439 die X septembris Ego
Antonius de reno cancellarius cancelaui praesens Instrumentum debiti de
consensu & voluntate Iudicis Nicolai micholich vice & nomine Ser Riçardi creditoris praesentibus Adam de Firmo & Bartolomeo eius fratre ac
prodano de pago.“

çabros sex olei pro illo precio quo accipiet frater dicti Ermani
Ab Adam Antonij de Firmo & pro residuo promptam pecu-
niam Et dictus Erman pro ara falcium recepit a dicto Iudice
Nicolao ducatum vnum auri Pro quibus omnibus &c

PRO ADAM DE FIRMO CON-
TRA VORICHUM PILIPARIUM
DE LUBIANA

Die praescripto In statione infrascripti creditoris praesentibus Nobili Viro Iudice Iohanne Misuli Vito
matronich & Iacobo cigantich omni-
bus habitatoribus dicte terre Fluminis testibus ad haec uocatis & rogatis ac alijs Ibique Vorichus piliparius de Iubiana
sponte libere ex certa scientia non per errorem omni exccptione iuris uel facti remota per se suosque heredes & successores fuit contentus & confessus se iuste teneri & dare debere Ade Antonij de Firmo praesenti stipullanti & respondenti
pro se suisque heredibus & successoribus ducatos quatricentos & decem & octo boni auri & iusti ponderis & hoc pro
oleo ac denarijs contatis habitis a dicto creditore Pro qua
quidem pecunie quantitate dare & soluere promisit ac consignare in dicta terra Fluminis tantum ferrum bonum & bullatum de ospergo quod & quantum ascendat ad suprascriptam
quantitatem pecunie in ratione XIII ducatorum pro singulo
Miliari usque ad festum Sce Malgarite proxime futurum sub
pena quarti qua soluta uel non rata maneant omnia & singula suprascripta Pro quibus omnibus & singulis suprascriptis sic firmiter obseruandis attendendis & adimplendis dictus
debitor praefato creditori obligauit omnia sua bona mobilia &
immobilia praesentia & futura. *)

PRO IUDICE NICOLAO MI-
CHOLICH CONTRA VORICHUM
DE LUBIANA

Die XXVII mensis Aprilis In Statione mei notarij infrascripti praesentibus Agabito diraçich Iohanne
dicto Iagnac ambobus de dicta terra
Fluminis Mengulo de Arimino testibus ad haec uocatis & ro-

---

*) Cancellato, con in margine la nota: „1439 die X mensis septem-
bris Ego Antonius de reno cancelaui praesens Instrumentum debiti de
consensu partium praesentibus Iudice Nicolao Micholich Iacobo eius
fratre & Prodano de pago"

gatis ac alijs Ibique Vorichus piliparius de lubiana sponte libere ex certa scientia non per errorem omni exceptione iuris uel facti remota per se suosque heredes & successores fuit contentus & confessus se iuste teneri & dare debere Iudici Nicolao micholich praesenti stipullanti & respondenti pro se suisque heredibus et successoribus ducatos centum & quadraginta boni auri & iusti ponderis Et hoc pro oleo habito a dicto creditore Pro qua quidem pecunie quantitate dare & consignare promisit dictus debitor praefato creditori in dicta terra Fluminis tantum ferrum bonum & bullatum de Ospergo quod & quantum ascendat ad suprascriptam quantitatem pecunie in ratione XIII cim ducatorum pro singulo miliari usque ad festum Sce Malgarite proxime futurum sub pena quarti qua soluta uel non rata maneant omnia & singula suprascripta Pro quibus omnibus &c *)

PROCURA SER FORTES DE CURÇULA IN VITUM MATRONICH

Die XXVIII mensis Aprilis In publica platea terre Fluminis Sci Viti praesentibus Iudice Vito quondam Matchi Ser Stefano quondam blasij Simone pilar omnibus habitatoribus dicte terre Fluminis testibus ad haec uocatis & rogatis ac alijs Ibique Ser Forte Antonij de Curçula omni via modo iure & forma quibus magis & melius sciuit ac potuit fecit constituit creauit & ordinauit Vitum matronich de dicta terra Fluminis absentem sed tanquam praesentem suum uerum & legitimum procuratorem actorem factorem & certum nuncium specialem in omnibus litibus & placitis quas habet siue habere intendit cum luca Michaelis de Ragusio occasione cuiusdam Noliçatus Et ad comparendum si opus fuerit coram quocunque Iudice tam ecclesiastico quam saeculari Ad agendum petendum respondendum libellos & petitiones dandum & recipiendum testes & omnes scripturas & alia iura producendum sententias audien-

*) Cancellato, con in margine la nota: „1439 die X.o mensis septembris Ego Antonius de reno cancellarius cancelaui & aboleui praesens Instrumentum debiti de voluntate & consensu creditoris praesentibus Adam de Firmo & Prodano de Pago"

dum & eas executioni mandare faciendum Et ad componen-
dum paciscendum compromittendum laudum & arbitrium audiendum & persequendum Et generaliter ad omnia alia & singula dicenda &,gerenda &c Dans & Promittens &c

Pro luches contra Ma-
teum cersato
Die quinto mensis Madij In Statione
mei notarij infrascripti praesentibus
Iudice Mauro Vidonich Paulo mer-
çario testibus ad haec uocatis & rogatis ac alijs Ibique Mateus
cersato de terra Fluminis Sci Viti sponte libere ex certa scientia non per errorem omni exceptione iuris uel facti remota
per se suosque heredes & successores fuit contentus & confessus se iuste teneri & dare debere luce quondam Iohannis
de posana praesenti stipullanti & respondenti pro se suisque
heredibus & successoribus libras quadraginta octo paruorum
Et hoc pro Segadicijs habitis a dicto creditore Quam quidem
pecunie quantitatem dare & soluere promisit dictus debitor
praefato creditori per terminos infrascriptos videlicet medietatem usque ad festum Sci Viti proxime futurum & residuum
usque ad festum Sce Malgarite proxime futurum Et ad preces
dicti debitoris Iudex Paulus quondam Ser Marci se constituit
Plegium fideiussorem & principalem debitorem praefato creditori Qui Mateus cersato promisit dicto Iudici Paulo Plegio
& fideiussori ipsum indemnem conseruare a suprascripta fideiussione eidem Iudici Paulo designans ad maiorem cautellam
pro pignere speciali suam domum pro suprascripta fideiussione

Pars capta quod nulla
persona audeat aliquam
personam conducere extra
terram Fluminis
Die octaua mensis Madij per dominum capitaneum iudices & consiliarios terre Fluminis Sci Viti existentes in statione mei notarij infrascripti
Capta fuit pars infrascripti tenoris
videlicet quod nulla persona cuiuscunque condicionis existat
audeat uel praesumat aliquam personam forensem onerare in
splagia siue in Fluuio terre Fluminis praedicte uel eius districtu pro conducendo ad loca alliena sine licencia regiminis sub
pena librarum quadraginta pro singula persona cuius pene
quarta pars sit accusatoris. Quam partem vltrascriptis die ac

mense exclamare fecerunt per georgium publicum preconem in locis assuetis ut moris est

EXEMPTIO VORICI Vltrascriptis loco ac die praesentibus testibus Georgio glauinich Martino Violich blasuta quondam petri omnibus habitatoribus dicte terre Fluminis Spectabilis ac generosus vir dominus Iacobus Raunacher capitaneus Nobilis vir Iudex Iohannes Misuli Iudex ad praesens dicte terre Fluminis venerabilis vir dominus presbyter Mateus arcidiaconus & plebanus Iudex Ambrosius quondam Ser Marci Iudex Stefanus rusouich Iudex Marcus glauinich Iudex Bartolus glauinich Iudex Maurus Vidonich Iudex Cusma radolich Iudex Vitus barolich Iudex Nicolaus Micholich Ser Stefanus quondam Blasij & Ser Tonsa quondam Ser Nicole omnes consiliarij dicte terre Fluminis considerantes quod bonum et vtile est dictam terram Fluminis bonis personis populare Vorichum maritum marie xelexenicoue fecerunt imnumem & exemptum a qualibet colta dicte terre usque ad decem annos proxime futuros tantum Et quod nullo modo teneatur esse portator literarum seu nuncius pro parte comunis dicte terre Fluminis usque ad suprascriptum terminum decem annorum.

PENA MISSA PRESBYTERO MARTINO DE BUCHARO & SER TONSE QUONDAM SER NICOLE PRO MOLENDINO Vltrascriptis die loco ac testibus Praefatus dominus capitanens Iudices & consiliarij praeceperunt presbytero Martino de bucharo habitatori cersati & Ser Tonse quondam Ser Nicole quod usque ad festum Sce Malgarite proxime futurum debeant coprire & bene aptare Molendinum Fraternitatis Sce Marie de dicta terra Fluminis & ecclesie Sce Marie de cersato hoc est uterque pro rata sua sub pena librarum vigintiquinque paruorum.

PRO DOMINA BARBARA UXORE QUONDAM DOMINI MATLINI Die decimo mensis Madij in littore maris ante portam terre Fluminis Sancti Viti praesentibus Nobilibus Viris Iudice Iohanne Misuli Iudice

Ambrosio quondam Ser Marci Iudice Stefano ruseuich Iudice
Nicolao micholich Iudice damiano quondam Matei omnibus
habitatoribus dicte terre Fluminis testibus ad haec uocatis &
rogatis ac alijs Ibique Martinus quondam bartuli de gaçscha
per se suosque heredes ac vice & nomine Ambrosij et Cusme
fratrum suorum & eorum heredum pro quibus promisit de
rato & rati habitione de omnibus & singulis infrascriptis fecit
domine Barbare uxori quondam domini Matlini de Vragna pro
se suisque heredibus stipullanti pacem quietationem remissionem & pactum de ulterius aliquid non petendo specialiter de
interfectione Bartuli patris praedictorum Martini Ambrosij &
Cusme ac de omni & singula alia causa Et hoc ideo quia
dictus Martinus nominibus quibus supra fuit contentus & confessus se habuisse ac recepisse a praedicta domina Barbara
ducatos trigintaquinque boni auri & iusti ponderis occasione
interfectionis praefati Bartoli patris sui ut faciat fieri oratio-
nes elimosinas pro anima praefati patris sui Remittensque
dictus Martinus nominibus quibus supra praedicte domine
barbare omnem et singulam iniuriam quomodocunque ipsis
seu alteri ipsorum actenus illatam tam propter mortem patris sui quam ex alia quacunque causa Promittensque dictus
martinus per se suosque heredes ac vice & nomine Ambrosij
et cusme fratrum suorum & eorum heredum praedicte domine Barbare pro se suisque heredibus stipullanti litem quaestionem uel controuersiam aliquam ei uel suis heredibus praedictorum occasione ullo tempore non inferre nec inferenti
consentire Sed potius omnia & singula suprascripta perpetuo
firma & rata habere tenere & non contrafacere uel uenire per
se uel alium aliqua ratione uel ingenio de iure uel de facto
sub pena dupli dicte quantitatis pecunie stipullatione in singulis capitulis huius contractus solemni promissa Qua pena
soluta uel non rata maneant omnia & singula suprascripta.

Die XIII mensis Madij In Statione
Ser Matei quondam Ser donati prae-
sentibus Presbytero Iohanne de Vegla
Iudice Ambrosio quondam Ser Marci
Iudice Nicolao micholich omnibus habitatoribus dicte terre
Fluminis testibus ad haec uocatis & rogatis ac alijs Ibique

Stefanus mortath sponte libere ex certa scientia non per errorem omni exceptione iuris uel facti remota per se suosque
heredes & successores fuit contentus & confessus se iuste teneri & dare debere Iohanni de Vladena de Vegla praesenti
stipullanti & respondenti pro se suisque heredibus & successoribus libras uigintiseptem & soldos octo pro puro debito &
libras decem pro expensis Et hoc pro resto & complemento
vnius debiti librarum septuaginta septem & soldorum octo paruorum Quam quidem pecunie quantitatem dare & soluere promisit dictus debitor praefato creditori usque ad festum Sci
Michaelis de mense septembris sub pena quarti Qua soluta
uel non rata maneant omnia & singula suprascripta Pro quibus omnibus &c.

PRO IUDICE NICOLAO CON-
TRA STEFANUM MORTATH

Vltrascriptis die ac loco praesentibus presbytero Gaspare Ser Tonsa
quondam Ser Nicole ambobus habi-
tatoribus dicte terre Fluminis testibus ad haec uocatis & rogatis ac alijs Ibique Stefanus mortath sponte libere ex certa
scientia non per errorem omni exceptione iuris uel facti remota per se suosque heredes & successores fuit contentus &
confessus se iuste teneri & dare debere Iudici Nicolao micholich praesenti stipullanti & respondenti pro se suisque heredibus & successoribus libras centum & quindecim paruorum
nomine mutui Pro qua quidem pecunie quantitate dictus debitor praefato creditori obligauit & pro speciali pignere designauit suam vincam in borgud.

PROCURA LUCE DE RA-
GUSIO IN BARTOLOMEUM DE
FIRMO & LUCHESIUM

Die XXII mensis Madij In Statione
mei notarij infrascripti praesentibus
presbytero Iohanne de Vegla Martino terçich ambobus habitatoribus
dicte terre Fluminis testibus ad haec uocatis & rogatis ac
alijs Ibique Lucas blasij de Ragusio omni via modo iure &
forma quibus magis & melius potuit fecit constituit creauit &
ordinauit Bartolomeum Antonij de Firmo & Lucam quondam
Iohannis de posana & quemlibet eorum in solidum ita quod
occupantis condictio non existat sed quod vnus incepit alius

mediare prosequi & finire possit suos procuratores actores
factores & certos nuncios speciales specialiter ad exigendum
& recuperandum a Gasperlino quondam domini Matlini libras
uigintitres paruorum & de per eos receptis finem quietationem
& pactum de vlterius non petendo cum solemnitatibus necessarijs faciendum Et ad comparendum si opus fuerit Coram
regimine terre Fluminis & quocunque alio Iudice Ad Agendum petendum &c Et generaliter ad omnia alia &c Dans &c
Promittens &c

Procura Iudìcis Iohan-
nis Misuli in Ser An-
driolum de Arbo
Die XXIIIº mensis Madij In littore
maris ante terram Fluminis Sci Viti
praesentibus Martino terçich Teodoro quondam dominici Cola de pen-
sauro omnibus habitatoribus dicte terre Fluminis testibus ad
haec uocatis & rogatis ac alijs Ibique Nobilis Vir Iudex Iohannes Misuli ciuis dicte terre Fluminis omni via modo iure
& forma quibus magis & melius sciuit ac potuit fecit constituit creauit & ordinauit Nobilem Virum Andriolum filium nobili Viri Ser Christofori de demina de Arbo absentem sed
tanquam praesentem suum verum & legitimum procuratorem
actorem factorem & certum nuncium specialem Presertim in
omnibus & singulis eius causis litibus placitis contròuersis
quas habet uel habiturus est cum Damiano dicto Stibor de
Scrisa & Dismano luçich de pago & ad exigendum ab eis
seu alteri eorum omnem & singulam quantitatem pecunie res
& quaecunque alia & de per eum receptis finem dimissionem
transactionem & pactum de vlterius non petendo cum solemnitatibus necessarijs faciendum Et ad comparendum si opus
fuerit coram quocunque rectore ac iudice tam ecclesiastico
quam saeculari Ad agendum petendum respondendum libellos & petitiones dandum & recipiendum ac eis respondendum
lites contestandum exceptiones proponendum terminos & dillationes petendum testes Instrumenta & alia iura sua producendum Sententiam unam uel plures audiendum & eam uel
eas executioni mandare faciendum Et generaliter ad omnia
alia & singula dicenda gerenda & procuranda que in praedictis &c Dans &c Promittens &c

Pro petro de senis factore Ser Iohannis de Galianis de Arimino

Die XXVIII mensis Madij In terra Fluminis Sci Viti in Statione mei notarij infrascripti praesentibus Ser Tonsa quondam Ser Nicole Stefano callelli de Ancona Martino quondam Dominici de Segna omnibus habitatoribus dicte terre Fluminis testibus ad haec uocatis & rogatis ac alijs Ibique cum verteretur lis & controuersia Inter petrum de senis tanquam rerum gestorem nobilis viri Ser Iohannis de Galianis de Arimino ex vna parte & Paulum cimalem de Murano patronum nauigij ex altera˗ eo quod praefatus petrus dicebat quod praedictus Ser Iohannes onerauerat in nauigio dicti Pauli capita quinquaginta sex vini & ipse paulus asserebat capita onerata in nauigio fuisse tantum quinquaginta quinque quorum tria exonerata fuerunt chersi & LII in terra Fluminis praedicta Vnde praefate ambe partes volentes parcere expensis ad tale peruenerunt concordium. Videlicet quod si praefatus Ser Iohannes probauerit quod onerauerit in nauigio dicti Pauli capita vini quinquaginta sex quod dictus Paulus eo casu soluere teneatur praedicto Ser Iohanni caput vnum vini sin autem quod dictus Paulus sit absolutus A petitione praefati petri in qua petebat nomine quo supra. caput vnum vini.

Vltrascriptis Millesimo Indictione die ac testibus suprascriptis paulus cimal fuit contentus & confessus sibi integre solutum & satisfactum fuisse a praefato Petro de senis pro suo naulo.

Protestus Ser Iohannis de Galianis de Arimino

Die nòno mensis Iunij In terra Fluminis Sci Viti In Statione mei notarij infrascripti praesentibus Iudice Paulo quondam Ser Marci Iudice cosma radolich Iudice Vito barolich omnibus habitatoribus dicte terre Fluminis testibus ad haec uocatis & rogatis ac alijs Ibique Coram nobilibus viris domino Iohanne Misuli & domino Vito quondam Matchi honorabilibus Iudicibus ad praesens dicte terre Fluminis comparuit Prudens Vir Ser Iohannes de galianis de Arimino asserens & dicens qualiter Arimini nauliçauit Paulum quondam benedicti Cimalis de Murano quod deberet venire Segnam aut ad terram Fluminis praedicta ubi placebit praefato Ser Iohanni

& alteribi exonerare vinum dicti Ser Iohannis & deinde expectare debebat praefatum Ser Iohannem nouem diebus aut Segne aut in dicta terra Fluminis qui Ser Iohannes nauigium praedicti Pauli debebat onerare lignaminibus que lignamina dictus paulus cum suo nauigio conducere debebat Ariminum ad nundinas Sancti Iuliani cum dei adiutorio Et quia nunc praedictus Paulus exonerato vino praefati Ser Iohannis onerauit suum nauigium mercancijs Ser Riçardi de Firmo & vadit Firmum & sibi non seruat pacta simul habita velut clare constare dixit per Nauliçatum scriptum manu praefati Pauli quod praefato Ser Iohanni in magnum reuertitur preiudicium & detrimentum cum ipse Ser Iohannes iam praeparauerat lignamina pro onere nauigij dicti pauli & etiam sit paratus dicto Paulo seruare omnia & singula pacta simul habita & dicto Paulo dixerit quod omnia lignamina pro suo onere sint parata & ipsa detulerit lignamina dicto Paulo & dictus paulus responderit quod ipsa lignamina onerare non poterat quia habebat aliud naulum Idcirco praefatus Ser Iohannes omnibus & singulis remedijs quibus magis ac melius fieri poterat protestatus fuit contra praedictum paulum ibidem praesentem omne & singulum damnum interesse & expensas que passus est ac patietur ob hanc causam Coram suprascriptis dominis Iudicibus

PROTESTUS PRESBYTERI GEORGIJ SUSICH

Die XI mensis Iunij In publica platea terre Fluminis Sancti Viti praesentibus Ser Riçardo de Firmo Ser Castelino de pensauro testibus ad haec uocatis & rogatis ac alijs Ibique Coram Nobili Viro Iudice Iohanne Misuli comparuit presbyter georgius susich asserens & dicens qualiter emit vnum rasorium A Iusto Vidotich barbitonsore pro soldis XIIII & quod dicto Iusto dedit dictos XIIII soldos & nunc dictus Iustus nec uult sibi dare denarios nec rasorium Quapropter Coram dicto domino Iudice protestatus fuit aduersus dictum Iustum licet absentem sed tanquam praesentem pro itinere quod faciet ob hanc causam

PRO ÇUFANO SUETINA DE SELAÇ CONTRA IUDICEM PAULUM & TEODORUM

Die XV mensis Iunij In Terra Fluminis Sancti Viti In Statione mei notarij infrascripti praesentibus Iudice Nicolao Micholich Presbytero

Antonio Visignich presbytero Vito scolich omnibus habitatoribus dicte terre Fluminis testibus ad haec uocatis & rogatis
ac alijs Ibique Iudex Paulus quondam Ser Marci & Teodorus
quondam dominici ambo simul & in solidum Sponte libere
ex certa scientia non per errorem omni exceptione iuris uel
facti remota per se suosque heredes & successores fuerunt
contenti & confessi se iuste teneri & dare debere Çupano
Suetine de Selaç praesenti stipullanti & respondenti pro se
suisque heredibus & successoribus ducatos septuaginta duos
Marchas quadraginta tres & libras sex paruorum Et hoc pro
panno griso habito a dicto creditore Quam quidem pecunie
quantitatem dare & soluere promiserunt praefati debitores
praedicto creditori simul & in solidum usque ad festum ascensionis domini nostri Ihesu Christi proxime futurum sub pena
quarti qua soluta uel non rata maneant omnia & singula suprascripta Et ad Maiorem cautellam praedicti creditoris praefati debitores simul & in solidum praedicto creditori obligarunt & pro speciali pignere designarunt omnia sua bona mobilia & immobilia praesentia & futura.*)

PRO DOMINO ARCIDIACO- Die XXIIII mensis Iunij In Statio
NO CONTRA PAULUM BARBI- ne mei notarij infrascripti praesen
TONSOREM tibus Iudice Mauro Vidonich Iudice
Damiano quondam Matei Martino
aurifice quondam Dominici omnibus habitatoribus dicte terre
Fluminis testibus ad haec uocatis & rogatis ac alijs Ibique
Paulus vidotich barbitonsor Sponte libere ex certa scientia
non per errorem omni exceptione iuris uel facti remota per
se suosque heredes & successores fuit contentus & confessus
se iuste teneri & dare debere venerabili viro domino presbytero Mateo arcidiacono & plebano dicte terre Fluminis praesenti stipullanti & respondenti pro se suisque heredibus &
successoribus libras centum & quadraginta paruorum Quam
quidem pecunie quantitatem dare & soluere promisit dictus

---

*) Cancellato, con in margine la nota: „1441 die XVIII mensis octobris Cancelatum fuit praesens Instrumentum debiti de uoluntate creditoris praesentibus testibus Iudice Vito quondam Matchi & Mauro Vasmiçich
— Ego Antonius cancellarius scripsi“

debitor praefato creditori usque ad primum diem mensis iunij proxime futuri sub pena quarti qua soluta uel non rata maneant omnia & singula suprascripta Pro quibus omnibus & singulis suprascriptis sic firmiter obseruandis attendendis & adimplendis dictus .debitor praefato creditori obligauit omnia sua bona mobilia & immobilia praesentia & futura. *)

PRO GEORGIO MORGANICH DE IADRA     Die decimo mensis Iulij In terra Fluminis Sancti Viti in Statione mei notarij infrascripti praesentibus Iudice Nicolao micholich Ser Rafaele de Fossanbruno habitatoribus dicte terre Fluminis Gaspare quondam gregorij longini de Iadra testibus ad haec uocatis & rogatis ac alijs Ibique Cum de Mandatu Nobilis viri domini Mauri Vidonich tunc honorabilis Iudicis dicte terre Fluminis anno domini MCCCCXXXVIIIo Indictione prima de mense octobris fuisset incantata & subastata secundum consuetudinem dicte terre Fluminis per Mateum tunc praeconem publicum dicte terre Fluminis Ad petitionem Nobilis Viri Iudicis Iohannis Misuli vinea Iudicis Damiani quondam Matei de Iadra posita in coxala iuxta Iudicem Vitum quondam Matchi pro libris centum & quinque paruorum & expensis et propter absentiam mei notarij infrascripti non potuerit Instrumentum incantus fieri ut moris est Idcirco praefatus Iudex Damianus asseruit & confessus fuit coram testibus suprascriptis & me notario infrascripto qualiter suprascripta vinea quam habet in pignere infrascriptus georgius morganich vti patet publico Instrumento scripto manu mei notarij infrascripti anno domini 1438 Indictione prima die XXVII mensis Augusti fuit incantata & subastata tribus diebus continuis secundum consuetudinem dicte terre Fluminis ad petitionem praefati Iudicis Iohannis Misuli pro libris centum & quinque paruorum & expensis anno proxime praeterito de mense octobris et deliberata secundum consuetudinem dicte terre Fluminis suprascripto Ser Ra-

---

*) Cancellato, con in margine la nota: „1441 die X.o mensis Februarij Cancelatum fuit praesens Istrumentum debiti .de voluntate creditoris praesentibus testibus Ser Stefano blasinich Mateo papich — Ego Antonius cancellarius"

faeli tunc ibidem praesenti stipullanti & respondenti vice ac
nomine georgij quondam Flori morganich de Iadra de licencia praedicti Iudicis Mauri pro libris centum & quinque paruorum & expensis que expense fuerunt libre quinque et solidi decem & octo paruorum Que omnia &· singulla sic acta &
gesta fuisse dixit & asseruit praefatus Iudex Iohannes Misuli
coram testibus suprascriptis & me notario infrascripto.

<small>PRO ADAM DE FIRMO
CONTRA FRANCISCUM FABRUM</small> Die XIII mensis Iulij super nundinis Sce Margarite praesentibus Do-
mino presbytero Iohanne Micholich
Paulo mortatich ambobus habitatoribus terre Fluminis Sci Viti
testibus ad haec uocatis & rogatis ac alijs Ibique Franciscus
faber quondam Martini habitator dicte terre Fluminis tanquam
plegius & fideiussor Marci quondam petri radenouich de cre-
meniça sponte libere ex certa scientia non per errorem omni
exceptione iuris uel facti remota per se suosque heredes &
successores fuit contentus & confessus se iuste teneri & dare
debere Ade Antonij de Firmo praesenti stipullanti & respondenti pro se suisque heredibus & successoribus ducatos quadraginta duos boni auri & iusti ponderis Et hoc pro vna balla
bombacis asculani quam quidem pecunie quantitatem dare & soluere promisit dictus debitor praefato creditori usque ad festum Sci Martini proxime futurum sub pena quarti Qua soluta uel non rata maneant omnia & singula suprascripta Pro
quibus omnibus &c

<small>PRO SIMONE DE ESCULO
CONTRA VORICUM DE LA-
BACO</small> Die XVº mensis Iulij In Statione
infrascripti Ser Ade praesentibus Ser
Adam Antonij de Firmo & bartolomeo eius fratre Toma quondam Ia-
cobi de Fano testibus ad haec uocatis & rogatis ac alijs Ibique Vorichus piliparius de labaco sponte libere ex certa scientia non per errorem omni exceptione iuris uel facti remota
per se suosque heredes & successores fuit contentus & confessus se iuste teneri & dare debere Simoni Vanni Mucij de
Esculo praesenti stipullanti & respondenti pro se suisque heredibus & successoribus ducatos centum & viginti quatuor

boni auri & iusti ponderis Et hoc pro bombace esculano habito a dicto creditore Pro qua quidem pecunie quantitate dare & consignare promisit dictus debitor praefato creditori in dicta terra Fluminis tantum ferrum bonum & mercimoniale quod & quantum ascendat ad suprascriptam quantitatem pecunie in rationem ducatorum tresdecim pro singulo Miliari usque ad festum Sci Michaelis de mense septembris proxime futuro sub pena quarti Qua soluta uel non rata maneant omnia & singula suprascripta Pro quibus omnibus & singulis suprascriptis sic firmiter obseruandis attendendis & adimplendis dictus debitor praefato creditori obligauit omnia sua bona mobilia & immobilia praesentia & futura *)

Pro Nicolao çanetich contra Iudicem Nicolaum micholich

Die XVᵒ mensis Iulij In terra Fluminis Sancti Viti In Statione mei notarij infrascripti praesentibus Iudice Mauro Vidonich Antonio rosouich Voricho Capelario omnibus habitatoribus dicte terre Fluminis testibus ad haec uocatis & rogatis ac alijs Ibique Iudex Nicolaus Micholich sponte libere ex certa scientia non per errorem omni exceptione iuris uel facti remota per se suosque heredes & successores fuit contentus & confessus se iuste teneri & dare debere Nicolao çanetich de lach praesenti stipullanti & respondenti pro se suisque heredibus & successoribus ducatos centum & nonaginta quinque boni auri & justi ponderis Et hoc pro XV. Miliaribus ferri habiti a dicto creditore Quam quidem pecunie, quantitatem dare & soluere promisit dictus debitor praefato usque ad festum Sci Martini proxime futurum sub pena quarti Qua soluta uel non rata maneant omnia & singula suprascripta Pro quibus omnibus &c **)

*) Cancellato, con in margine la nota: „1440 die XXVI mensis Iullij cancelatum fuit praesens Instrumentum debiti de voluntate creditoris praesentibus Iudice Vito rosso & Martino aurifice testibus ad haec uocatis & rogatis — Ego Antonius cancellarius scripsi"

**) Cancellato, con in margine la nota: „1439 die 26 mensis novembris Ego Antonius de reno cancellarius cancelaui & aboleui praesens instrumentum debiti de voluntate partium praesentibus Iudice Vito quondam Matchi presbytero Iacobo coxal tomasio de lach testibus ad haec uocatis & rogatis"

Pro Iudice Mauro Vido-
nich contra Iacobum Arar
Vltrascriptis die ac loco praesentibus
Georgio Iudicis Stefani rusouich Antonio Iudicis Viti ambobus habitatoribus dicte terre Fluminis testibus ad haec uocatis & rogatis ac alijs Ibique Iacobus arar de lach sponte libere ex certa scientia non per errorem omni exceptione iuris uel facti remota per se suosque heredes & successores fuit contentus & confessus se iuste teneri & dare debere Iudici Mauro Vidonich praesenti stipullanti & respondenti pro se suisque heredibus & successoribus Ducatos decem boni auri & justi ponderis nomine mutui Quam quidem pecunie quantitatem dare & soluere promisit dictus debitor praefato creditori ad omnem requisitionem ipsius creditoris sub bena quarti Qua soluta uel non rata maneant omnia & singula suprascripta Pro quibus omnibus &c

Pro Adam de Firmo contra Iurlinum de Camenich
Die XV mensis Iulij In publica platea terre Fluminis Sci Viti praesentibus Georgio oslich luca samburich Breçscho quondam petri omnibus habitatoribus dicte terre Fluminis testibus ad haec uocatis & rogatis ac alijs Ibique Iurlinus crouatinus habitator in Stayn sponte libere ex certa scientia non per errorem omni exceptione iuris uel facti remota per se suosque heredes & successores fuit contentus & confessus se iuste teneri & dare debere Ade Antonij de Firmo praesenti stipullanti & respondenti pro se suisque heredibus & successoribus ducatos centum & sexaginta boni auri & justi ponderis Et hoc pro quatuor ballis bombacis Esculani pro qua quidem pecunie quantitate dare & consignare promisit dictus debitor praefato creditori in dicta terra Fluminis tantum ferrum bonum & bullatum in ratione XIII ducatorum pro singulo miliari usque ad festum Sancti Martini proxime futurum sub pena quarti Qua soluta uel non rata maneant omnia & singula suprascripta Pro quibus omnibus &c *)

*) Cancellato, con in margine la nota: „1440 Die XVI mensis Iullij cancelatum fuit praesens Instrumentum debiti de voluntate Ade creditoris praesentibus Iudice Vito quondam Matchi Iudice Mauro Vidonich & Iudice Nicolao micholich — Ego Antonius de reno cancellarius scripsi."

FINIS RAFAELIS DE FOS-
SAMBRUNO Vltrascriptis die & loco praesentibus
Nobilibus Viris Iudice Iohanne Misuli Iudice Nicolao micholich georgio
glauinich omnibus habitatoribus dicte terre Fluminis testibus
ad haec uocatis & rogatis ac alijs Ibique Paulus lustalar de
Iubiana per se suosque heredes & successores fecit Rafaeli
quondam Francisci de Fossambruno habitatori dicte terre Fluminis praesenti & pro se suisque heredibus & successoribus
stipullanti finem dimissionem transitionem & pactum de vlterius non petendo de omni debito iure & actione & de omnibus & singulis ad que praedictus Rafael praefato paulo tenebatur seu teneri poterat quacunque ratione uel causa usque
ad praesentem diem Et hoc iddem praedictus rafael fecit praefato paulo hac condicione quod Barchusius cum quo nauigabat
praedictus rafael sit & esse debeat praefati & omnibus & singulis coredijs que praedictus rafael emit de bonis praefati pauli
Et hanc finem & dimissionem fecit vnus alteri adinuicem eo
quod utraque pars fuit contenta & confessa sibi integre solutum & satisfactum fuisse de omni debito re ac omnibus &
singulis ad que vna pars alteri adinuicem actenus tenebatur
seu teneri poterat quacunque ratione uel causa Promittens vna
pars alteri adinuicem omnia & singula suprascripta proprio
firma & rata habere tenere & non contrafacere uel uenire per
se uel alium aliqua ratione causa uel ingenio de iure uel de
facto sub pena dupli eius quod peteretur Qua pena soluta uel
non &c

PRO PRODANO DE PAGO
CONTRA GEORGIUM GLADA Die XX mensis Iulij In publica platea terre Fluminis Sancti Viti prae-
sentibus Iudice Nicolao micholich &
Ser Tonsa quondam Ser Nicole ambobus habitatoribus dicte
terre Fluminis testibus ad haec uocatis & rogatis ac alijs Ibique Georgius glada piliparius sponte libere ex certa scientia
non per errorem omni exceptione iuris uel facti remota per
se suosque heredes & successores fuit contentus & confessus
se iuste teneri & dare debere Prodano de Pago praesenti stipullanti & respondenti pro se suisque heredibus & successoribus libras quinquaginta quinque paruorum Et hoc pro sex
miliaribus tegularum non computando naulum in hoc calcullo

Quam quidem pecunie quantitatem dare & soluere promisit
dictus debitor praefato creditori ad omnem requisitionem ipsius
creditoris Qua pena soluta uel non rata maneant omnia &
singula suprascripta Pro quibus omnibus &c

Societas Martini aurificis & georgij bucij de Artona

Die XXVI mensis Iullij In Statione
mei notarij infrascripti In terra Fluminis Sci Viti praesentibus Iudice
Stefano rusouich Iudice Vito barolich Martino quondam Mauri de gaçscha testibus ad haec uocatis & rogatis ac alijs Ibique Martinus quondam dominici de
Segna & Georgius bucij Iacobi de Artona insimul fecerunt
talem societatem & consortium usque ad quatuor annos proxime futuros his modis condicionibus & pactis videlicet quod
dictus georgius teneatur ponere personam & operari ac mercari prout melius videbitur praefato Martino & ipse martinus
ponere debeat ducatos trecentos auri in dicta societate seu
tantam gaçam aut merces in Statione quae sint valoris dictorum trecentorum ducatorum & quod omne lucrum seu damnum
quod sequeretur quod dictus Martinus habere ac pati teneatur duas partes & predictus georgius terciam partem & quod
de omnibus expensis totius familie dicti Martini predictus
georgius teneatur soluere terciam partem Cassans & annullans
utraque pars quoddam scriptum scriptum manu Ser Matei
quondam Ser donati die instanti quod scriptum predicti georgius & Martinus volunt esse nullius valoris & efficacie Pro
quibus omnibus & singulis suprascriptis sic firmiter obseruandis attendendis & adimplendis vna pars alteri adinuicem
obligauit omnia sua bona mobilia & immobilia praesentia &
futura. *)

Procura Ser Iohannis de Arimino in mengolum & petrum de Senis

Die XXVIIII mensis Iullij In Statione infrascripti Ser Matei praesentibus Iudice Paulo quondam Ser
Marci Ser Mateo quondam Ser do-

*) Cancellato, con in margine la nota: „Ego Antonius de reno cancellarius cancelaui praesens Instrumentum Societatis de voluntate partium
die XII mensis februarij 1440 praesentibus testibus Iudice Mateo quondam Ser donati & Antonio Nicolai de monte Albodio“

nati Teodoro quondam Dominici omnibus habitatoribus dicte
terre Fluminis testibus ad haec uocatis & rogatis ac alijs I-
bique Prudens vir Ser Iohannes de galianis de Arimino omni
via modo iuris & forma quibus magis & melius potuit fecit
constituit creauit & ordinauit Mengolum Michaelis de Arimino & petrum Vgutij de senis & quemlibet eorum in solidum ita quod occupantis condictio melioris non existat sed
quod vnus inceperit alius mediare & finire possit suos procuratores actores factores rerum gestores & certos nuncios speciales Ad exigendum & recuperandum a quacunque persona
sibi dare debenti res & quacunque alia & ad comparendum
si opus fuerit coram quocunque Iudice tam ecclesiastico quam
saeculari Ad agendum petendum respondendum &c Ad con-
trahendum debita & constituendum sibi debitores ad emptiones venditiones locationes & cuiuscunque generis contractus
faciendum & ad solutiones faciendas & obligandum se nomine ipsius constituentis & bona ipsius super quocunque contractu Et generaliter &c Daus &c Promittens &c.

Pro Iudice Vito zoua-
nich Die quarto mensis Augusti In publica platea terre Fluminis Sci Viti
praesentibus Iudice Nicolao micho-
lich Martino çatani Iohanne coxarich omnibus habitatoribus
dicte terre Fluminis testibus ad haec uocatis & rogatis ac
alijs Ibique Iudex Iohannes Misuli per se suosque heredes &
successores dedit reddidit ac restituit libere Iudici Vito çouanich praesenti stipullanti & respondenti pro se suisque heredibus & successoribus vnum terrenum positum in districto
gotnici cum aqua & omnibus suis iuribus habentijs & pertinentijs in loco dicto xemano quod terrenum dictus Iudex Iohannes Misuli habuerat a praefato Iudice Vito pro faciendo
vnum molendinum insuper Ad habendum tenendum possidendum & pro anima & corpore judicandum & quidquid dicto
Iudici Vito suisque heredibus & successoribus deinceps placuerit perpetuo faciendum tanquam de re propria.

Die quinto mensis Augusti Sub arbore ante portam terre
Fluminis Sci Viti Coram Nobilibus Viris domino Iohanne Misuli Iudice Vito quondam Matchi honorabilibus Iudicibus dicte

terre Fluminis comparuerunt Iudex Stefanus rusouich Iudex
Marcus glauinich Iudex Vitus barolich Stefanus cernolich &
tomas bachia qui fuerunt missi a regimine terre Fluminis
praedicte ad videndum & discernendum quamdam differentiam
pro quadam via vertentem inter heredes Antonij micholich &
Iuanusum bachium Dicentes qualiter bene & diligenter pers-
pexerunt

PRO NICOLAO RAYNTA-
LAR CONTRA BENEDICTUM DE
PAGO
Die XVI mensis Augusti In Statione mei notarij infrascripti Praesentibus Ser Castellino de pensauro
Blasio quondam Petri Simone secca-
tore omnibus habitatoribus dicte terre Fluminis testibus ad haec
uocatis & rogatis ac alijs Ibique Benedictus sarctor quondam
Nicolai brusich de Modrusa habitator Pagi sponte libere ex certa
scientia non per errorem omni exceptione iuris uel facti remota per se suos heredes & successores fuit contentus & confessus se iuste teneri & dare debere Nicolao Rayntalar Capitaneo Vragne praesenti stipullanti & respondenti uice ac
nomine Passine Clare & Nicolai fratrum & filiorum quondam
Moysi de pago & eorum heredibus ac successoribus ducatos
quadraginta unum boni auri & iusti Et hoc pro quadam domo quam praefatus Nicolaus Rayntalar nomine dictorum passine Clare & Nicolai vendidit praedicto Benedicto Quam quidem pecunie quantitatem dare & soluere promisit dictus debitor praefato creditori per terminos infrascriptos videlicet ducatos uiginti per totum mensem praesentem Ducatos decem
usque ad festum Sancti georgij proxime futurum & residuum
usque ad festum Sancti Michaelis de mense septembris de anno
proxime futuro Sub pena quarti Qua soluta uel non rata maneant omnia & singula suprascripta Pro quibus omnibus &
singulis suprascriptis sic firmiter obseruandis attendendis &
adimplendis praedictus debitor praefato creditori obligauit omnia
sua bona mobilia &c

PRO IUDICE NICOLAO CON-
TRA IACOBUM ARAR
Die XVIIº mensis Augusti In publica platea terre Fluminis Sci Viti
praesentibus georgio glauinich Vito

atronich testibus ad haec uocatis & rogatis ac alijs Ibique acobus arar de lach sponte libere ex certa scientia non per ,rrorem omni exceptione iuris uel facti remota per se suosque ieredes & successores fuit contentus & confessus se iuste teneri ac dare debere Iudici Nicolao Micholich praesenti stipullanti & respondenti pro se suisque heredibus & successoribus ducatos triginta tres boni auri & solidos sexaginta quinque Et hoc pro oleo habito a dicto creditore Pro qua quidem pecunie quantitate dare & consignare promisit dictus debitor praefato creditori in dicta terra Fluminis tantum ferrum bonum & bullatum de Auspergo quantum ascendat ad suprascriptam quantitatem pecunie usque ad festum Sci Michaelis proxime futurum et si ferrum non esset bonum dare debet in suprascripto termino promptam pecuniam sub pena quarti Qua soluta &c Pro quibus omnibus &c

PRO IACOBO ARAR CONTRA MAGISTRUM IOHANNEM AURIFICEM

Die vltrascripto In Statione mei notarij infrascripti In terra Fluminis Sci Viti praesentibus Ançe barlech Paulo merçario de Tinino testibus ad haec uocatis & rogatis ac alijs Ibique Iohannes Belsterfar aurifex tanquam plegius & fideiussor Iudicis Damiani quondam Matei per se suosque heredes & successores fuit contentus & confessus se iuste teneri & dare debere Iacobo Arar de lach praesenti stipullanti & respondenti pro se suisque heredibus & successoribus ducatos auri quatordecim & libras quatuor paruorum Et hoc pro ferro vendito a dicto creditore praedicto Iudici Damiano Quam quidem pecunie quantitatem dare & soluere promisit dictus debitor praefato creditori usque ad festum Sancti Martini proxime futurum sub pena quarti Qua soluta uel non rata maneant omnia & singula suprascripta Pro quibus omnibus &c*)

---

*) Cancellato, con in margine la nota: „1440 die 16 Iullij cancellatum fuit presens Instrumentum debiti de voluntate creditoris praesentibus Iudice Nicolao micholich & Iacobo eius fratre — Ego Antonius cancellarius scripsi"

Vltrascriptis die ac loco praesentibus
Gulielmo quondam Iohannis de Nor-
lino Iohanne belsterfar aurifice Io-
hanne barlech ambobus habitatoribus dicte terre Fluminis testibus ad haec uocatis & rogatis ac alijs Ibique Paulus merçarius quondam Melij de Tinino habitator dicte terre Fluminis sponte libere ex certa scientia non per errorem omni exceptione iuris uel facti remota per se suosque heredes & successores fuit contentus & confessus se iuste teneri & dare
debere Iohanni Cusenfenī ciui in Badouen praesenti stipull-
lanti & respondenti pro se suisque heredibus & successoribus
ducatos sexaginta quinque boni auri & iusti ponderis et hoc
pro cultelis emptis a dicto creditore Quam quidem pecunie
quantitatem dare & soluere promisit dictus debitor praefato
creditori videlicet ducatos uigintiduos usque ad nundinas ra-
diuoine proxime futuras & residuum usque ad festum Sancti
georgij proxime futurum Sub pena quarti Qua soluta uel non -
rata maneant omnia &c Pro quibus &c *)

Die XXVIIII mensis Augusti Sub
Arbore que est ante portam terre
Fluminis Sci Viti a Mari praesentibus Iudice Ambrosio quondam Ser
Marci Stefano blaxonich Vito matronich omnibus habitatoribus dicte terre Fluminis testibus ad haec uocatis & rogatis
ac alijs Ibique Coram Nobili Viro domino Iohanne Misuli
honorabili Iudice dicte terre Fluminis Comparuit Ser Tonsa
quondam Ser Nicole asserens & dicens qualiter Iudex Vitus
quondam Matchi posuit penam librarum 50 Marinarijs..... patroni nauignij missi a dominis Arsenatus comunis venetiarum quod non onerarent remos aliquos dicti Ser Tonse donec
non erit concors cum praedicto Iudice Vito Quapropter dictus
Ser Tonsa omnibus & singulis remedijs iuris quibus magis &

---

*) Cancellato, con la nota: „1440 Die 17 Iullij cancelatum fuit
praesens Instrumentum debiti de voluntate creditoris praesentibus presbytero Vito scolich & Mateo cersato — Ego Antonius cancellarius scripsi"

melius potuit & debet protestatus fuit contra praedictum Iudicem Vitum Ibidem praesentem ducatos quinquaginta pro suis damno & interesse.

**PRO MALGARITA SCHYPARIÇA CONTRA BENCHUM DE SAGABRIA**

Die primo mensis septembris In Statione mei notarij infrascripti praesentibus Iudice Mauro Vidonich Iudice Paulo quondam Ser Marci Iudice Nicolao micholich omnibus habitatoribus dicte terre Fluminis testibus ad haec uocatis & rogatis ac alijs Ibique Benchus quondam Martini de Sagabria sponte libere ex certa scientia non per errorem omni exceptione iuris uel facti remota per se suosque heredes & successores fuit contentus & confessus se iuste teneri & dare debere Malgarite schypariçe de Cranburch praesenti stipullanti & respondenti pro se suisque heredibus & successoribus libras sexaginta vnam paruorum Et hoc pro vna domo empta a dicta creditrice Quam quidem pecunie quantitatem dare & soluere promisit dictus debitor praefate creditrici usque ad quatuor annos proxime futuros Incipiendo terminum dictorum annorum a festo Sci Michaelis de mense septembris proxime futuro sub pena quarti Qua soluta uel non rata maneant omnia & singula suprascripta Pro quibus omnibus & singulis suprascriptis sic firmiter obseruandis attendendis & adimplendis dictus debitor praefate creditrici obligauit omnia sua bona mobilia & immobilia praesentia & futura.

**PRO IUDICE PAULO QUONDAM SER MARCI**

Die nono mensis septembris In publica platea terre Fluminis Sancti Viti praesente Iudice Nicolao Micholich Coram Nobili Viro domino Vito quondam Matchi honorabili Iudice dicte terre Fluminis georgius glauinich satnicus retulit michi qualiter de Mandato praefati domini Iudicis librauit quatuor sachos lane quos misit Ser Iohannes çauchaner de Venetijs Iudici Paulo quondam Ser Marci & Teodoro quondam Dominici per Georgium çigantich & dixit quod dicti quatuor sachi lane fuerunt libre trecentum & decem cum sachis

Pro Ser Riçardo con-
tra Vorichum piliparium Die Xo mensis septembris In terra
Fluminis Sci Viti In Statione Iudi-
cis Nicolai micholich infrascripti Praesentibus Adam Antonij de Firmo Bartolomeo eius fratre Prodano de pago testibus ad haec uocatis & rogatis ac alijs Ibique Vorichus piliparius de Labaco sponte libere ex certa scientia non per errorem omni exceptione iuris uel facti remota
per se suosque heredes & successores fuit contentus & confessus se iuste teneri & dare debere Iudici Nicolao Micholich
praesenti stipullanti & respondenti uice ac nomine Ser Riçardi Lodouici de Firmo & eius heredum & successorum ducatos quinquaginta quinque auri & soldos octuaginta septem
Et hoc pro oleo habito a dicto Ser Riçardo Pro qua quidem
pecunie quantitate dare & consignare promisit dictus debitor
praefato creditori primum ferrum quod mittet ad .terram Fluminis praedictam in ratione XIII cim ducatorum pro singulo
miliari tantum ferrum quantum ascendat ad suprascriptam
quantitatem pecunie sub pena quarti Qua soluta uel non rata
maneant omnia & singula &c Pro quibus &c*)

Pro Iudice Nicolao con-
tra Vorichum piliparium Vltrascriptis die loco ac testibus Vorichus piliparius de labaco sponte
libere ex certa scientia non per erro-
rem omni exceptione iuris uel facti remota per se suosque heredes & successores fuit contentus & confessus se iuste teneri
& dare debere Iudici Nicolao micholich praesenti stipullanti
& respondenti pro se suisque heredibus & successoribus ducatos sexaginta vnum auri Et hoc pro oleo habito a dicto creditore Pro qua quidem pecunie quantitate dare & consignare
promisit dictus debitor praefato creditori in dicta terra Fluminis tantum ferrum bonum & bullatum quantum ascendat
ad suprascriptam quantitatem pecunie in ratione XIII ducato-

*) Cancellato, con in margine la nota: „1439 die 18 mensis Nouem-
bris Ego Antonius de reno cancellarius cancelaui & aboleui praesens Instrumentum eo quod Iudex Nicolaus Micholich nomine Ser Riçardi creditoris fuit contentus & confessus sibi integre fuisse satisfactum praesentibus Iudice Vito qd Matchi Adam Antonij de Firmo & Antonio Nicolai
de Monte albodio testibus"

um pro singulo miliari Sub pena quarti Qua soluta uel non
rata maneant omnia &c Pro quibus omnibus &c*)

PRO ADAM DE FIRMO CON-
TRA VORICHUM PILIPARIUM

Vltrascriptis die ac loco praesentibus Iudice Nicolao Micholich Iacobo
eius fratre Prodano de Pago omnibus
habitatoribus dicte terre Fluminis testibus ad haec uocatis &
rogatis ac alijs Ibique Vorichus piliparius de labaco sponte
libere ex certa scientia non per errorem omni exceptione iuris
uel facti remota per se suosque heredes & successores fuit
contentus & confessus se iuste teneri & dare debere Ade Antonij de Firmo praesenti stipullanti & respondenti pro se suisque heredibus & successoribus ducatos ducentos & septuaginta
tres & solidos sexaginta duos Et hoc pro oleo habito a dicto
creditore pro qua quidem pecunie quantitate dare & consignare
promisit dictus debitor praefato creditori tantum ferrum bonum & bullatum in dicta terra Fluminis quantum ascendat ad
suprascriptam quantitatem pecunie in ratione XIII ducatorum
pro singulo Miliari sub pena quarti qua soluta uel non rata
maneant omnia & singula suprascripta Pro quibus &c**).

PRO PETRO DE SENIS FI-
NIS

Die XI mensis septembris In publica platea terre Fluminis Sci Viti
Praesentibus Iudice Damiano quon-
dam Matei Antonio pertusano Rauino quondam Martini· de
pago omnibus habitatoribus dicte terre Fluminis testibus ad
haec uocatis & rogatis ac alijs Ibique Iudex Vitus quondam
Matchi per se suosque heredes & successores fecit finem di-

---

*) Cancellato, con in margine la nota: „1439 die XVIII mensis Nouembris
Ego Antonius de reno cancellarius Cancelaui & aboleui praesens Instrumentum
debiti de voluntate Iudicis Nicolai creditoris praesentibus Iudice Vito quondam Matchi Adam Antonij de Firmo & Antonio Nicolai de Monte Albodio
testibus"

**) Come sopra, con la nota: „1439 die XVIII mensis Nouem-
bris Ego Antonius de reno Cancellarius cancelaui & aboleui praesens
Instrumentum debiti de voluntate Ade creditoris praesentibus testibus Iudice Vito quondam Matchi Iudice Nicolao micholich & Antonio Nicolai de
monte Albodio testibus"

missionem transactionem & pactum de vlterius non petendo
Petro de senis rerum gestori Ser Iohannis de galianis de A-
rimino praesenti stipullanti & respondenti vice ac nomine praefati Ser Iohannis & eius heredum ac successorum de omni
debito iure & actione & de omnibus & singulis ad que praefatus Ser Iohannes tenebatur seu teneri poterat praedicto Iudici Vito usque ad praesentem diem quacunque ratione uel
causa Et hoc quia praedictus Iudex Vitus fuit contentus &
confessus sibi integre solutum & satisfactum fuisse a dicto
petro nomine quo supra de omni debito re & de omnibus &
singulis ad que praefatus Ser Iohannes praedicto Iudici Vito
tenebatur siue teneri poterat quacunque ex causa Promittens
praedictus Iudex Vitus per se suosque heredes & successores
dicto Petro stipullanti & respondenti nomine quo supra omnia
& singula suprascripta proprio firma rata & grata habere tenere & non contrafacere &c uti in fine Ser Rafaelis.

PRO MONASTERIO SANCTI AUGUSTINI & FRATRE GEORGIO

Die praedicto in domo Benchi de Sagabria in dicta terra Fluminis praesentibus Iudice paulo quondam Ser Marci Simone Seccatore & laurentio
seccato Iudicis Iohannis Misuli omnibus habitatoribus dicte
terre Fluminis testibus ad haec uocatis & rogatis ac alijs Ibique Malgarita Schypariça volens pergere romam dixit quod si
ipsam mori contingeret antequam ad dictam terram Fluminis
rediret quod de libris quinquaginta quinque quas habere debet
a suprascripto benco de Sagabria quod vult quod vna marcha
denariorum deueniat fratri georgio........... & residuum deueniat Monasterio Sci Agustini hac condicione quod fratres
teneantur missas celebrare & deum rogare pro anima sua Sed
si uixerit vult quod dicti denarij sint in eius libertate.

PROTESTUS IUDICIS COSME CONTRA TEODORUM

Die XXII mensis septembris In pu-
blica platea terre Fluminis Sci Viti
praesentibus Iudice Nicolao micholich
Stefano cernolich testibus ad haec uocatis & rogatis ac alijs
Ibique Coram Nobili viro Iudice Iohanne Misuli Comparuit
Iudex Cosmas radolich tanquam procurator ecclesie Sce Marie

sserens &, dicens qualiter Teodorus quondam dominici per
im contra eius voluntatem tenebat & possidebat domum ec-
lesie Sce Marie iuxta heredes quondam Andregeti quam ipse
ffictauerat Cole de pensauro Quapropter omnibus & singulis
emedijs iuris quibus magis & melius potuit protestatus fuit
ontra dictum Teodorum ibidem praesenti singula die libram
nam pro dicta domo

PROTESTUS PETRI SRIN SCHIACH DE VEGLA CONTRA MATEUM QUONDAM SER DONATI

Die XXII mensis septembris In publica platea terre Fluminis Sci Viti
praesentibus Iudice Paulo quondam
Ser Marci Ser Castelino de pensauro
Agabito diraçich omnibus habitato-
ribus terre Fluminis testibus ad haec uocatis & rogatis ac alijs
Ibique Coram Nobili viro domino Iohanne Misuli honorabili
Iudice dicte terre Fluminis Comparuit Petrus Srinschiach habitator Vegle asserens & dicens qualiter Mateus quondam Ser
Donati conduxit ad partes Marchie Ielcham uxorem dicti petri cum filijs sciens quod esset eius uxor In Barchusio. Pauli
de labaco contra voluntatem dicti Petri Quod dicto Petro vertitur in magnum damnum verecundiam & detrimentum Qua
propter dictus Petrus omnibus & singulis iuris remedijs quibus magis & eficatius valet protestatus fuit contra praefatum
Mateum absentem sed tanquam praesentem libras octuaginta
paruorum pro expensis quas fecit querendo praedictam Ielenam uxorem suam

PACTA PRESBYTERI MARCI & AMBROSIJ RADOLICH & DIMITRI

Die praedicto In Statione mei notarij infrascripti In terra Fluminis
Sci Viti praesentibus Iudice Paulo
quondam Ser Marci Georgio sarctore
quondam Stefani dimigna de Grobinico omnibus habitatoribus
dicte terre Fluminis testibus ad haec uocatis & rogatis ac
alijs Ibique presbyter Marcus radolich & ambrosius eius frater per se & suos heredes dederunt ad laborandum dimitrio
olim eorum famulo ibidem praesenti Sua terrena cum curtiuo
ac omnibus suis pertinentijs posita in districtu Fluminis in
loco dicto podbreg usque ad duodecim annos proxime futu-

ros his condicionibus & pactis videlicet quod dicti· presbyter Marcus & ambrosius teneantur dare praedicto dimitrio medietatem bobum cum quibus arare voluerit & medietatem seminis quod seminare voluerit dictus dimitrius & medietatem operum ad extirpandum herbam de Bladis & ad Metendum & triturandum biada & praedictus dimitrius teneatur arare colere & laborare bene dicta terrena iuxta consuetudinem dicte terre Fluminis Et bladum quod deus dabit super dictis terrenis debeat super ara diuidi ut moris est Et si casus accideret quod suprascriptum curtiuum defectu praedicti dimitri ad minus deueniret eo casu praedictus dimitrius ipsum curtiuum teneatur soluere siue aptare Pro quibus omnibus & singulis suprascriptis sic firmiter obseruandis attendendis & adimplendis vna pars alteri adinuicem obligauit omnia sua bona mobilia & immobilia praesentia & futura.

PRO IOHANNE NICOLAI SALEI DE ARIMINO CONTRA AGABITUM DIRAÇICH & GEORGIUM SARCTORE

Die 24 mensis septembris in Statione mei notarij &c praesentibus Iudice Paulo quondam Ser Marci Adam de Firmo Iohanne coxarich omnibus habitatoribus dicte terre Fluminis testibus ad haec uocatis & rogatis ac alijs Ibique Agabitus diraçich & Georgius sarctor quondam Stefani per se suosque heredes & successores simul & in solidum fuerunt contenti & confessi se habuisse ac recepisse A Iohanne Nicolai salei de arimano quatuor vegetes vini tenute Modiorum quinquaginta quatuor uel circa in ratione quinquaginta solidorum pro singulo modio Quam quidem vini quantitatem uel plus uel minus prout reperietur in mensura dare & soluere promiserunt dicto Iohanni praefati Agabitus & georgius & quilibet eorum in solidum usque ad festum annunciationis beate Marie Virginis proxime futurum sub pena quarti Qua soluta uel non rata maneant omnia & singula suprascripta. Pro quibus omnibus &c

PROCURA MARTINI AURIPICIS IN SER IOHANNÉM DE BOCHINA DE CHERSO

Die primo mensis octobris In publica platea terre Fluminis Sci Viti praesentibus Iudice Paulo quondam Ser Marci Teodoro quondam dominici

Petro Barbuda omnibus habitatoribus dicte terre Fluminis testibus ad haec uocatis & rogatis ac alijs Ibique Martinus aurifex quondam Dominici habitator Fluminis omni via modo
iure & forma quibus magis & melius sciuit ac potuit fecit
constituit creauit & ordinauit Prudentem Virum Ser Iohannem
de Bochina de Cherso absentem sed tanquam praesentem suum
verum & legitimum procuratorem actorem factorem & certum
nuncium specialem praesertim ad exigendum & recuperandum
A Lena Iuança de capisolo omnem & singulam quantitatem
pecunie res et quacunque alia que quomodocunque ipsi constituenti teneretur & de per eum receptis finem dimissionem
transitionem & pactum de vlterius non petendo cum solemnitatibus necessarijs faciendum Et ad comparendum si opus
fuerit Coram domino Comite chersi & quocunque alio Iudice
Ad Agendum petendum respondendum libellos & petitiones
dandum & recipiendum terminos & dilationes petendum testes
& alia iura sua producendum Sententias andiendum & eas
executioni mandare faciendum Et generaliter ad omnia alia &
singula dicenda gerenda & procuranda quae in praedictis &
circa praedicta & quolibet praedictorum duxerit facienda &
necessaria ac utilia videbuntur que & quemadmodum ipse
constituens facere posset si adesset Dans & concedens eidem
procuratori suo in praedictis & circa praedicta & quolibet
praedictorum plenum arbitrium & generale mandatum cum
plena libera & generali administratione Agendi & exercendi
omnia & singula suprascripta Promittens eidem procuratori
suo et mihi notario infrascripto tanquam publice persone stipullanti & respondenti vice ac nomine omnium quorum interest uel in futurum poterit interesse quidquid per dictum procuratorem actum & factum fuerit perpetuo habitaturum firmum
& ratum Insuper ipsum ab omni satisdationis onere releuare
Et ex nunc releuans promisit michi notario infrascripto ut sopra
de judicio sixti & judicatum soluendo sub ypoteca & obligatione omnium suorum bonorum praesentium & futurorum.

PRO ADAM DE FIRMO CON-
TRA MARTINUM ÇERCH DE
LACH

Die XII mensis octobris In Statione
mei notarij infrascripti praesentibus
Curilo a cupriua Toschano quondam
çanobij Bencho de Sagabria omnibus

habitatoribus dicte terre Fluminis testibus ad haec uocatis &
rogatis ac alijs lbique Martinus çerch de lach sponte libere
ex certa scientia non per errorem omni exceptione iuris uel
facti remota per se suosque heredes & successores fuit contentus & confessus se iuste teneri & dare debere Ade Antonij
de Firmo praesenti stipullanti & respondenti pro se suisque
heredibus & successoribus Ducatos quinquaginta tres boni auri.
& justi ponderis non computatis in hoc debito ducatis triginta
quos dictus Martinus nomine dicti Ade recipere debet a Vito
spinglauaç Labaci Pro qua quidem pecunie quantitate dare &
consignare promisit dictus debitor praefato creditori in dicta
terra Fluminis vnam sarcinam clauorum ab equo & Sarcinas
tres clauorum a quaterno a domo pro precio inter ipsos conuento usque ad festum natiuitatis domini nostri Ihesu Christi
proxime futurum sub pena quarti Qua soluta uel non rata
maneant omnia & singula suprascripta Pro quibus omnibus &
singulis suprascriptis sic firmiter obseruandis attendendis &
adimplendis dictus debitor praefato creditori obligauit omnia
sua bona mobilia & immobilia praesentia & futura. *)

FINIS PRO TEODORO     Die XV mensis octobris In publica
                      platea terre Fluminis Sancti Viti prae-
sente Iudice Mauro Vidonich Iudice Nicolao micholich Iudice
Vito barolich omnibus habitatoribus dicte terre Fluminis testibus ad haec uocatis & rogatis ac alijs Ibique Petrus Vgutij
de Senis tanquam procurator & procuratorio nomine Ser Iohannis de galianis de Arimino ad infrascripta habens plenum
mandatum vti constat de Instrumento procurationis scripto
manu mei notarij infrascripti anno domini 1439 Indictione secunda die XXVIIIIº mensis Iullij fecit Teodoro quondam dominici praesenti stipullanti & respondenti pro se suisque heredibus & successoribus ac nomine & vice Iudicis pauli quondam Ser Marci eiusque heredum & successorum finem dimissionem transictionem & pactum de vlterius non petendo de

---

*) Cancellato, con in margine la nota: „1440 die 13 mensis Februarij
Ego Antonius de reno cancellarius cancelaui praesens Instrumentum debiti
de voluntate creditoris Praesente Stefano çernolich — Ego Antonius cancellarius scripsi"

omni debito iure & actione & de omnibus & singulis ad que
praefati Iudex Paulus & Teodorus tenebantur seu teneri poterant Ser Iohanni usque ad praesentem diem quacunque ratione uel causa Et hoc quia dictus petrus nomine quo supra
fuit contentus & confessus sibi integre solutum & satisfactum
fuisse a praefato Teodoro nominibus quibus supra de omni
debito re & de omnibus & singulis ad que praefati Iudex Paulus & Teodorus tenebantur seu teneri poterant praedicto Ser
Iohanni quacunque ex causa Promittens dictus Petrus nomine
quo supra dicto Teodoro stipullanti nominibus quibus supra
omnia & singula suprascripta perpetuo firma rata & grata habere tenere & non contrafacere nec uenire per se uel alium
aliqua ratione causa uel ingenio de iure uel de facto sub pena
dupli eius quod peteretur stipullatione in singulis capitulis
huius contractus solemni promissa.

<table>
<tr><td>Exemptjo Iacobi capel-<br>larij</td><td>Die XVIIIIº mensis octobris Sub<br>lobia comunis terre Fluminis ubi ius<br>redditur</td></tr>
</table>

EXEMPTJO IACOBI CAPEL-
LARIJ

Die XVIIIIº mensis octobris Sub
lobia comunis terre Fluminis ubi ius
redditur Ibique Spectabilis ac gene-
rosus vir dominus Iacobus Raunacher capitaneus Venerabilis
vir dominus presbyter Mateus Arcidiaconus & plebanus Nobiles viri domini Iudices & consiliarij dicte terre Fluminis
considerantes quod bonum & utile est terram Fluminis praedictam bonis personis populare Iacobum capelarium de laschoua praesentem & humiliter supplicantem & petentem fecerunt immunem & exemptum a qualibet colta dicte terre
Fluminis usque ad decem annos proxime futuros Et quia dictus Iacobus nullo modo teneatur esse portator litterarum seu
nuncius pro parte comunis dicte terre Fluminis usque ad terminum suprascriptum decem annorum.

EXEMPTJO IOHANNIS MER-
ÇARIJ

Die XVIIII mensis octobris Sub lobia Comunis terre Fluminis vbi ius
redditur Ibique Spectabilis ac gene-
rosus vir domino Iacobus Raunacher Capitaneus Venerabilis
vir dominus presbyter Mateus arcidiaconus & plebanus Nobiles viri domini Iudices & consiliarij dicte terre Fluminis
considerantes quod bonum & utile est praedictam terram Flu-

minis bonis personis populare Iohannem quondam Nicolai de
brumech praesentem & humiliter supplicantem ac petentem
fecerunt immunem & exemptum a qualibet colta dicte terre
Fluminis usque ad decem annos proxime futuros & quod
dictus Iohannes nullo modo teneatur esse portator literarum
seu nuncius pro parte comunis dicte terre Fluminis usque ad
terminum suprascriptum decem annorum.

PRAESENTATIO IUDICIS VITI BAROLICH

Die **XXII** mensis octobris In publica platea terre Fluminis Sci Viti
praesentibus presbytero Gaspare filio
Iudicis Ambrosij georgio glauinich Ibique Coram Spectabili
ac generoso· viro domino Iacobo Raunacher Capitaneo ac ambobus Iudicibus comparuit Iudex Vitus barolich asserens qualiter Ser Antonius nepos quondam Ser Aldregeti possidet vnam
possessionem vbi fuit Secca pro qua ipsi *(sic)* tenetur dare &
soluere sibi affictum & iam pluribus annis nil soluit vnde se
praesentat & euigillat pro dicto affictu praesente ibidem praefato Ser Antonio & respondente quod absit quod teneatur soluere affictum aliquem pro dicta possessionem.

PRAESENTATIO NOBILIS VIRI ANTONIJ QUONDAM DOMINI GEORGIJ

Die **XXIII** mensis octobris In publica platea terre Fluminis Sci Viti
praesentibus testibus Mateo cersato
Simone Seccatore Ibique Nobilis vir
Antonius quondam domini georgij de Segna Coram suprascripto domino Capitaneo ac Iudice Iohanne Misuli Comparuit dicens qualiter Nicolaus Staconarius & eius uxor tenebantur
sibi aliquod debitum iam pluribus annis vnde se praesentat &
euigilat pro dicto debito ne possit praescribi.

INTERDICTIO & SEQUE-STRATIO ANTONIJ QUONDAM DOMINI GEORGIJ DE BONIS MATEI LAUS

Die **XXIIII**º mensis octobris In sta-
tione mei notarij infrascripti Coram
Nobili viro domino Iacobo Rauna-
cher Capitaneo & domino Iohanne
Misuli honorabili Iudice dicte terre
Fluminis Comparuit Nobilis vir Antonius quondam domini

georgij de Segna dicens quod Sequestrat & interdicit· omnia & singula bona Matei laus

TERMINATIO PRO PRESBY-
TERO MARCO XUTOUICH &
IOHANNE EIUS FRATRE DE
CASTUA

Vltrascriptis die ac loco Spectabilis ac generosus vir dominus Iacobus Raunacher Capitaneus terre Fluminis praedicte Nobilis vir Bartolus Misuli Sedentes cum nobilibus viris Iudice Iohanne Misuli Iudice Ambrosio quondam Ser Marci Iudice Nicolao micholich dixerunt & terminauerunt quod praesbyter Marcus xutouich de Castua debeat inuenire duos uel tres bonos uiros & Iohannes eius frater debeat totidem inuenire qui viri tanquam arbitri arbitratores & amicabiles· compositores debeant videre omnes & singulas lites differentias controuersias quas presbyter Marcus praedictus habet siue habere posset occasione tam bonorum paternorum quam maternorum & expensarum & quicquid maior numerus virorum inuentorum per ambos iudicauerit firmum & ratum sit & si dicti viri non possent esse concordes tunc pradicti dominus Iacobus & Bartolus capitanei dare debeant vnum uel duos víros & quicquid maior pars iudicauerit ratum sit & si dicti viri non auderent judicare aut non possent esse concordes propter magnas differentias tunc praedicti dominus Iacobus & Bartolus debeant cum viris inuentis ab ambobus partibus & datis uel dato ab ipsis iudicare & quicquid maior pars iudicauerit ratum & firmum sit et quod neuter ipsorum audeat contradicere seu ab hoc se retrotrahere sub pena ducatorum quinquaginta cuius pene medietas sit magnifici domini nostri & alia medietas comunis illius loci quo iudicabitur

PROTESTUS SER MENELAI
DE VENETIJS

Die XXVII mensis octobris In publica platea terre Fluminis Sci Viti praesentibus testibus Ser Ançelino bonfiolo Ser Rafaele de Fossambruno georgio diraçich omnibus habitatoribus dicte terre Fluminis Ibique Coram Nobili viro domino Iohanne Misuli honorabili Iudice dicte terre Fluminis Comparuit Ser Menelaus de Venetijs habitator Parentij asserens & dicens qualiter lucas......... de Ragusio tenet ipsum in lite ocasione cuiusdam trabis quem dictus Ser Menelaus emit a luchesio habitatore in littore Fluuij a parte cersati et quia dictus Ser Menelaus habet barcham cum hominibus ad suas expensas Idcirco protestatus fuit contra dictum lucam pro danno & interesse singula die vnum ducatum auri praesente dicto luca.

FINIS PRO DOMINICA FOR-FORINA

Die XXVIIII mensis octobris In domo infrascripte dominice praesentibus Iacobo cigantich Simone oslich Grisano labutich omnibus habitatoribus dicte terre Fluminis testibus ad haec uocatis & rogatis ac alijs Ibique Cum dominica uxor quondam grisani Forfore legasset Stoice famule sue certas res uti in eo continentur Idcirco Dicta Stoica per se suosque heredes & successores fecit praedicte Dominice praesenti stipullanti & respondenti pro se suisque heredibus & successoribus finem dimissionem transitionem & pactum de vlterius non petendo de omni debito iure & actione & de omnibus & singulis ad quae dicta dominica praefate Stoice tenebatur seu teneri poterat tam pro legatis quam pro suo labore seu alia quacunque ratione uel causa Promittens dicta Stoica per se suosque heredes & successores omnia & singula suprascripta perpetuo firma rata & grata habere tenere attendere & obseruare sub pena dupli eius quod peteretur stipullatione in singulis capitulis huius contractus solemni promissa cum obligatione omnium suorum bonorum praesentium & futurorum.

PRO QUIRINO PARÇICH DE VEGLA CONTRA TOMAM RE-MERIUM

Die XXVIIII mensis octobris In terra Fluminis Sci Viti In Statione mei notarij infrascripti praesentibus Iudice Mauro Vidonich Georgio crastich & Laurentio quondam blasij marinario omnibus habitatoribus dicte terre Fluminis testibus ad haec uocatis & rogatis ac alijs Ibique Tomas remerius de bucharo sponte libere ex certa scientia nen per errorem omni exceptione iuris uel facti remota per se suosque heredes & successores fuit contentus & confessus se iuste teneri & dare debere Quirino quondam georgij parcich de Vegla praesenti stipullanti & respondenti

pro se suisque heredibus & successoribus ducatos triginta quatuor boni auri & justi ponderis nomine mutui Quam quidem
pecunie quantitatem dare & soluere promisit dictus debitor
praefato creditori usque ad festum natiuitatis domini nostri
Ihesu Christi proxime futurum sub pena quarti Qua soluta
uel non rata maneant omnia & singula suprascripta Pro quibus omnibus & singulis suprascriptis sic firmiter obseruandis
attendendis & adimplendis dictus debitor praefato creditori
obligauit omnia & singula sua bona mobilia & immobilia
praesentia & futura

PRO AGABITO & GEORGIO DIRAÇICH

Die vltimo mensis octobris In terra
Fluminis Sci Viti In Statione mei
notarij infrascripti praesentibus No-
bili Viro Iudice Iohanne Misuli Presbytero Iacobo coxal Presbytero Iohanne micolich Ibique Vitus diraçich sponte libere
ex certa scientia non vi neque metu omni exceptioni iuris uel
facti remota se obligauit & voluit quod nequeat aliqua sua
bona impignerare nisi suis filijs Et hoc fecit dictus Vitus considerato quod multi homines iniqui erga eum queruut & in-
uestigant quod impigneret bona sua quando est iratus uel
alio furore turbatus Promisserunt quod eidem Vito Agabitus
& georgius quod in omni eius necessitate & legitima causa mutuabunt & ministrabunt ipsi id quod eidem erit neces-
sarium

TESTIFICATIO PRO ADAM DE FIRMO

Die primo mensis Nouembris In
terra Fluminis Sci Viti In Statione
infrascripti Ade de Firmo Constitu-
tus Michael quondam dominici de Vegla testis productus pro
Adam Antonij de Firmo & Sacramento ei delato de veritate
dicenda Interrogato a generoso viro domino Martino Raunacher vicecapitaneo & Nobili viro Iudice Iohanne misuli si scit
quod Tomas de Firmo miserit aliquam quantitatem olei Veglam quondam Michulino de Vlachi de Vegla dixit & testificatus fuit qualiter dum esset marinarius In carachia praedictorum Tome & Michulini ipse transiuit cum dicta carachia
ad Splagiam Firmi & onerauerunt dictam carachiam oleo To-

me de Firmo & reuersi sunt ad terram Fluminis qui Tomas
subito cum appulit misit Michulino praedicto de Flumine Veglam duos vegetes id est butas olei Interrogatus si scit quod
praedictus Michulinus fecerit aliquod viagnium cum dicta carachia cum quodam blasolo respondit & testificatus fuit qualiter praedictus Michulinus cum dicta carachia transiuit manfredoniam in Appuliam cum blasolo pro frumento & portauit
dictum frumentum Veglam Interrogatus si scit aliquid de via-
gnio facto quando arbenses ceperunt praedictam carachiam
dixit & testificatus fuit quod tunc ipse testis fuit in praedicta
carachia marinarius & quod dum venirent Veglam cum praedicta carachia onerati frumento Arbenses cum barcha ceperunt praedictam carachiam cum frumento eo quod habebant
carentiam frumenti & duxerunt Arbum & sic praedictus Michulinus exonerauit partem frumenti Arbi & illis vendidit &
residuum conduxit cum saluamento Veglam & quod de dicto
frumento nescit quod aliqua pars fuerit in mare proiecta siue
furatus fuit aliquis de dicto frumento

TESTIFICATIO PRO ADAM ANTONIJ DE FIRMO

Vltrascriptis die ac loco Quirinus
parçich de Vegla testis productus
pro Adam Antonij de Firmo delato
eidem sacramento de veritate dicenda interrogatus ab vltrascriptis dominis si aliquid scit quod quondam Michulinus de
Vlachi de Vegla fecerit aliquid viagnium cum carachia Tome
de Firmo & praedicti Michulini cum quodam blasolo respondit & testificatus fuit se tantum scire quod praedictus Michulinus iuit cum dicta carachia Manfredoniam in Appuliam cum
blasolo pro frumento & dictam carachiam conduxerunt Veglam oneratam frumento & diuissum fuit frumentum inter
praedictum Michulinum & blasolum

PRO DOMINO MARTINO RAU-NACHER CONTRA SER CASTE-LINUM

Die secundo mensis Nouembris In
terra Fluminis Sci Viti In Statione
mei notarij infrascripti praesentibus
Ser Tonsa quondam Ser Nicole Ra-
faele de fossambruno Adam Antonij de Firmo omnibus habitatoribus dicte terre Fluminis testibus ad haec uocatis &

ogatis ac alijs Ibique Castelinus quondam Iohannis de penauro sponte libere ex certa scientia non per errorem omni exceptione iuris uel facti remota per se suosque heredes & successores fuit contentus & confessus se iuste teneri & dare debere generoso Milliti domino Martino raunacher praesenti stipullanti & respondenti pro se suisque heredibus & successoribus ac nomine & vice domine Malgarite uxoris sue ducatos centum boni auri & iusti ponderis nomine mutui Quam quidem pecunie quantitatem dare & soluere promisit dictus debitor praefato creditori usque ad unum annum proxime futurum sub pena quarti Qua soluta uel non rata maneant omnia & singula suprascripta Et ad preces dicti Ser Castelini debitoris Iudex Nicolaus Micholich se constituit plegium & fideiussorem praefato domino Martino creditori pro dicto debito centum ducatorum cum obligatione omnium suorum bonorum mobilium & immobilium praesentium & futurorum *)

PROCURA GEORGIJ DE DREUENICO IN VITUM DOMINI ARCIDIACONI

Die quinto mensis nouembris In publica platea terre Fluminis Sci Viti praesentibus Iudice ambrosio quondam Ser Marci Iudice Cosma radolich Iudice Vito barolich omnibus habitatoribus dicte terre Fluminis testibus ad haec uocatis & rogatis ac alijs Ibique georgius filius Iudicis Stefani de dreuenico omni via modo iure & forma quibus magis & melius sciuit ac potuit fecit constituit creauit & ordinauit Vitum filium domini Matei de dicta terra Fluminis absentem sed tanquam praesentem suum verum & legitimum procuratorem actorem factorem & certum nuncium specialem praesertim ad exigendum & recuperandum ab Antonio quondam Iacobi de Vtino habitatore pirani omnem & singulam pecunie quantitatem res & quecunque alia que quomodocunque dicto constituenti dare teneretur & de per eum receptis finem dimissionem transitionem & pactum de

---

*) Cancellato, con in margine la nota: „1442 die XXI.o mensis Marcij Cancelatum fuit praesens Istrumentum debiti quia integre satisfactum fuit creditori velut Nobilis vir dominus Iacobus Raunacher frater ipsius creditoris confessus fuit praesentibus testibus

vlterius non petendo cum solemnitatibus necessarijs faciendum Et ad comparendum si opus fuerit coram quocunque Iudice tam ecclesiastico quam saeculari Ad Agendum petendum
respondendum libellos & petitiones dandum & recipiendum
terminos & dillationes petendum testes instrumenta & quelibet alia iura sua producendum Sententias audiendum & eas
executioni mandare faciendum Et generaliter ad omnia alia
& singula dicenda gerenda & procuranda quae in praedictis
& circa praedicta & quolibet praedictorum duxerit facienda &c
Dans &c Promittens &c

TESTIFICATIO PRO ADAM
DE FIRMO

Die quinto mensis nouembris Sub
Arbore ante portam terre Fluminis
Sci Viti Iacobus cigantich testis pro-
ductus pro Adam de Firmo delato eidem sacramento de veritate dicenda per generosum Millitem dominum Martinum
Raunacher vicecapitaneum & Nobilem virum dominum Iohannem Misuli honorabilem Iudicem dicte terre Fluminis Interrogatus si scit quod praedictus Adam dimisisset aliquam
vegetem olei Vegle Michulino de Vlachi respondit & testificatus fuit se tantum scire quod iam pluribus annis elapsis
dum redirent de Splagia Firmi cum carachia Tome de Firmo
& dicti quondam Michulini tunc noua onerata oleo propter
maris tempestate appullerunt In portum Vegle & tunc adam
exonerare fecit de dicta carachia duas vegetes id est butas
olei & ibidem dimissis dictis butis olei in manibus praedicti
quondam Michulini venerunt cum carachia ad terram Fluminis praedictam Interrogatus qualiter hoc scit respondit quod
hoc scit eo quod tunc fuit marinarius in dicta carachia.

PROCURA SER NICOLAI DE
BLAGAIA IN FRANCISCUM FA-
BRUM

Die quinto mensis nouembris In Statione mei notarij infrascripti praesentibus presbytero Iacobo choxal
Quirino cigantich Iohanne coxarich
omnibus habitatoribus dicte terre Fluminis testibus ad haec
uocatis & rogatis ac alijs Ibique Nicolaus quondam Tome de
Blagaia omni via modo iure & forma quibus magis & melius
sciuit ac potuit fecit constituit creauit & ordinauit franciscum

fabrum quondam Martini praesentem & infrascriptum mandatum sponte suscipientem suum uèrum & legitimum procuratorem actorem factorem & certum nuncium specialem ad
Agendum petendum respondendum exigendum recuperandum
solutiones faciendum & ad venditiones emptiones locationes &
cuiuscunque generis contractus faciendum & ad obligandum
se nomine ipsius Nicolai constituentis & eius bona super quocunque contractu Et generaliter ad omnia & singula dicenda
gerenda & procuranda quae in praedictis & circa praedicta &
quolibet praedictorum duxerit facienda &c Dans &c Promittens &c

PRO ADAM DE FIRMO CON-
TRA VORICHUM

Die XVIII mensis Nouembris In
Statione mei notarij infrascripti praesentibus Iudice Vito quondam Mat-
chi Iudice Nicolao micholich Antonio Nicolai de monte Albodio testibus ad haec uocatis & rogatis ac alijs Ibique Voricus piliparius de labaco sponte libere ex certa scientia non
per errorem omni exceptione iuris uel facti remota per se
suosque heredes & successores fuit contentus & confessus se
iuste teneri & dare debere Ade Antonij de Firmo praesenti
stipullanti & respondenti pro se suisque heredibus & successoribus ducatos centum et uiginti quinque auri Pro qua quidem pecunie quantitate dare & consignare promisit dictus debitor praefato creditori in dicta terra Fluminis tantum ferrum
bonum & bullatum quantum ascendat ad infrascriptam quantitatem pecunie ad omnem requisitionem ipsius creditoris sub
pena quarti Qua soluta uel non rata maneant omnia & singula suprascripta cum obligatione omnium suorum bonorum
praesentium & futurorum*)

PRO BLASIO DE CAUISOLO
& IOHANNE EIUS FRATRE
CONTRA FRANCISCUM FA-
BRUM

Die XXI mensis nouembris In Statione mei notarij infrascripti praesentibus Ser Stefano blasonich Quirino cigantich Iuanulo de Arbo omnibus habitatoribus dicte terre Flumi-

*) Cancellato, con in margine la nota: „Ego Antonius de reno can-
cellarius cancelaui praesens Instrumentum debiti de voluntate creditoris
die XIII mensis Februarij 1440 praesentibus testibus Valentino quondam
Iurlini & Stefano cernolich

nis testibus ad haec uocatis & rogatis ac alijs Ibique Franciscus faber quondam Martini sponte libere ex certa scientia
non per errorem omni exceptione iuris uel facti remota per
se suosque heredes & successores fuit contentus & confessus
se iuste teneri & dare debere Blasio quondam Bartolomei de
cauixolo & Iohanni eius fratri praesentibus stipullantibus &
respondentibus pro se suisque heredibus & successoribus libras centum viginti paruorum Et hoc pro vna vinea empta a
dictis creditoribus Quam quidem pecunie quantitatem dare &
soluere promisit dictus debitor praefatis creditoribus usque
ad festum Assumptionis beate Marie virginis proxime futurum sub pena quarti cum obligatione omnium suorum bonorum mobilium & immobilium praesentium & futurorum
Qua pena soluta uel non rata maneant omnia & singula suprascripta.

PRO NICOLAO ÇANETICH
CONTRA IUDICEM NICOLAUM
MICHOLICH
Die XXVI mensis Nouembris In
Statione infrascripti Iudicis Nicolai
debitoris praesentibus Iudice Vito
quondam Matchi presbytero Iacobo
quondam Tomasoli Tomasio de lach ·testibus ad haec uocatis
& rogatis ac alijs Ibique Iudex Nicolaus micholich sponte libere ex certa scientia non per errorem omni exceptione iuris
uel facti remota per se suosque heredes & successores fuit
contentus & confessus se iuste teneri & dare debere Nicolao
çanetich de lach praesenti stipullanti & respondenti pro se
suisque heredibus & successoribus ducatos nonaginta auri Et
hoc pro ferro habito a dicto creditore Quam quidem pecunie
quantitatem dare & soluere promisit dictus debitor praefato
creditori, ad omnem requisitionem ipsius creditoris sub pena
quarti Qua soluta uel non rata maneant omnia & singula
suprascripta cum obligatione omnium suorum bonorum mobilium & immobilium praesentium & futurorum.*)

---

*) Cancellato, con in margine la nota: „1440 die XVIII mensis A-
prilis Ego Antonius cancellarius cancelaui & aboleui praesens Instrumentum debiti de voluntate creditoris praesentibus Ser Ançelino bonfiolo Io-
haune harlech testibus ad haec uocatis & rogatis"

Pro Catarina petrouiça contra Quirinum de Srigne

Die vltimo mensis Nouembris In Statione mei notarij infrascripti praesentibus Iudice Mateo quondam Ser donati Ser Castelino de pensauro Simone seccatore omnibus habitatoribus dicte terre Fluminis testibus ad haec uocatis & rogatis ac alijs Ibique Quirinus quondam Tome de Srigne sponte libere ex certa scientia non per errorem omni exceptione iuris uel facti remota per se suosque heredes & successores fuit contentus & confessus se iuste teneri & dare debere Caterine uxori quondam petri praesenti stipullanti & respondenti pro se suisque heredibus & successoribus libras triginta sex paruorum Et hoc pro vna vinea vendita a dicta creditrice dicto debitori Quam quidem pecunie quantitatem dare & soiuere promisit dictus debitor praefate creditrici usque ad quatuor annos proxime futuros sub pena quarti Cum obligatione omnium suorum bonorum mobilium & immobilium praesentium & futurorum Qua soluta uel non rata maneant omnia & singula suprascripta.

Finis pro Valentino quondam Iurlini

Die XVIIII mensis decembris In publica platea terre Fluminis Sci Viti praesentibus Nobili viro Iudice Iohanne Misuli Petro glauinich Luca oslich omnibus habitatoribus dicte terre Fluminis testibus ad haec uocatis & rogatis ac alijs Ibique Vorichus Piliparius de labaco per se suosque heredes & successores fecit Valentino quondam Iurlini praesenti stipullanti & respondenti pro se suisque heredibus & successoribus & vice ac nomine domine Matee Matris sue finem dimissionem transactionem & pactum de vlterius non petendo de omni & singulo debito iure et actione ad que dictus quondam Iurlinus pater praefati Valentini & praedicta domina Matea tenebantur seu teneri poterant praefato Voricho usque ad praesentem diem quacunque ratione uel causa Volens omnem scripturam ante praesens Instrumentum finis dimissionis factam cassari & annullari & esse nullius valoris & eficacie Promittensque dictus Vorichus per se suosque heredes & successores dicto Valentino stipullanti nominibus quibus supra omnia & singula suprascripta perpetuo firma & rata habere tenere & non contrafacere uel venire per se uel alium

aliqua ratione causa uel ingenio de iure uel de facto sub pena
dupli eius quod peteretur stipullatione in singulis capitulis
huius contractus solemni promissa Qua Pena soluta uel non
rata maneant omnia & singula suprascripta

PRO PRODANO CONTRA GRE-
GORIUM DE BRISEUIÇA

Vltrascriptis die ac loco Praesentibus Iudice Nicolao micholich Iacobo
eius fratre grisano tochouich testi-
bus ad haec uocatis & rogatis ac alijs Ibique Çupanus Gregorius de briseuiça sponte libere ex certa scientia non per
errorem omni exceptione iuris uel facti remota per se suosque
heredes & successores fuit contentus & confessus se iuste
teneri & dare debere Prodano de Pago habitatori dicte terre
Fluminis libras quadraginta & solidos quatuor pro vino habito
a dicto creditore Pro qua quidem pecunie quantitate dare &
consignare promisit tantum frumentum quantum ascendat ad
suprascriptam quantitatem pecunie in dicta terra Fluminis in
ratione soldorum uiginti quatuor pro singulo stárolo usque ad
Carnis priuium proxime futurum sub pena quarti cum obligatione omnium suorum bonorum mobilium & immobilium
praesentium & futurorum Qua pena soluta uel non rata maneant omnia & singula suprascripta. *)

PRO SIMONE OSLICH CON-
TRA ANTONIUM PERDELICH

Die XXº mensis decembris In Statione mei notarij infrascripti praesentibus Teodoro quondam dominici
Quirino cigantich Iohanne coxarich omnibus habitatoribus dicte
terre Fluminis testibus ad haec uocatis & rogatis ac alijs Ibique
Antonius perdelich quondam braie de Castua sponte libere ex
certa scientia non per errorem omni exceptione iuris uel facti
remota per se suosque heredes & successores fuit contentus
& confessus se iuste teneri & dare debere Simoni oslich praesenti stipullanti & respondenti pro se suisque heredibus & suc-

---

*) Cancellato, con in margine la nota: „1440 die 23 mensis Februa-
rij Ego Antonius cancellarius cancelaui praesens Instrumentum debiti de
voluntate Prodani creditoris praesentibus Iudice Vito barolich & Simone
seccatore."

cessoribus libras centum & septuaginta unam paruorum Et hoc pro vna vinea posita in borgud vendita a dicto creditore praefato debitori Quam quidem pecunie quantitatem dare & soluere promisit dictus debitor praefato creditori per terminos infrascriptos videlicet libras tres usque ad festum Sci·Michaclis de mense septembris proxime futuro deinde libras viginti vnam singulo anno annuatim usque ad integram satisfactionem suprascripti debiti sub pena quarti cum obligatione omnium suorum bonorum mobilium & immobilium praesentium & futurorum Qua pena soluta uel non rata maneant omnia & singula suprascripta

PROTESTUS SER CASTE-LINI CONTRA....

Die XXII mensis decembris In publicā platea terre Fluminis Sci Viti Coram Nobilibus viris Iudice Ambrosio quondam Ser Marci Iudice Mateo ·quondam Ser donati tunc Iudicibus dicte terre Fluminis Iudice Iohanne Misuli comparuit Ser Castelinus de pensauro asserens & dicens....

## Anno 1440

PRO DOMINO OLDORICO CA-PITANEO GOTNICI CONTRA IU-DICEM IOHANNEM MISULI

IN Christi nomine amen anno natiuitatis eiusdem Millesimo quadrigentesimo quadragessimo Indictione Tercia Die decimo quarto mensis Ianuarij In Palatio Magnifici domini nostri In terra Fluminis Sci Viti praesente presbytero Iacobo quondam tomasoli Iohanne barlech Ançe mercario quondam...... testibus ad haec uocatis & rogatis ac alijs Ibique Nobilis vir Iudex Iohannes Misuli sponte libere ex certa scientia non per errorem omni exccptione iuris uel facti remota per se suosque heredes & successores fuit contentus & confessus se iuste teneri & dare debere Nobili Viro domino Oldorico de Vngerspach Capitaneo gotnici praesenti stipullanti & respondenti pro se suisque heredibus & successoribus ducatos quadraginta boni auri & iusti ponderis nomine mutui Quam quidem pecunie quantitatem dare & soluere˙ promisit dictus debitor praefato creditori

ad omnem requisitionem ipsius creditoris sub pena quarti
cum obligatione omnium suorum bonorum mobilium & immobilium praesentium & futurorum Qua pena soluta uel non
rata maneant omnia & singula suprascripta.

Pro Toscano contra Geor-<br>gium cigantich Die XXIº mensis Ianuarij In Statione mei notarij infrascripti in terra
Fluminis Sci Viti praesentibus Iu-
dice Cosma radolich Agabito diraçich Prodano de pago omnibus habitatoribus dicte terre Fluminis testibus ad haec uocatis & rogatis ac alijs Ibique Georgius cigantich sponte libere ex certa scientia non per errorem omni exceptione iuris
uel facti remota per se suosque heredes & successores fuit
contentus & confessus se iuste teneri & dare debere Toscano
quondam Çanobij habitatori dicte terre Fluminis praesenti
stipullanti & respondenti pro se suisque heredibus & successoribus libras nonaginta tres & solidos decem paruorum nomine mutui Quam quidem pecunie quantitatem dare & soluere promisit dictus debitor praefato creditori per terminos
infrascriptos videlicet singulo anno libras viginti usque ad
integram satisfactionem suprascripti debiti Et ad Maiorem
cautellam praefati creditoris dictus debitor eidem obligauit et
pro speciali pignere designauit omnia & singula sua terrena
posita na luchach cum omnibus intropositis cum illis iure &
condicione quibus idem debitor habet ipsa terrena Ab ecclesia
Sce Marie de Scurigna *)

Pro Iudice Nicolao con-<br>tra Ser Tonsam Die XXVº mensis Ianuarij In Statione mei notarij infrascripti In terra
Fluminis Sci Viti praesentibus Iu-
dice Stefano rusouich georgio eius filio Petro glauinich omnibus habitatoribus dicte terre Fluminis testibus ad haec uocatis & rogatis ac alijs Ibique Ser Tonsa quondam Ser Nicole sponte libere ex certa scientia non per errorem omni

---

*) Cancellato, con in margine la nota: „1445 die secundo Februarij
Cancellatum fuit praesens Instrumentum debiti de voluntate creditoris
praesentibus Iudice Vito rosso Iudice Mauro Vidonich testibus ad haec uocatis & rogatis ac alijs — Ego Antonius cancellarius scripsi"

xceptione iuris uel facti remota per se suosque heredes &
uccessores fuit contentus & confessus se iuste teneri & dare
ebere Iudici Nicolao Micholich praesenti stipullanti & respondenti pro se suisque heredibus & successoribus ducatos
triginta sex boni auri & iusti ponderis & solidos octo paruorum et remos quadraginta quinque A gallea longitudinis passuum sex Et hoc pro resto & saldo suarum rationum veterum
non computando neque cassando in hoc saldo' debitum ducatorum octuaginta sex pro quibus fideiussit Iudex Paulus quondam Ser. Marci pro dicto debitore praefato creditori Quam
quidem pecunie quantitatem et res dare & soluere promisit
dictus debitor praefato creditori ad omnem requisitionem ipsius
creditoris sub pena quarti cum obligatione omnium suorum
bonorum mobilium & immobilium praesentium & futurorum
Qua pena soluta uel non rata maneant omnia & singula suprascripta.

PRO PRAEFATO IUDICE NI-
COLAO CONTRA ANÇE BAR-
LECH

Vltrascriptis die ac loco praesentibus Iudice Stefano rusovich Iudice
Vito quondam Matchi Venetiano de
Cregnino omnibus habitatoribus dicte
terre Fluminis testibus ad haec uocatis & rogatis ac alijs Ibique Iohannes barlech sponte libere ex certa scientia non
per errorem omni exceptione iuris uel facti remota per se suosque heredes & successores fuit contentus & confessus se iuste
teneri & dare debere Iudici Nicolao Micholich praesenti stipullanti & respondenti pro se suisque heredibus & successoribus libras centum paruorum nomine mutui Quam quidem
pecunie quantitatem dare & soluere promisit dictus debitor
praefato creditori usque ad decem et nouem menses proxime
futuros sub pena quarti cum obligatione omnium suorum bonorum mobilium & immobilium praesentium & futurorum
Qua pena soluta uel non rata maneant omnia & singula suprascripta *)

*) Cancellato, con in margine la nota: „1442 die 4.o mensis Augusti
cancelatum fuit praesens Instrumentum debiti de voluntate creditoris Praesentibus Antonio quondam Ser Santes de pensauro & Gaspare Antonij de
Firmo testibus ad haec uocatis & rogatis — Ego Antonius cancellarius
scripsi"

PRO ADAM DE FIRMO CON-
TRA PAULUM MERCARIUM &
EIUS UXOREM

Die XVII mensis Februarij In publica platea terre Fluminis Sci Viti
praesentibus Iudice Mauro Vidonich
Iudice Paulo quondam Ser Marci
Valentino quondam Iurlini omnibus habitatoribus dicte terre
Fluminis testibus ad haec uocatis & rogatis ac alijs Ibique
Barbara uxor pauli mercarij de Tinino dixit & asseruit qualiter ipsa & eius vir & quilibet eorum in solidum die secundo
mensis februarij coram testibus suprascriptis fuit contentus &
confessus per se suosque heredes & successores se iuste teneri & dare debere Ade Antonij de Firmo praesenti stipullanti & respondenti pro se suisque heredibus & successoribus
ducatos quadraginta octo & libras quinque paruorum Et hoc
pro bombace & ficubus habitis a dicto creditore Quam quidem pecunie quantitatem dare & soluere promiserunt dicti
debitores & quilibet eorum in solidum praefato creditori per
terminos infrascriptos videlicet Medietatem dicte pecunie usque
ad festum pentecostes proxime futurum & residuum usque ad
festum Sce Margarite proxime futurum sub pena quarti cum
obligatione omnium suorum bonorum mobilium & immobilium praesentium & futurorum Qua pena soluta uel non rata
maneant omnia & singula suprascripta*)

PRO IUDICE NICOLAO CON-
TRA ANÇE SCUBEN

Die XVIII mensis Februarij In Statione infrascripti Iudicis Nicolai Praesentibus Iudice Mauro Vidonich Teo-
doro quondam dominici georgio filio Iudicis Stefani rusouich
omnibus habitatoribus dicte terre Fluminis testibus ad haec
uocatis & rogatis ac alijs Ibique Iohannes Scuben de lach per
se suosque heredes & successores fuit contentus & confessus
se habuisse ac recepisse a Iudice Nicolao micholich tanquam
plegio & fideiussore Ser Riçardi lodouici de Firmo ducatos
centum et octuaginta boni auri & iusti ponderis Et hoc pro

---

*) Cancellato, c. s: „1440 die nono mensis septembris cancellatum
fuit praesens Instrumentum debiti de voluntate Ade creditoris Praesentibus Iudice Vito quondam Matchi & Iudice Mauro Vidouich testibus ad
haec uocatis & rogatis ac alijs — Ego Antonius cancellarius scripsi"

vna plegiaria seu fideiussione quam fecit dictus Iudex Nicolaus praefato Iohanni, Scuben pro Ser Riçardo Iodouici de
Firmo.

PRO IUDICE NICOLAO CON-
TRA IUDICEM MAURUM
Vltrascriptis die ac loco praesentibus venerabili viro domino presbytero Mateo Arcidiacono & plebano
Iudice Vito quondam Matchi Teodoro quondam dominici omnibus habitatoribus dicte terre Fluminis testibus ad haec uocatis & rogatis ac alijs Ibique Iudex Maurus Vidonich sponte
libere ex certa scientia non per errorem omni exceptione iuris
uel facti remota per se suosque heredes & successores fuit
contentus & confessus se iuste teneri & dare debere Iudici
Nicolao micholich praesenti stipullanti & respondenti pro se
suisque heredibus & successoribus ducatos octuaginta boni
auri & iusti ponderis nomine mutui meri Quam quidem pecunie quantitatem dare & soluere promisit dictus debitor
praefato creditori ad omnem requisitionem ipsius creditoris
sub pena quarti cum obligatione omnium suorum bonorum
mobilium & immobilium praesentium & futurorum Qua pena
soluta uel non rata maneant omnia & singula suprascripta.

PRO SER ANTONIO PER-
TUSANO & BENCHO DE SA-
GABRIA
Die XVIIII mensis Februarij in Statione mei notarij infrascripti praesentibus Iudice Nicolao micholich
Stefano Calleli Iohanne barlech omni-
bus habitatoribus dicte terre Fluminis testibus ad haec uocatis & rogatis ac alijs Ibique Ser Antonius pertusano per se
suosque heredes & successores dedit ac locauit usque ad quatuor annos proxime futuros Bencho de Sagabria vnam suam
vineam positam in Scurigna & vnum suum ortum iuxta san-
ctum Andream hac condicione quod dictus bencho teneatur &
debeat bene & diligenter laborare dictas possessiones secundum consuetudinem dicte terre Fluminis & praefatus benchus
debeat habere medietatem omnium & singulorum fructuum
qui nascentur laborando bene & diligenter dictas possessiones
& aliam medietatem habere debeat dictus Ser Antonius locator Promittens vnus alteri adinuicem omnia & singula suprascripta attender & obseruare.

PRO PRODANO CONTRA GRE-
GORIUM DE BRISEUIÇA

Die XXIII mensis Februarij In Statione mei notarij infrascripti praesentibus Iudice Vito barolich Mar-
tino aurifice de Segna Simone seccatore omnibus habitatoribus dicte terre Fluminis testibus ad haec uocatis & rogatis
ac alijs Ibique Çupanus gregorius de briseuiça sponte libere
ex certa scientia non per errorem omni exceptione iuris uel
facti remota per se suosque heredes & successores fuit contentus & confessus se iuste teneri & dare debere Prodano de
Pago habitatori dicte terre Fluminis libras quadraginta sex &
solidos quatuor paruorum Et hoc pro vino habito a dicto creditore Pro qua quidem pecunie quantitate dare & consignare
promisit in dicta terra Fluminis dictus debitor praefato creditori tantum frumentum quantum ascendat ad suprascriptam
quantitatem pecunie in ratione solidorum uiginti quatuor pro
singulo starolo usque ad festum resurrectionis domini nostri
Ihesu Christi proxime futurum sub pena quarti Qua soluta
uel non rata maneant omnia & singula suprascripta Et ad
preces praedicti gregorij debitoris Vitus clibanarius se constituit plegium & fideiussorem praefato Prodano creditori pro
praedicto gregorio cum obligatione omnium suorum bonorum
mobilium & immobilium praesentium & futurorum. *)

PROCURA STEFANI CAL-
LELLI IN VENETIANUM

Die XXVII mensis Februarij In terra
Fluminis Sci Viti In Statione mei
notarij infrascripti praesentibus Ser
Antonio pertusano Ser Castelino de pensauro Martino aurifice
de Segna omnibus habitatoribus dicte terre Fluminis testibus
ad haec uocatis & rogatis ac alijs Ibique Stefanus Marci callelli de Ancona habitator dicte terre Fluminis omni via modo
iure & forma quibus magis & melius sciuit ac potuit fecit
constituit creauit & ordinauit Venetianum bartoli de Cregnino
absentem sed tanquam praesentem suum verum et legitimum
procuratorem actorem factorem & certum nuncium specialem
specialiter ad exigendum & recuperandum a Vito sarctore olim

---

*) Cancellato, con in margine la nota: „Die 7 mensis Ianuarij Prae-
sentibus testibus Iudice Cosma radolich Matiasio de ladra Cancelatum fuit
praesens Istrumentum debiti de voluntate Prodani creditoris 1441."

ıabitatore dicte terre Fluminis vnum Mantellum nouum ' de
ɔanno turchijno suffulctum cendato viridi Item ʃvnum lintea-
nen nouum & quecunque alia que dictus Vitus quomodocun-
ʃue ipsi constituenti dare teneretur & de receptis per eum
em dimissionem transactionem & pactum de vlterius non
etendo cum solemnitatibus necessarijs faciendum Et Ad
omparendum Si opus fuerit coram generoso domino Comite
Arbi & quocunque alio iudice tam ecclesiastico quam saeculari Ad Agendum petendum respondendum libellos & petitiones dandum & recipiendum terminos & dillationes petendum testes & alia iura sua producendum Sententias audiendum & eas executioni mandare faciendum Et generaliter &c
Dans &c Promittens &c

ACCORDÁTIO AMBROSIJ CUM ANTONIO DE PENSAURO LAPICIDA

.Die vltimo Mensis Februarij In publica platea terre Fluminis Sci Viti
praesentibus Iudice Mauro Vidonich
Iacobo Micholich Teodoro quondam
dominici omnibus habitatoribus dicte terre Fluminis testibus
ad haec uocatis & rogatis ac alijs Ibique Ambrosius quondam Matchi seccatoris non ui neque metu sed sua spontanea
uoluntate se accordauit ad seruiendum & famullandum Magistro Antonio quondam Agnoli de pensauro lapicide his pactis & condicionibus quod dictus Ambrosius teneatur & debeat
bene & fideliter seruire obedire & famullari praefato Magistro
Antonio usque ad terminum sex annorum proxime futurorum
et praefatus Magister Antonius teneatur & debeat dare dicto
Ambrosio vitum & vestitum honestum usque ad quinque
annos proxime futuros & pro sexto & vltimo anno dare teneatur eidem Ambrosio vitum & vestitum & ducatos octo boni
auri & iusti ponderis & ipsum docere artem suam fideliter
Promittentes vna pars alteri & Altera alteri vicissim omnia
& singula suprascripta perpetuo firma rata & grata habere tenere & non contrafacere uel venire per se uel alium sub pena
librarum quinquaginta paruorum cuius pene medietas sit &
esse debeat Comunis seu domini*) lis fieret & altera medietas partis suprascripta obseruantis

---

*) Manca evidentemente un „si“.

Pro Adam de Firmo contra Marinum

Die VII mensis Marcij In publica platea terre Fluminis Sci Viti praesentibus Iohanne barlech Antonio lapicida de pensauro testibus ad haec uocatis & rogatis ac alijs Ibique Marinus filius Cociani de los sponte libere ex certa scientia non per errorem omni exceptione iuris uel facti remota per se suosque heredes & successores fuit contentus & confessus se iuste teneri & dare debere Ade Antonij de Firmo praesenti stipullanti & respondenti pro se suisque heredibus & successoribus ducatos quatuordecim boni auri & iusti ponderis Et hoc pro oleo habito a dicto creditore Quam quidem pecunie quantitatem dare & soluere promisit dictus debitor praefato creditori usque ad festum resurrectionis domini nostri Ihesu Christi proxime futurum sub pena quarti Sub pena quarti Et ad Maiorem cautellam praefati creditoris precibus dicti debitoris se plegij ac fideiussores constituerunt praefato creditori Martinus macellator & Vorichus marltus Marie xelexenicoue Pro omnibus & singulis suprascriptis firmiter obseruandis & attendendis Quos quidem plegios & fideiussores dictus Marinus debitor promisit indemnes conseruare a suprascripta plegiaria ac fideiussione cum obligatione omnium suorum bonorum *)

Pro Iudice rosso contra Iudicem damianum

Die XVI mensis Marcij In Statione mei notarij infrascripti praesentibus Iacobo micholich Paulo Vidotich Martino aurifice de Segna omnibus habitatoribus dicte terre Fluminis testibus ad haec uocatis & rogatis ac alijs Ibique Iudex Damianus quondam Matei sponte libere ex certa scientia non per errorem omni exceptione iuris uel facti remota per se suosque heredes & successores fuit contentus & confessus se iuste teneri & dare debere Iudici Vito quondam Matchi praesenti stipullanti & respondenti pro se suisque heredibus & successoribus ducatos triginta tres boni auri & iusti ponderis

---

*) Cancellato, con in margine la nota: „Die 26 mensis Marcij 1440 Ego Antonius de reno cancellarius cancelaui & aboleui praesens Instrumentum debiti de voluntate creditoris praesentibus Iudice Mauro Vidonich & georgio oslich testibus ad haec uocatis & rogatis

Et hoc pro vna vinea empta a dicto creditore Quam quidem pecunie quantitatem dare & soluere promisit dictus debitor praefato creditori per terminos infrascriptos videlicet singulo anno ducatos vndecim in festo Sci Martini sub pena quarti Qua soluta uel non rata maneant omnia & singula suprascripta Et ad maiorem cautellam praefati creditoris dictus debitor eidem creditori obligauit & pro speciali pignere designauit vincam na coxal quam emit a dicto creditore & omnia alia sua bona mobilia & immobilia praesentia & futura.

PROCURA DOMINI MARTINI RAUNACHER

Die XVIII mensis Marcij In publica platea terre Fluminis Sci Viti praesentibus Castelinus Iohannis de pensauro Prodano radeni de Pago Iohannne barbich omnibus habitatoribus dicte terre Fluminis testibus ad haec uocatis & rogatis ac alijs Ibique Spectabilis ac generosus vir dominus Martinus Raunacher milles omni via modo iure & forma quibus magis & melius sciuit ac potuit fecit constituit creauit & ordinauit Vitum Matei de dicta terra Fluminis praesentem & infrascriptum mandatum sponte suscipientem suum verum & legitimum procuratorem actorem factorem & certum nuncium specialem praesertim ad exigendum & recuperandum a Iohanne Baisario de Alemania olim habitatore dicte terre Fluminis omnem et singulam pecunie quantitatem quam quomodocunque ipsi constituenti dare teneretur & de per eum receptis finem dimissionem transitionem & pactum de vlterius non petendo cum solemnitatibus necessarijs faciendum Et ad comparendum si opus fuerit coram quocunque Iudice tam ecclesiastico quam saeculari Ad Agendum petendum respondendum libellos & petitiones dandum & recipiendum terminos & dilationes petendum testes & alia iura sua producendum Sententias audiendum & eas executioni mandare faciendum Et generaliter &c dans &c Promittens &c

PRO ADAM DE FIRMO CONTRA MARINUM DE LOS

Die XII mensis Aprilis In domo habitationis infrascripti Martini becharij Praesentibus Ser Rafaele de fossambruno Magistro Iohanne sarctore de Alemania ambobus

habitatoribus dicte terre Fluminis testibus ad haec uocatis &
rogatis ac alijs Ibique Martinus becharius de dicta terra Fluminis sponte libere ex certa scientia non per errorem omni
exceptione iuris uel facti remota per se suosque heredes &
successores fuit contentus & confessus se iuste teneri & dare
debere Ade Antonij de Firmo praesenti stipullanti & respondenti pro se suisque heredibus & successoribus ducatos decem et octo boni auri & iusti ponderis & solidos decem &
septem Et hoc pro vna plegiaria seu fideiussione quam fecit
pro Marino filio Cociani de los Quam quidem pecunie quantitatem dare & soluere promisit dictus debitor praefato creditori usque ad vnum mensem cum dimidio post festum Sci
georgij proxime futurum sub pena quarti Qua soluta uel non
rata maneant omnia & singula suprascripta cum obligatione
omnium suorum bonorum mobilium & immobilium praesentium & futurorum.

PRO IACOBO DE RIM DE IUSTINOPOLI CONTRA VITUM SARCTOREM

Die XVI mensis Aprilis In Statione
mei notarij infrascripti praesentibus
Iudice Mauro Vidonich Ser Castelino Iohannis de pensauro ambobus
habitatoribus dicte terre Fluminis testibus ad haec uocatis &
rogatis Ibique Vitus sarctor quondam georgij sponte libere ex
certa scientia non per errorem omni exceptione iuris uel facti
remota per se suosque heredes & successores fuit contentus
& confessus se iuste teneri & dare debere Iacobo de rim de
Iustinopoli praesenti stipullanti & respondenti pro se suisque
heredibus & successoribus libras quinquaginta paruorum Et
hoc pro vino habito a dicto creditore Quam quidem pecunie
quantitatem dare & soluere promisit dictus debitor praefato
creditori usque ad vltimum diem Iunij proxime futuri sub
pena quarti Qua soluta uel non rata maneant omnia & singula suprascripta Et ad Maiorem cautellam praefati creditoris
dictus debitor eidem obligauit & pro speciali pignere designauit domum in qua habitat.

PROCURA IOHANNIS FRAN-CIGENE

Die XVIII mensis Aprilis In publica
platea terre Fluminis Sci Viti praesentibus presbytero gaspare creso-

lich Iohanne dicto Iagnac Stefano cernolich omnibus habitatoribus dicte terre Fluminis testibus ad haec uocatis & rogatis ac alijs Ibique Ser Iohannes quondam Francisci de verarese de . regno Francie ciuis ciuitatis Segne omni via modo iure & forma quibus magis & melius sciuit ac potuit fecit constituit creauit & ordinauit Nobilem virum Andream Sancti de Artona absentem sed tanquam praesentem suum verum &. legitimum procuratorem actorem factorem & certum nuncium specialem praesertim ad exigendum & recuperandum A Iohanne Cole metoldi de Nucera omnem & singulam pecunie quantitatem res & quecunque alia que quomodocunque ipsi costituenti dare teneretur & de per eum receptis finem dimissionem transitionem & pactum de vlterius non petendo cum solemnitatibus necessarijs faciendum Et ad comparendum si opus·fuerit coram quocunque Iudice tam ecclesiastico quam saeculari Ad agendum petendum respondendum libellos & petitiones dandum & recipiendum terminos & dillationes petendum testes Instrumenta & alia iura sua producendum Sententias audiendum & eas executioni mandare faciendum Et ad sustituendum loco sui vnum uel plures procuratores & eos reuocandum rato manente praesente mandato Et generaliter ad omnia alia & singula dicenda gerenda & procuranda quae in praedictis & circa praedicta & quolibet praedictorum duxerit facienda & necessaria ac utilia videbuntur que & quemadmodum ipse constituens facere posset si adesset dans & concedens eidem procuratori suo & sustitutis ab eo in praedictis & circa praedicta & quolibet praedictorum plenum arbitrium &c Promittens &c

PRO SER RIÇARDO DE FIRMO CONTRA IACHEL ARAR Die XVIII mensis Marcij*) In Statione mei notarij infrascripti praesentibus Adam Antonij de Firmo Prodano de pago petro glauinich omnibus habitatoribus dicte terre Fluminis testibus ad haec uocatis & rogatis ac alijs Ibique Iacobus arar de lach sponte libere ex certa scientia non per errorem omni exceptione iuris uel facti remota per se

---

*) Evidentemente dev'essere Aprilis.

suosque heredes & successores fuit contentus & confessus se iuste teneri & dare debere Ser Riçardo lodovici de Firmo praesenti stipullanti & respondenti pro se suisque heredibus & successoribus ducatos triginta vnum & solidos quatuordecim paruorum Et hoc pro oleo habito a dicto creditore Pro qua quidem pecunie quantitate dare & consignare promisit usque ad festum Sce Malgarete proxime futurum dictus debitor praefato creditori in dicta terra Fluminis tantum ferrum bonum & bullatum de Ospergo siue tot clauos a viginti quinque a domo in electione ipsius creditoris quod ascendat ad suprascriptam quantitatem pecunie sub pena quarti cum obligatione omnium suorum bonorum mobilium & immobilium praesentium & futurorum Qua pena soiuta uel non rata maneant omnia & singula suprascripta. *)

Testificatio pro Stefano Mortat

Die XVIIII mensis Aprilis In statione mei notarij infrascripti Coram Spectabili ac generoso viro domino Iacobo Nobili viro Bartolo Misuli Çupano Volcina de Castua testis productus per Stefanum Mortath in lite quam habet cum fraternitate Sci Iohannis de Castua Examinatus per suprascriptos dominos non delato eidem sacramento de voluntate praesentium dixit & testificatus fuit qualiter dominus olim presbyter Doclegna plebanus Castue coram eo dedit libertatem plenam praefato Stefano mortath ad exigendum & recuperandum denarios pro quibus dictus quondam dominus plebanus fideiussit Ecclesie Sce Elene & denarios quos habere debeat a comunitate Castue quos soluit pro dicta Comunitate Interrogatus quis erat praesens quando praefatus quondam plebanus dedit hanc libertatem praedicto Stefano mortath respondit quod Nicolaus marolich fuit praesens.

Testificatio pro praedicto

Vltrascriptis die ac loco Nicolaus Marolich de Castua testis productus per praefatum Stefanum mortath &

*) Cancellato, con in margine la nota: „1440 die 16 Iullij Cancelatum fuit praesens Instrumentum debiti de voluntate creditoris praesentibus Iudice Nicolao micholich & Iacobo eius fratre - Ego Antonius cancellarius scripsi"

examinatus per suprascriptos dominos non delato tamen eidem sacramento de voluntate praesentium dixit & testificatus
fuit qualiter fuit praesens simul cum suprascripto Çupano
Volcina quando praefatus quondam presbyter doclegna plebanus castue ´dixit Sermanich voluit me interficere & ideo
ego do tibi Stefano Mortath animam corpus et gaçam & do
tibi plenam libertatem exigendi denarios pro quibus fideiussi
Ecclesie Sce Elene & denarios quos habere debeo a comunitate Castue quos soluit pro dicta comunitate & ipsos do tibi

Pro frodano de pago contra cernolich

Die XXIIII mensis Aprilis In publica platea terre Fluminis Sci Viti
praesentibus georgio sarctore quon-
dam Stefani Laurentio marinario quondam blasij ambobus habitatoribus dicte terre Fluminis testibus ad haec uocatis & rogatis ac
alijs Ibique Stefanus cernolich sponte libere ex certa scientia
non per errorem omni exceptione iuris uel facti remota per
se suosque heredes & successores fuit contentus & confessus
se iuste teneri & dare debere Prodano de pago habitatori dicte
terre Fluminis libras quinquaginta quinque paruorum Et hoc
pro vino habito a dicto Prodano Quam quidem pecunie quantitatem dare & soiuere promisit dictus debitor praefato creditori ad omnem requisitionem ipsius creditoris Sub pena
quarti cum obligatione omnium suorum bonorum praesentium
& futurorum Qua pena soluta uel non rata maneant omnia
& singula suprascripta*)

Protestus Iudicis Pauli contra Ser tonsam

Die XXV mensis Aprilis In Statione mei notarij infrascripti Coram
Spectabili ac generoso viro domino
Iacobo Raunacher Capitaneo domino presbytero Mateo arcidiacono & plebano Nobilibus viris Iudice Ambrosio quondam
Ser Marci Iudice Iohanne misuli & alijs consiliarijs Comparuit Iudex Paulus quondam Ser Marci asserens & dicens

*) Cancellato, con in margine la nota: „1441 die XI mensis Iunij
cancelatum fuit praesens Instrumentum debiti de voluntate creditoris praesentibus Iudice Iohanne Misuli Iudice Nicolao micolich testibus ad haec
uocatis & rogatis ac alijs — Ego Antonius cancellarius scripsi"

qualiter Iglinine volebant mittere ad incantum suam muraleam pro fideiussione siue plegiaria quam fecit praedictis Igli-
ninis pro Ser Tonsa quondam Ser Nicole Quapropter protestatus fuit contra Ser Tonsam absentem sed tanquam praesentem ducatos centum & quinquaginta auri pro sua muralea.

PRO ADAM DE FIRMO
CONTRA PERNATUM DE LA-
BACO

Die XXVI mensis Aprilis In Statione mei notarij infrascripti praesentibus Iudice Vito quondam Matchi
Petro glauinich testibus ad haec uo-
catis & rogatis ac alijs Ibique Pernatus de labaco sponte libere ex
certa scientia non per errorem omni exceptione iuris uel facti
remota per se suosque heredes & successores fuit contentus
& confessus se iuste teneri & dare debere Ade Antonij de
Firmo praesenti stipullanti & respondenti pro se suisque heredibus & successoribus libras centum & solidos tresdecim.
paruorum Pro qua quidem pecunie quantitate dare & consignare
promisit dictus debitor praefato creditori bombardelas triginta
tres usque ad quatuor dies proxime futuros sub pena quarti
cum obligatione omnium suorum bonorum praesentium & futurorum Qua pena soluta uel non rata &c

PRO SER RIÇARDO DE
FIRMO CONTRA GEORGIUM
FLOREAN

Die XXVIII mensis Aprilis In terra
Fluminis Sci Viti In Statione mei
notarij infrascripti praesentibus Iudice Mauro Vidonich Francisco fabro
quondam Martini Bencho de Sagabria omnibus habitatoribus
dicte terre Fluminis testibus ad haec uocatis & rogatis ac
alijs Ibique Georgius Florean de Cranburch sponte libere ex
certa scientia non per errorem omni exceptione iuris uel facti
remota per se suosque heredes & successores fuit contentus
& confessus se iuste teneri & dare debere Ser Riçardo Lodouici de Firmo praesenti stipullanti & respondenti pro se
suisque heredibus & successoribus ducatos triginta tres auri
Et hoc pro oleo & vua passa habitis a dicto creditore Pro
qua quidem pecunie quantitate dare & consignare promisit
dictus debitor praefato creditori in dicta terra Fluminis tan-

tum ferrum bonum & bullatum quantum ascendat ad suprascriptam quantitatem pecunie pro precio quo tunc vendetur
ab alijs mercatoribus usque ad festum Sce Malgarite proxime
futurum sub pena quarti cum obligatione omnium suorum bonorum praesentium & futurorum Qua pena soluta uel non
rata maneant omnia & singula suprascripta.

PRO PAULO DE RECA-
NATO & BIASOLO DE VEGLA

Vltrascriptis die ac loco praesentibus Petro glauinich georgio glauinich georgio sarctore quondam Ste-
fani omnibus habitatoribus dicte terre Fluminis testibus ad
haec uocatis & rogatis ac alijs Ibique Paulus Antonij de recanato dedit & tradidit biasolo Fantucij de Recanato duos ca-
ratelos plenos oleo pro precio ducatorum quinquaginta auri
his pactis & condicionibus quod dictus biasolus dictum oleum
vendere debeat Vegle precio meliori quo·poterit & quicquid
lucri fuerit vltra dictum capitale ducatorum quinquaginta auri
pro miliari debeat diuidi inter praefatos Paulum & biasolum
paribus portionibus & siquid damni sequetur similiter diuidi
debeat inter praefatos paribus portionibus Et quod dictus biasolus teneatur & debeat dare denarios qui extrahentur de
dicto oleo in reuersioni dicti pauli a Marchia id est de capi-
tali & de lucro medietatem qui Paulus coram testibus suprascriptis & me notario infrascripto fuit contentus & confessus
se habuisse ac recepisse a dicto biasolo ducatos decem & nouem auri pro parte solutionis capitalis dicti olei

PRO SER RIÇARDO DE
FIRMO CONTRA VORICHUM
DE LABACO

Vltrascriptis die ac loco praesentibus Iudice Vito quondam Matchi
Iudice Damiano quondam Matei
Paulo Vidotich omnibus habitatori-
bus dicte terre Fluminis testibus ad haec uocatis & rogatis
ac alijs Ibique Vorichus Piliparius de labaco fuit contentus &
confessus se habuisse ac recepisse a Ser Riçardo lodouici de
Firmo ducatos ducentos boni auri & iusti ponderis nomine
mutui Pro qua quidem pecunie quantitate & Milliaribus quinque oiei ex quibus recepit çabros duodecim in ratione ducatorum quadraginta nouem dare & consignare promisit dictus

Vorichus debitor praefato Ser Riçardo creditori tantum ferrum bonum & bullatum de Ospergo quantum ascendat ad suprascriptam quantitatem pecunie & olei in ratione ducatorum quatuor.decim pro singulo milliari usque ad festum Sce Malgarite proxime futurum sub pena quarti cum obligatione . omnium suorum bonorum praesentium & futurorum Qua pena soluta uel non rata maneant omnia & singula suprascripta. *)

PROCURA DOMINI MARTINI IN IOHANNEM FRANCUM DE COSTANCIA

Die XXVIIII mensis Aprilis Ante portam terre Fluminis Sci Viti a mari praesentibus Iudice Mateo quondam Ser donati Michaele de Iadra calafato Iohanne barlech omnibus habitatoribus dicte terre Fluminis testibus ad haec uocatis & rogatis ac alijs Ibique Strenuus milles dominus Martinus Raunacher omni via modo iure & forma quibus magis & melius sciuit ac potuit fecit constituit creauit & ordinauit Iohannem Francum de Constantia praesentem & infrascriptum mandatum sponte suscipientem suum verum et legitimum procuratorem actorem factorem & certum nuncium specialem praesertim ad exigendum & recuperandum A Iohanne bursario de Alemania olim habitatore dicte terre Fluminis libras quadraginta paruorum & de per eum receptis finem dimissionem transitionem & pactum de vlterius non petendo cum solemnitatibus necessarijs faciendum Et ad comparendum si opus fuerit coram quocunque Iudice tam ecclesiastico quam saeculari Ad Agendum petendum respondendum libellos & petitiones dandum & recipiendum terminos & dillationes petendum testes & alia iura sua producendum Sententias audiendum & eas executioni mandare faciendum Et generaliter &c dans &c Promittens &c.

PRO PRODANO CONTRA STEFANUM CERNOLICH

Die quarto mensis Madij In publica platea terre Fluminis Sci Viti praesentibus Petro glauinich et Simone

---

*) In margine è annotato: „Praesente Ser Ançelino bonfiolo Petro Antonij de Ancona Cancelaui & aboleui praesens Instrumentum debiti de Mandato Petri Marini quondam Rimidij de Firmo die vltimo mensis Ianuarij 1441.“

Violich testibus ad haec uocatis & rogatis ac alijs Ibique
Stefanus cernolich sponte libere ex certa scientia non per
errorem omni exceptione iuris uel facti remota per se suosque
heredes & successores fuit contentus & confessus se iuste
teneri & dare debere Prodano de pago praesenti stipullanti
& respondenti pro se suisque heredibus & successoribus libras septem paruorum vitra libras quinquagintaquinque quas
eidem prodano prius dare tenebatur Et hoc pro vino habito
a dicto creditore Quam quidem pecunie quantitatem dare &
soiuere promisit dictus debitor praefato creditori ad omnem
requisitionem ipsius creditoris sub pena quarti cum obligatione omnium suorum bonorum Qua pena soluta uel non rata maneant omnia & singula suprascripta.*)

PRO ADAM DE FIRMO
CONTRA MATIASIUM
Die septimo mensis Madij In Statione mei notarij infrascripti praesentibus presbytero Antonio Visi-
gnich Iusto Vidotich testibus ad haec uocatis & rogatis ac
alijs Ibique Matiasius de Iapre sponte libere ex certa scientia
non per errorem omni exceptione iuris uel facti remota per
se suosque heredes & successores fuit contentus & confessus
se iuste teneri & dare debere Ade Antonij de Firmo praesenti stipullanti & respondenti pro se suisque heredibus &
successoribus libras vigintinouem et solidos tresdecim paruorum Et hoc pro denarijs mutuatis & vino habito a dicto creditore.

PRO VITO DOMINI · ARCI-
DIACONI CONTRA VITUM SAR-
CTOREM
Vltrascriptis die ac loco praesentibus Iurcho de drcuenico Iacobo georgij de cherso marinario testibus ad
haec uocatis & rogatis ac alijs Ibi-
que Vitus sarctor quondam georgij sponte libere ex certa
scientia non per errorem omni exceptione iuris uel facti remota per se suosque heredes & successores fuit contentus &

---

*) Cancellato, con in margine la nota: „1441 die XI mensis Iunij
cancelatum fuit praesens Instrumentum debiti de voluntate creditoris
praesentibus Iudice Iohanne Misuli Iudice Nicolao micolich testibus ad
haec uocatis & rogatis ac alijs — Ego Antonius cancellarius scripsi."

confessus se iuste teneri & dare debere Vito domini Arcidiaconi praesenti stipullanti & respondenti pro se suisque heredibus & successoribus libras triginta duas & solidos decem
paruorum Et hoc pro vino habito a dicto creditore Quam quidem pecunie quantitatem dare & soiuere promisit dictus debitor praefato creditori usque ad festum Sce Malgarite proxime futurum Sub pena quarti Qua soluta uel non rata maneant omnia & singula suprascripta Et ad maiorèm cautellam praefati creditoris dictus debitor eidem obligauit & pro
speciali pignere designauit domum suam in qua habitat Michsa varilarius expedita ab omni & singulo livello. *)

Pro ludioe Mateo quon- Die septimo mensis Madij in Sta-
dam Ser donati contra tione infrascripti Iudicis Matei in
colam Stopam de barulo terra Fluminis Sci Viti praesentibus
Martino Xatani georgio petriçich
Pantafçich omnibus habitatoribus dicte terre Fluminis testibus
ad haec uocatis & rogatis ac alijs Ibique Petrucius filius Nicolai dicti Cola Stopa de baruio tanquam procurator & procuratorio nomine praefati Nicolai patris sui vti constat publico procuratoris Instrumento scripto manu Ser Gulielmi ma-.
gistri Andree de Aghono de licio notarij Anno domini 1439
die vndecimo mensis septembris a me notario infrascripto
viso & lecto habens ad infrascriptam plenam libertatem fuit
contentus & confessus se habuisse & recepisse ac sibi integre datos solutos & numeratos esse a Iudice Mateo quondam
Ser Donati habitatore dicte terre Fluminis centum et qvinque
ducatos boni auri Renuncians nomine quo supra exceptioni
sibi non date & non solute dicte quantitatis pecunie omni
que alij suo iuri ac legum auxilio Promittens nomine quo
supra solemni stipullatione eidem Iudici Mateo praedictam
solutionem & omnia alia & singula suprascripta firma & rata
habere tenere & non contrafacere uel venire per se uel alium
aliqua ratione causa uel ingenio de iure uel de facto sub pena

---

*) Cancellato, con in margine la nota: „1444.o die XXIIII.to mensis
nouembris aboletum fuit praesens Istrumentum debiti de voluntate creditoris praesentibus Iudice Mateo quondam Ser donati & Cusma mulsetich testibus ad haec uocatis & rogatis ac alijs"

dupli dicte quantitatis pecunie stipullatione in singulis capitulis huius contractus solemni promissa.

PRO PRODANO CONTRA SER CASTELINUM

Die decimo mensis Madij In Statione infrascripti debitoris In Terra Fluminis Sci Viti praesentibus Iudice Damiano quondam Matei georgio sarctore quondam Stefani ambobus habitatoribus dicte terre Fluminis testibus ad haec uocatis & rogatis ac alijs Ibique Ser Castelinus Iohannis - de pensauro sponte libere ex certa scientia non per errorem omni exceptione iuris uel facti remota per se suosque heredes & successores fuit contentus & confessus se iuste teneri & dare debere Prodano de Pago habitatori dicte terre Fluminis praesenti stipullanti & respondenti pro se suisque heredibus & successoribus ducatos decem boni auri & iusti ponderis nomine mutui Quam quidem pecunie quantitatem dare & soluere promisit dictus debitor praefato creditori ad omnem requisitionem ipsius creditoris sub pena quarti cum obligatione omnium suorum bonorum praesentium & futurorum Qua pena soluta uel non rata maneant omnia & singula suprascripta.*)

PRO FRANCISCO FABRO

Die XVI mensis Madij In Statione mei notarij infrascripti praesentibus Biasio dicto blasuta Georgio crastich Mateo de Cregnino omnibus habitatoribus dicte terre Fluminis testibus ad haec uocatis & rogatis ac alijs Ibique Blasius quondam Bartolomei de cauixolo per se suosque heredes & successores fuit contentus & confessus se habuisse ac recepisse A Francisco fabro quondam Martini libras sexaginta paruorum Et hoc pro parte solutionis librarum centum & viginti paruorum quas dare tenebatur dictus Franciscus faber praefato Biasio & Iohanni eius fratri.

---

*) Cancellato, con in margine la nota: „1440 die XXVIII mensis Augusti cancelatum fuit praesens Instrumentum de voluntate Prodani creditoris praesentibus Martino aurifice & georgio sarctore quondam Stefani testibus ad haec uocatis & rogatis — Ego Antonius de reno cancellaui.“

Die XVI mensis Madij In Statione mei notarij infrascripti In terra Fluminis Sci Viti praesentibus Circumspecto Millite domino Martino Raunacher Iudice Ambrosio quondam Ser Marci Iudice Damiano quondam Matei Petro glauinich georgio Iudicis Stefani de dreuenico omnibus habitatoribus dicte terre Fluminis testibus ad haec uocatis & rogatis ac alijs Ibique Quirinus quondam Michlini de Vlachi per se suosque heredes ac nomine & vice Nicolai Marci & bartolomei fratrum suorum pro quibus promisit de rato & rati habitudine obligando se & omnia sua bona fecit Ade Antonij de Firmo praesenti & pro se suisque heredibus & successoribus ac vice & nomine Ser Tomasij Vagni de Firmo & suorum heredum stipullanti & respondenti finem quietationem remissionem transitionem & pactum de vlterius non petendo de omni & singulo debito iure & actione & de omnibus & singulis ad que praefatus Adam nominibus quibus supra praefatis Quirino Nicolao Marco & bartolomeo siue alteri ipsorum actenus tenebatur seu teneri poterat quacunque *(sic)* Et hoc ideo quia praefatus Quirinus nominibus quibus supra fuit contentus & confessus se habuisse ac recepisse a praedicto Adam nominibus quibus supra ducatos triginta octo auri & solidos triginta nouem paruorum pro resto & complemento omnium & singularum rationum ac differentiarum quas quomodocunque habuissent siue habere potuissent heredes quondam Michlini de Vlachi cum praedicto Adam nominibus quibus supra ac sibi integre solutum & satisfactum fuisse de omni debito iure & actione & de omnibus & singulis ad que praefato Quirino nominibus supra praedictus Adam nominibus quibus supra actenus tenebatur seu teneri poterat ex aliquo Instrumento uel scriptura siue alia quacunque ratione uel causa Et volens ac mandans omne instrumentum & scripturam ex quibus appareret praedictum Adam nominibus quibus supra fuisse actenus obligatum praefato Quirino nominibus quibus supra aliqua ratione uel causa ex nunc cassa & vana esse & habita ineficacia & cancelata nec non absoluens & liberans praedictos Adam & Tomasium & eorum heredes & bona per acceptilationem & aquilianam stipulationem legitime interpositam Promittens praefatus quirinus nominibus quibus supra prae-

dicto Ade nominibus quibus supra stipullanti omnia & singula suprascripta perpetuo firma rata & grata habere tenere &
on contrafacere uel venire per se uel alium aliqua ratione
causa uel ingenio de iure uel de facto Sub pena dupli eius
quod peteretur stipullatione in singulis capitulis huius contractus solemni promissa.

PRO ADAM DE FIRMO CONTRA MARTINUM MORGA-NICH DE IADRA

Vltrascriptis die ac loco praesentibus Iudice Damiano quondam Matei Petro glauinich Cola Antonij luce
de pensauro testibus ad haec uoca-
tis & rogatis ac alijs Ibique Cum precibus Martini morganich
quondam Fiori de Iadra Adam Antonij de Firmo se constituerit plegium & fideiussorem Mateo fabro de labaco pro dicto Martino pro ducatis viginti octo libris tribus & solidis
septem paruorum Idcirco dictus Martinus per se suosque heredes & successores promisit & se obligauit conseruare indemnem praefatum adam praesentem & pro se suisque heredibus stipullantem a dicta plegiaria siue fideiussione facta pro eo
praedicto Mateo & ipsum liberare ab omni damno expensis &
interesse cum obligatione omnium & singulorum suorum bonorum praesentium & futurorum

PARS CAPTA PRO OUIS VEN-DENDIS QUINQUE PRO SOLIDO

Vltrascriptis die ac loco per generosum virum dominum Iacobum Raunacher capitaneum Iudices & consi-
lium dicte terre Fluminis capta fuit pars infrascripti tenoris
videlicet quod nulla persona cuiuscunque conditionis existat
audeat aut praesumat in futurum vendere oua minus quam
quinque oua pro singulo solido Sub pena solidorum quadraginta pro singula vice cuius pene tercia pars sit accusatoris
Et quod de pena deuenienti accusatori id est de tercia parte
non possit fieri gratia

PRO IUDICE PAULO CON-TRA SER TONSAM

Die XXII mensis Madij In publica
platea terre Fluminis Sci Viti praesentibus domino presbytero gaspare
filio Iudicis Ambrosij Iudice Damiano quondam Matei Teodoro

quondam dominici omnibus habitatoribus dicte terre Fiuminis testibus ad haec uocatis & rogatis ac alijs Ibique Cum precibus Ser Tonse quondam Ser Nicolai Iudex Paulus quondam Ser Marci se constituerit plegium & fideiussorem Iudici Nicolao quondam Antonij pro ducatis octuaginta sex boni auri & iusti ponderis pro ipso Idcirco praefatus Ser Tonsa nolens dictum Iudicem paulum hanc ob causam aliquod detrimentum siue damnum pati per se suosque heredes & successores obligauit & pro speciali pignere designauit dicto Iudici Paulo praesenti & pro se suisque heredibus & successoribus stipullanti domum suam in qua habitat cum orto sibi contiguo cum omnibus iuribus habentijs & pertinentijs dictis domui & orto quomodocunque spectantibus & pertinentibus.

PRO IACOBO PILIPARIO CONTRA MARTINUM GRUBICH & DRAGAM EIUS UXOREM

Die XXVI mensis Madij In Statione mei notarij infrascripti praesentibus Iudice Mauro Vidonich Iudice Damiano quondam Matei Cola Antonij luce de pensauro testibus ad haec uocatis & rogatis ac alijs Ibique Martinus grubich & draga eius uxor sponte libere ex certa scientia non per errorem omni exceptione iuris uel facti remota per se suosque heredes & successores fuerunt contenti & confessi se iuste teneri & dare debere Iacobo pilipario de Cranburch habitatori grobinici praesenti stipullanti & respondenti pro se suisque heredibus & successoribus libras viginti vnam solidos quinque paruorum nomine Mutui Quam quidem pecunie quantitatem dare et soluere promiserunt dicti debitores praefato creditori usque ad tres annos proxime futuros sub pena quarti Et ad Maiorem cautellam praefati creditoris dicti jugales eidem obligarunt & pro speciali pignore designarunt vnum suum ortum positum in districtu Fluminis in loco qui dicitur beli camich Quem ortum usufructuare debet usque ad tres annos sine aliqua solutione praefatus creditor

PRO GEORGIO BELAUER CONTRA MAGISTRUM IOHANNEM AURIFICEM

Die tercio mensis Iunij In publica platea terre Fluminis Sci Viti praesentibus Iudice Damiano quondam Matei Ançe sarctore de Alemania

ola de pensauro omnibus habitatoribus dicte terre Fluminis
estibus ad haec uocatis & rogatis ac alijs Ibique Iohannes
ielstersar aurifex habitator dicte terre Fluminis sponte libere
x certa scientia non per errorem omni exceptione iuris uel
acti remota fuit contentus & confessus se habuisse ac rece-
isse A georgio belauer habitatore venetiarum duas vegetas
lenas Maluatico in ratione ducatorum viginti quinque boni
auri pro Amphora precium cuius maluatici soluere debet per
terminos infrascriptos prout reperietur in mensura videlicet
medietatem precij usque ad vltimum diem Augusti proxime
futuri & alteram medietatem usque ad festum Sci Martini
proxime futurum sub pena quarti cum obligatione omnium
suorum bonorum praesentium & futurorum Qua pena soluta
uel non rata maneant omnia & singula suprascripta.*)

PRO FRANCISCO FABRO
CONTRA MARTINUM XATANI

Die VIII mensis Iunij In publica
platea terre Fluminis Sci Viti praesentibus Iudice Damiano Vito do-
mini Matei testibus ad haec uocatis & rogatis ac alijs Ibique
Martinus Xatani tanquam Gastaldio fraternitatis Sce Marie
de dicta terra Fluminis fuit contentus & confessus se habuisse
ac recepisse A francisco fabro quondam Martini libras triginta duas paruorum

PRO ADAM DE FIRMO
CONTRA GREGORIUM CONO-
PSE

Die VIIII mensis Iunij In publica
platea terre Fluminis Sci Viti praesentibus domino presbytero gaspare
cresolich Iohanne barlech ambobus
habitatoribus dicte terre Fluminis testibus ad haec uocatis
& rogatis ac alijs Ibique Gregorius conopse de los sponte libere ex certa scientia non per errorem omni exceptione iuris
uel facti remota per se suosque heredes & successores fuit

*) Cancellato, con in margine la nota: „1441 die XXIIII mensis octo-
bris cancellatum fuit praesens Instrumentum debiti de voluntate creditoris praesentibus testibus Iudice Damiano quondam Matei & Petro glauinich — Ego Antonius cancellarius scripsi"

contentus & confessus se iuste teneri & dare debere Ade Antonij de Firmo praesenti stipullanti & respondenti pro se suisque heredibus & successoribus ducatos quatuordecim boni auri & iusti ponderis Et hoc pro oleo habito a dicto creditore Quam quidem pecunie quantitatem dare & soluere promisit dictus debitor praefato creditori usque ad festum assumptionis beate Marie Virginis proxime futurum sub pena quarti cum obligatione omnium suorum bonorum praesentium & futurorum Qua pena soluta uel non rata maneant omnia & singula suprascripta.

PRO DOMINO MARTINO RAU-
NACHER

Die XVᵒ mensis Iunij In terra Fluminis Sci Viti In Statione mei notarij infrascripti praesentibus Ser Stefano blasinich Ser Castelino de pensauro Petro glauinich omnibus habitatoribus dicte terre Fluminis testibus ad haec uocatis & rogatis ac alijs Ibique dominus presbyter Mateus plebanus Chregnini Iohannes chernich Benco Satnicus omnes habitatores Cregnini sponte libere ex certa scientia non per errorem omni exceptione iuris uel facti remota per se suosque heredes & successores fuerunt contenti & confessi se iuste teneri & dare debere generoso Milliti domino Martino Raunacher praesenti stipullanti & respondenti pro se suisque heredibus & successoribus ducatos viginti boni auri & iusti ponderis nomine puri ac meri Mutui Quos quidem ducatos dare & restituere promiserunt dicti debitores praefato creditori in dicta terra Fluminis usque ad festum Sce Malgarite proxime futurum sub pena ducatorum quadraginta Auri cuius pene medietas sit dominij sub quo dictum debitum petetur & Altera medietas praefati creditoris cum obligatione omnium suorum bonorum praesentium & futurorum Qua quidem pena soluta uel non rata maneant omnia & singula suprascripta.

PRO IUDICE NICOLAO CON-
TRA IACHEL ARAR

Die XVI mensis Iunij In publica platea terre Fluminis Sci Viti praesentibus Bartolo Misuli Iudice Mauro

idonich Cola de pensauro omnibus habitatoribus dicte terre
luminis testibus ad haec uocatis & rogatis ac alijs Ibique
ıcobus Arar de lach fuit contentus & confessus se habuisse
ɜ recepisse A Iudice Nicolao micholich Çabros quinque et
edros tres olei in ratione ducatorum quinque Auri pro Ça-
ꞌo Pro qua quidem olei quantitate dare & consignare pro-
isit dictus debitor praefato creditori ferrum bonum siue de-
arios usque ad festum Sci Michaelis proxime futurum sub
ena quarti cum obligatione omnium suorum bonorum prae-
entium & futurorum Qua pena soluta uel non rata maneant
omnia & singula suprascripta.

Pro Paulo barbitonso-
re contra Marinum de sam-
palay
Die XVIII mensis Iunij In terra Fluminis Sci Viti In Statione mei notarij infrascripti praesentibus Ser
Antonio Dominico carpentario Bla-
sio cerdone omnibus habitatoribus dicte terre Fluminis testibus ad haec uocatis & rogatis ac alijs Ibique Marinus quondam Crismani de sampalai tale fecit pactum & concordium cum
Magistro Paulo Vidotich barbitonsore videlicet quod dictus
Magister paulus teneatur & debeat bene & diligenter Mederi
praefato Marino duo vulnera quae habet super capite usque
ad integram sanitatem et praefatus Marinus teneatur & debeat dicto paulo dare & soiuere sex ducatos boni auri & iusti
ponderis pro labore suo ac medicinis postquam erit incolumis Pro quibus omnibus & singulis suprascriptis sic firmiter
obseruandis attendendis & adimplendis praefatus Marinus dicto
Magistro paulo obligauit omnia sua bona mobilia & immobilia praesentia & futura.

Pro luca caureticii &
gregorio pilar
Die XVIIII mensis Iunij In Statione mei notarij infrascripti in terra
Fluminis Sci Viti praesentibus Geor-
gio crastich Çupano golobich Bartolomeo melcherich omnibus
ciuibus dicte terre Fluminis testibus ad haec uocatis & rogatis ac alıjs Ibique Gregorius Marini fabri & lucas cauretich
taliter conuenerunt & tale fecerunt simul pactum & concor-

dium videlicet quod dictus lucas teneatur quomodocunque & quotiencunque erit oportunum suis expensis conducere omnia & singula lignamina necessaria pro Aptando Seccam prae- dicti gregorij posita in loco dicto Stari brod praedictus ta- men gregcrius teneatur ipsa lignamina incidere & in labore- rio ponere omnibus suis expensis et vterque ipsorum paribus portionibus teneatur aptare clausuram aque quotienscunque erit oportunum hac condicione & pacto quod praedictus gre- gorius teneatur omni & singulo anno seccare dicto luce cen- tum planchonos quando dictus lucas voluerit & habere de- beat praedictus gregorius solidos quatuor pro singulo plan- chono pro seccatura Et quod uterque ipsorum possit & va- leat iura & actiones quas habet in dicta secca vendere & al- lienare cum pactis & condicionibus suprascriptis et quod ille qui vellet vendere siue alienare iura siue actiones suas tenea- tur alterum interrogare si vellet emere siue illo modo acqui- rere quo alij volunt emere siue acquirere Pro quibus omnibus & singulis suprascriptis sic firmiter obseruandis attendendis & adimplendis vnus alteri vicissim obligauit omnia sua bona mobilia & immobilia praesentia & futura.

Pro Petro Marino con- tra Petrum pochlenech Die XX mensis Iunij In publica pla- tea terre Fluminis Sci Viti prae- sentibus Cola de pensauro Vito ma- tronich Iohanne coxarich omnibus habitatoribus dicte terre Fluminis testibus ad haec uocatis & rogatis ac alijs Ibique Petrus primi pochlenech de Cramburch sponte libere ex certa scientia non per errorem omni exceptione iuris uel facti remota per se suosque heredes & successores fuit contentus & confessus se iuste teneri & dare debere Petromarino quon- dam romidij de Firmo praesenti stipullanti & respondenti pro se suisque heredibus & successoribus ducatos sexaginta tres boui auri & iusti ponderis Et hoc pro Çafrano habito a dicto creditore Pro qua quidem pecunie quantitate dare & consi- gnare promisit dictus debitor praefato creditori in dicta ter- ra Fluminis tantum ferrum bonum & bullatum quantum a- scendat ad suprascriptam quantitatem pecunie in ratione tres- decim ducatorum pro singulo milliari usque ad festum Sci

Michaelis de mense septembris proxime futurum sub pena quarti cum obligatione omnium suorum bonorum praesentium & futurorum Qua pena soluta uel non rata maneant omnia & singula suprascripta

Die XVI mensis Iullij In Statione infrascripti creditori in terra Fluminis Sci Viti praesentibus Ser Riçardo de Firmo mercatore in dicta terra Fluminis Iohanne belsterfar aurifice Veneciano de Cregnino testibus ad haec uocatis & rogatis ac alijs Ibique Iacobus arar de lach sponte libere ex certa scientia non per errorem omni exceptione iuris uel facti remota per se suosque heredes & successores fuit contentus & confessus se iuste teneri & dare debere Iudici Nicolao micholich praesenti stipullanti & respondenti pro se suisque heredibus & successoribus ducatos triginta vnum boni auri et solidos viginti octo Et hoc pro oleo habito a dicto creditore pro qua quidem pecunie quantitate dare promisit dictus debitor praefato creditori ferrum bonum ferrum siue peccuniam in electione ipsius creditoris usque ad festum assumptionis beate Marie Virginis proxime futurum sub pena quarti cum obligatione omnium suorum bonorum praesentium & futurorum Qua pena soluta uel non rata maneant omnia & singula suprascripta. *)

Die XVII mensis Iullij In Sacrastia ecclesie Sce Marie terre Fluminis Sci Viti praesentibus Clerico Stefano Iuanulich Simone oslich Curilo de la Cupriua omnibus habitatoribus dicte terre Fluminis testibus ad haec uocatis & rogatis ac alijs Ibique Coram venerabili viro domino presby-

---

*) Cancellato, con in margine la nota: „1441 die 6 mensis Marcij cancolatum fuit praesens Instrumentum debiti de voluntate creditoris praesentibus Magistro Iohanne sarctore de Alemania et Benedicto quondam Ser Çoni de pensauro testibus ad haec uocatis & rogatis ac alijs — Ego Antonius scripsi"

tero Mateo Arcidiacono & plebano dicte terre Fluminis Sedente cum presbytero Iacobo quondam tomasoli presbytero Gaspare Iudicis Ambrosij presbytero Vito scolich Comparuit Toschanus quondam Çanobij habitator dicte terre Fluminis asserens & dicens qualiter propter iniuriam & verecundiam sibi illatam A presbytero Antonio Visignich vti in querela eiusdem toschani contra dictum presbyterum Antonium facta coram Reverendo In Christo patre domino episcopo polensi ac suprascripto domino Arcidiacono-continetur ac pro damno & interesse prefato Toschano propter hoc secutis protestatur libras mille paruorum aduersus praedictum presbyterum Antonium licet absentem sed tanquam praesentem

Pro Paulo lustalar contra Iudicem Maurum

Die XVIII mensis Iullij In Statione mei notarij infrascripti praesentibus Iudice Mateo quondam Ser donati Iudice Paulo quondam Ser Marci Iudice Nicolao micholich omnibus habitatoribus dicte terre Fluminis testibus ad haec uocatis & rogatis ac alijs Ibique Iudex Maurus Vidonich sponte libere ex certa scientia non per errorem omni excceptione iuris uel facti remota per se suosque heredes & successores fuit contentus & confessus se iuste teneri & dare debere Valentino Iurlinovich praesenti stipullanti & respondenti vice ac nomine Iudicis Pauli iustalar de labaco ducatos trecentos & decem et octo auri & solidos sexaginta paruorum Et hoc pro ferro habito a dicto creditore Quam quidem pecunie quantitatem dare & soiuere promisit dictus debitor praefato creditori usque ad festum Sancti Michaelis de mense septembris proxime futuro sub pena quarti cum obligatione omnium suorum bonorum praesentium & futuiorum Qua pena soluta uel non rata maneant omnia & singula supra-scripta. *)

Protestus Iudicis Nicolai Ade & Valentini

Die XXI mensis Iullij Sub arbore ante portam terre Fluminis Sci Viti a mari praesentibus Ser Antonio

*) Cancellato, con in margine la nota: Cancelaui de voluntate creditoris praesentibus Petro marino & Ser Castelino 1440."

pertusano Iohanne merçario Cusma mulsetich omnibus habitatoribus dicte terre Fluminis testibus ad haec uocatis & rogatis ac alijs Ibique Coram generoso Millite domino Martino Raunacher Vicecapitaneo · domino Ambrosio quondam Ser Marci domino Mateo quondam Ser donati honorabilibus Iudicibus dicte terre Fluminis Comparuerunt Iudex Nicolaus micholich Adam Antonij de Firmo Valentinus quondam Iurlini asserentes & dicentes qualiter fecerant venditionem certe quantitatis ferri id est Milliariorum XIIII existentis buchari Iacobo bucij de Artona per Magnificum dominum Comitem Martinus et quia senserunt quod idem Iacobus uult dictum ferrum emere Idcirco protestantur contra dictum Iacobum ibidem praesentem omnem & singulam quantitatem ferri quam illic acceperit de ferro praedictorum cum ipsi sint domini & patroni eiusdem ferri Nisi ipsis integre soluerit prius.

RESPONSIO AD SUPRASCRIPTUM PROTESTUM

Vltrascriptis die loco ac testibus praefatus Iacobus bucij de Artona respondit quod ipse non cognoscit aliquod ferrum dictorum protestantium et quod si aliquis ipsorum siue alius loco eorundem ostenderit ferrum ipsorum quod illud non accipiet. nisi ipsis soluerit Sed cum sit aduena & non cognoscat aliquam quantitatem ferri praedictorum protestantium existentis buchari ipse emet libens a quolibet sibi vendere volenti.

ACCORDATIO FAMULI SER BARTOLOMEI AB AQUA DE CLOUCA

Die XXIII mensis Iullij in Terra Fluminis Sci Viti in Statione mei notarij infrascripti praesentibus Stefano callelli de Ancona Gregorio quondam Perini de arimino Georgio quondam Nicolai de Fano testibus ad haec uocatis & rogatis ac alijs Ibique Petrus de Schorouoie de Spalatro se obligauit ad seruiendum Ser Bartolomeo ab aqua de Clouca per vnum annum proxime futurum incipiendo A die praescripto his pactis & condicionibus videlicet quod dictus Petrus bene & fideliter teneatur seruire & obedire praefato Bartolomeo & praefatus Bartolomeus teneatur praedictum Petrum bene tractare & eidem pro suo salario dare ducatos vndecim boni auri & iusti ponderis & expensas oris sine vestitu & calceatu Pro quibus omnibus & singulis suprascriptis sic firmiter obseruandis attendendis & adimplendis vna pars alteri adinuicem obligauit omnia sua bona mobilia & immobilia.

Pro Simone de Esculo
contra Simonem Pilaro

Die XXVII mensis Iullij In Terra Fluminis Sancti Viti ante furnum quondam Ser Andregeti Praesentibus Iudice Mateo quondam Ser donati Adam Antonij de Firmo Gaspare eius fratre omnibus habitatoribus dicte terre Fluminis testibus ad haec uocatis & rogatis ac alijs Ibique Simon pilar de dicta terra Fluminis sponte libere ex certa scientia non per errorem omni exceptione iuris uel facti remota per se suosque heredes & successores fuit contentus & confessus se iuste teneri & dare debere Simoni Vani Mucij de Esculo ibidem praesenti stipullanti & respondenti pro se suisque heredibus & successoribus libras centum & viginti septem paruorum Quam quidem pecunie quantitatem dare & soluere promisit dictus debitor praefato creditori usque ad festum Sci Michaelis de mense septembris proxime futuro sub pena quarti cum obligatione omnium suorum bonorum praesentium & futurorum Qua pena soluta uel non rata maneant omnia & singula suprascripta.

Pro praedicto contra
Ambrosium Radolich

Die XXVII mensis Iullij In publica platea terre Fluminis Sci Viti praesentibus Iudice Mauro Vidonich Adam Antonij de Firmo Iacobo micholich omnibus habitatoribus dicte terre Fluminis testibus ad haec uocatis & rogatis ac alijs Ibique Ambrosius radolich sponte libere ex certa scientia non per errorem omni exceptione iuris uel facti remota per se suosque heredes & successores fuit contentus & confessus se iuste teneri & dare debere Simoni Vani Mucij de Esculo praesenti stipullanti & respondenti pro se suisque heredibus & successoribus libras centum triginta septem solidos decem paruorum pro carnibus salitis diffalcato salario vnius solidi quem habere debet pro singula libra pro exigendo Quam quidem pecunie quantitatem dare & soluere promisit dictus debitor praefato creditori usque ad carnis priuium proxime futurum sub pena quarti cum obligatione omnium suorum bonorum praesentium & futurorum Qua pena soluta uel non rata maneant omnia & singula suprascripta. *)

PROCURA SIMONIS DE ESCULO IN ADAM ANTONIJ DE FIRMO

Vltrascriptis die ac loco praesentibus Cosma mulsetich Milasino calafato luca samburich testibus ad haec uocatis & rogatis ac alijs Ibique Simon Vani Mucij de Esculo omni via modo iure & forma quibus magis & melius sciuit ac potuit fecit constituit creauit & ordinauit Ser Adam Antonij de Firmo ibidem praesentem & infrascriptum mandatum suscipientem suum verum & legitimum procuratorem actorem factorem & certum nuncium specialem praesertim ad exigendum & recuperandum a quacunque persona sibi dare debenti omnem & singulam pecunie quantitatem res & quaecunque alia & de per eum receptis finem dimissionem quietationem & pactum de vlterius non petendo cum solemnitatibus necessarijs Et ad comparendum si opus fuerit coram quocunque Iudice tam ecclesiastico quam saeculari ad agendum petendum &c Et generaliter &c dans &c promittens &c

PROTESTUS IUDICIS PAULI CONTRA SER TONSAM

Die XXVIIII mensis Iullij In Statione mei notarij infrascripti praesentibus venerabili viro domino presbytero Mateo arcidiacono Iudice Mauro Vidonich Iudice damiano quondam Matei Ibique coram Nobili viro domino Mateo honorabili Iudice terre Fluminis Comparuit Iudex Paulus quondam Ser Marci asserens & dicens qualiter pro plegiaria quam fecit domino Martino Raunacher pro Ser Tonsa quondam Ser Nicole pro ducatis viginti eius vinea posita pod

---

*) Cancellato, con in margine la nota: „1441 die XX mensis Iulij cancelatum fuit praesens Instrumentum debiti de voluntate creditoris praesentibus Iudice Mauro Vidonich & Iacobo cigantich testibus ad haec uocatis & rogatis ac alijs — Ego Antonius cancellarius scripsi.“

sparichia craste incantatur ad petitionem praefati domini Martini pro ducatis quatuordecim auri pro dicto Ser Tonsa Quapropter protestatur ducatos centum auri pro dicta vinea si ipsam dictus Ser Tonsa perdere dimiserit & Pro vsufructibus dicte vinee istius anni libras centum paruorum contra praefatum Ser Tonsam ibidem praesentem & non contradicentem

PRO IUDICE NICOLAO CONTRA IUDICEM MAURUM

Die tercio mensis Augusti In Statione mei notarij infrascripti praesentibus Ser Castelino de pensauro Petro glauinich testibus ad haec uocatis & rogatis ac alijs Ibique Iudex Maurus Vidonich per se suosque heredes & successores promisit & se obligauit dare & numerare in manibus Iudicis Nicolai micholich ducatos vndecim boni auri & iusti ponderis Et hoc pro quinque fassijs ferri sequestratis ad petitionem quondam Çamparini usque ad festum resurrectionis Domini nostri Ihesu Christi proxime futurum saluo tamen si aliquis vicerit in Iudicio praedictos fassios quinque ferri loco siue vice ipsius quondam çamparini.

DONATIO DOMINE MALGARITE UXORI SER ANÇELINI IN RATCHUM & EIUS UXOREM CERNAUAM

Die XII mensis Augusti In Terra Fluminis Sci Viti In domo habitationis infrascripti Ser Ançelini praesentibus Iudice Paulo quondam Ser Marci Iacobo micholich Iacobo cigantich omnibus habitatoribus dicte terre Fluminis testibus ad haec uocatis & rogatis ac alijs Ibique Domina Malgarita uxor Ser Ançelini bonfioli de Florentia dixit asseruit & affirmauit qualiter de voluntate & consensu ipsius Ser Ançelini per se suosque heredes & successores iam sunt duo anni quibus dedit tradidit atque donauit pure libere simpliciter & irreuocabiliter nomine pure libere simplicis & irreuocabilis donationis que fit & dicitur inter vivos Ratcho de pago habitatori Ciuitatis Segne et Cernaue eius uxori tunc ibidem praesentibus vnam domum positam in Ciuitate Segne ab uno latere Petrus remerius de Segna A· secundo domus Capituli Segne et A tercio via publica uel alij siqul forent plures uel

viciniores confines his pactis & condicionibus quod dicti Ra-
tchus et Cernaua possint & valeant praedictam domum tenere
& usufructuare usque ad uitam utriusque siue alterius ipsorum et post mortem predictorum jugalium dicta domus deuenire debeat in capitulum Segne hac condicione quod dictum
capitulum semper & in perpetuum teneatur & debeat cantare
vnam missam in die Sci Michaelis de' mense septembris ut
moris est Segne pro anima dictorum jugalium & suorum de-
functorum Quam quidem donationem & omnia & singula suprascripta praedicta donatrix per se suosque heredes & successores dictis Ratcho et cernaue jugalibus & cuilibet ipsorum promisit firma rata & grata habere tenere & obseruare
& non contrafacere uel venire per se uel alium aliqua ratione
causa uel ingenio de iure uel de facto sub pena dupli valoris dicte rei vendite habita ratione melioratus & reficiendi
atque restituendi omne damnum expensas ac interesse litis
& exstra cum obligatione omnium suorum bonorum stipullatione in singulis capitulis huius contractus solemni promissa

Pro Agnia luchaçeua
contra Laurentium labu-
tich

Die XV mensis Augusti in Statione
mei notarij infrascripti praesentibus
domino presbytero Mateo Arcidiacono & plebano terre Fluminis Iu-
dice Marco glauinich Iudice. Mauro Vidonich testibus ad haec
uocatis & rogatis ac alijs Ibique Laurentius labutich sponte
libere ex certa scientia non per errorem omni exceptione
iuris uel facti remota per se suosque heredes & successores
fuit contentus & confessus se iuste teneri & dare debere
Agnie uxori quondam lucacij praesenti stipullanti & respondenti pro se suisque heredibus & successoribus ducatos uigintiocto cum dimidio boni auri & justi ponderis Et hoc pro
vna domo empta a dicto debitore a dicta creditrice Quam
quidem pecunie quantitatem dare & soluere promisit dictus
debitor praefate creditrici per terminos infrascriptos videlicet singulo anno ducatos decem usque ad integram solutionem sub pena quarti cum obligatione omnium suorum bonorum Qua pena soluta uel non rata maneant omnia & singula
suprascripta.

PROCURA BLASIJ & STEFANI DE CAUIXOLO IN PRESBYTERUM IERONIMUM DE CHERSO

Die XVI mensis Augusti In Statione mei notarij infrascripti praesentibus presbytero Iohanne Micholich Vito matronich testibus ad haec uocatis & rogatis ac alijs Ibique Blasius & Stefanus fratres quondam Bertai de cauixolo omni via modo iure & forma quibus magis & melius sciuerunt & potuerunt fecerunt constituerunt creauerunt & ordinauerunt presbyterum Ieronimum Martincich de cherso praesentem & infrascriptum mandatum suscipientem suum verum & legitimum procuratorem actorem factorem & certum nuncium specialem praesertim ad exigendum & recuperandum omnia & singula pignera quae fuissent quondam dominae Matee uxoris Iudicis Iuacij & de per eum receptis finem dimissionem & pactum de vlterius non petendo Et generaliter &c Dans &c Promittens &c

PRO VITO MATHEUICH CONTRA CEÇELAM UXOREM ILIE

Vltrascriptis die ac loco praesentibus Iudice Cusma radolich Stefano mortath Breçscho marinario testibus ad haec uocatis & rogatis ac alijs Ibique Çeçela uxor Ilie cauponis sponte libere ex certa scientia non per errorem omni exceptione iuris uel facti remota per se suosque heredes & successores tanquam plegia praefati Ilie mariti sui fuit contenta et confessa se iuste teneri & dare debere Vito Matiieuich praesenti & pro se suisque heredibus recipienti libras septuaginta paruorum quam quidem pecunie quantitatem dare & soluere promisit dicta debitrix praefato creditori usque ad nouem menses proxime futuros sub pena quarti qua soluta uel non rata maneant omnia & singula suprascripta & ad maiorem cautellam praefati creditoris dicta debitrix eidem obligauit & pro speciali pignere designauit domum suam in qua habitat cum obligatione omnium suorum bonorum.*)

---

*) Cancellato, con in margine la nota: „1451.o die X.o mensis septembris cancellatum fuit praesens Istrumentum debiti de voluntate creditoris praesentibus Nicolao de Candia & Bortolo cerdone ambobus ciuibus dicte terre Fluminis testibus ad haec uocatis & rogatis — Ego Antonius cancellarius scripsi. "

PROCURA PETRE & DOMINICE SORORUM IN PRESBYTERUM IERONIMUM DE CHERSO

Vltrascriptis die ac loco praesentibus Iudice Cusma radolich Stefano mortath Ilia Caupone testibus ad haec uocatis & rogatis ac alijs Ibique Petra uxor Michaelis çichouich de cherso & dominica eius soror omñi via modo iure & forma quibus magis & melius sciuerunt ac potuerunt fecerunt constituerunt creauerunt presbyterum Ieronimum Martinçich de cherso suum verum & legitimum procuratorem actorem factorem & certum nuncium specialem in omnibus suis placitis litibus & controuersiis quas habent seu habituri *(sic)* sint cum quacumque persona Ad agendum petendum respondendum libellos & petitiones dandum & recipiendum terminos & dillationes petendum testes instrumenta & alia iura sua producendum Sententias audiendum & eas executioni mandare faciendum Et generaliter &c dans &c Promittens &c

PRO DOMINO ARCIDIACONO

Vltrascriptis die ac loco praesentibus Iudice Vito rosso marco çersatich presbyter Ieronimus quondam ...o.. de Cherso tanquam procurator Blasij & Stefani petre et dominice fratrum exegit & recuperauit a domino presbytero Mateo Arcidiacono vnum pletach & sex sonaleos de argento pro libris quatuordecim paruorum & ducato vno auri

PROTESTUS MAGISTRI NICOLAI CONTRA LUCAM DE RAGUSIO

Die XVI mensis Augusti In Statione infrascripti Ade in terra Fluminis Sci Viti praesentibus Ser Castelino de pensauro Adam Antonij de Firmo Iacobo micolich omnibus habitatoribus dicte terre Fluminis testibus ad haec uocatis & rogatis ac alijs Ibique Magister Nicolaus quondam Andree de Venetijs ciuis Ancone Comparuit Coram strenuo millite domino Martino Raunacher vicecapitaneo & domino Mateo quondam Ser donati honorabili Iudice dicte terre Fluminis asserens. & dicens qualiter fecit quasdam conuentiones cum luca Michaelis de Ragusio pro faciendo sibi vnam charachiam prout continetur in cirographo scripto manu dicti luce Et quia praedictus lucas non seruat conuentiones factas inter eos Idcirco praelibatus Magister Nicolaus protestatus fuit omnibus iuris remedijs quibus melius potuit contra dictum lucam ibidem praesentem omne & singulum damnum & interesse prout in suprascripto cirographo continetur si et in quantum praedictus lucas sibi lignamina necessaria pro dicta charachia facienda non preparauerit usque ad dies viginti proxime futuros

PRO BARTULO TANQUAM PROCURATORE SER ANDREE QUONDAM VIANI DE MARANO CONTRA SER ANÇELINUM & SER CASTELINUM

Die XVII mensis Augusti In terra Fluminis Sci Viti In Statione infrascripti Ser Castelini praesentibus Ser Iohanne guidonis de Marano Vito matronich Ser Prodano de pago ambobus habitatoribus dicte terre Fluminis testibus ad haec uocatis & rogatis ac alijs Ibique Ser Ançelinus bonfioli de Florentia & Ser Castelinus Iohannis de pensauro sponte libere ex certa scientia non per errorem omni exceptione iuris uel facti remota per se suosque heredes & successores tanquam plegij & fideiussores Ser rafaelis Francisci de Fossambruno fuerunt contenti & confessi se iuste teneri & dare debere Bartulo nato Ser Iohannis de Castiono praesenti stipullanti & respondenti vice ac nomine Ser Andree quondam viani de Marano ducatos octuaginta boni auri & iusti ponderis Et hoc pro resto solutionis vnius Marciliane dicti Ser Andree vendite praedicto Ser Rafaeli A praelibato bartulo tanquam procuratore dicti Ser Andree quos quidem ducatos octuaginta dare & soluere promiserunt praefati Ser Ançelinus & Castelinus praedicto creditori usque ad festum Sancti georgij proxime futurum sub pena quarti cum obligatione omnium suorum bonorum praesentium & futurorum Qua pena soluta uel non rata maneant omnia & singula suprascripta

PRO DOMINO MARTINO RAUNACHER CONTRA SER RAFAELEM

Die XVII mensis Augusti In Statione infrascripti debitoris praesentibus Iudice damiano quondam Matei Ser Castelino Iohannis de pensauro dominico carpentario de Iadra omnibus habitatoribus dicte terre Fluminis testibus ad haec uocatis & rogatis ac alijs

Ibique Ser Rafael Francisci de Fossambruno sponte libere ex
certa scientia non per errorem omni exceptione iuris uel facti
remota per se suosque heredes & successores fuit contentus
& confessus se iuste teneri & dare debere generoso Milliti
domino Martino Raunacher praesenti stipullanti & respondenti
pro se suisque heredibus & successoribus ducatos centum boni
auri & iusti ponderis nomine mutui quam quidem pecunie
quantitatem dare & soluere promisit dictus debitor praefato
creditori usque ad vnum annum proxime futurum sub pena
quarti Qua soluta uel non rata maneant omnia & singula
suprascripta Et ad maiorem cautellam praefati creditoris dictus
debitor eidem obligauit & pro speciali pignere designauit domum suam in platea positam & vineam in xenichoui iuxta
Iudicem damianum.

Pro Capitulo terre Flu-<br>minis pro Statione

Die XVII mensis Augusti In publica
platea terre Fluminis Sci Viti praesentibus testibus Martino aurifice de
Segna Paulo Vidotich barbitonsore & alijs Ibique presbyter
Iacobus presbyter Gaspar presbyter Iohannes & presbyter
Vitus omnes canonici dicte terre Fluminis nomine totius capituli dicte terre Fluminis Interrogarunt Ser Antonium pertusano si uellet dare tresdecim ducatos auri singulo anno pro
afictu Apoteche Capituli praedicti sin autem vellent alij dare
qui respondit quod ipsam Apotecham nolebat pro dicto afictu
et quod finito anno darent & afictarent eam cuicunque vellent.

Obligatio Iacobi Cole &<br>Antonij bucij de Artona

Vltrascriptis die ac loco praesentibus
Ser Ançelino bonfiolo de Florentia
Antonio quondam Nicolai de Mali-
sana de Foro Iullij Mateo Magistri Christofori de Ancona testibus ad haec uocatis & rogatis ac alijs Ibique Antonius Bucij
de Artona et Iacobus Cole Reuonte de Artona se & quilibet
eorum in solidum per se suosque heredes & successores promiserunt et obligarunt dare & consignare in manibus generosi
militis domini Martini Raunacher stipullantis ac recipientis
vice ac nomine Strenui millitis domini Iohannis Reychenbur-

ger ducatos quatricentos boni auri & iusti ponderis usque ad
festum Sci Michaelis proxime futurum sub pena dupli Nisi
praefatus Iacobus gratiam inuenerit apud praedictum dominum
Iohannem Et hoc pro fallo a praedicto Iacobo commisso Pro
quibus omnibus &c

PRO ANTONIO BUCIJ DE
ARTONA.

Vltrascriptis die loco ac testibus ac
alijs Ibique Cum Antonius bucij· de
Artona precibus Iacobi Cole reuonte
de Artona se obligauerit cum dicto Iacobo in solidum generoso Milliti domino Martino Raunacher stipullanti vice ac nomine Strenui Millitis domini Iohannis Reychenburger pro
ducatis quatricentis boni auri & iusti ponderis Velut constat
Instrumento scripto manu mei notarij & cancellarij infrascripti
Millesimo ac die suprascriptis Idcirco praefatus Iacobus promisit & se obligauit seruare indemnem antonium praedictum a
suprascripta promissione & obbligatione et ab omni & singulo
damno & interesse que quomodocunque praedicto Antonio
bucij sequerentur occasione praedicte promissionis & obligationis ducatorum quatricentorum auri cum obligatione omnium
suorum bonorum praesentium & futurorum

PRO CAPITULO TERRE
FLUMINIS

Die XVII mensis Augusti In publica
platea terre Fluminis Sci Viti praesentibus Blasuta quondam petri Paulo
Vidotich & bartolo melcherich omnibus habitatoribus dicte terre
Fluminis testibus ad haec uocatis & rogatis ac alijs Ibique
Quirinus filius Iudicis Viti Çouanich per se suosque heredes
dixit & asseruit se fore contentum de dotatione facta per Iudicem Vitum Zounanich eius patrem de domo posita in dicta
terra Fluminis iuxta dictum donatorem & Iudicem bartolum glauinich capitulo terre Fluminis cum condicionibus in
Instrumento donationis contentis & dictam donationem perpetuo
habebit firmam & ratam cum obligatione omnium suorum
bonorum.

PRO MARTINO AURIFICE
CONTRA MARTINUM MORGA-
NICH

Die praescripto in terra Fluminis Sci
Viti In Statione mei notarij infrascripti praesentibus Iudice Vito barolich Ser Prodano de pago testibus·

ıd haec uocatis & rogatis ac alijs Ibique Martinus morganich
ıer se suosque heredes & successores fuit contentus & con-
'essus se vice ac nomine Cipriani gregoriçe de Segna habuis-
e ac recepisse a Martino aurifice de Segna habitatore dicte
erre Fluminis libras decem paruorum quos dare tenebatur
ıraedictus Martinus praefato Cipriano

PROTESTUS SIMONIS DE
BARBERIO

Die XVIII mensis Augusti In publica platea terre Fluminis Sci Viti
praesentibus Andrea marinario et
Iohanne Ser Nicolai merçario ambobus habitatoribus dicte terre
Fluminis testibus ad haec uocatis & rogatis ac alijs Ibique
Simon Satnichus de barberio Coram Nobili viro domino Mateo quondam Ser donati honorabili Iudice dicte terre Fluminis Comparuit asserens & dicens qualiter fideiussit Radoiaço
Capitaneo cersati pro Mateo Magistri Christofori de Ancona
Pro quodam fallo a quodam marinario perpetrato Et nunc
dictus Mateus recessit insalutato hospite Idcirco dictus Simon
omnibus via modo iure & forma quibus melius potuit protestatus fuit contra praedictum Mateum licet absentem omne
damnum & interesse que patietur ob hanc causam

PROTESTUS IACOBI CIGAN-
TICH

Die XX mensis Augusti in littore
maris ante portam terre Fluminis
Sci Viti praesentibus testibus Ste-
fano blasonich Mateo cersato Ibique Coram Nobili viro Iudice Mateo quondam Ser donati Comparuit Iacobus cigantich
asserens & dicens qualiter Barchusius quem simul habet cum
Francisco fabro quondam Martini stat in Stalia eo quod dictus Franciscus non seruat sibi pacta & conuenctiones inter
ipsos habitas Idcirco protestatus fuit contra praedictum Franciscum ibidem praesentem medium ducatum singulo die quo
stabit in Stalia.

PROTESTUS CAPITULI

Die XXIᵒ mensis Augusti In terra
Fluminis Sci Viti In Sacrastia eccle-
sie Sce Marie praesentibus Quirino subdiacono de breseço
Quirino glauinich domigna de grobinico testibus ad haec uo-

catis & rogatis ac alijs Ibique venerabilis vir dominus presbyter Mateus plebanus presbyter Iacohus presbyter Gaspar presbyter Iohannes presbyter Vitus omnes Canonici dicte terre Fluminis dixerunt & asseruerunt qualiter presbyter Antonius Visignich querelam exposuit aduersus eos Coram reuerendo domino episcopo polensi dicens quod non dant sibi partem pro qua laborauit & alia multa Quapropter praedictus presbyter Mateus plebanus & canonici protestati fuerunt contra praedictum presbyterum Antonium ibidem praesentem pro expensis quas facient accedendo ad dominum episcopum praedictum & pro damno interesse ac verecundiam libras quinquaginta paruorum

PRO IOHANNE BASTASIO CONTRA STEFANUM & GALLUM

Die XXII mensis Augusti In publica platea terre Fluminis Sci Viti praesentibus Ser Ançelino bonfiolo de Florentia Ser Castelino de pensauro Martino aurifice de Segna omnibus habitatoribus dicte terre Fluminis testibus ad haec uocatis & rogatis ac alijs Ibique Stefanus quondam Martini de Sagabria cerdo & gallus cerdo quondam Iohannis de Sagabria sponte libere ex certa scientia non per errorem omni exceptione iuris uel facti remota cum obligatione omnium suorum bonorum per se suosque heredes & successores fuerunt contenti & confessi se iuste teneri & dare debere Iohanni quondam petri de chiaui habitatori dicte terre Fluminis praesenti stipullanti & respondenti pro se suisque heredibus & successoribus ducatos quadraginta boni auri & iusti ponderis Et hoc pro pellibus habitis a dicto creditore hoc pacto quod dicti debitores teneantur & debeant facere de dictis pellibus subtellares et singula ebdomada dare & numerare dicto creditori omnes & singulos denarios quos extrahent de subtellaribus usque ad integram satisfactionem suprascripti debiti

PACTA MAGISTRI IACOBI MEDICI & NICOLAI RAYNTALAR

Die XXIIII mensis Augusti In publica platea terre Fluminis Sci Viti praesentibus domino presbytero Gaspare cresolich Adam Antonij de

firmo georgio cigantich omnibus habitatoribus dicte terre fluminis testibus ad haec uocatis & rogatis ac alijs Ibique Magister Iacohus quondam georgij de Venetijs fecit tale patum et concordium cum Nicolao raintaler videlicet quod dictus magister Iacobus debeat medicare & liberare praefatum icolaum de vulneribus & infirmitate quas patitur in tibia pro ducatis sexdecim auri boni & iusti ponderis quorum ducatorum sexdecim habere debet ducatos octo confestim cum dictus Nicolaus fuerit sanus et alios ducatos octo debet depositare apud quemdam virum fidedignum usque ad festum Sce Malgarite proxime futurum Et si interim praefatus Nicolaus incolumis permanebit usque ad dictum terminum hoc est quod infirmitas non euigilabitur in dictum terminum praefatus Magister Iacobus habere debet dictos octo ducatos intelligendo quod si infirmitas euigilaretur defectu ipsius Nicolai idem tamen Magister Iacobus habere debeat integram solutionem Sed si euigilaretur quod absit in dictum terminum sine defectu praefati Nicolai Praefatus Magister Iacobus teneatur ipsum curare & liberare ut supra Idem tamen Nicolaus debet dictum magistrum Iacobum aduisare suis litteris de Euigilatione infirmitatis & permittere sibi mederi Pro quibus omnibus & singulis suprascriptis sic firmiter obseruandis attendendis & adimplendis vna pars alteri adinuicem obligauit omnia sua bona mobilia & immobilia praesentia & futura.

PRO FRANCISCO FABRO CONTRA BLASIUM DE CAUISOLO

Die XXV mensis Augusti In Statione mei notarij infrascripti praesentibus Iudice Stefano rusouich Iudice Bartolo glauinich testibus ad haec uocatis ac alijs Ibique Blasius quondam Bertai de cauisolo per se suosque heredes & successores fuit contentus & confessus se habuisse ac manualiter recepisse a Francisco fabro quondam Martini libras triginta vnam et solidos octo paruorum Castue die XXIII mensis Madij de anno praesenti quando volebat limina Sce Marie de axia visitare

PROTESTUS PRESBYTERI GEORGIJ DE CASTUA

Die XXX mensis Augusti In terra Fluminis Sci Viti In Statione mei notarij infrascripti praesentibus Ser

Stefano blasinich Clerico Stefano Iuanuli Mochoro Seualich
omnibus habitatoribus dicte terre Fluminis testibus ad haec
uocatis & rogatis ac alijs Ibique Coram Venerabili Viro domino presbytero Mateo arcidiacono & plebano dicte terre Fluminis Comparuit presbyter Georgius de Castua asserens &
dicens qualiter presbyter Iohannes cichada presbyter Marcus
& presbyter Tomas canonici Castue nolunt sibi dare partem
nec volunt sibi dicere ob quam causam quapropter protestatur
contra praedictos canonicos singula ebdomada pro oblatione
Altaris solidos quadraginta paruorum qua ( sic ) non dederunt
neque dabunt partem non computando alios introitus Praesentibus praedictis presbytero Marco & presbytero Toma canonicis castue.

PROTESTUS LUCE DE RA-
GUSIO

Vltrascriptis die ac loco praesentibus
Iudice Nicholao micholich Stefano
callelli de Ancona ambobus habita-
toribus dicte terre Fluminis testibus ad haec uocatis & rogatis
ac alijs Ibique Coram Nobili viro domino Mateo quondam
Ser donati honorabili Iudice dicte terre Fluminis Comparuit
lucas Michaelis de Ragusio asserens & dicens qualiter magister Nicolaus calafatus de Venetijs ciuis ancone non seruat
sibi pacta & conuentiones quas simul habuerunt pro factura
vnius charachie siue nauis prout patet cirographo inter ipso
facto et hoc quia incepit sibi nauim & ipsam non vult prosequi facere sed alijs uadit ad laborandum quapropter protestatur contra praefatum Magistrum Nicolaum ibidem praesentem
omne & singulum damnum & interesse prout in suprascripto
cirographo continetur

PRO MAGISTRO NICOLAO
CALAFATO DE VENETIJS

Vltrascriptis die loco ac testibus Nobilis vir dominus Mateus quondam
Ser donati honorabilis Iudex dicte
terre Fluminis ad petitionem Magistri Nicolai calafati de Venetijs ciuis Ancone interrogauit lucam Michaelis de Ragusio
si uellet respondere protestui quem contra ipsum fecit praefatus Magister Nicolaus qui respondit quod respondere nolebat
praefato protestui.

PRO CANONICIS TERRE
FLUMINIS
Die octauo mensis septembris In Statione mei notarij infrascripti praesentibus presbytero Iohanne çicada de
Castua presbytero Paulo de Grobinico Ser Stefano blasinich
testibus ad haec uocatis & rogatis ac alijs Ibique presbyter
Antonius Visignich per se suosque heredes fecit venerabili
viro presbytero Mateo Arcidiacono & plebano presbytero Iacobo quondam Tomasoli presbytero Gaspari cresolich presbytero Iohanni Micholich presbytero Vito scholich omnibus canonicis terre Fluminis Sci Viti finem dimissionem quietationem
transitionem & pactum de vlterius non petendo de omni debito iure & actione & de omnibus & singulis ad que praefati
Canonici praedicto presbytero Antonio actenus tenebantur seu
teneri poterant quacunque ratione uel causa Promittens praedictus presbyter Antonius praefatis Canonicis omnia & singula suprascripta perpetuo rata & grata habere tenere & non
contrafacere uel venire per se uel alium aliqua ratione causa
uel ingenio de iure uel de facto sub pena dupli eius quod
peteretur solemni stipullatione in singulis capitulis huius contractus promissa.

PRO SER CASTELINO CON-
TRA BARTOLOMEUM AB AQUA
DE CLOUCA
Die XII mensis septembris in publica platea terre Fluminis Sci Viti
praesentibus Iudice Mateo quondam
Ser donati georgio contouich ambo-
bus habitatoribus dicte terre Fluminis testibus ad haec uocatis & rogatis ac alijs Ibique Ser Bartolomeus ab aqua de
Clouca per se suosque heredes & successores sponte libere ex
certa scientia non per errorem omni exceptione iuris uel facti remota fuit contentus & confessus se iuste teneri & dare
debere Ser Castelino Iohannis de pensauro praesenti stipull-
lanti & respondenti pro se suisque heredibus & successoribus
ducatos octo boni auri & iusti ponderis Et hoc pro una plegiaria seu fideiussione quam fecit dictus Ser Bartolomeus praedicto Ser Castelino pro Signoro de Clouca Quam quidem pecunie quantitatem dare & soluere promisit dictus Ser Bartolomeus praefato Ser Castelino per totum mensem Marcij proxime futurum sub pena quarti cum obligatioue omnium suo-

rum bonorum praesentium & futurorum Qua pena soluta uel
non rata maneant omnia & singula suprascripta. *)

ACCORDATIO FAMULI PRO
PETRUCIO STOPA DE BARULO

Die XXIIII mensis septembris In
pubblica platea terre Fluminis Sci
Viti praesentibus Iudice Iohanne Mi-
suli Adam Antonij de Firmo Iacobo micholich omnibus habitatoribus dicte terre Fluminis testibus ad haec uocatis &
rogatis ac alijs Ibique Iohannes quondam georgij de Ceruse
non vi non metu sed sua spontanea voluntate se accordauit
& obligauit ad standum cum petrucio Cole Stope de barulo
praesente & dictum Iohannem acceptante pro tribus annis
proxime futuris qui Iohannes promisit bene & diligenter servire predicto petrucio pro toto tempore trium annorum Et pro
hoc predictus petrucius debet dictum Iohannem calceaere &
facere eidem expensas dictis tribus annis Et eidem dare in
dictis tribus annis duas vestes vnum mantellum duas diploi-
des quatuor interulas & quatuor serabulas duo paria ocrearum
vnum pileum & vnam çonam Et ducatos quinque boni auri
& iusti ponderis Pro quibus omnibus & singulis suprascriptis
sic firmiter obseruandis attendentis & adimplendis vna pars
alteri adinuicem obligauit omnia sua bona mobilia & immobilia praesentia et futura.

ACCORDATIO FAMULE PRO
PRAEDICTO

Die praescripto In domo Iudicis Matei quondam Ser donati quae est in
pubblica platea terre Fluminis Sci
Viti Praesentibus Paulo Antonij de Recanato Antonio Nicolai
de montealbodio Petro Antonij de Ancona testibus ad haec
uocatis & rogatis ac alijs Ibique Ielena filia quondam Iohannis
de plasi non vi non metu sed sua spontanea voluntate se accordauit & obligauit Ad standum cum petrucio Cole Stope de
barulo praesente & dictam Ielenam acceptante pro tribus annis
proxime futuris Que Ielena promisit bene & diligenter seruire

*) Cancellato, con in margine la nota: „1441 die XI mensis Iullij
cancellatum fuit praesens Instrumentum debiti de voluntate creditoris
praesentibus testibus Georgio diracich & Marco cersatich — Ego Antonius
cancellarius scripsi.“

praedicto petrucio toto tempore trium annorum Et pro hoc
dictus petrucius debet dicte Ielene dare vitum vestitum &
calceamenta dictis tribus annis Et in capite dictorum trium
annorum predictus Petrucius dare & soluere debeat dicte Ielene Pro suo seruitio id quod sibi videbitur Pro quibus omnibus &c

PROTESTUS SER TONSE    Die XXVIIII mensis septembris In
Palatio excelsi domini nostri de Val-
se In terra Fluminis Sancti Viti Ibique Coram Spectabili Millite domino Martino Raunacher vicecapitaneo Iudicibus & consilio terre Fluminis praedicte Comparuit Ser Tonsa quondam
Ser Nicole asserens & dicens qualiter in littore maris nareçiçe
accepti fuerunt sibi quamplures remi sine eius licentia Quapropter ipse patitur & incurrit magnum damnum & detrimentum Et ideo protestatur contra eum quivis fuerit ducatos
quadraginta auri et omne damnum & interesse secutum &
secuturum.

PACTA PETRI· DE AGUBIO    Die quarto mensis octobris In Sta-
& NICOLAI BALISTARIJ     tione mei notarij infrascripti in terra
Fluminis Sci Viti praesentibus Iudice
Vito quondam Matchi Iudice Mauro Vidonich Cola Antonij
luce de pensauro omnibus habitatoribus dicte terre Fluminis
testibus ad haec uocatis & rogatis ac alijs Ibique Petrus quondam Augustini de Agubio et Magister Nicolaus de Venetijs
a balistis habitator dicte terre Fluminis tales simul fecerunt
conuentionem & pactum videlicet quod praefatus petrus dare
& consignare debeat dicto Magistro Nicolao in praedicta terra
Fluminis fustos quingentos a balista sufficientes quales &
quantos habet in monstra trium sortum usque ad tres menses proxime futuros Et dictus Magister Nicolaus praefato Petro
dare & soluere teneatur libras viginti octo paruorum cum dimidio pro singulo centenario fustorum quamcitius consignata
suprascripta quantitate fustorum Intelligendo tamen quod
praefatus petrus recipere debeat a dicto Magistro Nicolao in
solutione dictorum fustorum duas balistas in foro competenti
Promittentes vna pars alteri adinuicem omnia & singula su-

prascripta attendere & observare sub pena librarum quinquaginta paruorum cum obligatione omnium suorum bonorum
qua pena soluta uel non rata maneant omnia & singula suprascripta.

PRO MARTINO AURIFICE
CONTRA IACOBUM CERDONEM

Die quarto mensis octobris In Statione mei notarij infrascripti praesentibus Iudice Mauro Vidonich Cola de
Pensauro Castelino de pensauro testibus ad haec uocatis &
rogatis ac alijs Ibique Iacobus cerdo de Curçula habitator terre
Fluminis sponte libere ex certa scientia non per errorem omni.
exceptione iuris uel facti remota per se suosque heredes &
successores fuit contentus & confessus se iuste teneri & dare
debere Martino Aurifici de Segna habitatori terre Fluminis
praesenti stipullanti & respondenti pro se suisque heredibus
& successoribus ducatos triginta duos boni auri & iusti ponderis Et hoc pro corijs habitis a dicto creditore quam quidem
pecunie quantitatem dare & soluere promisit dictus debitor
praefato creditori usque ad festum natiuitatis domini nostri
Ihesu Christi proxime futurum sub pena quarti cum obligatione omnium suorum bonorum Qua pena soluta uel non rata
maneant omnia & singula suprascripta. *)

PRO FRANCISCO FABRO
CONTRA VOINUM DE RUBI-
NICO

Die quinto mensis octobris In publica platea terre Fluminis Sci Viti
Praesentibus presbytero Vito scholich Iudice Nicolao micholich Iusto
Vidotich omnibus habitatoribus dicte terre Fluminis testibus
ad haec uocatis & rogatis ac alijs Ibique Voinus quondam
Radoslaui de Subinico sponte libere ex certa scientia non per
errorem omni exceptione iuris uel facti remota per se suosque
heredes & successores fuit contentus & confessus se iuste teneri & dare debere Francisco fabro quondam Martini praesenti
stipullanti & respondenti pro se suisque heredibus & succes-

*) Cancellato, con in margine la nota: „1441 die 19 Aprilis cance-
latum fuit praesens Instrumentum de uoluntate creditoris praesentibus testibus Iudice Mauro Vidonich & Iudice Vito barolich — Ego Antonius
cancellarius scripsi."

oribus libras centum & viginti quinque paruorum Et hoc pro
uodam barchusio praedicto debitori vendito a dicto creditore
uam quidem pecunie quantitatem dare & soluere promisit
ictus debitor praefato creditori usque ad festum Sce Malga-
ite proxime futurum Et si infra dictum terminum contingeret
raedictum debitorem venire ad terram Fluminis praedictam
lem debitor dare & soluere promisit praefato creditori me-
ietatem dicte quantitatis pecunie sub pena quarti cum obli-
atione omnium suorum bonorum qua pena soluta uel non
rata maneant omnia & singula suprascripta. *)

PRO PETRO MARINO DE
FIRMO CONTRA MICHAELEM
INÇICH & GEORGIUM CHLUCH
DE LACH

Vltrascriptis die ac loco praesentibus
Venerabile Viro domino presbytero
Iacobo quondam Tomasoli Iudice Vito quondam Matchi omnibus habitatoribus dicte terre Fluminis testibus
ad haec uocatis & rogatis ac alijs Ibique Michael pinçich de
lach & georgius chluch de lach ambo simul & in solidum
sponte libere ex certa scientia non per errorem omni exccptione iuris uel facti remota per se suosque heredes & successores fuerunt contenti & confessi se iuste teneri & dare debere
Petro marino quondam rimidij de Firmo praesenti stipullanti
& respondenti pro se suisque heredibus & successoribus ducatos quadraginta duos boni auri & iusti ponderis et solidos
octuaginta quatuor paruorum Et hoc pro oleo habito a dicto
creditore Quam quidem pecunie quantitatem dare & soluere
promiserunt dicti debitores praefato creditori usque ad festum
Sci Georgij proxime futurum sub pena quarti cum obligatione
omnium suorum bonorum Qua pena soluta uel non rata maneant omnia & singula suprascripta **)

*) Cancellato, con in margine la nota: „1443 die XVII mensis Iulij
cancelatum fuit praesens Instrumentum debiti de voluntate creditoris
praesentibus Iudice Damiano quondam Matei Antonio cersatich testibus
ad haec uocatis & rogatis. — Ego Antonius cancellarius scripsi.“

**) Cancellato, con in margine la nota: „1441 die XV mensis Iulij
cancelatum fuit praesens Instrumentum debiti de voluntate creditoris praesentibus Iudice Mauro Vidonich Ser Rafaele de Fossambruno testibus ad
haec uocatis & rogatis ac alijs — Ego Antonius cancellarius scripsi“.

DEPOSITIO LIBRARUM XI
SOLIDORUM 4 APUD ME CAN-
CELLARIUM

Die sexto mensis octobris Extra portam terre Fluminis Sci Viti sub ma-
cello praesentibus Iudice Vito quondam Matchi Iudice Mauro Vidonich
ambobus habitatoribus dicte terre Fluminis testibus ad haec
uocatis & rogatis ac alijs Ibique Iudex Ambrosius quondam
Ser Marci honorabilis Iudex dicte terre Fluminis praecepit
michi quatenus recipere deberem in deposito libras vndecim
solidos duos & vnum solidum albanensem quas depositabat
Magister Iohannes belsterfar aurifex quos denarios Idem Magister Iohannes dixit Strenuum Millitem dominum Coradum
de Foramine dimississe in sua statione eodem Magistro Iohanne
dictos denarios non acceptante. *)

PROTESTUS BARLECH

Die XIII mensis octobris In publica
platea terre Fluminis Sci Viti prae-
sentibus Agabito contouich et georgio eius fratre testibus ad
haec uocatis & rogatis ac alijs Ibique Coram Nobili viro domino Mateo quondam Ser Donati honorabili Iudice dicte terre
Fluminis Comparuit Iohannes barlech asserens & dicens qualiter Ser Ancelinus & Martinus aurifex non solverunt dacia
que debent soluere exterius pro oleo quod conduxit dictus
Iohannes extra pro suprascriptis Ser Ancelino & Martino &
cum miserit ad Ser Ancelinum quod daretur sibi denarios pro
dictis dacijs eo quod vellet accedere labacum & noluit Idcirco
protestatus contra suprascriptos Ser Ancelinum & Martinum
singula die qua retinentur pro dictis dacijs vnum ducatum auri.

RESPONSIO

Vltrascriptis die ac loco praesentibus
testibus Iacobo cigantich & georgio
petriçich Coram suprascripto domino Iudice comparuerunt Ser
Ancelinus & Martinus aurifex Dicentes qualiter Iohannes barlech fecit protestus contra eos pro solutione daciorum Idcirco

---

*) Cancellato, con in margine la nota: „Die 8 mensis Ianuarij 1441 de
Mandato Iudicis Mauri Vidonich Restitui Magistro Iohanni belsterfar libras
vLdecimsolidosquatuorinmeastationepraesentibusPauloVidotich&
Marco cersatich testibus &c."

'espondent quod iam soluerunt partem daciorum & quod sunt rompti & parati soluere residuum velut sententiatum & de-erminatum fuit per Iudices arbitros electos A praedicto Io-anne barlech & ab ipsis ambobus Absente tamen praedicto ohanne barlech

PRO NICHLINO RAINTA-LAR CONTRA VITUM MA-TRONICH

Die XX mensis octobris In publica platea terre Fluminis Sci Viti prae-sentibus Iudice Mauro Vidonich Ser Stefano blasinich Valentino Iurlino-uich omnibus habitatoribus dicte terre Fluminis testibus ad haec uocatis & rogatis ac alijs Ibique Vitus Matronich sponte libere ex certa scientia non per errorem omni exceptione iu-ris uel facti remota per se suosque heredes & successores fuit contentus & confessus se iuste teneri & dare debere No-bili viro Nicolao Raintalar Capitaneo Vragne praesenti sti-pullanti & respondenti pro se suisque heredibus & successo-ribus libras centum et septuaginta octo & solidos quindecim paruorum Et hoc pro modijs quinquaginta quinque vini in ratione solidorum sexagintaquinque pro singulo modio in quinque vassis hac condicione quod si reperietur in mensura vltra suprascriptam quantitatem modiorum quinquaginta quin-que dictus debitor praefato creditori teneàtur illud soluere & si inuenietur minus debeat illud diffalcari pro rata Quam quidem pecunie quantitatem dare & soluere promisit dictus debitor praefato creditori usque ad unum annum proxime fu-turum sub pena quarti cum obligatione omnium suorum bo-norum Qua pena soluta uel non rata maneant omnia & sin-gula suprascripta.

PRO VITO MATIEUICH CON-TRA BLASIUM CERDONEM

Vltrascriptis die ac loco praesenti-bus Laurentio Marinario georgio pe-triçich ambobus habitatoribus dicte terre Fluminis testibus ad haec uocatis & rogatis ac alijs I-bique Blasius cerdo quondam Antonij sponte libere ex certa scientia non per errorem omni exceptione iuris uel facti re-mota per se suosque heredes & successores fuit contentus & confessus se iuste teneri & dare debere Vito Matieuich prac-

senti stipullanti & respondenti pro se suisque heredibus &
successoribus ducatos tres boni auri & iusti ponderis nomine
Mutui Quam quidem pecunie quantitatem dare & soluere promisit dictus debitor praefato creditori ad omnem requisitionem ipsius creditoris sub pena quarti Et ad maiorem cautellam dicti creditoris dictus debitor eidem obligauit & pro speciali pignere designauit suam muraleam iuxta Lobiam comunis in hos confines a duobus lateribus via publica & a tercio
Quirinus, glauinich. *)

ACCORDATIO FAMULI PRO
MAGISTRO NICOLAO BALI-
STRERIO

Die XXI mensis octobris In Terra
Fluminis Sci Viti In Statione mei
notarij infrascripti Praesentibus Iudice Vito quondam Matchi Iudice
Paulo cresolich Iudice Mateo quondam Ser Donati omnibus
habitatoribus dicte terre Fluminis testibus ad haec uocatis &
rogatis ac alijs Ibique Filipa uxor quondam laurentij habitatrix dicte terre Fluminis Accordauit & obligauit Bartolomeum
filium suum annorum circa vndecim praesentem & consentientem Ad standum cum magistro Nicoleto balistrerio Antonij buserne de Venetijs pro sex annis proxime futuris hac
condicione quod dictus Bartolomeus tenetur & debet fideliter
seruire praefato magistro Nicoleto & eidem obedire tanquam
magistro suo Et praefatus Magister Nicoletus debet dictum
Bartolomeum calceare & vestire toto tempore dictorum sex
annorum & facere eidem expensas & eundem bene & diligenter monere ac docere artem suam faciendi balistas Et in capite dictorum sex annorum ·praelibatus magister Nicoletus
dare & consignare tenetur ac debet praedicto Bartolomeo de
quolibet instrumento sue artis balistarie vnum instrumentum
secundum vsum praedicte terre Fluminis Et si infra dictum
terminum sex annorum praefatus magister Nicoletus discederet a praedicta terra Fluminis quod eo casu dictus Bartolomeus sit in sua libertate eundi cum praefato magistro nico-

---

*) Cancellato, con in margine la nota: „1442 die 25 mensis Aprilis
cancellatum fuit praesens Instrumentum debiti de voluntate creditoris
praesentibus testibus Iudice paulo quondam Ser Marci & Vito matronich
— Ego Antonius cancellarius scripsi"

leto aut remanendi in dicta terra Fluminis Promittentes vna
pars alteri adinuicem omnia & singula suprascripta attendere
& obseruare cum obligatione omnium suorum bonorum

PROCURA IOHANNIS BA-
STASIJ IN VENECIANUM

Die XXV mensis octobris In Terra
Fluminis Sci Viti In Statione mei
notarij infrascripti praesentibus Iu-
dice Mauro Vidonich Simone seccatore quondam Tome Iusto
Vidotich omnibus habitatoribus dicte terre Fluminis testibus
ad haec uocatis & rogatis ac alijs Ibique Iohannes quondam
petri de chiaui habitator dicte terre Fluminis omni via modo
iure & forma quibus magis & melius sciuit ac potuit fecit
constituit creauit & ordinauit Venetianum quondam Bartoli
de Cregnino absentem sed tanquam praesentem suum verum
& legitimum procuratorem actorem factorem & certum nuncium specialem praesertim ad exigendum & recuperandum A
Stefano quondam Martini cerdone de Sagabria & A Gallo
cerdone de sagabria omnem & singulam pecunie quantitatem
res et quecunque alia que quomodocunque ipsi constituenti
dare tenerentur & de per eum receptis finem dimissionem &
pactum de vlterius non petendo cum solemnitatibus necessarijs Et ad comparendum si opus fuerit coram quocunque Iudice tam ecclesiastico quam seculari Ad agendum petendum
respondendum libellos & petitiones dandum & recipiendum
testes Instrumenta & alia iura sua producendum Sententias
audiendum & eas executioni mandare faciendum Et generaliter ad omnia alia &c Dans &c Promittens &c

PROTESTUS IACOBI MICHO-
LICH

Die XXVI mensis octobris In publica platea terre Fluminis Sci Viti
praesentibus Iudice Iohanne Misuli
Ser Ançelino bonfiolo petro marino de Firmo omnibus habitatoribus dicte terre Fluminis testibus ad haec uocatis & rogatis ac alijs Ibique Coram Nobili viro domino Ambrosio
quondam Ser Marci honorabili iudice dicte terre Fluminis
Comparuit Iacobus micholich asserens & dicens qualiter fecit
quoddam mercatum cum lilo & Trincio ciuibus Ancone & eorum socijs uti constat quadam scriptura scripta manu lau-

rentij Vitalis sansali in Ancona et quod praefati lilus & trincius ac eorum socij non seruant pacta inter ipsos facta eo quod non dederunt dicto Iacobo totam quantitatem olei bombacis & piperis in termino inter ipsos fixo Quod dicto Iacobo reuertitur in magnum detrimentum & damnum Quapropter praedictus Iacobus omnibus & singulis iuris remedijs quibus magis potuit protestatus fuit contra praefatos lilum Trincium & eius socios absentes sed tanquam praesentes ducatos quinquaginta auri & omne damnum et interesse quod sequetur

ACCORDATIO FAMULI PRO ANTONIO MAGISTRI GHINI DE PENSAURO

Die XXVI mensis octobris In Terra Fluminis Sci Viti In Statione mei notarij infrascripti praesentibus Cola Antonij luce de pensauro Vito matronich Magistro Nicolao balistario de Venetijs omnibus habitatoribus dicte terre Fluminis testibus ad haec uocatis & rogatis ac alijs Ibique Georgius quondam petchi de Iapre non vi non metu sed sua spontanea voluntate cum consensu etiam ac voluntate Simonis fratris sui maioris ibidem praesentis se concordauit & obligauit ad standum cum Antonio magistri ghini de pensauro praesente ac dictum georgium acceptante pro quinque annis proxime futuris Qui georgius promisit bene & diligenter seruire ac etiam obedire praefato Antonio tanquam domino suo toto tempore dictorum quinque annorum Et praefatus Antonius dicto georgio dare debet vitum vestitum & calceatum honestum toto tempore dictorum quinque annorum Pro quibus omnibus & singulis suprascriptis sie firmiter obseruandis attendendis & adimplendis vna pars alteri adinuicem obligauit omnia sua bona mobilia & immobilia praesentia & futura.

PROTESTUS SER CASTELINI

Die XXVI mensis octobris sub arbore ante portam terre Fluminis Sci Viti praesentibus Iudice Stefano rusouich Ser Stefano blasinich testibus ad haec uocatis & rogatis ac alijs Ibique Coram Nobili viro Iudice Ambrosio quondam Ser Marci Comparuit Ser Castelinus de pensauro asserens & dicens qualiter accepit dacium mensure vini cum Petro glauinich & Iurcho de dreuenico & quod tenuit rationem dicti dacij quatuor mensibus Et quod completis dictis quatuor mensibus neuter ipsorum tenet rationem dicti dacij neque curat de eo quod sibi reuertetur in magnum damnum & praeiudicium Quapropter protestatus fuit contra suprascriptum petrum glauinich ibidem praesentem & contra praefatum Iurchum absentem omne damnum & interesse quod sibi hac de causa secutum est & sequetur.

ACCORDATIO FAMULI PRO MAGISTRO ANTONIO BUXERNA DE VENETIJS

Die quinto Nouembris In publica platea terre Fluminis Sci Viti praesentibus Domino presbytero Vito scholich Ser Castelino Iohannis de pensauro Paulo Vidotich omnibus habitatoribus dicte terre Fluminis testibus ad haec uocatis & rogatis ac alijs Ibique Iohannes lisicich habitator dicte terre Fluminis accordauit et obligauit Petrum filium suum annorum circa duodecim praesentem & consentientem ad standum pro sex annis proxime futuris cum Magistro Antonio buxerna de Venetijs habitatore Iustinopolis Magistro balistario licet absente Sed Magister Nicoletus filius dicti Magistri Antonij promittens de rato & rati habitudine de omnibus & singulis infrascriptis acceptauit praedictum petrum nomine ac vice praefati patris sui pro dictis sex annis Et dictus Petrus tenetur & debet fideliter seruire praefato magistro Antonio & eidem obedire tanquam magistro suo et praelibatus magister Antonius debet dictum Petrum vestire et calceare toto tempore dictorum sex annorum & facere eidem expensas & eundem bene & diligenter monere ac docere artem suam faciendi balistas Et in capite dictorum sex annorum praelibatus Magister Antonius dare & consignare tenetur ac debet praedicto petro de quolibet Instrumento sue artis balistarie vnum Instrumentum secundum vsum terre Fluminis praedicte Promittentes vna pars alteri adinuicem omnia & singula suprascripta attendere & obseruare cum obligatione omnium suorum bonorum.

PROTESTUS SER ANÇELINI

Die VIII mensis Nouembris sub lobia comunis vbi ius redditur praesentibus Vito matronich Vito mateieuich Agabito contouich

omnibus habitatoribus dicte terre Fluminis testibus ad haec
uocatis & rogatis ac alijs Ibique Coram Iudicibus & consilio
terre Fluminis Comparuit Ser Ançelinus bonfioli de Florentia asserens & dicens qualiter propter defectum vnius testis
qui nunc non est In Terra Fluminis ipse non potuit habere
ferrum quod retinet sibi siue sequestrauit Adam Antonij de
Firmo Idcirco protestatus fuit contra praedictum Adam ibidem
praesentem ducatos decem auri pro damno & interesse quod
ipsi seguitur ac sequetur eo quod non potuit habere ferrum
praedictum

Pro Iudige Nicolao con-
tra Marinum de Tergfsto

**Anno 1441**

In Christi nomine amen anno natiuitatis eiusdem Millesimo quadrigentessimo quadragessimo primo Indictione quarta die Vltimo mensis
decembris In Terra Fluminis Sci Viti
In Statione mei notarij infrascripti praesentibus Prodano de
Pago benedicto çorgi de pensauro ambobus habitatoribus dicte
terre Fluminis testibus ad haec uocatis & rogatis ac alijs I-
bique Marinus de Iohanne de Tergesto sponte libere ex certa
scientia non per errorem omni exceptione iuris uel facti remota per se suosque heredes & successores fuit contentus &
confessus se iuste teneri & dare debere Iacobo Micholich praesenti stipullanti & respondenti vice ac nomine Iudicis Nicolai
fratris sui & eius heredum & successorum ducatos triginta
duos boni auri & iusti ponderis et solidos uiginti paruorum
Et hoc pro oleo habito a dicto creditore Quam quidem pecunie quantitatem dare & soiuere promisit dictus debitor praefato creditori usque ad carnispriuium proxime futurum sub
pena quarti cum obligatione omnium suorum bonorum mobilium & immobilium Qua pena soluta uel non rata maneant
omnia & singula susprascripta. *)

---

*) Cancellato, con in margine la nota: „1441 die XVII.o mensis Au-
gusti cancelatum fuit praesens Instrumentum debiti de voluntate Iudicis
Nicolai creditoris praesentibus Quirino filio Iudicis viti çouanich & Ser
Rafaele de fossambruno testibus ad haec uocatis & rogatis ac alijs"

Pro Petro Marino contra Bartolomeum de schofilocha

Die octauo mensis Ianuarij In terra Fluminis Sci Viti In Statione mei notarij infrascripti praesentibus Francisco Matarelo de Venetijs dominico carpentario de Iadra ambobus habitatoribus dicte terre Fluminis testibus ad haec uocatis & rogatis ac alijs Ibique Bartolomeus plumssa (?) de lach sponte libere ex certa scientia non per errorem omni exceptione iuris uel facti remota per se suosque heredes & successores fuit contentus & confessus se iuste teneri & dare debere Petro Marino quondam Rimidij de Firmo praesenti stipullanti & respondenti pro se suisque heredibus & successoribus ducatos vigintiseptem boni auri & iusti ponderis & solidos octuaginta sex paruorum Et hoc pro oleo habito a dicto creditore Quam quidem pecunie quantitatem dare & soluere promisit dictus debitor praefato creditori usque ad festum Sci georgij proxime futurum aut dare & consignare in dicta terra Fluminis dicto creditori tantum ferrum siue clauos si crunt concordes simul pro precio quantum ascendat ad suprascriptam quantitatem pecunie sub pena quarti cum obligatione omnium suorum bonorum Qua pena soluta uel non rata maneant omnia & singula suprascripta *)

Pro praedicto contra Ançe Maçach de schofiloca

Vltrascriptis die loco ac testibus Iohannes Maçach de lach sponte libere ex certa scientia non per errorem omni exceptione iuris uel facti remota per se suosque heredes & successores fuit contentus & confessus se iuste teneri & dare debere Petro Marino quondam Rimidij de Firmo praesenti stipullanti & respondenti pro se suisque heredibus & successoribus ducatos uigintiseptem boni auri & iusti ponderis et solidos octoaginta sex paruorum Et hoc pro oleo habito a dicto creditore Quam quidem pecunie quantitatem dare & soluere promisit dictus debitor praefato creditori usque ad festum Sci gecrgij proxime futurum

---

*) Cancellato, con in margine la nota: „1441 die 25 mensis Aprilis cancelatum fuit praesens Instrumentum debiti de voluntate creditoris praesentibus testibus Martino xatani & Stefano callelli — Ego Antonius cancellarius scripsi“

aut dare & consignare in dicta terra Fluminis dicto creditori
tantum ferrum siue clauo *(sic)* si crunt concordes simul pro
precio quantum ascendat ad· suprascriptam quantitatem pecunie sub pena quarti cum obligatione omnium suorum bonorum Qua pena soluta uel non rata maneant omnia & singula
suprascripta. *)

Testificatio Mauri de
Castro Muscillo

Die octauo mensis Ianuarij In Barbacano terre Fluminis Sci Viti Maurus quondam Viti de Castro Muschio
testis productus per lucam Michaelis de Ragusio super lite &
differentia que vertitur inter ipsum & Magnificum Comitem
Iohannem de Frangepanibus pro incisione arborum incissorum
a dicto luca in districto Castri Muschli Et examinatus a Spectabili ac generoso viro domino Iacobo Raunacher honorabili
Capitaneo dicte terre Fluminis delato eidem sacramento de
veritate dicenda manu tactis scriptis remotis omnibus odio
precio timore & amore dixit & testificatus fuit qualiter dum
esset tabernarius in Castro Muschlo praefatus lucas accessit
eum eo quod habebat nocticiam ipsius & cepit dicere ego
vellem incidere aliquas arbores super territorio castri Muschli
pro carachia siue chocha quam facere intendo in terra Fluminis Qui Maurus respondit si uis hoc habere vadas ante
ecclesiam & quando homines exibunt de ecclesia voca omnes
bonos uiros quos videbis & dicas hoc sibi rogando eos quod
concedant hoc. tibi & tunc praefatus lucas dixit dicto Mauro
postquam debeo conuocare istos bonos uiros remanea$_s$ domi
& praepara edum quem dictus Maurus habebat domi pro col-
latione illorum hominum quos huc conducam et post pusil-
lum praefatus lucas est reuersus domum praefati Mauri cum
quampluribus hominibus de castro Muschlo inter quos erat
Paulus deuornicus qui dixit praefato luce da nobis unum ducatum auri & incidas in nostris confinibus omnia & singula
lignamina tibi necessaria pro naui siue carachia quam facere

---

*) Cancellato, con in margine la nota: „1441 die 25 mensis Aprilis cance-
latum fuit praesens Instrumentum debiti de uoluntate creditoris praesentibus
testibus Martino Xatani & Stefano Callelli   Ego Antonius cancellarius scripsi "

intendis in terra Fluminis Cui lucas respondit ego sum pauper & non possum dare tantum sed volo vobis dare quinque libras & sic fuerunt ambe partes contente in quorum testimonium dederunt dicto luce vnam cartam cum sigillo castri Muschli

PRO PETRO MARINO CONTRA BOLDER SAILDER DE LACH

Die nono mensis Ianuarij In publica platea terre Fluminis Sci Viti praesentibus Vito matronich Teodoro quondam dominici Martino çatani omnibus habitatoribus dicte terre Fluminis testibus ad haec uocatis & rogatis ac alijs Ibique Bolder sailder dolter de lach sponte libere ex certa scientia non per errorem omni exceptione iuris uel facti remota per se suosque heredes & successores fuit contentus & confessus se iuste teneri & dare debere Petro Marino quondam rimidij de Firmo praesenti stipullanti & respondenti pro se suisque heredibus & successoribus ducatos uigintiseptem boni auri & iusti ponderis & solidos octuaginta sex paruorum Et hoc pro Oleo habito a dicto creditore quam quidem pecunie quantitatem dare & soluere promisit dictus debitor praefato creditori per terminos infrascriptos videlicet medietatem usque ad unum mensem proxime futurum Et alteram medietatem usque ad festum Sci georgij proxime futurum aut tantum ferrum siue clauos sub pena quarti cum obligatione omnium suorum bonorum Qua pena soluta uel non rata maneant omnia & singula suprascripta

PRO PRAEDICTO CONTRA IUSTUM BARBITONSOREM

Die XII mensis Ianuarij In publica platea terre Fluminis Sci Viti praesentibus Iudice Vito quondam Matchi Vito matronich testibus ad haec uocatis & rogatis ac alijs Ibique Iustus georgij Vidotich sponte libere ex certa scientia non per errorem omni exceptione iuris uel facti remota per se suosque heredes & successores fuit contentus & confessus se iuste teneri &˙dare debere Petro Marino quondam rimidij de Firmo praesenti stipullanti & respondenti pro se suisque heredibus & successoribus libras centum & decem paruorum Pro oleo habito a dicto creditore Quam quidem pecunie quan-

titatem dare & soluere promisit dictus debitor praefato creditori usque ad carnispriuium proxime futurum sub pena quarti
cum obligatione omnium suorum bonorum Qua pena soluta
uel non rata maneant omnia & singula suprascripta.

PACTA SER ANTONIJ PER-
TUSANO & SIMONIS PILAR

Die XV mensis Ianuarij In publica
platea terre Fluminis Sci Viti praesentibus Ser Castelino de pensauro
Blasuta quondam Petri Michaele obadich testibus ad haec uocatis & rogatis ac alijs Ibique Simon pilar Promisit & se
obligauit ad seccandum cum sua secca Ser Antonio pertusano
praesenti stipullanti & respondenti pro se suisque heredibus
usque ad unum annum proxime futurum assides longitudinis
pedum octo cum dimidio & nouem pedum et grossiciei secundum morelum apud me notarium depositum in ratione librarum uiginti paruorum pro singulo centenario Et dictus Simon
fuit contentus & confessus habuisse ac recepisse a dicto Ser
Antonio libras centum paruorum & omni ac singula vice qua
dictus Antonius receperit a dicto Simone assides quingentos
dare debet praefato Simoni libras centum Et hoc usque ad
unum annum proxime futurum Promittens vna pars alteri
adinuicem omnia & singula suprascripta attendere & obseruare solemni stipullatione promissa cum obligatione omnium
suorum bonorum *)

PRO PETROMARINO CON-
TRA PAULUM LUSTALAR

Die XVII mensis Ianuarij In publica platea terre Fluminis Sci Viti
praesentibus Iudice Mauro Vidonich
Ser Rafaele de Fossambruno Agabito contouich omnibus habitatoribus dicte terre Fluminis testibus ad haec uocatis &
rogatis ac alijs Ibique Iudex Paulus lustalar de labaco sponte
libere ex certa scientia non per errorem omni exceptione iuris uel facti remota per se suosque heredes & successores fuit
contentus & confessus se iuste teneri & dare debere Petro

---

*) Cancellato, con in margine la nota: „1441 die XV mensis Madij
cancelatum fuit praesens Instrumentum pactorum de voluntate Ser Petri
pertusano & Simonis pilar praesentibus testibus Iohanne aurifice & Stefano cernolich — Ego Antonius cancellarius scripsi"

Marino quondam Rimidij de Firmo praesenti stipullanti &
respondenti pro se suisque heredibus & successoribus ducatos centum & quadraginta septem boni auri & iusti ponderis
et solidos sexaginta nouem paruorum Et hoc pro oleo habito
a dicto creditore Quam quidem pecunie quantitatem dare &
soluere promisit dictus debitor praefato creditori usque ad
festum Sci georgij proxime futurum sub pena quarti cum obligatione omnium suorum bonorum mobilium & immobilium
Qua pena soluta uel non rata maneant omnia & singula suprascripta

PRO PRESBYTERO GASPARE   Die XVII mensis Ianuarij In terra
Fluminis Sci Viti In ecclesia Sce
barbare praesentibus venerabili viro domino presbytero Mateo
arcidiacono & plebano dicte terre Fluminis Iudice Vito quondam Matchi Iudice Mauro Vidonich Iudice Nicolao micholich
Stefano calleli omnibus habitatoribus dicte terre Fluminis testibus ad haec uocatis & rogatis ac alijs Ibique cum Reuerendus in Christo pater dominicus episcopus polensis effigi
iussisset in valuis praedicte ecclesie literas citatorias die secundo mensis nouembris citantes presbyterum Mateum lepanich olim gubernatorem bonorum dicte ecclesie Sce barbare
ad comparendum coram eo personaliter usque ad XV dies
proxime futuros & iam elapsus fuisset terminus per duos
menses Idcirco Presbyter gaspar filius iudicis Ambrosij tanquam administrator dicte ecclesie Sce barbare coram testibus
suprascriptis & me notario infrascripto defigi fecit literas citatorias ne alijs occulte eas acciperet & celaret.

PROCURA IUDICIS NICO-   Die XVIII mensis Ianuarij In pu-
LAI IN IOHANNEM FRANCUM   blica platea terre Fluminis Sci Viti
praesentibus Ser Castelino de pen-
sauro Petromarino de Firmo Adam Antonij de Firmo omnibus habitatoribus dicte terre Fluminis testibus ad haec uocatis & rogatis ac alijs Ibique Iudex Nicolaus micholich Dacia-
rius Magnifici ac potenti domini de Valse in dicta terra Fluminis omni via modo iure ac forma quibus magis & melius
potuit fecit constituit creauit & ordinauit Iohannem Francum

de Constantia absentem sed tanquam praesentem suum uerum
& legitimum procuratorem actorem factorem & certum nuncium specialem praesertim ad exigendum & recuperandum A
Iohanne roth de Nonimbergo ducatus tres boni auri & iusti
ponderis quos dicto constituenti dare tenetur pro dacio & de
per eum receptis finem dimissionem transitionem & pactum
de vlterius non petendo cum solemnitatibus necessarijs faciendum Et ad comparendum si opus fuerit coram quocunque
Iudice tam ecclesiastico quam sacculari ad Agendum petendum respondendum libellos & petitiones dandum & recipiendum testes & alia iura sua producendum sententias audiendum & eas executioni mandare faciendum Et generaliter ad
omnia alia & singula dicenda gerenda & procuranda quae in
praedictis & circa praedicta & quolibet praedictorum duxerit
facienda & necessaria ac utilia videbuntur que & quemadmodum ipse constituens facere posset si adesset Dans & concedens eidem procuratori suo in praedicto & circa praedicta &
quolibet praedictorum plenum arbitrium & generale mandatum cum plena libera & generali administratione agendi &
exercendi omnia & singula suprascripta Promittens eidem procuratori suo & mihi notario infrascripto tanquam pubice (sic)
persone stipullanti & respondenti vice ac nomine omnium
quorum interest uel in futurum poterit interesse quicquid per
dictum procuratorem actum & factum fuerit proprio habiturum firmum & ratum Insuper ipsum ab omni satisdationis
onere releuare Et ex nunc releuans promisit mihi notario ut
supra de iudicio sixti & iudicatum soluendo sub ypoteca &
obligatione omnium suorum bonorum praesentium & futurorum

SOCIETAS INTER IOHAN-
NEM FRANCUM & GASPARE
DE LACH

Die XXº mensis Ianuarij In Statione mei notarij infrascripti in terra
Fluminis Sci Viti praesentibus Iudice Damiano quondam Matei Ser
Castelino de pensauro Petro Marino de Firmo omnibus habitatoribus dicte terre Fluminis testibus ad haec uocatis &
rogatis ac alijs Ibique gaspar quondam Iachlini de lach fuit
contentus & confessus habuisse ac recepisse A Iohanne Francho de Constantia in societate ducatos XXXI auri his pactis

& condicionibus videlicet quod dictus Gaspar usque ad tres
annos & quatuor menses proxime futuros debeat traficare cum
dictis triginta uno ducatis & faticare se & adoperari pro utroque & in capite dicti termini quicquid lucri siue damni fuerit debeat diuidi inter eos paribus portionibus Et quod dictus
Gaspar bis uel ter teneatur dimissis suis negotijs ire & seruire dicto Iohanni singula vice diebus quatuordecim quando
praedictus Iohannes praefatum gasparem requisierit expensis
tamen ipsius Iohannis.

PROCURA IOHANNIS FRAN-
CHI IN IOHANNEM BARLECH

Vltrascriptis die loco ac testibus I-
bique cum Iohannes Francus de
Constantia dederit ducatos XXXI$^m$
auri in societate uti in instrumento societatis continetur Gaspari Iachlini de lach & dubitet ne ipsos dispendat ludendo
uel alio malo modo Idcirco ipse Iohannes omni via modo iure
& forma quibus magis & melius sciuit ac potuit fecit constituit creauit & ordinauit Iohannem barlech ibidem praesentem & infrascriptum mandatum sponte suscipientem suum
uerum & legitimum procuratorem actorem factorem & certum
nuncium specialem praesertim ad accipiendum dictos denarios
de manibus dicti gasparis completo tamen termino trium annorum & quatuor mensium & ante si non bene faceret & ad
uidendum rationem pro ipsis denarijs Et ad comparendum si
opus fuerit coram quocunque Iudice tam ecclesiastico quam
saeculari ad Agendum petendum respondendum libellos &
petitiones dandum & recipiendum testes scripturas & alia iura
sua producendum sententias audiendum & eas executioni mandare faciendum Et generaliter &c Dans &c Promittens &c

PRO IOHANNE FRANCO

Vltrascriptis die loco ac testibus Iohannes Franchus de Constantia vo-
luit & ordinauit quod si ipse mori contingeret quod ducati 31
auri quos habet in manibus Gaspar Iachlini de lac dentur &
numerentur Iohanni barlech completo tamen termino trium
annorum & quatuor mensium & quod dictus Iohannes dare
debeat & dispensare pauperibus pro anima dicti Iohannis me-

dietatem dictorum denariorum & lucri & tertiam partem sue
partis lucri dispenset pro ut praefatus Iohannes ipsi Iohanni
barlech dixit oretenus & ordinauit

SEQUESTRATIO AD PETI-
TIONEM PRESBYTERI GASPA-
RIS

Die XXIII mensis Ianuarij In bar-
bachano Ibique dominus Martinus
Raunacher vicecapitaneus Iudices ac
regimen terre Fluminis praeceperunt
Martino Xatani vicesatnico quatenus sequestrare debeat in
manibus Mochori seualich libras decem quas debet dare presbytero Georgio susich pro affictu domus quam habet ad liuellum ab ecclesia Sce barbare similiter sequestrare debeat in
manibus Iacobi capelarij quos quomodocunque dare deberet
dicto presbytero georgio Et hoc ad petitionem presbyteri Gaspari tanquam rectoris ecclesie Sce barbare.

PROCURA DOMINI MARTINI
RAUNACHER IN SER CASTE-
LINUM

Die vltimo mensis Januarij In Statione mei notarii infrascripti praesentibus Iudice Mauro Vidonich
Adam Antonij de Firmo testibus ad
haec uocatis & rogatis ac alijs Ibique generosus Milles dominus Martinus Raunacher omni uia modo jure & forma quibus magis & melius sciuit ac potuit fecit constituit creauit &
ordinauit Ser Castelinum de pensauro suum uerum & legitimum procuratorem actorem factorem & nuncium specialem.
Ad exigendum & recuperandum a quacunque persona sibi
dare debenti tam denarios quam alias res & de per eum receptis finem dimissionem & pactum de vlterius non petendo
cum solemnitatibus necessarijs faciendum Ad pactiones emptiones venditiones & alia facta sua faciendum Et ad comparendum si opus fuerit coram quocunque Iudice tam ecclesiastico quam saeculari Ad agendum petendum respondendum
libellos & petitiones dandum & recipiendum testes Instrumenta
& alia iura sua producendum Sententias audiendum & eas
executioni mandare faciendum Et generaliter &c Dans &c
Promittens &c

CONCORDIUM INTER FRA-
TERNITATEM SCI JOHANNIS
DE CASTUA & STEFANUM
MORTATH

Die secundo mensis Februarij In
Barbacano terre Fluminis Sci Viti
praesentibus Iudicis Stefano rusouich
Iudice Cosma radolich ambobus de
Flumine Çupano Iohanne Sormich de
Castua Iudice georgio stepcouich ambobus de Castua testibus
ad haec uocatis & rogatis ac alijs Ibique Cum verteretur lis
& controuersia Inter Quirinum spinçich tanquam Gastaldio-
nem Fraternitatis Sci Johannis de Castua nomine dicte fraternitatis & Stefanum mortath occasione bonorum quondam
domini presbyteri doclegne plebani castue volentesque ambe
partes expensis *(sic)* facere talem fecerunt insimul conuentionem
& concordium videlicet quod dictus Stefanus habere debeat
libere omnes & singulos denarios quos habere debebat dictus
quondam presbyter doclegna a comunitate Castue Et marchas
octo denariorum A Suetina muschieniçanin & a suprascripto
Quirino libras vigintiduas paruorum Quos denarios dare tenentur praefati Suetina & Quirinus pro aliquibus possessionibus quae fuerunt dicti quondam presbyteri doclegne ab ipsis
emptis et etiam habere debeat omnia vassa vinea quae fuerunt dicti quondam presbyteri doclegne Intelligendo tamen
quod pradictus Stefanus exigere debeat suprascriptas quanti-
tates pecunie suis expensis Omnia uero alia & singula bona
quae fuerunt dicti quondam presbyteri doclegne sint & esse
debeant praelibate Fraternitatis Sci Iohannis Verberatoris de
Castua hac condicione quo dicta Fraternitas teneatur in perpetuum officiare & gubernare altare Sce Marie Magdalene
quod est in ecclesia Sce Elene de Castua Promittens vna
pars alteri adinuicem omnia & singula suprascripta perpetuo
habere tenere attendere & obseruare & non contrafacere uel
uenire per se uel alium aliqua ratione causa uel ingenio de
iure uel de facto sub pena ducatorum quinquaginta auri cuius
pene medietas sit regiminis sub quo mouetur quaestio & altera medietas partis obseruantis stipulationem in singulis capitulis huius contractus solemni promissa.

PRO MATEO SOSTER CON-
TRA PETRUM MARINUM

Die quinto mensis Februarij In Statione mei notarij infrascripti praesentibus Iudice Mauro Vidonich Paulo

Vidotich Simone bastasio omnibus habitatoribus dicte terre Fluminis testibus ad haec uocatis & rogatis ac alijs Ibique Petrus marinus quondam Rimidji de Firmo sponte libere ex certa scientia non per errorem omni exceptione iuris uel facti remota per se suosque heredes & successores fuit contentus & confessus se iuste teneri & dare debere Mateo soster de lach praesenti stipullanti & respondenti pro se suisque heredibus & successoribus ducatos centum & quadraginta quatuor boni auri & iusti ponderis Et hoc pro ferro habito a dicto creditore. Quam quidem pecunie quantitatem dare & soluere promisit dictus debitor praefato creditori usque ad festum resurrectionis domini nostri Ihesu Christi proxime futurum sub pena quarti cum obligatione omnium suorum bonorum Qua pena soluta uel non rata maneant omnia & singula suprascripta Accipere tamen debet dictus creditor duas sarcinas olei pro precio quo tunc vendetur ab alijs mercatoribus in dicto debito a dicto debitore *)

CONCORDIUM INTER FRA-
TERNITATEM SCI MICHAELIS
& PRESBYTERUM VITUM SCHO-
LICH

Vltrascriptis die ac loco praesentibus Francisco fabro quondam Martini Gaspare Antonij de Firmo Bartolo melcherich omnibus habitatoribus dicte terre Fluminis testibus ad haec uocatis & rogatis ac alijs Ibique Simon pilar tanquam Gastaldio Fraternitatis Sci Michaelis de Flumine fecit tale pactum & concordium cum presbytero Vito scholich nomine dicte Fraternitatis videlicet quod dictus presbyter Vitus scholich teneatur & debeat singula die dominica celebrare unam missam in Ecclesia Sci Michaelis quousque uixerit Et dictus presbyter Vitus debeat habere singulo anno a dicta Fraternitate solidos quadraginta paruorum & tenere ac usufructuare ortum nalisignich qui fuit quondam Iudicis Bartoli glauinich pro suo labore officiandi.

---

*) Cancellato, con in margine la nota: „1441 die 26 mensis Aprilis cancellatum fuit praesens Instrumentum debiti de voluntate creditoris praesentibus testibus Veneciano de Cregnino et Gasparlino matlinouich — Ego Antonius cancellarius scripsi"

Die quinto mensis Februarij In Terra Fluminis Sci Viti in Statione mei notarij infrascripti praesentibus Simone oslich Petromarino quondam Rimidij de Firmo Georgio sarctore quondam Stefani omnibus habitatoribus dicte terre Fluminis testibus ad haec uocatis & rogatis ac alijs Ibique laurentius filius Nicolai scabich de dicta terra Fluminis se accordauit & obbligauit ad standum cum Iacobo de rim de Iustinopoli pro vno anno proxime futuro Qui laurentius promisit praedicto Iacobo bene & diligenter seruire & eidem tanquam domino suo obedire Et pro hoc praedictus Iacobus dicto laurentio dare debet duodecim ducatos auri & expensas ac interulas serabulas & substellares toto tempore anni & vnum diploidem nouum de fustagno & vnum par caligarum de Rossia hac tamen condicione quod si in capite sex mensium dictus laurentius stare noluit cum praedicto Iacobo vltra quod idem Iacobus dicto laurentio dare & soluere teneatur sex ducatos auri & nichil plus Pro quibus omnibus & singulis suprascriptis sic firmiter obseruandis attendendis & adimplendis vna pars alteri adinuicem obligauit omnia sua bona mobilia & immobilia praesentia & futura.

Die sexto mensis Februarij In Terra Fluminis Sci Viti in Statione infrascripti debitoris praesentibus Martino aurifice de Segna Adam Antonij de Firmo Gaspare eius fatre omnibus habitatoribus dicte terre Fluminis testibus ad haec uocatis & rogatis ac alijs Ibique Iudex Nicolaus micholich sponte libere ex certa scientia non per errorem omni exceptione iuris uel facti remota per se suosque heredes & successores fuit contentus & confessus se iuste teneri & dare debere Petro Viçach de lach praesenti stipullanti & respondenti pro se suisque heredibus & successoribus ducatos septuaginta quinque boni auri & iusti ponderis Et hoc pro ferro habito a dicto creditore quam quidem pecunie quantitatem dare & soluere promisit dictus debitor praefato creditori usque ad festum Sci Georgij proxime futurum sub pena quarti cum obligatione omnium suorum bonorum Qua

pena soluta uel non rata maneant omnia & singula suprascripta In qua tamen pecunie quantitate dictus creditor accipere debet a praedicto debitore tres sarcinas olei in ratióne
ducatorum quadraginta trium pro Milliari olei.*)

PRO FRATRIBUS NICOLAO     Die septimo mensis Februarij In
ARCANGELO & JOHANNE     Terra Fluminis Sci Viti In Statione
                 mei notarij infrascripti praesentibus
Ser Castelino Johannis de Pensauro Adam Antonij de Ancona omnibus habitatoribus dicte terre Fluminis testibus ad
haec uocatis & rogatis ac alijs Ibique Venerabilis vir frater
Nicolaus de Burgo generalis procurator & specialis nuncius
hospitalis ordinis sci spiritus de Saxia in vrbe ordinaliter constitutus ad sonum campanelle ut moris est habens ad infrascripta plenum arbitrium & generale mandatum uti constat
publico Instrumento omni vicio ac suspectione carente scripto
manu Ser Antonij Blasij de ciuitate castellana publici ac legalis notarij Anno domini MCCCCXXXVIIII⁰ Indictione secunda die primo mensis Aprilis a me notario infrascripto
viso & lecto omnia via modo iure & forma quibus magis ac
melius fieri potest substituit venerabiles viros videlicet presbyterum et fratrem Arcangelum de sancto Ienesio prouincie
Marchie & fratrem Iohannem de porto eiusdem ordinis &
quemlibet eorum in solidum praedicatores & loco sui in epi-
scopatu Sagrabiensi Ad Agendum respondendum karitantia
subsidia nota legata lectos confratucias missas ex devotione.
Indulgentias et absolutiones dicto ordini concessas a diuersis
summis pontificis uti in privilegijs dicti ordinis continetur &
ad omnia alia & singula dicenda gerenda & procuranda quae
ipse met sustituens facere posset si adesset substituens eos
loco sui faciens ipsos sibi coequales in omnibus agendis &
procurandis coniunctim uel separatim quomodo libet eis &
cuilibet eorum placuerit & oportunum videbitur uti in suprascripto instrumento procurationis continetur plena cum eisdem

---

*) Cancellato, con in margine la nota: „1441 die sexto mensis A-
prilis Cancelatum fuit praesens Instrumentum debiti de voluntate creditoris
praesentibus testibus Iudice Vito barolich Adam Antonij de Firmo Ser
Stefano blasinich

libertate potestate & auctoritate plenaria ac obbligatione promittens michi notario infrascripto tanquam publice persone stipullanti &· respondenti vice ac nomine omnium quorum interest uel interesse poterit quicquid per dictos substitutos siue alterum ipsorum factum fuerit proprio habiturum firmum & ratum. Et ipsos & quemlibet ipsorum ab omni satisdationis onere releuare cum obligatione omnium suorum bonorum.

CONUENTIO PRAEDICTORUM    Vltrascriptis die ac loco atque testibus Ibique Pro honore utilitate ac commodo hospitalis & ecclesie ordinis Sci spiritus de Saxia in urbe Venerabiles Virj presbyter & frater Arcangelus de sco Ienesio Frater nicolaus de burgo & frater Iohannes de porto omnes de eodem ordine sci spiritus simul unanimiter & concorditer fecerunt societatem irreuocabilem usque per totum mensem Madij proxime futurum his pactis & condicionibus quod quilibet ipsorum teneatur & debeat bene & diligenter quaerere & laborare pro utilitate hospitalis praedicti secundum ritum bone Et si aliquis siue aliqui ipsorum facto uel verbo fraudem siue dolum commiserit in praeiudicium siue detrimentum iurium uel fame dicte ecclesie siue hospitalis uel dicte societatis incidat penam ducatorum quinquaginta auri cuius pene medietas sit & esse debeat illius curie loci siue fori vbi facta fuerit reclamatio que fieri possit coram quocunque loco curia & foro tam ecclesiastico quam saeculari & altera medietas sit & esse debeat illius siue illorum qui dolum siue fraudem non commiserit uel non commiserint Et etiam committens uel committentes fraudem aut dolum perdat uel perdant portionem quae ipsi uel ipsis datur a praefato ordine quae portio sit. & esse debeat illius uel illorum qui fraudem siue dolum non commiserit aut commiserint & ultra has penas ad correctionem praeceptoris & magistri praedicti ordinis cadat uel cadant Et de commissione fraudis siue illi qui non commiserit siue commiserint cum litera presbyteri loci illius in quo commissio fraudis siue doli fuerit commissa Et quod ad petitionem ipsorum trium & cuiuslibet ipsorum in solidum Et ad maiorem firmitatem & robur omnium & singulorum promissorum omnes tres concorditer iurarunt ad

sancta dei euangelia tactis scriptis omnia & singula suprascripta attendere ed obseruare

Die octavo mensis Februarij In publica platea terre Fluminis Sci Viti
praesentibus Iudice Vito barolich
Martino aurifice Petro Antonij de Ancona omnibus habitatoribus dicte terre Fluminis testibus ad hacc uocatis & rogatis
ac alijs Ibique Petrus marinus quondam Rimidij de Firmo
omni via modo iure & forma quibus magis & melius sciuit
ac potuit fecit constituit creauit & ordinauit Ser Stefanum
blasinich de Flumine absentem sed tanquam praesentem
suum verum procuratorem actorem factorem & certum nuncium specialem praesertim ad exigendum & recuperandum a
Georgio Florean de Cranburch omnem & singulam pecunie quantitatem res & quaecunque alia & de per eum receptis finem dimissionem & pactum de vlterius non petendo
cum solemnitatibus necessarijs faciendum Et ad comparendum coram quocunque Iudice tam ecclesiastico quam saeculari Ad agendum petendum respondendum libellos & petitiones dandum & recipiendum testes Instrumenta & alia iura
sua producendum Sententias audiendum & eas executioni
mandare faciendum Et generaliter ad omnia alia &c Dans &c
Promittens &c

Die nono mensis Februarij In publica
platea terre Fluminis Sci Viti praesentibus Stefano cernolich Simone
coxarich Antonio oslarich omnibus
habitatoribus dicte terre Fluminis testibus ad haec uocatis &
rogatis ac alijs Ibique Stefanus mortath de dicta terra Fluminis omni via modo iure & forma quibus magis & melius
sciuit ac potuit fecit constituit creauit & ordinauit Gherdina
çanouich de Castua absentem sed tanquam praesentem suum
uerum procuratorem actorem factorem & certum nuncium specialem praesertim ad exigendum & recuperandum A Ierneio
praenominato Iaraç olim habitatore Castue omnem & singulam pecunie quantitatem res & quaecunque alia & de per
eum receptis finem dimissionem transitionem & pactum de

vlterius non potendo cum solemnitatibus necessarijs faciendum Et ad comparendum si opus fuerit coram domino quocunque Iudice tam ecclesiastico quam saeculari Ad agendum petendum respondendum libellos & petitiones dandum & recipiendum testes Instrumenta & alia iura sua producendum Sententias audiendum & eos executioni mandare faciendum Et generaliter &c Dans &c Promittens &c

PRO ADAM DE FIRMO CONTRA GEORGIUM SARCTOREM

Die XXII mensis Februarij In Statione mei notarij infrascripti praesentibus Martino quondam Çanini Iohanne dicto Iagnaç testibus ad haec uocatis & rogatis ac alijs Ibique Georgius sarctor quondam Stefani per se suosque heredes & successores fuit contentus & confessus se habuisse ac recepisse ab Adam Antonij de Firmo vassa tndecim vino plena tenute modiorum circa centum & quinquaginta in ratione solidorum trigintaseptem pro singulo modio hac condicione quod dictus georgius dare & soluere teneatur praefato Ade omnes & singulos denarios quos rethraet de dicto vino usque ad ascenssionem domini nostri Ihesu Christi proxime futuram quando reuertetur a uenetijs ab ascensione & reliquum valoris vini octo diebus soluere teneatur ante festum Sce Malgarite proxime futurum Et praefatus Adam non teneatur recipere in hac ratione vini nullam fecem nisi duram Et dictus georgius teneatur soluere affictum penoris in quo est vinum ab hodierna die in antea Pro quibus omnibus & singulis suprascriptis sic firmiter obseruandis & attendendis vna pars alteri adinuicem obligauit omnia sua bona praesentia & futura

PRO PETRO MARINO DE FIRMO

Die XXII mensis Februarij in publica platea terre Fluminis Sci Viti Ser Stefanus blasinich retulit Iudici Mauro qualiter praesentauit literas regiminis terre Fluminis praedicte Petro primi pochlanech de Cranburch die XIIII⁰ mensis praescripti.

PARS CAPTA QUOD NULLUM BLADUM EXTRAHATUR

Die XXIIII mensis Februarij Mateus preco publicus terre Fluminis Sci Viti proclamauit quatenus nulla persona cuiuscunque condicionis existat audeat uel presumat portare aliquid bladum legumen uel farinam extra terram Fluminis praedictam uel eius districtum sub pena ducatorum centum·auri & perdendi bladum legumen uel farinam cuius bladi leguminis seu farine medietas sit & esse debeat accusatoris Et hoc fuit proclamatum de mandato regiminis dicte terre Fluminis

ALIA PARS CAPTA     Die praescripto praefatus preco proclamauit de mandato regiminis dicte terre Fluminis quod nulla persona quae habitat in dicta terra Fluminis audeat siue presumat accedere ultra fluuium sub pena ducatorum centum aduisans ipsum regimen quemcunque illuc accedentem quod si sibi aliquid contingerit quod nolunt se de ipso impedire.

PRO IANES DE CRANBURCH CONTRA IUDICEM MAURUM    Die vltimo mensis Februarij In terra Fluminis Sci Viti in domo Iohannis barlech praesentibus dicto Iohanne barlech et octone sarctore domini capitanei testibus ad haec uocatis & rogatis ac alijs Ibique Maurus Vidonich sponte libere ex certa scientia non per errorem· omni exceptione iuris uel facti remota per se suosque heredes & successores fuit contentus & confessus se iuste teneri & dare debere Ianes de Cranburch praesenti stipullanti & respondenti pro se suisque heredibus & successoribus ducatos decem septem boni auri & iusti ponderis & solidos septuagintasex paruorum Et hoc pro ferro habito a dicto creditore Quam quidem pecunie quantitatem dare & soluere promisit dictus . debitor praefato creditori usque ad festum Sci georgij proxime futurum sub pena quarti cum obligatione omnium suorum bonorum Qua pena soluta uel non rata maneant omnia & singula suprascripta

PRO IUDICE NICOLAO & ADAM DE FIRMO CONTRA PRESBYTERUM LUCIANUM DE CHERSO    Die tercio mensis Marcij In terra Fluminis Sci Viti In Statione infrascripti Ade praesentibus Petromarino quondam rimidij de Firmo Martino aurifice de segna ambobus habita-

toribus dicte terre Fluminis testibus ad haec uocatis & rogatis ac alijs Ibique dominus presbyter lucianus de Cherso
sponte libere ex certa scientia non per errorem omni exccptione iuris uel facti remota per se suosque heredes & successores fuit contentus & confessus se iuste teneri & dare debere Iudici Nicolao micholich de Flumine & Ade Antonij de
Firmo praesentibus stipullantibus & respondentibus pro se
suisque heredibus & successoribus libras octuagintaquatuor
paruorum Et hoc pro resto & saldo omnium & singularum
rationum que quomodocunque dicte partes simul habere potuisset *(sic)* usque ad praesentem diem Quam quidem pecunie quantitatem dare & soluere promisit dictus debitor praefatis creditoribus usque ad festum ascensionis domini nostri
Ihesu Christi proxime futurum sub pena quarti cum obligatione omnium suorum bonorum Qua pena soluta uel non rata
maneant omnia & singula suprascripta

PRO IUDICE NICOLAO &
ADAM DE FIRMO CONTRA
IACOBUM ARAR

Die sexto mensis Marcij In statione
infrascripti Ser Ade praesentibus Benedicto Ser Çoni de pensauro Magistro Iohanne sarctore de Alemania
Antonio lapicida de pensauro omnibus habitatoribus dicte terre Fluminis testibus ad haec uocatis & rogatis ac alijs Ibique *(Iacobus Arar)* de lach per se suosque heredes & successores fuit contentus & confessus se habuisse ac recepisse
a Iudice nicolao micholich & ab Adam Antonij praesentibus
& pro se suisque heredibus & successoribus stipullantibus ducatos vndecim boni auri & iusti ponderis his pactis & condicionibus quod praefatus Iacobus teneatur et debeat accipere a praedictis Iudice Nicolao & Adam sarcinas quatuor
olei pro precio quo tunc vendetur ab alijs mercatoribus quando accipiet dictum oleum Pro quibus quidem vndecim ducatis & sarcinis quatuor olei dare & consignare debet praefatus creditor praedictis debitoribus *(sic)* in dicta terra Fluminis tantum ferrum quantum ascendat ad suprascriptam quantitatem pecunie & olei usque ad festum Sce Malgarite proxime futurum pro precio quo tunc vendetur ab alijs mercatoribus sub pena quarti.

Pro Adam de Firmo con-
tra Iacobum Arar

Vltrascriptis die loco ac testibus I-
bique Iacobus arar de lach sponte
libere ex certa scientia non per erro-
rem omni exceptione iuris uel facti remota per se suosque
heredes & successores fuit contentus & confessus se iuste teneri & dare debere Ade Antonij de Firmo praesenti stipullanti & respondenti pro se suisque heredibus & successoribus stipullanti ducatos quinquaginta octo boni auri & iusti
ponderis Et hoc pro oleo habito a dicto creditore Pro qua
quidem pecunie quantitate dare & consignare promisit dictus
debitor praefato creditori in dicta terra Fluminis tantum ferrum quantum ascendat ad suprascriptam quantitatem pecunie
in ratione tresdecim ducatorum pro singulo miliari siue clauos prout placebit praefato creditori per terminos infrascriptos videlicet medietatem usque ad festum Sci georgij proxime futurum & alteram medietatem usque ad festum pentecostes proxime futurum sub pena quarti cum obligatione
omnium suorum bonorum Qua pena soluta uel non rata maneant omnia & sigula suprascripta.

Pro Iudice Nicolao &
Adam contra Martinum de
Iadra

Die XVIIo mensis Marcij In Statione infrascripti Ade In terra Fluminis Sci Viti praesentibus Nobili
Viro Bartulo Misuli Benedicto quon-
dam Ser Çoni de pensauro Iohanne sarctore quondam .... de
Alemania omnibus habitatoribus dicte terre Fluminis testibus
ad haec uocatis & rogatis ac alijs Ibique Martinus gregorij
Filipi de Iadra sponte libere ex certa scientia non per errorem omni exceptione iuris uel facti remota per se suosque
heredes & successores fuit contentus & confessus se iuste teneri & dare debere Iudici Nicolao micholich & Ade Antonij
de Firmo praesentibus stipullantibus & respondentibus pro se
suisque heredibus & successoribus ducatos centum & tres boni
auri & iusti ponderis et solidos triginta octo paruorum Et
hoc pro oleo calibe & ferro habito a dictis creditoribus Quam
quidem pecunie quantitatem dare & soiuere promisit dictus
debitor praefati creditoribus usque ad festum Sci georgij proxime futurum sub pena quarti cum obligatione omnium suorum

bonorum praesentium & futurorum Qua pena soluta uel non rata maneant omnia & singula suprascripta.

PARS PRO PARTIBUS UXO-RUM Die vigessimo mensis Marcij In terra Fluminis Sci Viti In Statione mei notarij infrascripti Quia rectores locorum conari tenentur & debent iuxta eorum posse & scire quod errores scandala·rixe lites & differentie in locis ab ipsis gubernandis non oriantur Idcirco Spectabilis ac generosus vir dominus Iacobus Raunacher capitaneus Nobiles viri Ser Maurus Vidonich Ser Vitus barulich ad praesens Iudices et consilium terre Fluminis praedicte declarauerunt statuerunt & ordinauerunt quod uxores siue earum affines uel heredes in exactione siue petitione bonorum acquisitorum tempore quo coniugium siue matrimonium durauerit inter ipsos maritos & uxores debeant tractari & expediri secundum ordines plebiscita leges uel consuetudines ·seu statuta terrarum seu locorum in quibus fuit celebratum uel contractum matrimonium inter ipsos siue mariti sint uel fuerint ciues dicte terre Fluminis siue aduene non obstante in aliquo lege seu consuetudine dicte terre Fluminis Et hoc iddem intelligatur de solutione debitorum per maritos factorum Si tamen in contractu matrimonij aliqua pacta facta fuissent seu conuentione facte ipsa & ipse debeant inviolabiliter obseruari non obstantibus suprascriptis in aliquo

PPO PETRO PERTUSANO CONTRA PETRUM MARINUM Die VI mensis Aprilis In publica platea terre Fluminis Sci Viti praesentibus Stefano calleli Petro Antonij de Ancona Antonio lapicida de pensauro omnibus habitatoribus dicte terre Fluminis testibus ad haec uocatis & rogatis ac alijs Ibique Petrus Marinus quondam rimidij de Firmo sponte libere ex certa scientia non per errorem omni exceptione iuris uel facti remota per se suosque heredes & successores fuit contentus & confessus se iuste teneri & dare debere Ser Petro pertusano habitatori Iustinopolis praesenti stipullanti & respondenti pro se suisque heredibus & successoribus libras sexcentas & triginta sex paruorum Et hoc pro vegetibus ab oleo rebus ac massaricijs Apotece habitis a dicto creditore quam quidem pecunie quantitatem dare & soluere promisit dictus debitor praefato creditori per terminos infrascriptos videlicet Medietatem usque ad festum Sci georgij proxime futurum & Alteram medietatem usque ad festum Sce Malgarite proxime futurum sub pena quarti cum obligatione omnium suorum bonorum Qua pena soluta uel non rata maneant omnia & singula suprascripta.*)

PRO IUDICE NICOLAO & COLA GRANDAÇI

Die VIIᵒ mensis Aprilis In Statione Ade Antonij de Firmo In terra Fluminis Sci Viti Praesentibus Iudice Vito barolich Ser Castelino Iohannis de pensauro Vito Mateieuich omnibus habitatoribus dicte terre Fluminis testibus ad haec uocatis & rogatis ac alijs Ibique Cola grandaçi de Trano tale concordium fecit cum Iudice Nicolao micolich videlicet quod dictus Cola in nomine Christi teneatur & debeat cum onere siue Carico quod dedit sibi in nauim cum ipsa naui ac onere siue carico transfretare usque ad portum saracuse in Saciliam & ibi quindecim diebus expectare cum naui Iacobum micolich qui accedet cum naui nomine ac uice praefati Iudicis Nicolai Et ad petitionem ipsius Iacobi onerare ibidem siue in calabria uolente tamen ipso Iacobo onerare praefatam nauim saluo tamen semper missione marinariorum Et in casu quo dictus Iacobus onerauerit praefatam nauim praelibatus cola teneatur & debeat cum ipsa naui transire Ad portum Ancone siue Venetias prout placebit praedicto Iacobo Et praefatus Iudex Nicolaus teneatur & debeat dare & soluere praelibato Cole pro Naulo praescripti oneris siue carici ducatos trecentos octuaginta duos boni auri & iusti ponderis Promittentes vna pars alteri adinuicem omnia & singula suprascripta attendere & obseruare sub pena ducatorum centum

---

*) Cancellato, con in margine la nota: „1441 die 23 mensis Iunij Cancelatum fuit praesens Istrumentum de voluntate creditoris quia sibi integre satisfactum fuit praesentibus presbytero Iohanne micholich Martino de Segna aurifice testibus ad haec uocatis & rogatis ac alijs — Ego Antonius cancellarius scripsi.‟

auri cum obligatione omnium suorum bonorum Qua pena soluta uel non rata maneant omnia & singula suprascripta.

Die VII mensis Aprilis In publica platea terre Fluminis Sci Viti praesentibus Iudice Cosma radolich Teodoro quondam dominici Georgio de dreuenico omnibus habitatoribus dicte terre Fluminis testibus ad haec uocatis & rogatis ac alijs Ibique Iohannes belsterfar aurifex habitator dicte terre Fluminis sponte libere ex certa scientia non per errorem omni exceptione iuris uel facti remota per se suosque heredes & successores fuit contentus & confessus se iuste teneri & dare debere Ser Petro pertusano habitatori Iustinopolis praesenti & pro se suisque heredibus stipullanti ducatos quadraginta boni auri & iusti ponderis Et hoc pro vna vinea a praefato creditore vendita praedicto debitori Quam quidem pecunie quantitatem dare & soluere promisit dictus debitor praefato creditori per terminos infrascriptos videlicet ducatos decem auri usque ad festum Sci Michaelis de mense septembris proxime futuro Et omni ac singulo anno in dicto festo ducatos decem auri usque ad integram satisfactionem suprascripti debiti Et in casu quo dictus debitor in dictis terminis siue aliquo ipsorum non solueret praefato creditori siue nuncio eius dictus debitor soluere & reficere teneatur praefato creditori omnes & sigulas expensas damnum ac interesse litis & extra cum obligatione omnium suorum bonorum mobilium & immobilium praesentium & futurorum

Vltrascriptis die ac loco praesentibus Benedicto Ser Çoni de pensauro Petro Antonij de Ancona omnibus habitatoribus dicte terre Fluminis testibus ad haec uocatis & rogatis ac alijs Ibique Benchus de Sagabria sponte libere ex certa scientia non per errorem omni exceptione iuris uel facti remota per se suosque heredes & successores fuit contentus & confessus se iuste teneri & dare debere Petro pertusano habitator Iustinopolis praesenti & pro

se suisque heredibus & successoribus stipullanti libras uigintitres paruorum Et hoc pro massericijs ab ipso habitis Quam
quidem pecunie quantitatem dare & soluere promisit dictus
debitor praefato creditori usque ad festum Sce Malgarite proxime futurum sub pena quarti cum obligatione omnium suorum bonorum Qua pena soluta uel non rata maneant omnia
& singula suprascripta.*)

PRO ADAM DE FIRMO CON-
TRA COLAM DE GRANDAÇO
Die VII mensis Aprilis In littore
maris ante portam terre Fluminis
Sci Vịti Praesentibus Iudice Nicolao
micholich Iacobo eius fratre Iohanne barlech......

PROTESTUS DOMINICI CON-
TRA GRISANUM TONCHOUICH
Die XIII mensis Aprilis in littore
maris ante portam terre Fluminis
Sci Viti Coram domino Capitaneo
Iudicibus & consilio Comparuit dominicus Carpentarius vice
ac nomine grisani quondam Iudicis Martini eius cognati asserens & dicens qualiter grisanus tonchouich concordauit se
cum praefato grisano pro laborando vnam suam uineam positam ab alio littore pro medietate ut moris est & ab eodem
recepit aliquot denarios et nunc non vult ipsam laborare quod
reuertitur in magnum damnum & detrimentum ipsius grisani
Quapropter protestatus fuit contra dictum grisanum tonchouich ibidem praesentem omne damuum & interesse quod sequetur praefato grisano eius cognato ob hanc causam.

PRO ADAM DE FIRMO
Die XXVI mensis Aprilis Ante domum Ser Antonij quondam Ser An-
drigeti quam tenet Ser Castelinus ad affictum praesentibus
Iudice Nicolao micholich Antonio rosouich testibus ad haec

---

*) Cancellato, con in margine la nota: „1446 die octauo mensis A-
prilis cancelatum fuit praesens Instrumentum de Mandato domini Iacobi
Raunacher & Iudicis Mauri Vidonich & Iudicis Iacobi micolich eo quod
Iudex Mateus quondam Ser donati coram suprascriptis domino Capitaneo
& Iudicibus fuit contentus & confessus sibi integre fuisse satisfactum nomine ac vice petri pertusano A Bencho debitore — Ego Antonius cancellarius scripsi"

uocatis & rogatis ac alijs Ibique Vorichus piliparius de labaco dixit & confessus fuit qualiter tres fassij ferri qui fuerunt
in manibus Ser Ancelini bonfioli de Florentia fuerunt obli-
gati Ser Ade Antonij de Firmo & ipsos fassios dedit eidem
Ade Pro quibus quidem fassijs tribus praedictus Ser Ançelinus protestatus fuerat contra praefatum Adam decem ducatos auri

PRO NICOLAO DE ESCULO
CONTRA MASIUM DE ARTONA

Die VI mensis Maij In Statione mei
notarij infrascripti in terra Fluminis
Sci Viti Praesentibus Iudice Vito
quondam Matchi Petromarino quondam Rimidij de Firmo
omnibus habitatoribus dicte terre Fluminis testibus ad haec
uocatis & rogatis ac alijs Ibique Masius de Sco Vito habitator Artone sponte libere ex certa scientia non per errorem
omni exceptione iuris uel facti remota per se suosque heredes & successores fuit contentus & confessus se iuste teneri
& dare debere Nicolao Andrioci de Esculo praesenti & pro
se suisque heredibus & successoribus stipullanti ducatos tresdecim boni auri & iusti ponderis nomine mutui Quam quidem pecunie quantitatem dare & soluere promisit dictus debitor praefato creditori ad omnem eius requisitionem sub pena
quarti cum obligatione omnium suorum bonorum Qua pena
soluta uel non rata maneant omnia & singula suprascripta.

PROCURA SER CASTELINI
IN EIUS FRATREM

Die VII mensis Maij In publica platea terre Fluminis Sci Viti praesentibus presbytero Gaspare cresolich
Luca cauretich Suetina quondam Çupani omnibus habitatoribus dicte terre Fluminis testibus ad haec uocatis & rogatis
ac alijs Ibique Ser Castelinus Iohannis de pensauro omni via
modo iure & forma quibus magis & melius sciuit ac potuit
fecit constituit creauit & ordinauit Ser Santem quondam Iohannis eius fratrem absentem sed tanquam praesentem suum
uerum & legitimum procuratorem actorem factorem & certum
nuncium specialem praesertim ad exigendum & recuperandum
A Bartolomeo ab aqua de Clouca ducatos octo boni auri &
iusti ponderis quos promisit sibi soluere pro Signoro de clouca
per totum mensem Marcij proxime praeteritum & de per eum

receptis finem dimissionem transitionem & pactum de vlterius non petendo cum solemnitatibus necessarijs faciendum
Et ad comparendum si opus fuerit coram quocunque Iudice
tam ecclesiastico quam saeculari Ad agendum petendum respondendum libellos & petitiones dandum & recipiendum testes instrumenta & alia iura sua producendum Sententias audiendum & eas executioni mandare faciendum Et generaliter
ad omnia &c Dans &c Promittens &c

PROCURA IOHANNIS BA-
STASIJ IN IUDICEM MATEUM
QUONDAM SER DONATI Vltrascriptis die ac loco praesentibus Ser Stefano blasinich Nicolao
çopich martino grubich omnibus habitatoribus dicte terre Fluminis te-
stibus ad haec uocatis & rogatis ac alijs Ibique Iohannes
quondam Petri de chiaui habitator dicte terre Fluminis omni
via modo iure & forma quibus magis & melius sciuit ac potuit fecit constituit creauit & ordinauit Iudicem Mateum quondam Ser donati absentem sed tanquam praesentem suum uerum & legitimum procuratorem actorem factorem & certum
nuncium specialem praesertim ad exigendum & recuperandum
A Gallo claudo cerdone de Sagabria olim habitatore dicte terre
Fluminis omnem & singulam pecunie quantitatem res &
quaecunque alia quae quomodocunque ipsi constituenti dare
teneretur & de per eum receptis finem dimissionem transitionem quietationem & pactum de vlterius non petendo cum
solemnitatibus necessarijs faciendum Et ad comparendum si
opus fuerit coram quocunque Iudice tam ecclesiastico quam
sacculari Ad agendum petendum respondendum libellos &
petitiones dandum & recipiendum testes instrumenta & alia
iura sua producendum Sententias audiendum & eas executioni
mandare faciendum Et generaliter &c Dans &c Promittens &c

PROTEXTUS PETRI PER-
TUSANO CONTRA SIMONEM
PILAR Die Xº mensis Maij Sub arbore ante portam terre Fluminis Sci Viti
praesentibus Iudice Damiano quondam Matei Ser Castelino de pen-
sauro ambobus habitatoribus dicte terre Fluminis testibus ad
haec uocatis & rogatis ac alijs Ibique Coram Nobili Viro Ser

Vito barolich honorabili Iudice dicte terre Fluminis Comparuit Ser Petrus pertusano asserens & dicens qualiter Simon
seccator habitator dicte terre Fluminis tenetur sibi dare certam quantitatem pecunie prout idem debitor quampluries confessus fuit Nunc uero praefatus simon non seruat pacta &
conuentiones prout tenetur & debet uti constat in actis mei
cancellarij infrascripti & negat partem debiti in quo obli-
gatur Quapropter praefatus Ser Petrus pertusano non potest
accedere cum barcha in qua onerauit res suas Idcirco omnibus illis remedijs iuris quibus magis & melius potuit protestatus fuit contra praedictum Simonem licet absentem sed
tanquam praesentem ducatos centum pro rebus suis oneratis
in barca eo quod personaliter non potest accedere Iustinopolim ad uendendum suas merces & alia sua negocia faciendum
& pro damnis & interesse secutis & secuturis.

Pro Petro pertusano con-
tra Simone pilar
Die XV mensis Madij In terra Fluminis Sci Viti In Statione mei notarij
infrascripti praesentibus Iohanne bel-
sterfar aurifice Stefano cernolich testibus ad haec uocatis & rogatis ac alijs Ibique Simon pilar sponte libere ex certa scientia
non per errorem omni exceptione iuris uel facti remota per
se suosque heredes & successores fuit contentus & confessus
se iuste teneri & dare debere Petro pertusano habitatori Iustinopolis praesenti stipullanti & respondenti pro se suisque
heredibus & successoribus libras centum paruorum nomine
mutui Pro qua quidem pecunie quantitate dare & consignare
promisit dictus debitor praefato creditori tabulas segadicias
quingentas Quas quidem segadicias dare & consignare promisit per terminos infrascriptos videlicet tabulas trecentas
usque ad vigessimum quintum diem mensis praesentis & tabulas ducentas usque ad festum Sci Michaelis de mense septembris proxime futuro Quas tabulas ducentas dare & consignare promisit Iudici Mateo quondam Ser donati Et si non
dederit dictas tabulas ducentas in dicto termino tunc & eo
casu praefatus debitor dicto creditori dare & soluere teneatur
libras quadraginta quatuor paruorum sub pena quarti Qua
soluta uel non rata maneant omnia & singula suprascripta

PRO PRESBYTERO GEORGIO
SUSICH

Die XVI mensis Maij In publica platea terre Fluminis Sci Viti praesentibus Valentino quondam Iurlini laurentio marinario quondam blasij Iacobo tonchouich Ibique Iacobus capelarius de laschoua sponte libere ex certa scientia non per errorem omni exceptione iuris uel facti remota per se suosque heredes & successores fuit contentus & confessus se iuste teneri & dare debere domino presbytero georgio susich praesenti & pro se suisque heredibus & successoribus stipullanti ducatos quinque boni auri & iusti ponderis Et hoc pro vna vinea vendita a praefato creditore dicto debitori Quam quidem pecunie quantitatem dare & soluere promisit dictus debitor praefato creditori usque ad festum Sce Malgarite de anno domini MCCCCXXXXIIᵒ sub pena quarti cum obligatione omnium suorum bonorum Qua pena soluta uel non rata maneant omnia & singula suprascripta *)

PRO PETROMARINO CONTRA PETRUM PERTUSANUM

Die XVII mensis Maij In Statione infrascripti petrimarini praesentibus presbytero Gaspare cresolich Milasino de Iadra calafato Matiasio de Iapre omnibus habitatoribus dicte terre Fluminis testibus ad haec uocatis & rogatis ac alijs Ibique Petrus Pertusano habitator Iustinopolis fuit contentus & confessus se habuisse ac recepisse a Petromarino quondam Rimidij de Firmo libras trecentum et quadraginta unam paruorum de debito seu parte debiti librarum sexcentarum & trigintasex in quibus praefatus petrus marinus dicto Petro tenebatur uti patet Instrumento scripto manu mei notarij Anno domini MCCCCXXXXIᵒ die sexto mensis Aprilis computatis tamen in dicta quantitate librarum trecentarum et quadraginta vnius libris quinquagintaseptem paruorum Quas praefatus Petrus marinus dare & soluere promisit capitulo dicte terre Fluminis pro pensione siue affictu Stationis anni huius completuri usque ad festum assumptionis beate Marie

---

*) Cancellato, con in margine la nota: „1441 die 19 mensis Maij cancelatum fuit praesens Instrumentum de voluntate creditoris praesentibus quirino glauinich Iohanne sarctore de Alemania testibus ad haec uocatis & rogatis — Ego Antonius cancellarius scripsi."

ʼirginis proxime futurum Promittens dictus Petrus praefato
etromarino hanc solutionem & omnia & singula suprascripta
erpetuo habiturum firma & rata sub pena dupli dicte quan-
itatis pecunie stipullatione in singulis capitulis huius con-
ractus solenni promissa Qua pena soluta uel non rata ma-
eant omnia & singula suprascripta. *)

PRO PRESBYTERO GASPA-
ᴇ TANQUAM RECTORE EC-
LESIE SCE BARBARE

Die XVIIII mensis Maij In publica
platea terre Fluminis Sci Viti praesentibus Ser Stefano blasinich Nicolao repeglia pilipario ambobus ha-
itatoribus dicte terre Fluminis testibus ad haec uocatis &
ogatis ac alijs Ibique presbyter georgius susich Obligauit se
d coperiendum domum Sce barbare quam habet ad liuellum
e tignis id est cupis & ad eleuandum dictam domum tantum
ʒuod quilibet posset pergere per eam secure usque ad festum na-
iuitatis domini nostri Ihesu Christi proxime futurum Sub pena
ibrarum quinquaginta paruorum & perdendi dictam domum
um obligatione omnium suorum bonorum Qua pena soluta
el non rata maneant omnia & singula suprascripta.

PRO IUDICE VITO ROSSO
CONTRA PRESBYTERUM MAR-
CUM

Die XXI mensis Madij In publica
platea terre Fluminis Sci Viti praesentibus presbytero Gaspare cresolich presbytero Antonio Visignich
Ser Stefano blasinich omnibus habitatoribus dicte terre Fluminis testibus ad haec uocatis & rogatis ac alijs Ibique presbyter Marcus radolich sponte libere ex certa scientia non per
errorem omni exceptione iuris uel facti remota per se suosque
heredes & successores fuit contentus & confessus se iuste teneri & dare debere Iudici Vito quondam Matchi praesenti stipullanti & respondenti pro se suisque heredibus & successoribus ducatos duos boni auri & iusti ponderis et solidos uiginti paruorum nomine mutui Quam quidem pecunie quanti-

*) Cancellato con la nota: „1441 die XXIII mensis Iunij Cancelatum fuit
praesens Instrumentum de voluntate partium praesentibus presbytero Iohanne micolich Martino de Segna aurifice testibus ad haec uocatis & rogatis ac alijs — Ego Antonius cancellarius scripsi.“

tatem dare & soluere promisit dictus debitor praefato creditori usque ad unum annum proxime futuro Sub pena quarti
Qua pena soluta uel non rata maneant omnia & singula suprascripta Et ad maiorem cautellam praefati creditoris dictus
debitor eidem obligauit & pro speciali pignere designauit omnia
& singula sua terrena que habet in Drenoua ita & taliter
quod praefatus creditor elapso suprascripto termino possit &
ualeat dictum pignus poni facere ad publicum incantum adui-
sato tamen prius predicto debitore

PROCURA FRANCISCI FA-
BRI
Die penultimo mensis Madij In Lobia terre Fluminis Sci Viti praesentibus Iudice Mauro Vidonich Iu-
dice Paulo cresolich Iudice Damiano quondam Matei omnibus
habitatoribus dicte terre Fluminis testibus ad haec uocatis & rogatis ac alijs Ibique Franciscus faber quondam Martini habitator dicte terre Fluminis omni via modo iure & forma quibus magis & melius sciuit ac potuit fecit constituit creauit &
ordinauit prouidum virum Ser Simonem... de Subinico absentem sed tanquam praesentem suum uerum & legitimum
procuratorem actorem factorem & certum nuncium specialem
presertim ad exigendum & recuperandum A Voino quondam
Radoslaui de subinico omnem & singulam pecunie quantitatem quam quomodocunque eidem constituenti dare teneretur
& de per eum receptis finem dimissionem quietationem &
pactum de vlterius non petendo cum solemnitatibus necessarijs faciendum Et ad comparendum si opus fuerit coram quocunque iudice tam ecclesiastico quam sacculari Ad agendum
petendum respondendum libellos & petitiones dandum & recipiendum terminos & dillationes petendum testes instrumenta
& alia iura sua producendum Sententias audiendum & eas
executioni mandare faciendum Et generaliter ad omnia alia
& singula dicenda gerenda & procuranda quae in praedictis
& circa praedicta & quolibet praedictorum duxerit facienda &
necessaria ac utilia uidebuntur que & quemadmodum ipse
constituens facere posset si adesset Dans & concedens eidem
procuratori suo in praedictis & circa praedicta & quolibet praedictorum plenum arbitrium & generale mandatum cum plena
libera & generali administratione agendi & exercendi omnia

singula suprascripta Promittens eidem procuratori suo &
ichi notario infrascripto tanquam publice persone stipullanti
respondenti vice ac nomine omnium quorum interest uel
n futurum poterit interesse quicquid · per dictum procurato-
em actum & factum fuerit perpetuo habiturum firmum & ra-
um Insuper ipsum ab omni satisdationis onere releuare Et
x nunc releuans promisit michi notario ut supra de iudicio
ixti & Iudicatum soluendo sub ypotecha & obligatione omnium
uorum bonorum

OBLIGATIO FAMULI COLE
RANDAÇI

Die sexto mensis Iunij In Statione
mei notarij infrascripti praesentibus
Ser Castelino Iohannis de pensauro
rodano de pago Gaspare Antonij de Firmo omnibus habita-
oribus dicte terre Fluminis testibus ad haec uocatis & rogais ac alijs Ibique Mateus blasij de Scrisa non vi non metu
ed sua spontanea uoluntate se concordauit & obligauit ad
tandum cum Cola quondam Simonis grandaçi praesente &
ictum Mateum acceptante pro duobus annis proxime futuris
Qui Mateus promisit bene fideliter & diligenter seruire praedicto Cole & ipsi tanquam domino suo obedire toto dicto tempore dictorum duorum annorum Et propter hoc praedictus Cola debet dictum Mateum calceare subtellaribus & facere eidem
expensas dictis duobus annis & eidem dare pro suo seruicio
dictorum duorum annorum ducatos decem boni auri & iusti
ponderis vnam vestem de rassia Hac condicione quod si dictus
Mateus discederet ante terminum dictorum duorum annorum
praedictus Cola possit ipsum cogi facere realiter & personaliter ad restituendum quicquid ab eodem cola habuisset tam
in denarijs quam alijs rebus in toto regno Appulie Venetijs
Ancone in Terra Fluminis Sci Viti Segne Iadre & vbique locorum Pro quibus omnibus & singulis suprascriptis sic firmiter obseruandis attendendis & adimplendis vna pars alteri a-
dinuicem obligauit omnia sua bona mobilia & immobilia praesentia & futura.

PROCURA IN IUDICEM MA-
TEUM QUONDAM SER DONATI

Die XXIII mensis Iunij In Statione
mei notarij infrascripti praesentibus
presbytero Iohanne Micholich Iudice

damiano quondam Matei Antonio rusouich testibus ad haec uocatis & rogatis ac alijs Ibique Petrus pertusano habitator Iustinopolis omni via modo iure & forma quibus magis & melius sciuit ac potuit fecit constituit creauit & ordinauit Iudicem Mateum quondam Ser donati praesentem & infrascriptum mandatum sponte suscipientem suum uerum & legitimum procuratorem actorem factorem & certum nuncium specialem praesertim ad exigendum & recuperandum e quacunque persona eidem constituenti dare debenti tam denarios quam alias quascunque res in terra Fluminis & Castue & de per eum receptis finem dimissionem quietationem & pactum de vlterius non petendo cum solemnitatibus necessarijs Et ad comparendum si opus fuerit coram quocunque Iudice tam ecclesiastico quam saeculari ad agendum petendum respondendum libellos & petitiones dandum & recipiendum testes Instrumenta & alia iura sua producendum Sententias audiendum & eas executioni mandare faciendum Et generaliter &c dans &c Promittens &c

Pro Iudice Mateo praedicto contra laus

Die XXVIIII mensis Iunij In publica platea terre Fluminis Sci Viti praesentibus Iudice Mauro Vidonich Vito matronich testibus ad haec uocatis & rogatis ac alijs Ibique Mateus laus sponte libere ex certa scientia non per errorem omni exceptione iuris uel facti remota per se suosque heredes & successores fuit contentus & confessus se iuste teneri & dare debere Iudici Mateo quondam Ser donati praesenti stipullanti & respondenti pro se suisquie heredibus & successoribus libras nouem paruorum nomine mutui Quam quidem pecunie quantitatem dare & soluere promisit dictus debitor praefato creditori ad omnem requisitionem ipsius creditoris sub pena quarti Qua soluta uel non rata maneant omnia & singula suprascripta Et ad maiorem cautellam ipsius creditoris praefatus debitor eidem creditori obligauit domum suam cum muralea sibi contigua

Pro Ser Ançelino contra Vitum matronich

Die primo mensis Iulij In publica platea terre Fluminis Sci Viti praesentibus Francisco Matarelo de Ve-

netijs Quirino cigantich testibus ad haec uocatis & rogatis ac
alijs Ibique Vitus matronich sponte libere ex certa scientia
non per errorem omni exceptione iuris uel facti remota per
se suosque heredes & successores fuit contentus & confessus
se iuste teneri & dare debere Ser Ançelino bonfiolo de Florentia praesenti stipullanti & respondenti pro se suisque heredibus & successoribus ducatos quadraginta duos boni auri &
iusti ponderis Et hoc pro tribus milliaribus ferri Quam quidem pecunie quantitatis dare & soluere promisit dictus debitor praefato creditori per terminos infrascriptos videlicet medietatem usque ad octo dies post festum Sce Malgarite proxime futurum & alteram medietatem per totum mensem Augusti proxime futurum sub pena quarti cum obligatione o-
mnium suorum bonorum Qua pena soluta uel non rata maneant omnia & singula suprascripta.

Pro Iudice Nicolao & Adam contra Matchum cu-ripoio & Vorichum macouaç

Die XV mensis Iulij In Statione infrascripti Iudicis Nicolai praesentibus Iudice Cosma Radolich Martino
terçich Prodano de pago omnibus
habitatoribus dicte terre Fluminis
testibus ad haec uocatis & rogatis ac alijs Ibique Matchus
churipoio & V richus Machouac de labaco se obligauerunt &
promiserunt mittere ad praedictam terram Fluminîs Iudici Nicolao micolich & Ade Antonij de Firmo Sarcinas triginta
duas ferri boni & mercimonialis quam quidem ferri quantitatem mittere debent usque ad festum Sci Martini proxime
futurum & accipere tantum oleum quantum ascendat ad quantitatem valoris ferri praedicti pro praccio quo prefati Iudex
Nicolaus & Adam vendent alijs mercatoribus qui fuerunt contenti et confessi se iuste teneri & dare debere praedictis Matcho & Voricho ducatos uiginti boni auri & iusti ponderis quos
ducatos dare & soluere debent quandocunque miserint suprascripta sarcinas ferri sub pena quarti Qua soluta uel non rata
maneant omnia & singula suprascripta.

Pro suprascriptis con-tra Laure de Lach

Vltrascriptis die ac loco praesentibus Rafaele de Fossambruno & Iacobo cigantich ambobus habitatori-

bus dicte terre Fluminis testibus ad haec uocatis & rogatis ac alijs Ibique Laure de lach se obligauit & promisit mittere ad Terram Fluminis sarcinas quatuor ferri boni & mercimonialis Iudici Nicolao micholich & Ade de Firmo usque ad festum Sci Martini proxime futurum & recipere debet ab ipsis sarcinas tres olei pro precio quo praefati Iudex Nicolaus & Adam vendent alijs mercatoribus Qůi fuerunt contenti & confessi se iuste teneri & dare debere praedicto Laure ducatos uiginti tres boni auri & iusti ponderis & solidos sexaginta vnum Quam quidem pecunie quantitatem dare & soluere promiserunt*) dictus Laure miserit suprascriptas sarcinas ferri sub pena quarti Qua soluta uel non rata maneant omnia & singula suprascripta.

<table>
<tr><td>Pro suprascriptis contra Ançe cramar de lach</td><td>Vltrascriptis die loco ac testibus Ançe cramar de lach se obligauit & promisit mittere ad Terram Fluminis</td></tr>
</table>

Iudici Nicolao micolich & Ade Antonij de Firmo sarcinas septem ferri boni & mercimonialis usque ad festum Sci Martini proxime futurum & recipere tenetur ac debet ab ipsis sarcinas quatuor olei in ratione ducatorum quadraginta auri pro milliari qui Iudex Nicolaus & Adam fuerunt contenti & confessi se iuste teneri & dare debere praedicto Ançe ducatos triginta sex boni auri & iusti ponderis & solidos decem paruorum quandocunque ipse miserit suprascriptas sarcinas ferri sub pena quarti Qua soluta uel non rata maneant omnia & singula suprascripta.

<table>
<tr><td>Pro suprascriptis contra Iurlinum de Camenich</td><td>Vltrascriptis die ac loco praesentibus Iudice Vito barolich Prodano de pago Mochoro cergnauiçich omnibus habitatoribus dicte terre Fluminis</td></tr>
</table>

testibus ad haec uocatis & rogatis ac alijs Ibique Iurlinus de Camenich se obligauit & promisit mittere ad dictam terram Fluminis Sarcinas quadraginta ferri boni & mercimonialis usque ad festum Sci Martini proxime futurum Iudici Nicolao

---

*) Manca evidentemente un „quandocunque", come più sotto.

micolich & Ade Antonij de Firmo Pro cuius ferri quantitatis
solutione habere debet ducatos quadraginta boni auri & iusti
ponderis & pro residuo valoris ferri recipere debet oleum pro
precio quo recipiet ab ipsis Acatius de Camenich Qui Iudex
Nicolaus & Adam fuerunt contenti & confessi se iuste teneri
& dare debere praedicto Iurlino ducatos decem et octo boni
auri & iusti ponderis quandocunque ipse miserit suprascriptas
quadraginta Sarcinas ferri Sub pena quarti Qua soluta uel
non rata maneant omnia & singula suprascripta *)

<table>
<tr><td>Pro Ser Castelino con<br>tra Anrech ainer</td><td>Die XV mensis Iulij In publica<br>platea terre Fluminis Sci Viti prae-<br>sentibus Iudice Mauro Vidonich Ser</td></tr>
</table>

Rafaele de Fossambruno ambobus habitatoribus dicte terre
Fluminis testibus ad haec uocatis & rogatis ac alijs Ibique
Anrech ainer de labaco per se suosque heredes & successores
fuit contentus & confessus se habuisse ac recepisse a Ser
Castelino Iohannis de pensauro ducatos centum boni auri &
iusti ponderis Et hoc pro parte solutionis debiti in quo tenetur heredibus quondam georgij soch de lach Promittens ipsum
seruare indemnem pro dictis centum ducatis.

<table>
<tr><td>Pro Ianes messar contra<br>Ser Castelinum</td><td>Die XV mensis Iulij In Statione mei<br>notarij infrascripti in terra Fluminis<br>Sci Viti praesentibus Iudice Paulo</td></tr>
</table>

quondam Ser Marci Ser Rafaele de Fossambruno ambobus
habitatoribus dicte terre Fluminis testibus ad haec uocatis &
rogatis ac alijs Ibique Ser Castelinus Iohannis de pensauro
sponte libere ex certa scientia non per errorem omni exceptione iuris uel facti remota cum voluntate & consensu dobriçe eius uxoris fuit contentus & confessus se iuste teneri &
dare debere Ianes messar et Osbolt molendinario de lach so-

*) Cancellato, con in margine la nota: „1445 die secundo mensis octobris
cancelatum fuit praesens Instrumentum de uoluntate partium praesentibus Iohanne Matiucij de Firmo et Bartolomeo eius fratre testibus ad haec uocatis & rogatis"

cijs praesentibus stipullantibus & respondentibus pro se suisque heredibus & successoribus ducatos centum & quinquaginta boni auri & iusti ponderis Et hoc pro ferro habito a dictis creditoribus Quam quidem pecunie quantitatem dare & soluere promisit dictus debitor praefatis creditoribus usque ad festum natiuitatis domini nostri Ihesu Christi proxime futurum Sub pena quarti Qua soluta uel non rata maneant omnia & singula suprascripta. *)

Pro Petro Viçach con-
tra praedictum

Vltrascriptis die loco ac testibus I-
bique Ser Castelinus Iohannis de
pensauro sponte libere ex certa scientia non per errorem omni exceptione iuris uel facti remota per se suosque heredes & successores fuit contentus & confessus se iuste teneri & dare debere Petro Viçach de lach praesenti stipullanti & respondenti pro se suisque heredibus & successoribus ducatos quadraginta sex boni auri & iusti ponderis Et hoc pro ferro habito a dicto creditore quam quidem pecunie quantitatem dare & soluere promisit dictus debitor praefato creditori usque ad festum natiuitatis domini nostri Ihesu Christi proxime futurum sub pena quarti Qua soluta uel non rata maneant omnia & singula suprascripta. **)

Pro Stefano blagonar
contra praedictum.

Vltrascriptis die loco ac testibus I-
bique Ser Castelinus Iohannis de
pensauro sponte libere ex certa scientia non per errorem omni exceptione iuris uel facti remota per se suosque heredes & successores fuit contentus & confessus

---

*) Cancellato, con in margine la nota: „1442 die XXVII mensis Aprilis dominus Iacobus Raunacher Capitaneus & Iudex Nicolaus micolich dixerunt mihi quod praefati creditores coram ipsis dixerunt quod praesens Instrumentum debiti deberet cancelari. — Ego Antonius cancellarius scripsi"

**) Cancellato, con in margine la nota: „1442 die XXVII mensis Aprilis Iudex Nicolaus micolich et Adam dixerunt quod praefatus creditor coram eis dixit quod praesens Instrumentum deberet cancelari. — Ego Antonius cancellarius scripsi."

se iuste teneri & dare debere Stefano blagonar de lach praesenti stipullanti & respondenti pro se suisque heredibus &
successoribus ducatos quadraginta quinque boni auri & iusti·
ponderis Et hoc pro ferro habito a dicto creditore Pro qua
quidem pecunie quantitate dare tenetur praedictus Debitor
praefato creditori sarcinas duas olei pro illo praecio quo vendent Iudex Nicolaus micolich & Adam Antonij de Firmo &
denarios contatos usque ad festum Sci Martini proxime futurum sub pena quarti Qua soluta uel non rata maneant omnia
& singula suprascripta. *)

PRO IANES SLATICHURAÇ
CONTRA SER RAFAELEM

Die XV mensis Iulij In Statione
mei notarij infrascripti in terra Fluminis Sci Viti prasentibus Iudice
Mauro Vidonich Iudice Paulo quondam Ser Marci ambobus
habitatoribus dicte terre Fluminis testibus ad haec uscatis &
rogatis ac alijs Ibique Rafael de Fossambruno sponte libere
ex certa scientia non per erroren omni exceptione iuris uel
facti remota per se suosque heredes & successores fuit contentus
& confessus se iuste teneri & dare debere Ianes Xlatichuraç
de lach ducatos septuaginta tres cum dimidio boni auri &
iusti ponderis Et hoc pro quadam plegiaria siue fideiussione
facta pro Ser Castelino Iohannis de pensauro Quam quidem
pecunie quantitatem dare & soluere promisit dictus debitor
praefato creditori usque ad festum Sci Martini proxime futurum sub pena quarti Qua soluta uel non rata maneant
omnia & singula suprascripta. **)

PRO SER FORTE CONTRA
IUDICEM ROSSUM

Die XVIº mensis Iulij In Terra Fluminis Sci Viti In Statione mei notarij infrascripti praesentibus Iudice

---

*) Cancellato, con in margine la nota: „1442 die XXVII mensis A-
prilis dominus Iacobus Raunacher capitaneus & Iudex Nicolaus dixerunt
mihi quod praefatus creditor coram eis dixerit quod praesens Instrumentum debiti deberet cancelari. — Ego Antonius cancellarius scripsi"

**) Cancellato, con in margine la nota: „1446 die XXIII mensis
Ianuarij cancelatum fuit praesens Instrumentum debiti de voluntate credi-
toris praesentibus testibus Iudice Mauro Vidonich & Iudice Nicolao micolich
— Ego Antonius cancellarius scripsi".

Paulo cresolich Iudice Mateo quondam Ser donati testibus ad
haec uocatis & rogatis ac alijs Ibique Iudex Vitus quondam
Matchi promisit & se obligauit dare & consignare in littore maris
na reçiçach remos ducentos a galea bonos & sufficientes
longitudinis passuum quinque cum dimidio Prouido Viro Ser
Forte de Curçula Et hoc pro precio & nomine precij ducatorum quindecim auri pro singulo centenario Quos remos dare
& consignare promisit usque ad duodecim dies mensis Augusti
proxime futuri Qui Iudex Vitus coram suprascriptis testibus
fuit contentus & confessus se habuisse ac recepisse a praefato
Ser Forte ducatos viginti auri pro parte solutionis dictorum
remorum

PRO ADAM DE FERMO
CONTRA SIMONEM PILAR Die XXII mensis Iulij In publica
platea terre Fluminus Sci Viti praesentibus Valentino Iurlinouich Geor-
gio Crastich Vito sarctore testibus ad haec uocatis et rogatis
ac alijs Ibique Simon quondam Tome seccator sponte libere
ex certa scientia non per errorem per se suosque heredes &
successores fuit contentus & confessus se habuisse ac recepisse ab Adam Antonij de Firmo duos vegetas vini tenute
modiorum vigintinouem uel circa in ratione librarum trium
pro singulo modio Pro quo quidem vino dare & consignare
tenetur praedictus Simon praefato Ade Assides seccatas per
terminos infrascriptos videlicet Assides a canali quinquaginta
longitudinis nouem pedum & grossitudinis secundum mensuram moreli apud me notarium infrascriptum depositi in
ratione decem solidorum pro singula asside usque ad festum
natiuitatis domini nostri Ihesu Christi proxime futurum in
ratione librarum uiginti pro centenario & residuum segadi-
ciarum usque ad festum resurrectionis domini nostri Ihesu
Christi proxime futurum usque ad integram satisdationem
suprascripti debiti Sub pena quarti Qua soluta uel non rata
maneant omnia & singula suprascripta.

PRO ADAM CONTRA STE-
FANUM CERNOLICH & EIUS
UXOREM Die XXIIII mensis Iulij In publica
platea terre Fluminis Sci Viti. Iudice
Damiano quondam Matei Iudice Ma-
teo quondam Ser donati Ser Valen-

tino Iurlinouich omnibus habitatoribus dicte terre Fluminis
testibus ad haec uocatis & rogatis ac alijs Ibique Stefanus
cernolich & Stana eius uxor & quilibet eorom in solidum
sponte libere ex certa scientia non per errorem omni exceptione iuris uel facti remota per se suosque heredes & successores fuerunt contenti & confessi se iuste teneri & dare
debere Ade Antonij de Firmo praesenti stipullanti & respondenti pro se suisque beredibus & successoribus libras centum
& sexdecim & solidos tresdecim paruorum nomine mutui Pro
qua quidem quantitate pecunie dare debent in manu dicti creditoris totum vinum quod habebunt de suis vineis id est
quod extractus vini ueniat praedicto Ade Et tamen ad maiorem
cautellam praefati creditoris dicti debitores eidem obligarunt
et pro speciali pignere designarunt suam vineam quam
emerunt a Nicolao scabich

PROCURA SIMONIS DE E-
SCULO IN SIMONEM PILAR

Die XXVII mensis Iulij In statione
mei notarij infrascripti presentibus
Mauro Vidonich Alegreto de Spa-
latro ambobus habitatoribus dicte terre Fluminis testibus ad
haec uocatis & rogatis ac alijs Ibique Simon Vanni Mucij de
Esculo omni via modo iure & forma quibus magis & melius
sciuit ac potuit fecit constituit creauit & ordinauit Simonem
tome seccatorem praesentem & infrascriptum mandatum sponte
suscipientem suum uerum & legitimum procuratorem actorem
factorem & certum nuncium specialem Ad exigendum & recuperandum a quacunque persona sibi dare debenti tam in
praedicta terra Fluminis quam alibi & de per eum receptis
finem dimissionem & pactum de ulterius non petendo cum
solemnitatibus necessarijs faciendum & ad conparendum si
opus fuerit coram quocunque Iudice tam ecclesiastico quam
saeculari Ad Agendum petendum &c Dans & Promittens &c

PRO PRAEFATO CONTRA
PRAEDICTUM

Vltrascriptis die loco ac testibus
Simon Tome seccator sponte libere
ex certa scientia non per errorem
omni exceptione iuris uel facti remota per se suosque heredes
& successores fuit contentus & confessus se iuste teneri &

dare debere Simoni Vanni Mucij de Esculo praesenti stipullanti & respodenti pro se suisque heredibus & successoribus libras nonaginta paruorum Et hoc pro quibusdam debitis quae ipse promisit soluere & per se exigere Quam quidem pecunie quantitatem dare & soluere promisit dictus debitor praefato creditori usque ad festum Sci Georgij proxime futurum sub pena quarti cum obligatione omnium suorum bonorum Qua pena soluta uel non rata maneant omnia & singula suprascripta.

PACTA GRISANI ET SIMONIS DE DREUENICO

Die secundo mensis Augusti In publica platea terre Fluminis Sci Viti praesentibus Iacobo cigantich Georgio sarctore quondam Stefani testibus ad haec uocatis & rogatis ac alijs Ibique Grisanus quondam Iudicis Martini dedit tradidit & locauit ad laborandum vnam suam vineam positam in disctrictu Fluminis in loco dicto erth pro sex annis proxime futuris Simon quondam Matei de Dreuenico his pactis & condicionibus videlicet quod dictus Simon teneatur & debeat bene & diligenter laborare dictam vineam secundum consuetudinem dicte terre Fluminis dictis sex annis proxime futuris Et dictus Simon dare debet hoc anno praefato Grisano duas partes vini clari eo quod vinea non est ligoniçata & omnes fructus & oliue sint dicti Simonis Et tribus annis seguentibus dictus Simon dare debet praedicto Grisano medietatem vini clari & oliuarum ceteri autem fructus liberi & franchi ipsius Simonis Et duobus annis deinde immediate sequentibus dictus Simon dare teneatur praefato Grisano medietatem vini cum raspis &,medietatem oliuarum ceteri autem fructus Sint ipsius Simonis Et quod praefatus Grisanus teneatur & debeat dare dicto Simoni dictis sex annis tinacium & alia vassa pro vino tenendo & penu ubi teneatur vinum Qui terminus sex annorum incipere debeat die suprascripto. Et dictus Simon teneatur soluere medietatem aptature tinacij & aliorum vassorum

PRO IUDICE MATEO CONTRA MARTINUM

Die VI mensis Augusti In publica platea terre Fluminis Sci Viti praesentibus Vito matronich Georgio

Iudicis stefani ad haec uocatis & rogatis ac alijs Ibique Martinus quondam çanini sponte libere ex certa scientia non per errorem omni exceptioni iuris uel facti remota per se suosque heredes & successores fuit contentus & confessus se iuste teneri & dare debere Iudici Mateo quondam Ser donati praesenti stipullanti & respondenti pro se suisque heredibus & successoribus ducatos uiginti nouem boni auri & iusti ponderis et solidos septuagintaquinque paruorum Et hoc pro ferro habito a dicto creditore Quam quidem pecunie quantitatem dare & soluere promisit dictus debitor praefato creditori usque ad festum Sci Michaelis proxime futurum sub pena quarti Et ad maiorem cautelam praefati creditoris dictus debitor eidem obligauit & pro speciali pignere designauit domum suam in qua habitat *)

Pro Iudice Vito barolich — Die suprascripto In domo infrascripte domine naste praesentibus Vito mateieuich Iurcho de dreuenico testibus ad haec uocatis & rogatis ac alijs Ibique domina Nasta uxor quondam Ser donati callelli fuit contenta & confessa habuisse ac recepisse a Iudice Vito barolich ducatos septem auri quos eidem domine naste dare tenebatur quondam Docla olim uxor Nicolai stacionarij pro quibus ducatis habuit in pignere dicta domina nasta a praefata quondam docla.....

Pro Habraam et bonauentura Iudeis — Die sexto mensis Augusti In terra Fluminis Sci Viti In Statione mei notarij infrascripti praesentibus Iudice Mauro Vidonich Iudice Mateo quondam Ser donati Ser Castelino Iohannis de pensauro omnibus habitatoribus dicte terre Fluminis testibus ad haec uocatis & rogatis ac alijs Ibique Habraam Angoleli & Bonauentura Simonis ambo Iudei & habitatores pensauri dederunt & numerauerunt Iudici Stefano Sa-

*) Cancellato, con in margine la nota: „1444 die XXIIII mensis Augusti cancelatum fuit praesens Instrumentum debiti de voluntate creditoris praesentibus Iudice Stefano blasinich & Georgio cigantich testibus ad haec uocatis & rogatis — Ego Antonius cancellarius scripsi"

gagnich de Nouigrado officiali Magnifici domini Martini comitis Segne ducatos centum et triginta tres boni auri & iusti
ponderis et hoc ut praefati Iudei liberarentur a carceribus in
quibus iam tot diebus fuerunt captiui in castro nouigradi.

PRO PETRO MARINO DE
FIRMO CONTRA BONAUEN-
TURAM & HABRAAM IUDEOS

Die VI mensis Augusti In terra Fluminis Sci Viti In Statione mei notarij infrascripti praesentibus Ser Castelino Iohannis de pensauro Qui-
rino cigantich Iacobo cigantich omnibus habitatoribus dicte
terre Fluminis testibus ad haec uocatis & rogatis ac alijs Ibique Bonauentura Simonis ebrei & Habraam Angoleli ebrei
ambo habitatores pensauri & quilibet eorum in solidum sponte libere ex certa scientia non per errorem omni exceptione
iuris uel facti remota per se suosque heredes & successores
fuerunt contenti & confessi se iuste teneri & dare debere Petro marino quondam Rimidij de Firmo praesenti stipullanti &
respondenti pro se suisque heredibus & successoribus ducatos triginta boni auri & iusti ponderis nomine puri & meri
mutui Quam quidem pecunie quantitatem dare & soluere promiserunt dicti debitores & quilibet eorum in solidum praefato
creditori siue vnicuique publicum Instrumentum huius debiti
habenti per totas nundinas firmas proxime inceptas in ciuitate Firmi sub pena quarti cum obligatione omnium suorum
bonorum Renunciantes dicti debitores & quilibet eorum in
solidum omnibus & singulis priuilegijs statutis consuetudinibus saluisconductibus factis & qui fieri possent omnique alij
suo iuri ac legum auxilio volentes posse cogi & compelli vbique locorum realiter & personaliter pro suprascripto debito
Qua pena soluta uel non rata maneant omnia & singula suprascripta.

PRO IUDICE MATEO CON-
TRA PRAEFATOS

Vltrascriptis die loco ac testibus I-
bique bonauentura Simonis ebrei &
Habraam Angoleli ebrei ambo ha-
bitatores pensauri & quilibet eorum in solidum sponte libere
ex certa scientia non per errorem omni exceptione iuris uel
facti remota per se suosque heredes & successores fuerunt
contenti & confessi se iuste teneri & dare debere Iudici Ma-

eo quondam Ser donati habitatori dicte terre Fluminis prae-
enti stipullanti & respondenti pro se suisque heredibus &
uccessoribus ducatos triginta boni auri & iusti ponderis no-
ine puri & meri mutui Quam quidem pecunie quantitatem
dare & soluere promiserunt dicti debitores & quilibet eorum
in solidum praefato creditori quam citius praefatus creditor
deuenerit ad partes Marchie Anconitane sub pena quarti cum
obligatione omnium suorum bonorum Renunciantes dicti debitores & quilibet eorum in solidum omnibus & singulis foris
priuilegijs statutis consuetudinibus saluis conductibus factis &
qui fient omnique alij suo iuri ac legum auxilio Qua pena soluta uel non rata maneant omnia & singula suprascripta.

PRO IUDICE MAURO CON-
TRA PRAEFATOS IUDEOS

Vltrascriptis die loco ac testibus I-
bique bonauentura Simonis ebrei &
habraam Angoleli ebrei ambo habi-
tatores pensauri & quilibet eorum in solidum sponte libere ex
certa scientia non per errorem omni exceptione iuris uel facti
remota per se suosque heredes & successores fuerunt contenti & confessi se iuste teneri & dare debere Iudici Mauro
Vidonich habitatori dicte terre Fluminis praesenti stipullanti
& respondenti pro se suisque heredibus & successoribus ducatos triginta tres boni auri & iusti ponderis nomine puri &
meri mutui Quam quidem pecunie quantitatem dare & soluere
promiserunt dicti debitores & quilibet eorum in solidum praefato creditori in ciuitate Firmi Per totas nundinas Firmanas
proxime inceptas sub pena quarti Qua pena soluta &c Et ad
maiorem cautellam praefati creditoris precibus dictorum debitorum Ser Castelinus se constituit plegium & fideiussorem
pro dictis ducatis soluendis in suprascripto termino Quem
Ser Castelinum praefati debitores & quilibet eorum in solidum
promiserunt seruare indemnem a suprascripta plegiaria & fideiussione cum obligatione omnium suorum bonorum

PRO IOHANNE TAMBERLA-
NO DE ANCONA CONTRA IO-
SEP IUDEUM

Vltrascriptis die loco ac testibus I-
bique Ioseph quondam Salamonis
ebrei habitator Ancone sponte libere
ex certa scientia non per errorem

omni exceptione iuris uel facti remota per se suosque heredes & successores fuit contentus & confessus se iuste teneri
& dare debere Iohanni Simonis vidulini de Ancona praesenti
stipullanti & respondenti pro se suisque heredibus & successoribus ducatos quadraginta boni auri & iusti ponderis nomine puri & meri mutui Quam quidem pecunie quantitatem
dare & soluere promisit dictus debitor praefato creditori ad
omnem requisitionem ipsius creditoris sub pena quarti cum
obligatione omnium suorum bonorum Qua pena soluta uel
non rata maneant omnia & singula suprascripta Quos ducatos
XL.ta dictus Iosep dedit Iudici Stefano Sagagnich ut libera-
retur a carceribus

Die VI mensis Augusti In terra Fluminis Sci Viti In Statione mei notarij infrascripti praesentibus Iudice
Mauro Vidonich Iudice Mateo quondam Ser donati Ser Castelino de pensauro testibus ad haec uocatis & rogatis ac
alijs Ibique Paulus quondam Iohannis de Busana sponte libere ex certa scientia non per errorem omni exceptione iuris
uel facti remota per se suosque heredes & successores fuit
contentus & confessus se iuste teneri & dare debere Iudici
Vito quondam Matchi praesenti stipullanti & respondenti pro
se suisque heredibus & successoribus ducatos viginti duos
boni auri & iusti ponderis Et hoc pro parte duorum molendinorum secce & valche venditorum dicto debitori a praefato
creditore Quam quidem pecunie quantitatem dare & soluere
promisit dictus debitor praefato creditori usque ad duos annos
proxime futuros videlicet singulo anno ducatos vndecim sub
pena quarti Qua soluta uel non rata maneant omnia & singula suprascripta Et ad maiorem cautellam praefati creditoris
dictus debitor eidem obligauit et pro speciali pignere designauit suprascriptas res venditas.

Die Xo mensis Augusti In terra Fluminis Sci Viti In Statione infrascri·
pti Ser Rafaelis praesentibus presbytero Antonio Visignich Iudice
Mauro Vidonich Vito matronich o-

mnibus habitatoribus dicte terre Fluminis testibus ad haec
uocatis & rogatis ac alijs Ibique Ser Castelinus Iohannis de
pensauro Ser Rafael Francisci de Fossambruno Georgius Iudicis Stefani de drevenico & georgius sarctor quondam Stefani & quilibet eorum in solidum sponte libere ex certa scientia non per errorem omni exceptione iuris uel facti remota
per se suosque heredes & successores fuerunt contenti &
confessi se iuste teneri & dare debere Ser Georgio Ser Flori
morganich de Iadra praesenti stipullanti & respondenti pro
se suisque heredibus & successoribus ducatos centum boni
auri & iusti ponderis Et hoc pro quadam plegiaria seu fideiussione facta pro Iudice Damiano quondam Matei Quam quidem pecunie quantitatem dare & soluere promiserunt dicti
debitores & quilibet eorum in solidum praefato creditori per
terminos infrascriptos videlicet ducatos uigintiquinque usque
ad unum annum proxime futurum & residuum usque ad
quatuor annos deinde immediate sequentes scilicet singulo
anno ducatos decem et octo & quartos tres usque ad integram satisfactionem Promittentes dicti debitores & quilibet
eorum in solidum praefato creditori soluere & reficere omne
damnum ac interesse que eidem sequerentur totiens quandocunque in terminis suprascriptis veniret siue aliquem mitteret
cum hoc instrumento debiti pro denarijs si ipsi creditori siue
eius nuncio immediate denarij non dabuntur cum obligatione
omnium suorum bonorum *)

Die Vndecimo mensis Augusti In Statione mei notarij
infrascripti In terra Fluminis Sci Viti per generosum Virum
dominum Iacobum Raunacher capitaneum Iudices et consilium terre Fluminis Sci Viti capta fuit pars infrascripti tenoris videlicet quod obligationes & pacta facte siue facta coram
Iudicibus qui pro tempore erunt siue altero ipsorum valide &
valida sint et debeant firmiter obseruari Nam iustum et equum
estat ut acta coram regimine gesta firma et valida sint pro-

---

*) Cancellato, con in margine la nota: „1453 die XVII mensis Au-
gusti cancellatum fuit praesens Instrumentum debiti de voluntate creditoris praesentibus Nicolao Tomasini de Vegla & Blasio cerdone quondam
Antonij testibus ad haec uocatis & rogatis — Ego Antonius cancellarius
scripsi"

pter praeminentiam regiminis quod est maioris auctoritatis &
dignitatis quam alie persone.

ACCORDATIO FAMULI PRO
HABRAAM IUDEO

Die XIIII mensis Augusti In terra
Fluminis Sci Viti In Statione Iudicis Matei quondam Ser donati prae-
sentibus Stefano Blasinich Milasino calafato de Iadra Simone
pilar omnibus habitatoribus dicte terre Fluminis testibus ad
haec uocatis & rogatis ac alijs Ibique Marcus filius Sladoie
de Verbase non vi non metu sed sua spontanea uoluntate se
concordauit & obligauit ad standum cum habraam Angoleli
ebrei habitatore pensauri praesente & dictum marcum acceptante pro vno anno proxime futuro incepturo die primo mensis septembris proxime futuri Qui marcus tenetur & debet
praedicto habrae bene fideliter & diligenter seruire & ipsi tan·
quam domino suo obedire toto tempore dicti anni Et propter
hoc dictus habraam tenetur & debet praefato marco dare &
soluere ducatos septem boni auri & iusti ponderis vitum vnam
vestem nouam de grixo vnam interulam vnam serabulam v·
num par caligarum de rassia & vnum par subtellariorum Promittens una pars alteri adinuicem omnia & singula suprascripta perpetuo firma grata & rata habere tenere & obseruare
sub pena librarum uigintiquinque paruorum cum obligatione
omnium suorum bonorum Qua pena soluta uel non rata maneant omnia & singula suprascripta solemni stipullatione in
singulis capitulis huius contractus promissa

TESTIFICATIO IN FAUOREM
IOSEP HABRAAM & BONA-
UENTURE IUDEORUM

Die XVI mensis Augusti In publica
platea terre Fluminis Sci Viti praesentibus Stefano callelli de Ancona
Simone pilar Luca oslich omnibus
habitatoribus dicte terre Fluminis testibus ad haec uocatis &
rogatis ac alijs Ibique Iudex Mateus quondam Ser donati testis productus per habraam Angoleli Iosep Salamonis & bonauentura Simonis Iudeos dixit & asseruit coram suprascriptis testibus & me notario qualiter super nundinis Sce Malgarite Rosta de barberio capitaneus nundinarum pro Magnifico domino Segne comite Martino & Ambrosius stiglich Iu-

dex buchari & capitaneus cersati pro suprascripto domino Comite dixerunt sibi quod quando ceperint Iosep· Habraam & bonauenturam Iudeos acceperunt eis nonaginta ducatos quos reperuerunt apud eos & tunc praefatus Iudex Mateus dixit eis dicti duo Iudei videlicet Habraam & bonauentura dicunt quod postquam fuerunt positi in carceribus cersati accepti fuerunt sibi quatuor uel quinque ducati & tunc praedictus Iudex Ambrosius respondit illi ducati sunt pro expensis Iohannes etiam Vidulini de Ancona testis productus per dictos Iudeos dixit & asseruit qualiter Iudex Stefanus Sagagnich de nouigrad officialis praefati domini Comitis Martini & praefatus Iudex Ambrosius die sexto mensis Augusti in littore fluuii dum interrogaret eos quot denarios acceperunt Iudeis praefatis quando ceperunt praefatos Iudeos tunc praedicti Iudex Stefanus & Iudex ambrosius responderunt nonaginta quatuor ducatos ex quibus triginta quinque fuerunt Habrae iudei uelut asseruerunt ipse Habraam Iosep et bonauentura Iudei & quinquaginta nouem fuerunt dicti Iosep Iudei & vltra hos denarios praefati Iudex Mateus & Iohannes dixerunt et asseruerunt qualiter quando capti fuerunt praedicti Iudei officiales praefati domini comitis martini acceperunt dictis Habrae & bonauenture Iudeis tres pecias grixi quas emit praefatus Iohannes testis.

CONCORDIUM TOMASINI DE VEGLA & IOHANNIS DE CARGNA

Die XVI mensis Augusti In Statione Ade Antonij de Firmo praesentibus Iacobo micolich & quirino glauinich testibus ad haec uocatis & rogatis ac alijs Ibique Tomasinus quondam Tome de Vegla se concordauit cum Iohanne de Chargna habitatore ciuidali hoc pacto videlicet quod dictus Tomasinus emere debeat pro dicto Iohanne omnes pelles agnelinas que escoriabuntur in macellis Insule veglensis in maiore quantitate quam poterit & eidem Iohanni dare debet ipsas pelles pro precio quo ipse emet Et habere debeat dictus Tomasinus pro suo labore a dicto Iohanne solidos quinquaginta paruorum pro singulo centenario pellium quas emet & hoc usque ad unum annum proxime futurum

PRO IUDICE PAULO CON-
TRA UXOREM IUDICIS DA
MIANI

Die XVII mensis Augusti In Curia domus habitationis infrascripti Iudicis Damiani praesentibus Ser Castelino de pensauro Rafaele de Fossambruno testibus ad haec uocatis & rogatis ac alijs Ibique Domina lepiça uxor Iudicis damiani quondam Matei sponte libere ex certa scientia non per errorem omni exceptione iuris uel facti remota per se suosque heredes & successores fuit contenta & confessa se iuste teneri & dare debere Iudici Paulo cresolich praesenti stipullanti & respondenti pro se suisque heredibus & successoribus ducatos uiginti tres boni auri & iusti ponderis Et hoc pro quadam plegiaria seu fideiussione quam fecit praefato Iudici Paulo pro praelibato Iudice Damiano marito suo Quam quidem pecunie quantitatem dare & soluere promisit dicta debitrix praefato creditori usque ad festum natiuitatis domini nostri Ihesu Christi proxime futurum sub pena quarti cum obligatione omnium suorum bonorum Qua pena soluta uel non rata maneant omnia & singula suprascripta.

PRO PAULO DE RECANATO
CONTRA VITUM MATRONICH

Die XVII mensis Augusti In terra Fluminis Sci Viti In Statione mei notarij infrascripti praesentibus Nicolao scabich Mauro Vasmiçich ambobus habitatoribus dicte terre Fluminis testibus ad haec uocatis & rogatis ac alijs Ibique Vitus matronich sponte promisit & se obligauit dare & consignare Paulo Antonij de Recanato praesenti stipullanti & respondenti pro se suisque heredibus & successoribus in Splagia portus Recanati omnibus suis periculis & risico tria Miliaria ferri boni & mercimonialis ad pondus dicte terre Fluminis pro precio & nomine precij ducatorum duodecim cum dimidio auri pro singulo milliario ad pondus dicte terre Fluminis Quod quidem ferrum dare & consignare debet in praedicta Splagia in primo uiagio quod faciet nauigium Iudicis Matei quondam Ser donati ad partes Marchie sub pena quarti cum obligatione omnium suorum bonorum Qua pena &c Qui Vitus Coram testibus suprascriptis & me notario habuit ac recepit a praefato Paulo pro parte solutionis dicti ferri ducatos triginta auri *)

PRO PETROMARINO CONTRA MARTINUM CLEMEN DE LACH

Die XVIII mensis Augusti In terra Fluminis Sci Viti In Statione mei notarij infrascripti praesentibus Iudice Paulo cresolich Ser Stefano blasinich testibus ad haec uocatis & rogatis ac alijs Ibique Martinus clemen de lach promisit & se obligauit dare & consignare petro marino quondam Rimidij de Firmo praesenti stipullanti & respondenti pro se suisque heredibus & successoribus in dicta terra Fluminis fasios XVI.cim ferri in ratione ducatorum tresdecim pro singulo milliari pro tercia quidem parte valoris dicti ferri recipere debet dictus Martinus oleum a praedicto petromarino in ratione ducatorum trigintasex pro Milliari Qui martinus fuit contentus & confessus habuisse ac recepisse a praefato petromarino pro parte solutionis dicti ferri ducatos decem auri residuum uero dare debet usque ad festum Sci Michaelis proxime futurum si receperit praedictos sexdecim fasios ferri.

PRO ADAM CONTRA QUOCIANUM DE LOS

Die XVIII mensis Augusti In publica platea terre Fluminis Sci Viti praesentibus Vito Mateieuich Iurcho de dreuenico testibus ad haec uocatis & rogatis ac alijs Ibique Quocianus lorber de los sponte libere ex certa scientia non per errorem omni exceptione iuris uel facti remota per se suosque heredes & successores fuit contentus & confessus se iuste teneri & dare debere Ade Antonij de Firmo praesenti stipullanti & respondenti pro se suisque heredibus & successoribus ducatos duodecim boni auri & iusti ponderis et solidos trigintaduos paruorum Et hoc pro oleo habito a dicto creditore Quam quidem pecunie quantitatem dare & soluere promisit dictus de-

*) Cancellato, con in margine la nota: „1445 die XX.o mensis Maij cancelatum fuit praesens Instrumentum debiti de voluntate creditoris Praesentibus Adam Antonij de Firmo Grisano quondam Iudicis Martini testibus ad haec uocatis &c — Ego Antonius cancellarius scripsi"

bitor praefato creditori usque ad festum Sci Martini proxime futurum sub pena quarti Pro quibus omnibus & singulis suprascriptis sic firmiter obseruandis attendendis & adimplendis Martinus Becharius se constituit plegium & fideiussorem cum obligatione omnium suorum bonorum. *)

PROTEXTUS QUIRINI DE GRIMANIS

Vltrascriptis die loco praesentibus Ser Stefano blasinich Iohanne dicto Iagnaç georgio diraçich omnibus habitatoribus dicte terre Fluminis testibus ad haec uocatis & rogatis ac alijs Ibique Coram Nobili uiro Iudice Vito barolich Comparuit Quirinus filius Iudicis Viti çouanich asserens & dicens qualiter Iohannes mercarius de Alemania tenuit domum suam positam in platea a festo Sci georgij proxime elapsi usque ad praesentem diem contra eius uoluntate Nam pater praefati quirini & Vitus mateieuich procurator eiusdem quampluries praedicto Iohanni dederunt licentiam quod exiret domum & ipse nunquam uoluit exire dicens quod praefatus quirinus affictauerat sibi domum pro quinque annis quod reuersum est in magnum damnum & praeiudicium praefati Quirini Quapropter praefatus Quirinus omnibus & singulis iuris remedijs quibus melius potuit protestatus fuit contra dictum Iohannem ibidem praesentem ducatos sex auri pro damno suo & interesse.

PRO ECCLESIA SANCTE MARIE

Die XVIII mensis Augusti In terra Fluminis Sci Viti in Statione mei notarij infrascripti Vitus Matronich sponte libere ex certa scientia non per errorem omni exceptione iuris uel facti remota per se suosque heredes & successores fuit contentus & confessus se iuste teneri & dare debere

---

*) Cancellato, con in margine la nota: „1443 die 9 mensis septembris Cancellatum fuit praesens Instrumentum debiti de voluntate creditoris praesentibus Iudice Mateo quondam Ser donati Simone oslich testibus ad haec uocatis & rogatis ac alijs — Ego Antonius cancellarius scripsi"

Venerabili Viro domino presbytero Mateo Arcidiacono ac Nobilibus Viris Iudici Mauro Vidonich Iudici Vito barolich honorabilibus Iudicibus dicte terre Fluminis Iudici Iohanni Misuli Iudici Ambrosio quondam Ser Marci Iudici Stefano rus-
seuich Iudici Paulo quondam Ser Marci Iudici Nicolao micolich Iudici Mateo quondam Ser donati praesentibus stipullantibus & respondentibus vice ac nomine ecclesie Sce Marie
de dicta terra Fluminis libras ducentas paruorum Et hoc pro
possessionibus & rebus domine quondam Matrone olim uxoris quondam Iudicis Bartoli glauinich emptis a praefato debitore Quam quidem pecunie quantitatem dare & soluere promisit dictus debitor praefate ecclesie Sce Marie per terminos
infrascriptos videlicet libras quinquaginta usque ad festum
natiuitatis domini nostri Ihesu Christi proxime futurum &
singulo anno in dicto festo libras L.ta usque ad integram satisfactionem suprascripti debiti sub pena quarti cum obligatione omnium suorum bonorum Qua pena soluta uel non &c

PROCURA LUCE DE RA-
GUSIO IN SUUM PATREM

Die 26 mensis Augusti In publica
platea terre Fluminis Sci Viti praesentibus Iudice Nicolao micholich
Antonio rossouich Cipriano Fariçich omnibus habitatoribus
dicte terre Fluminis testibus ad haec uocatis & rogatis ac
alijs Ibique Luchas Michielis quondam luce çorçe de ragusio
omni via modo iure & forma quibus magis & melius sciuit
ac potuit fecit constituit creauit & ordinauit praefatum Ser
Michielem patrem suum absentem sed tanquam praesentem
suum uerum & legitimum procuratorem actorem factorem &
certum nuncium specialem in omnibus suis causis litibus &
placitis tam motis quam mouendis coram quocunque Iudice tam
ecclesiastico quam saeculari Ad agendum petendum exigendum
respondendum & de per eum receptis finem dimissionem quietationem & pactum de ulterius non petendo cum solemnitatibus necessarijs faciendum libellos & petitiones dandum & recipiendum
terminos & dillationes petendum testes instrumenta & alia
iura sua producendo Sententias audiendum & eas executioni
mandare faciendum Item ad uenditiones emptiones locationes
exactiones siue redemptiones tam ratione affinitatis quam con-
finitatis & cuiuscunque generis contractus faciendum & ad

obligandum dictum constituentem & eius bona supra quocunque contractu Et generaliter ad omnia alia &c Dans &c Promittens &c

Pro Riçardo contra Iu-
dicem Paulum

Die XXVI mensis Augusti In statione mei notarij infrascripti praesentibus Vito Matronich Adam An-
tonij de Firmo testibus ad haec uocatis & rogatis ac alijs I-
bique Iudex Paulus cresolich sponte libere ex certa scientia
non per errorem omni exceptione iuris uel facti remota per se
suosque heredes & successores fuit contentus & confessus
se iuste teneri & dare debere Iudici Nicolao micolich praesenti stipullanti & respondenti vice ac nomine Ser Riçardi
lodouici de Firmo ducatos uigintitres boni auri & iusti ponderis
Et hoc pro quadam plegiaria seu fideiussione facta dicto Iudici Nicolao nomine pro supra pro Iudice Damiano quondam
Matei Quam quidem pecunie quantitatem dare & soluere
promisit dictus debitor praefato creditori usque ad festum
natiuitatis domini nostri Ihesu Christi proxime futurum sub
pena quarti cum obligatione omnium suorum bonorum Qua
pena soluta uel non rata maneant omnia & singula suprascripta.

Accordatio famuli pro
Benedicto de Pecherçe

Die XXVII mensis Augusti In terra Fluminis Sci Viti In Statione mei
notarij infrascripti praesentibus Ser
Castelino Iohannis de pensauro Petromarino quondam Rimidij de Firmo ambobus habitatoribus dicte terre Fluminis Laç-
scho quondam blasij de Stopçeniça testibus ad haec uocatis
& rogatis ac alijs Ibique Paulus quondam benedicti de Roue-
neçe non vi non metu sed sua spontanea uoluntate se concordauit & obligauit ad standum cum Benedicto quondam
georgij de pecherçe habitatore Montissancti praesente & dictum paulum acceptante pro quatuor annis proxime futuris
Qui paulus tenetur & debet praedicto Benedicto bene fideliter & diligenter seruire & ipsi tanquam domino suo obedire
toto tempore dictorum quatuor annorum Et propter hoc dictus Benedictus tenetur & debet dicto Paulo dare & soluere

ducatos octo boni auri & iusti ponderis vitum & vnum par aligarum de rassia & omnes subtelares necessarias & ipsum docere artem suam cerdonarie Volentes dicte partes posse cogi realiter & personaliter Venetijs Ancone Segne in dicta terra Fluminis & vbique locorum ad tenendum & obseruandum omnia & singula suprascripta.

PARS CAPTA QUOD NULLA PERSONA AUDEAT OBLOQUI NEC ALIENAM ANCILLAM DE-TRAHERE

Vltrascriptis die ac loco Mateus preco comunis retulit michi qualiter de Mandato dominorum Iudicum et totius consilij proclamauit in publica platea dicte terre Fluminis & alijs locis consuetis qualiter nulla persona cuiuscunque condicionis existat que sit ciuis uel habitatrix in dicta terra Fluminis audeat nec praesumat alienam ancillam obloqui nec detrahere sub pena librarum octo nec ducere ad alium locum seu per mare seu per terram sub pena librarum quinquaginta quorum penarum medietas sit accusatoris & medietas sit comunis dicte terre Fluminis nec ipsam ancillam valeat aliquis habitator dicte terre Fluminis apud se tenere

ACCORDATIO FAMULI PRO CHRISTOFORO DONATO DE VENETIJS

Die VIII mensis septembris In Statione mei notarij infrascripti praesentibus Petromarino de Firmo Antonio rossouich Suetina xupagnich omnibus habitatoribus dicte terre Fluminis Sci Viti testibus ad haec uocatis & rogatis ac alijs Ibique Iacobus filius Pauli de Sco dimitrio non vi non metu sed sua spontanea voluntate se concordauit & obligauit ad standum cum Magistro Christoforo donato remerio de Venetijs praesente & dictum Iacobum acceptante pro quinque annis proxime futuris Qui Iacobus tenetur & debet dicto Magistro Christoforo bene & diligenter seruire & ipsi tanquam domino suo obedire toto tempore dictorum quinque annorum Et propter hoc dictus Magister Christoforus tenetur & debet praedictum Iacobum docere diligenter artem suam faciendi remos & ipsi dare vitum vestitum & calceatum honestos & praedicto Iacobo dare & soluere in ca-

pite dictorum quinque annorum ducatos quinque boni auri &
iusti ponderis et omnia & singula ferra ad artem remarie necessaria Volentes dicte partes posse cogi realiter & personaliter Venetijs Ancone & Segne in dicta terra Fluminis & v-
bique locorum ad tenendum & obseruandum omnia & singula suprascripta.

PRO PAULO LUSTALAR &
IUDICE NICOLAO

Die octauo mensis septembris In Ecclesia Sci Augustini praesentibus Ser
Rafaele de Fossàmbruno Valentino
Iurlinouich ambobus habitatoribus dicte terre Fluminis testibus ad haec uocatis & rogatis ac alijs Ibique Paulus lustalar de labaco & Iudex Nicolaus micolich tales simul fecerunt
pactum & conuentionem videlicet quod dictus Paulus dare &
consignare teneatur ac debeat praedicto Iudici Nicolao in dicta
terra Fluminis duo miliaria coriorum mercimonialium per terminos infrascriptos videlicet vnum miliare usque ad XV.cim
dies mensis octobris proxime futuri et alterum miliare usque ad
medietatem XL.e (quadrigesimae) proxime futurae in ratione
ducatorum septem auri pro singula balla quae balle singule
esse debent ponderis librarum centum & quadraginta ad pon-
dum grossum dicte terre Fluminis pro singula balla Et praedictus Iudex Nicolaus pro vno miliari dictorum coriorum dare
debet dicto Paulo promptam pecuniam per terminos infrascriptos videlicet ducatos centum usque ad festum Sci Michaelis proxime futurum & residuum usque ad festum Sci
Martini proxime futurum Et pro altero milliari coriorum dictus
Paulus accipere debet oleum mercimoniale a dicto Iudice Nicolao in ratione ducatorum quadraginta auri pro singulo milliari ad eius beneplacita *)

PRO STOSIA & CRISTINA
EIUS FILIA CONTRA IOHAN-
NEM MACHAGNA

Die XVII mensis septembris In Statione mei notarij infrascripti praesentibus presbytero Iacobo quondam
Tomasoli Blasuta quondam Petri &

*) Cancellato, con in margine la nota: „1442 die quinto mensis Ia-
nuarij cancelatum fuit praesens Instrumentum de voluntate ambarum partium praesentibus testibus Ser Rafaele de Fossambruno & Ser Valentino
quondam Iurlini"

lasio cerdone omnibus habitatoribus terre Fluminis Sci Viti
ıstibus ad haec uocatis & rogatis ac alijs Ibique Iohannes
achagnā sponte libere ex certa scientia non per errorem
mni exceptione iuris uel facti remota per se suosque here-
es & successoreȷ fuit contentus & confessus se iuste teneri
dare debere presbytero Iohanni Micolich praesenti stipull-
lanti & respondenti uice ac nomine domine Stosie olim uxoris Marci xupelich de dicta terra Fluminis & Cristine eius filie libraṣ centum & decem paruorum Et hoc pro vna vinea
dicto debitori vendita Quam quidem pecunie quantitatem dare
& soluere promisit dictus debitor praefato presbytero Iohanni
nominibus quibus supra per terminos infrascriptos videlicet
libras decem usque ad festum natiuitatis domini nostri Ihesu
Christi proxime futurum Et sic singulo anno usque ad suprascriptum festum natiuitatis libras uigintiquinque paruorum
usque ad integram satisfactionem suprascripti debiti sub pena
quarti cum obligatione omnium suorum bonorum Qua pena
soluta uel non rata maneant omnia & singula suprascripta.

PRO IUDICE PAULO CRE-
SOLICH CONTRA DOROTEAM
UXOREM MATEI RAÇICH

Die XV mensis octobris Castue in
ecclesia Sce Trinitatis praesentibus
Nobili viro Bartulo Misuli Capitaneo
Castue Iudice Antonio quondam do-
mini Forchini Quirino spinçich ambobus habitatoribus Castue
testibus ad haec uocatis & rogatis ac alijs Ibique Dorotea
uxor Matei rançich de Castua dedit ac reddidit Iudici Paulo
cresolich praesenti & recipienti Antonium filium suum qui a
dicto Iudice Paulo auffugerat Hac conditione quod dictus Iudex Paulus praefatum Antonium castiget gubernet & corri-
gat atque teneat ad sue libitum uoluntatis Volens dicta dorotea mater quod si aliquo tempore praefatus Antonius filius
suus ipsam deuiaret siue si dictus Antonius a praefato Iudice
Paulo discederet & ipsa retineret siue retineri faceret quod
ipsum ad dictum Iudicem paulum duceret siue duci faceret
dum posset quod tunc & eo casu dicta dorotea praefato Iudici Paulo soluere teneatur omnes & singulas expensas quas
quomodocunque praedictus Iudex Paulus circa praefatum Antonium expendisset tam in vitu & vestitu quam in alijs rebus

Pro Iuanuso cotra Ste-
fanum cernolich

Die XXIII mensis octobris In Statione mei notarij infrascripti praesentibus Iudice Ambrosio cresolich
Iudice Cosma radolich Iusto Vidotich omnibus habitatoribus
terre Fluminis testibus ad haec uocatis & rogatis ac alijs I-
bique Stefanus cernolich sponte libere ex certa scientia non
per errorem omni exceptione iuris uel facti remota per se
suosque heredes & successores fuit contentus & confessus se
iuste teneri & dare debere Iuanuso çorçeuich genero suo praesenti stipullanti & respondenti pro se suisque heredibus &
successoribus libras sexaginta octo paruorum nomine puri &
meri mutui qua quidem pecunie quantitate dictus creditor
praefato debitori promisit nullam tantum facere festinantiam
qua praefato debitori magnum requeretur incomodum Et ad
maiorem cautellam praefati creditoris dictus debitor eidem o-
bligauit domum suam & vineam quam emit a nicolao çopich
& ortos suos hac condicione quod dictus debitor non possit
nec valeat aliquo modo piguera suprascripta vendere alio quocunque modo alicui allienare sine voluntate praefati creditoris

Societas Iudicis Nico-
lai Ade & Nucij

Die XXVII mensis octobris In Terra
Fluminis Sci Viti In Statione infrascripti Ade praesentibus Nobili viro
Bartolo Misuli Iohanne Sarctore de Alemania Simone bastasio omnibus habitatoribus dicte terre Fluminis testibus ad
haec uocatis & rogatis ac alijs Ibique Iudex Nicolaus micolich & Adam Antonij de Firmo ex vna parte & Nucius Ser
Antonij de tonto de Artona ex altera talem simul fecerunt
societatem videlicet quod dictus Nucius emere debeat in Artona vinum & expendere pro parte Iudicis Nicolai & Ade nonaginta duos ducatos auri & solidos octoagintatres quos fuit
confessus habuisse ac recepisse a praefatis Iudice Nicolao &
Adam saluos & securos in Artona & similiter expendere debeat retractum fassiorum sex ferri dicti Iudicis Nicolai qui
sunt apud patrem dicti Nucij Artone & Idem Nucius expendere debeat totidem ducatos & tantam pecunie quantitatem et
dare omnia vassa pro dicto vino emendo hac condicione quod
quicquid expendetur in aptando dicta vassa soluere debeant

praefati Iudex Nicolaus & Adam medietatem & dictus Nucius medietatem & quod dictus Nucius mittere debeat praefatum vinum emendum ad terram Fluminis praedictam cum Nauigno habente contraliteram omnis & singulis lucri siue damni quod fite (?) absit quod sequetur siue erit ex dicto vino medietas deueniat praefatis Iudici Nicolao & Ade & medietas dicto Nucio & quod vassa debeant remitti Artonam expensis ambarum partium Pro quibus omnibus & singulis suprascriptis sic firmiter obseruandis attendendis & adimplendis vna pars alteri obligauit omnia sua bona mobilia & immobilia praesentia & futura *)

PRO NICOLAO RAINTALAR
CONTRA VITUM MATRONICH

Die XXVIII mensis octobris In Terra Fluminis Sci Viti In domo infrascripti Valentini testis praesentibus Iudice Paulo cresolich Valentino Iurlinouich testibus ad haec uocatis & rogatis ac alijs Ibique Vitus matronich sponte libere ex certa scientia non per errorem omni exceptione iuris uel facti remota per se suosque heredes & successores fuit contentus & confessus se iuste teneri & dare debere Nobili Viro Nicolao Rayntalar capitaneo Vragne presenti stipullanti & respondenti pro se suisque heredibus & successoribus libras nonaginta paruorum nomine mutui Quam quidem pecunie quantitatem dare & soluere promisit dictus debitor praefato creditori usque ad festum natiuitatis domini nostri Ihesu Christi proxime futurum sub pena quarti cum obligatione omnium suorum bonorum Qua pena soluta uel non rata maneant omnia & singula suprascripta.

PRO FRATRE BENEDICTO
CONTRA PRESBYTERUM MARCUM

Die secundo mensis Nouembris In Statione mei notarij infrascripti praesentibus Ser Stefano blasinich Adam Antonij de Firmo testibus ad haec

---

*) Cancellato, con in margine la nota: „1442 die XXVII mensis A prilis cancelatum fuit praesens Istrumentum de voluntate dictorum Iudicis Nicolai et Ade praesentibus Iudice Cosma radolich et Blasio cerdone quondam Antonij testibus ad haec uocatis & rogatis. — Ego Antonius cancellarius scripsi"

uocatis & rogatis ac alijs Ibique presbyter Marcus radolich
sponte libere ex certa scientia non per errorem omni exceptione iuris uel facti remota per se suosque heredes & successores fuit contentus & confessus se iuste teneri et dare
debere Fratri domino benedicto de Cremona habitanti apud
ecclesiam Sci laurentij praesenti stipullanti & respondenti pro
se suisque heredibus & successoribus libras uiginti tres & solidos quatuordecim paruorum nomine mutui Quam quidem
pecunie quantitatem dare & soluere promisit dictus debitor
praefato creditori usque ad festum ascensionis domini nostri
Ihesu Christi sub pena quarti cum obligatione omnium suorum bonorum Qua pena soluta uel non rata maneant omnia
& singula suprascripta.

PRO FRATERNITATE SCI
MICHAELIS
Die sexto mensis Nouembris In Statione mei notarij infrascripti praesentibus Paulo Vidotich Iohanne bel-
sterfar aurifice Stefano cernolich omnibus habitatoribus dicte
terre Fluminis testibus ad haec uocatis & rogatis ac alijs I-
bique Simon Pilar tanquam Gastaldio fraternitatis Sci Michaelis per se suosque heredes & successores dedit & tradidit ad
pastinandum Fabiano Suaçich habitatori dicte terre Fluminis
praesenti & pro se suisque heredibus & successoribus respondenti vnum terrenum na plasi iuxta dictum Fabianum & heredes quondam parcifali & alios confines his pactis & condicionibus quod dictus Fabianus teneatur & debeat dictum terrenum pastinare usque ad duodecim annos proxime futuros
& dictus Fabianus usque ad dictum terminum habere debeat
omnes usufructus eius quod pastinabit Saluo tamen quod si
dictus Fabianus infirmaretur quod non posset pastinare siue
moriretur ante terminum dictorum duodecim annorum quod
tunc dictus Fabianus siue eius heredes habere debeant medietatem pastini quem iam pastinauit & etiam medietatem totius eius quod pastinabit Si autem dictus Fabianus praefatum
terrenum pastinauerit ipse Fabianus in capite dictorum duodecim annorum habere debeat medietatem vinee & pastini
quem iam pastinauit & terrenum quem pastinabit quae vinee
pastinum & terrenum fuerunt Iuane clochoceue dumtaxat dictus Fabianus bene & diligenter laborauerit dictum Pastinum

secundum consuetudinem dicte terre Fluminis Promittentes
dicte partes vna alteri vicissim per se suosque successores
omnia & singula suprascripta attendere & obseruare sub pena
librarum quinquaginta paruorum Qua pena soluta uel non
rata maneant omnia & singula suprascripta.

PROCURA GASPERLINI QUON-
DAM MATCHI

Vltrascriptis die ac loco praesentibus
Iudice Mauro Vidonich Iudice Vito
barolich Ser Tonsa quondam Ser
Nicole omnibus habitatoribus dicte terre Fluminis testibus ad
haec uocatis & rogatis ac alijs Ibique Gaspar quondam Nobilis viri Matei de Vragna omni via modo iure & forma quibus magis melius & efficacius sciuit ac potuit fecit constituit
creauit & ordinauit Magistrum Andream peticichouem literarum
apostolicarum abbreuiatorem & causarum In romana curia
procuratorem absentem sed tanquam praesentem suum uerum
& legitimum procuratorem actorem factorem & certum nuncium specialem ad petendum & obtinendum a quocunque comite seu comitibus palatinis imperatorie maiestatis &c· quascunque literas & habilitationes ad successionem omnium & singulorum bonorum domini quondam Matei patris sui cuius filius naturalis extitit in forma solita & consueta meliori & ple-
niori modo ac forma quibus fieri potest Et generaliter &c
Dans &c Promittens &c.

## Deo gratias Amen

## Anno 1442

PRO IUDICE NICOLAO &
ADAM ANTONIJ DE FIRMO
CONTRA PAULUM LUSTALAR

IN Christi nomine amen anno na-
tiuitatis eiusdem Millesimo quadri-
gentessimo quadragessimo secundo
Indictione quinta Die quarto mensis
Ianuarij¹In Terra Fluminis Sci Viti In Statione infrascripti
Iudicis Nicolai praesentibus testibus Ser rafaele de Fossam-
bruno Valentino Iurlinouich ambobus habitatoribus dicte terre
Fluminis testibus ad haec uocatis & rogatis ac alijs Ibique
Iudex Paulus lustalar de labaco sponte libere ex certa scien-
tia non per ·errorem omni exceptione iuris uel facti remota

per se suosque heredes & successores fuit contentus & confessus
se iuste teneri & dare debere Iudici Nicolao micolich & Ade
Antonij de Firmo praesentibus stipullantibus & respondentibus pro se suisque heredibus & successoribus ducatos se-
ptemcentos & duos boni auri & iusti ponderis Et hoc pro
denarijs mutuatis & Oleo habito a dictis creditoribus Pro qua
quidem pecunie quantitate dictus debitor praefatis creditoribus dare & consignare promisit in dicta terra Fluminis tot
coria mercimonialia ponderis librarum centum & quadraginta
ad pondus grossum praedicte terre Fluminis pro singula balla
n ratione ducatorum septem auri pro singula balla usque ad
medietatem quadrigessime proxime future sub pena quarti
Saluo tamen iusto impedimento cum obligatione omnium suorum bonorum Qua pena soluta uel non rata maneant omnia & singula suprascripta.

TESTIFICATIO PRO DOMINA
BARBARA

Die XXI mensis Ianuarij In Stuba
Iudicis Matei quondam Ser donati
iuxta plateam terre Fluminis Sci
Viti Coram spectabili ac generoso viro domino Iacobo Raunacher honorabili Capitaneo Iudice Vito barolich ad praesens
Iudice dicte terre Fluminis ac alijs consiliarijs Venerabilis vir
dominus presbyter Mateus Arcidiaconus & plebanus dicte
terre Fluminis Iudex Iohannes Misuli Iudex Ambrosius quondam Ser Marci Iudex Stefanus ruseuich testes producti per
dominam barbaram uxorem quondam Nobilis viri Matlini de
Vragna Interrogati per sacramentum quod fecerunt Magnifico
domino de Valse & dicte terre Fluminis dixerunt & testificati
fuerunt vnanimiter & concorditer nemine eorum in aliquo discrepante quod recordantur ac sciunt quod Iachlinus olim
Capitaneus Castue fecit Murare domum cum curia positam
apud bona quondam Iudicis Stefani & Qualigne eius fratris &
viam publicam & quod dictus Iachlinus possedit quousque
uixit suprascriptam domum cum curia tanquam res proprias

PRO IUDICE NICOLAO &
ADAM DE FIRMO CONTRA
NICOLAUM MATO

Die XVII mensis Marcij In Statione
infrascripti Ser Ade praesentibus Nicolao Fercino de Venetijs georgio
oslich ambobus habitatoribus dicte

terre Fluminis testibus ad haec uocatis & rogatis ac alijs I-
bique Nicolaus Mato de Verchinich sponte libere ex certa
scientia non per errorem omni exceptione iuris uel facti remota per se suosque heredes & successores fuit contentus &
confessus se iuste tenere & dare debere Iudici Nicolao micolich & Ade Antonij de Firmo praesenti stipullanti & respondenti pro se suisque heredibus & successoribus ducatos duodecim boni auri & iusti ponderis & hoc pro oleo habito a
dictis creditoribus Quam quidem pecunie quantitatem dare &
soluere promisit dictus debitor praefatis creditoribus usque
ad festum pentecostes proxime futurum sub pena quarti
cum obligatione omnium suorum bonorum Qua pena soluta
uel non rata maneant omnia & singula suprascripta.

Pro Bartolomeo de Fir-
mo contra Martinum çerch
de lach

Die XXº mensis Marcij In platea
terre Fluminis Sci Viti praesentibus
Iudice Mateo quondam Ser donati
Stefano callelli de Ancona ambobus
habitatoribus dicte terre Fluminis testibus ad haec uocatis &
rogatis ac alijs Ibique Martinus çerch de lach sponte libere
ex certa scientia non per errorem omni exceptione iuris uel
facti remota per se suosque heredes & successoribus fuit
contentus & confessus se iuste teneri & dare debere Bartolomeo Matiiucij de Firmo praesenti stipullanti & respondenti
pro se suisque heredibus & successoribus ducatos vndecim
boni auri & iusti ponderis Et hoc pro croco habito a dicto
creditore Quam quidem pecunie quantitatem dare & soluere
promisit dictus debitor praefato creditori usque ad festum Sci
georgij proxime futurum sub pena quarti cum obligatione
omnium suorum bonorum Qua pena soluta uel non rata maneant omnia & singula suprascripta

Accordatio famuli pro
Magistro Antonio lapi-
cida

Die tertio mensis Aprilis In publica
platea terre Fluminis Sci Viti praesentibus Iudice Paulo cresolich Iudice Nicolao micolich ambobus ha-
bitatoribus dicte terre Fluminis testibus ad haec uocatis &
rogatis ac alijs Ibique Antonius quondam.... non vi non metu
sed sua spontanea uoluntate se concordauit & obligauit ad

standum cum magistro Antonio lapicida de pensauro & nunc
habitatore dicte terre Fluminis praesente & dictum Antonium
acceptante pro quatuor annis proxime futuris Qui Antonius
tenetur & debet praefato Magistro Antonio bene fideliter &
diligenter seruire & ipsi tanquam domino suo obedire toto
tempore dictorum quatuor annorum Et propter hoc praefatus
magister Antonius tenetur & debet dicto Antonio dare vitum
nec non dare & soluere ipsi Antonio libras centum et triginta paruorum videlicet primo anno libras viginti secundo
libras vigintiquinque Tertio libras trigintaquinque Et quarto
ac vltimo anno libras quinquaginta paruorum Promittentes
vna pars alteri adinuicem solemnibus stipulationibus hinc inde
Interuenientibus omnia & singula suprascripta attendere &
obseruare cum obligatione omnium suorum bonorum.

Pro Matia soster de
lach contra bartolum &
Iacobum Misuli Die XXV mensis Aprilis In domo
infrascriptorum debitorum praesentibus Iudice paulo cresolich Ser valentino Iurlinouich ambobus habita-
toribus dicte terre Fluminis testibus ad haec uocatis & rogatis ac alijs Ibique Bartolus Misuli & Iacobus eius frater sponte libere ex certa scientia non per errorem omni exceptione iuris uel facti remota per se suosque heredes & successores fuerunt contenti & confessi se iuste teneri & dare debere Mathie
soster de lach praesenti stipullanti & respondenti pro se suisque heredibus & successoribus ducatos.... Et hoc pro Miliaribus tribus & libris centum & octuaginta vno ferri in ratione ducatorum XIII cum dimidio pro singulo Milliari Quam quidem pecunie quantitatem dare & soluere promiserunt praedicti
debitores praefato creditori per terminos infrascriptos videlicet
medietatem usque ad festum Sce Malgarite proxime futurum
& alteram medietatem usque ad festum Sce Marie de mense
augusti proxime futurum sub pena quarti cum obligatione
omnium suorum bonorum Qua pena soluta uel non rata maneant omnia & singula suprascripta. *)

---

*) Cancellato, con in margine la nota: „1443 die primo mensis de-
cembris Cancelatum fuit praesens Instrumentum debiti de voluntate creditoris praesentibus testibus Nicolao Rayntalar & Martino quondam Çanini — Ego Antonius cancellarius scripsi"

**Pro Antonio Albanensi contra Iudicem Mateum**

Die XXV mensis Aprilis In Statione infrascripti Iudicis Matei praesentibus Iudice Mauro Vidonich Vito Mateieuich testibus ad haec uocatis & rogatis ac alijs Ibique Iudex Mateus quondam Ser donati promisit Ser Antonio Albanensi ciui Iustinopolis tanquam procuratori Ser Petri pertusano personaliter accedere siue mittere suum procuratorem legitimum Iustinopolim ad concordandum se cum praefato Ser Petro pertusano pro debito ac re pro quibus praedictus Ser Antonius procurator ad terram Fluminis missus fuerat Et hoc usque XVam diem mensis Madij proxime futuri sub pena librarum uiginti quinque paruorum cum obligatione omnium suorum bonorum Qua pena soluta uel non rata maneant omnia & singula suprascripta.

**Pro Nicolao çanetich contra Vitum Matronich**

Die XXVI mensis Aprilis In Stuba Valentini praesentibus Iudice Mauro Vidonich Iudice Paulo cresolich testibus ad haec uocatis & rogatis ac alijs Ibique Vitus Matronich per se suosque heredes & successores fuit contentus & confessus se iuste teneri & dare debere Nicolao çanetich de selça praesenti stipullanti & respondenti pro se suisque heredibus & successoribus ducatos triginta boni auri & iusti ponderis pro ferro Quam quidem pecunie quantitatem mittere promisit dictus debitor praefato creditori domum suam in manus ipsius creditoris omnibus suis periculis & expensis usque ad quindicem dies proxime futuros sub pena ducatorum centum cum obligatione omnium suorum bonorum Qua pena soluta uel non rata maneant omnia & singula suprascripta.*)

**Pro Paulo lustalar contra Iudicem Mateum**

Die XXVI mensis Aprilis In Terra Fluminis Sci Viti In Statione mei notarij infrascripti praesentibus Iudice Paulo cresolich Teodoro quondam dominici ambobus habitatoribus dicte terre Fluminis testibus ad haec uocatis & ro-

*) Cancellato, con in margine la nota: „1443 die 18 mensis Aprilis Cancelatum fuit praesens Instrumentum debiti de voluntate creditoris praesentibus Iudice Mauro Vidonich & Iudice Damiano quondam Matei testibus ad haec uocatis & rogatis — Ego Antonius cancellarius scripsi“.

gatis ac alijs Ibique Iudex Mateus quondam Ser donati sponte
libere ex certa scientia non per errorem omni exceptione iuris
uel facti remota per se suosque heredes & successores fuit
contentus & confessus se iuste teneri & dare debere, Paulo
lustalar de labaco praesenti stipullanti & respondenti pro se
suisque heredibus & successoribus ducatos mille boni auri &
iusti ponderis Et hoc pro corijs habitis a dicto creditore Quam
quidem pecunie quantitatem dare & soluere promisit dictus
debitor praefato creditori per terminos infrascriptos videlicet
medietatem per totum mensem Madij proxime futurum & alteram medietatem usque ad festum Sce Malgarite proxime
futurum sub pena quarti cum obligatione omnium suorum
bonorum Qua pena soluta uel non rata maneant omnia &
singula suprascripta.

PRO IUDICE NICOLAO MI-
COLICH & ADAM DE FIRMO
CONTRA PAULUM LUSTALAR

Die XXVI mensis Aprilis In Statione infrascripti Ade praesentibus
Ser Rafaele de Fossambruno Blasio
cerdone quondam Antonij omnibus
habitatoribus dicte terre Fluminis testibus ad haec uocatis &
rogatis ac alijs Ibique Paulus lustalar de labaco sponte libere
ex certa scientia non per errorem omni exceptione iuris uel
facti remota per se suosque heredes & successores fuit contentus & confessus se iuste teneri & dare debere Iudici Nicolao micolich & Ade Antonij de Firmo praesentibus stipull-
lantibus & respondentibus pro se suisque heredibus & successoribus ducatos centum & decem & septem boni auri &
iusti ponderis Et hoc pro Salnitro habitis (sic) a dictis creditoribus ac etiam pro bastasia & libratura quas praedicto debitore ipsi creditores soluerunt Quam quidem pecunie quantitatem dare & soluere promisit dictus debitor praefatis creditoribus usque ad festum pentecostes proxime futurum sub pena
quarti cum obligatione omnium suorum bonorum Qua pena
soluta uel non rata maneant omnia & singula suprascripta. *)

---

*) Cancellato, con in margine la nota: „1442 die XVIIII mensis Iulij
cancelatum fuit praesens Instrumentum debiti de voluntate Iudicis Nicolai
micolich praesentibus Ser Antonio de gopo de Tergesto & Ser Rafaele de
fossambruno testibus ad haec uocatis & rogatis — Ego Antonius cancellarius scripsi"

Pro praefatis contra Voricum de labaco

Vltrascriptis die loco ac testibus I-bique Vorichus piliparius de labaco promisit & se obligauit ad dandum & consignandum in dicta terra Fluminis Iudici Nicolao mico-lich & Ade Antonij de Firmo praesentibus & pro se suisque heredibus stipullantibus Milliaria quadraginta ferri boni & bullati de Ospergo in ratione ducatorum quatuordecim auri pro singulo miliari usque ad festum Sce Malgarite proxime futurum Qui Vorichus fuit contentus & confessus habuisse ac recepisse pro parte solutionis dicti ferri a praefatis Iudice Nicolao & Adam ducatos trecentos Et pro residuo valoris ferri accipere debet a suprascriptis oleum in ratione ducatorum qua-draginta pro singulo milliari Pro quibus omnibus sic firmiter obseruandis attendendis & adimplendis vna pars alteri adin-uicem obligauit omnia sua bona mobilia & immobilia prae-sentia & futura.*)

Procura in Ser Bar-tolum de Cherso

Die VIII mensis Maij in publica pla-tea terre Fluminis Sci Viti praesen-tibus Georgio Petricich Blasio cer-done quondam Antonij georgio sarctore quondam Stefani o-mnibus habitatoribus dicte terre Fluminis testibus ad haec ro-gatis & uocatis ac alijs Ibique Ser Simon Bartolomei de Flo-rentia ciuis Ancone omni via modo iure & forma quibus ma-gis & melius sciuit ac potuit fecit constituit creauit & ordi-nauit Ser Bartolum de bochina de Cherso absentem sed tan-quam praesentem suum uerum & legitimum procuratorem a-ctorem factorem & certum nuncium specialem in omnibus eius placitis litibus quaestionibus controuersijs ac differentijs quas quomodocunque habet siue habiturus est cum quacunque per-sona Chersi & Auseri ac tota Insula Et ad comparendum si opus fuerit coram domino Comite Chersi & Auseri ac alio

---

*) Cancellato, con in margine la nota: „1449 die XXII mensis No-uembris cancelatum fuit praesens Instrumentum debiti de voluntate Iu-dicis Nicolai micolich & Bartolomei Antonij de Firmo tanquam procurato-ris Ade fratris sui praesentibus Iudice Mateo quondam Ser donati Iudice Damiano quondam Matei testibus ad haec uocatis & rogatis. — Ego An-tonius cancellarius scripsi"

quocunque Iudice tam ecclesiastico quam saeculari Ad agendum &c Item Ad iurandum de calumnia & veritate dicenda
in anima dicti constituentis Item ad substituendum &c Et generaliter &c Dans &c Promittens &c

PROTESTUS PRODANI DE
PAGO

Die nono mensis Madij Sub lobia
comunis Vbi ius redditur Coram dominis Iudicibus ac pluribus consi-
liarijs Prodanus tanquam Gastaldio fraternitatis Sci Iohannis
protestatus fuit contra Iustum Barberium de ducatis decem
Auri eo quod causa ipsius Apotheca dicte fraternitatis quae
est in publica platea stat vacua. Ego Antonius cancellarius
de Mandato Iudici Tonse scripsi.

PRO DOMINO KAROLO
MAUROCENO & IERONIMO
EIUS FRATRE CONTRA IUDI-
CEM TONSAM

Die XVII mensis Maij In Terra Fluminis Sci Viti In Statione mei notarij infrascripti praesentibus Martino çatanni Blasio cerdone quondam
Antonij ambobus habitatoribus dicte
terre Fluminis testibus ad haec uocatis & rogatis ac alijs Ibique Iudex Tonsa quondam Ser Nicole de dicta terra Fluminis
sponte libere ex certa scientia non per errorem omni exceptione iuris uel facti remota per se suosque heredes & successores fuit contentus & confessus se iuste teneri & dare debere Iacobo Mauroceno praesenti stipullanti & respondenti
vice ac nomine domini Karoli Mauroceno et domini Ieronimi
eius fratris quondam domini Siluri et eorum heredum remos
ducentos & vigintiquinque a galea longitudinis sex passuum
Quos remos dictus Iudex.Tonsa habuit mutuo a Ser Castelino de pensauro de remis quondam Ser Bartolomei laurentij a puteo cum voluntate dicti quondam Ser Bartolomei Quos
quidem remos praefatus debitor dare & consignare promisit
praedictis fratribus siue eorum nuncio in Splagia consueta
per totum mensem Iulij proxime · futurum Et si accideret
quod nauigium mitteretur pro praedictis remis & non essent
parati in dicto termino quod tunc & eo casu praefatus Iudex
Tonsa teneatur & debeat soluere naulum nauigij pro dictis
remis & soluere dictos remos in ratione ducatorum decem et

cto pro singulo centenario Pro quibus omnibus & singulis uprascriptis sic firmiter obseruandis attendendis & adimplen- is praefatus Iudex Tonsa praedicto Iacobo nomine quo supra bligauit omnia sua bona mobilia & immobilia praesentia & utura.

PROCURA IUDICIS VITI IN ANTONIUM FILIUM SUUM    Die quinto mensis Iunij In publica platea terre Fluminis Sci Viti prae- sentibus Iudice Mateo quondam Ser donati Teodoro quondam dominici ambobus habitatoribus dicte terre Fluminis testibus ad haec uocatis & rogatis ac alijs I- bique Iudex Vitus quondam Matchi omni via modo iure & forma quibus magis & melius sciuit ac potuit fecit constituit creauit & ordinauit Antonium eius filium absentem sed tan- quam praesentem suum uerum & legitimum procuratorem acto- rem factorem & certum nuncium specialem praesertim ad a- gendum & recuperandum a quacunque persona sibi dare quo- modocunque debenti Chersi & in tota Insula tam denarios quam alias res & de per eum receptis finem dimissionem quietationem & pactum de vlterius non petendo cum solemni- tatibus necessarijs faciendum Et ad comparendum si opus fue- rit coram domino Comite Chersi & quocunque alio iudice tam ecclesiastico quam saeculari Ad agendum petendum respon- dendum protextandum sequestrandum libellos & petitiones dandum & recipiendum terminos & dillationes petendum te- stes Instrumenta & alia iura sua producendum sententias au- diendum & eas executioni mandare faciendum Item ad susti- tuendum loco sui unum vel plures procuratores & eos reuo- candum rato manente praesente Mandato Et generaliter ad omnia alia & singula dicenda gerenda & procuranda quae In praedictis & circa praedicta & quolibet praedictorum duxerit facienda & necessaria ac utilia videbuntur quae & quemad- modum ipse constituens facere posset si adesset Dans & con- cedens eidem procuratori suo & substitutis ab eo in praedictis & circa praedicta & quolibet praedictorum plenum Arbitrium & generale mandatum cum plena libera & generali amminis- tratione agendi & exercendi omnia & singula suprascripta Promittens eidem procuratori suo & mihi notario infrascripto

tanquam publice persone stipullanti & respondenti vice &
nomine omnium quorum interest uel in futurum poterit interesse quicquid per dictum procuratorem & substitutos ab eo
actum & factum fuerit perpetuo habiturum firmum & ratum
Insuper ipsum & sustitutos ab eo ab omni satisdationis onere
releuare & Ex nunc releuans promisit michi notario infrascripto ut supra de Iudicio Sixti & Iudicatum soluendo sub
ypoteca & obligatione omnium suorum bonorum

Pro Antonio quondam
Ser Andregeti

Die nono mensis Iunij In Terra Fluminis Sci Viti In domo infrascriptorum debitorum praesentibus Ser Ra-
faele de Fossambruno & Valentino Iurlinouich ambobus habitatoribus dicte terre Fluminis testibus ad haec uocatis &
rogatis ac alijs Ibique. Nobilis domina Maria uxor quondam
Iudicis Iohannis Misuli et Bartolus atque Iacobus eius filij
sponte libere ex certa scientia non per errorem omni exceptione iuris uel facti remota per se suosque heredes & successores fuerunt contenti & confessi se iuste teneri & dare
debere nobili viro Antonio quondam Ser Andregeti praesenti
stipullanti & respondenti pro se suisque heredibus & successoribus ducatos nonaginta & quinque boni auri & iusti ponderis nomine mutui Quam quidem pecunie quantitatem dare
& soluere promiserunt dicti debitores praefato creditori ad o-
mnem requisitionem ipsius creditoris sub pena quarti cum
obligatione omnium suorum bonorum Et ad maiorem cautellam praefati creditoris dicti debitores eidem obligarunt &
pro speciali pignere designarunt vincam suam que dicitur
braida cum omnibus iuribus & pertinentijs suis. Qua pena &c *)

Pro Marco radeneuich
& gregorio gexidouich

Die Xo (?) mensis Iunij In Statione
mei notarij infrascripti praesentibus
Iudice Tonsa quondam Ser Nicole

---

*) Cancellato, con in margine la nota: „Cancellatum die XXI mensis
Iulij 1459 de voluntate georgij & gasparis Andregeti fratrum, praesentibus
Iudice Grisano Iohanne coxarich testibus ad haec uocatis & rogatis —
Ego Antonius cancellarius scripsi"

Iudice Mauro Vidonich testibus ad haec uocatis & rogatis ac
alijs Ibique Georgius sarctor quondam Stefani habitator
dicte terre Fluminis sponte libere ex certa scientia non per
errorem omni exceptione iuris uel facti remota per se suosque heredes & successores fuit contentus & confessus' se
iuste teneri & dare debere Marco Radenuich ducatos triginta
sex boni auri & iusti ponderis et Gregorio gexidouich ducatos quinquaginta septem boni auri & iusti ponderis Et hoc
pro porcis habitis a dictis creditoribus Quam quidem pecunie
quantitatem dare & soluere promisit praefatus debitor praedictis creditoribus uel Magistro Fabro quondam Martini usque
ad festum Sce Malgarite proxime futurum sub pena quarti
cum obligatione omnium suorum bonorum Qua pena soluta
uel non rata maneant omnia & singula suprascripta. *)

PRO IUDICE MATEO QUON-
DAM SER DONATI Vltrascriptis die ac loco praesentibus Vito Mateieuich Iohanne dicto
Iagnaç testibus ad haec uocatis &
rogatis ac alijs Ibique Gregorius gexideuich sponte libere ex
certa scientia non per errorem omni exceptione iuris uel facti
remota per se suosque heredes & successores fuit contentus
& confessus se iuste teneri & dare debere Iudici Mateo quondam Ser donati praesenti stipullanti & respondenti pro se suisque heredibus & successoribus ducatos triginta sex boni auri
& iusti ponderis nomine mutui Quam quidem pecunie quantitatem dare & soluere promisit dictus debitor praefato creditori usque ad festum Sce Malgarite proxime futurum sub
pena quarti & ad maiorem cautellam praefati creditoris precibus dicti debitoris Franciscus faber quondam Martini se con-

---

*) Cancellato, con nei margini le note: „1442 die XVII mensis Iu-
lij Praesentibus Iudice Mauro & Iudice Mateo Marcus Radeneuich fuit
contentus & confessus habuisse a martino aurifice ducatos XXV.e & a
gregorio sarctore debitore ducatos vndecim Itaque sibi fuit integre solutum & satisfactum" e „1442 Die XVII mensis Augusti cancelatum fuit
praesens Instrumentum debiti de voluntate gregorij creditoris praesentibus Magistro Milasino calafato & Vito matronich testibus ad haec uocatis
& rogatis — Ego Antonius cancel: ırius scripsi"

stituit plegium & fideiussorem praefato creditori Pro dicto gregorio debitore cum obligatione omnium suorum bonorum *)

PARS CAPTA QUOD NULLA PERSONA POSSIT INGREDI POSSESSIONES ALIORUM & QUOLIBET POSSIT PONERE CLAUOS ET HAMOS AD LIBITUM

Die XXº mensis Iunij In Statione Iudicis Nicolai Micolich Per Spectabilem & generosum Virum Dominum Iacobum Raunacher honorabilem capitaneum terre Fluminis Sci Viti Iudices & consiliarios capta fuit infrascripta pars nemine discrepante videlicet quod nulla persona cuiuscunque existat conditionis audeat nec praesumat ingredi vineas ortos nec aliquas possessiones allienas sine licentia patroni sub pena librarum Nouem soluenda confestim per contrafacientem & non possit fieri gratia sed quod Iudices qui tunc erunt teneantur exigere illico ipsam pena sub sacramento quod fecerunt & si contrafaciens non haberet vnde soluere debeat stare in berlina tribus diebus & quilibet habens possessiones possit in futurum absque aliqua pena & alicuius licentia ponere in suis possessionibus siue circa eas quicquid vult & libet & amos ferreos & clauos & tribulos ferreos et similiter facere possit qui laborat possessiones Allienas **)

---

*) Cancellato, con in margine la nota : „1442 die XVII mensis Iulij praesentibus testibus Iudice Tonsa & Ser Nicolao Rayntalar cancelatum fuit praesens Instrumentum debiti de voluntate creditoris — Ego Antonius cancellarius scripsi"

**) In margine è annotato, a destra: „praeconiçata die 5 Ianuarij (?) 1455", in fondo: „1449 die ultimo mensis Ianuarij Fuit proclamata in locis consuetis die XXII mensis suprascripti per Nobiles Viros Ser Vitum quondam Ser Matchi Ser Iacobum micolich ad praesens honorabiles Iudices dicte terre Fluminis et omnes consiliarios dicte terre Fluminis sedentes in Lobia comunis excepto Iudice Mauro qui non erat in dicta terra Fluminis confirmata & approbata fuit suprascripta pars addicientes quod tercia pars sit accusatoris tercia pars patroni et tercia pars comunis et soluere debeat damnum illatum Et quamquam patronus possessiones diceret mea fuit voluntas & michi placet quod is damnum qui intullit siue in eius possessione inuentus fuerit in sua possessione accusatus tamen soluere debeat terciam partem comuni et terciam partem accusatori Si tamen patronus possessionis diceret dedisse licenciam inuento in eius possessione ipsam ingredi eidem patrono creditur cum iuramento et non aliter. Que omnia

PRO PETRO TRAONATH CON-
TRA NICHLINUM

Die XXV mensis Iunij In publica
‚platea terre Fluminis Sci Viti praesentibus domino Iacobo Raunacher
apitaneo Iudice Mauro Vidonich Iudice Nicolao micolich te-
tibus ad haec uocatis & rogatis ac alijs Ibique Nicolaus
ayntalar sponte libere ex certa scientia non per errorem
mni exceptione iuris uel facti remota per se suosque here-
es & successores fuit contentus & confessus se‚ iuste teneri
t dare debere Petro Traonath praesenti stipullanti & respón-
denti pro se suisque heredibus & successoribus ducatos uiginti octo boni aüri & iusti ponderis nomine mutui Quam
quidem pecunie quantitatem dare & soluere promisit dictus
debitor praefato creditori usque ad quindecim dies proxime
futuros sub pena. quarti cum obligatione omnium suorum
bonorum Qua pena soluta uel non rata maneant omnia &
singula suprascripta. *)

PROCURA PRESBYTERI AN-
TONIJ STRACINICH IN FILI-
PUM DE LAURANA

Die XXVI mensis Iunij Ante portam castri laurane a mari praesentibus domino presbytero Iohanne plebano Çupano georgio crismanich pre-
sbytero Iacobo çurlich omnibus habitatoribus laurane testibus
ad haec uocatis & rogatis ac alijs Ibique presbyter Antonius
stracinich omni via modo iure & forma quibus magis &
melius sciuit ac potuit fecit constituit creauit & ordinauit Fi-
lipum quondam..... de laurana absentem sed tanquam praesentem suum uerum & legitimum procuratorem actorem factorem & certum nuncium praesertim ad exigendum & recuperandum a Magistro marino muratore omnem & singulam

---

fuerunt proclamata in locis consuetis Die secundo mensis Februarij
MCCCCXXXXVIIII.o ut supra. Indictione duodecima. Et debeant siguli
Iudices hanc partem obseruare et proclamari facere per iuramentum quod
fecerunt domino et comuni“

*‚ Cancellato, con in margine la nota: „1442 die XXIIII mensis Au-
gusti cancelatum fuit praesens Instrumentum debiti de voluntate creditoris praesentibus Bartolo Misuli & Ser Valentino quondam Iurlini testibus ad.haec uocatis &c · Ego Antonius cancellarius scripsi“

pecunie quantitatem res & quecunque alia que dicto constituenti dare deberet tam pro fideiussione septem Marcarum
denariorum pro ipso facta quam pro damno & interesse ac
alia quacunque causa & de per eum receptis finem dimissionem quietationem & pactum de vlterius non petendo cum
solemnitatibus necessarijs faciendum Et ad comparendum si
opus fuerit coram domino potestate duorum castrorum & quocunque alio Iudice tam ecclesiastico quam saeculari Ad agendum petendum respondendum libellos & petitiones dandum
& recipiendum testes & alia iura sua producendum Sententias audiendum & eas executioni mandare faciendum Et generaliter ad omnia alia &c Dans &c Promittens &c

PROTESTUS IOHANNIS TO-
MIÇICH CONTRA LAÇARUM SER
BONCINE

Die sexto mensis Iulij In publica
platea terre Fluminis Sci Viti praesentibus Prouido viro Ser Batista
çechi Bartolomeo Matiucij ambobus
de Firmo Antonio Nicolai de monte albodio testibus ad haec
uocatis & rogatis ac alijs Ibique Coram prouidis viris domino
Ambrosio quondam Ser Marci ac domino Tonsa quondam Ser
Nicole honorabilibus Iudicibus dicte terre Fluminis Comparuit
Iohannes Tomiçich habitator Breseçi asserens & dicens qualiter dum die XVIIII mensis Iunij ipse transiret iuxta ecclesiam sci Iacobi a prelucha cum aliquibus porcis uenit quidam
Laçarus filius Ser Boncine belli de tregesto cum aliquibus
eius socijs siue famulis & accepit sibi porcos omnes quos
conducebat ad partes istrie & pondus..... ducatis & vnam
cultellam & duo paria substellarium tandem quod restituti
sunt sibi semiviui & non omnes quia deficerent sibi XV$^{cim}$
porci vnde ipsi Iohanni secute sunt multe expense ac etiam
damnum & detrimentum immensa passus est quia propter
hoc non potuit conducere porcos quo volebat quia erant fessi
Quapropter omni via modo iure & forma quibus magis & melius sciuit ac potuit protestatus fuit contra praefatum laçarum
licet absentem pro damno & interesse passis ob suprascriptam causam ducatos sexanginta auri & expensas secutas ac
secuturas ob hanc causam.

PRO IOHANNE MATIUCIJ
CONTRA MARTINAÇ

Die XI mensis Iullij In Statione mei notarij infrascripti praesentibus Vito matronich Blasio cerdone quondam Antonij testibus ad haec uocatis & rogatis ac alijs Ibique Martinus quondam Çanini sponte libere ex certa scientia non per errorem omni exceptione iuris uel facti remota per se suosque heredes & successores fuit contentus & confessus se iuste teneri & dare deberc Iohanni Matiucij de Firmo praesenti stipullanti & respondenti pro se suisque heredibus & successoribus ducatos octo boni auri & iusti ponderis Et hoc pro duobus çabris olei Quam quidem pecunie quantitatem dare & soluere promisit dictus debitor praefato creditori usque ad festum assumptionis beate Marie Virginis sub pena quarti Et ad maiorem cautelam praefati creditoris dictus debitor eidem obligauit & pro speciali pignere designauit suam vineam na braido.

PRO FILIJS QUONDAM SER
MOYSI DE PAGO EMPTIO
OMNIUM BONOR' M MATERNO-
RUM

Die XII mensis Iullij In terra Fluminis Sci Viti In Statione mei notarij infrascripti praesentibus Iudice Mauro Vidonich Iudice Vito barolich Iudice Damiano quondam Matei omnibus habitatoribus dicte terre Fluminis testibus ad haec uocatis & rogatis ac alijs Ibique domina Ilsa uxor pauli quondam lucacij de dobreueçano sub Crupa cum voluntate & consensu dicti Mariti sui ibidem praesentis per se suosque heredes & successores iure proprio & in perpetuum dedit vendidit & tradidit dominis Pasine & Clare & Nicolao fratribus & filijs quondam Ser Moysi de pago & dicte dominae Ilse praesentibus stipullantibus & respondentibus pro se suisque heredibus & successoribus omnem & singulam partem que quomodocunque ipsi venditrici spectat siue spectare posset in omnibus & singulis bonis emptis siue quocunque alio modo acquisitis quouis tempore a praefato quondam Ser Moyse olim marito dicte domine Ilse Dans & cedens dicta venditrix praefatis filijs suis omnia & singula iura & actiones reales & personales tacitas & expressas quomodocunque ipsi venditrici spectantes & spectaturas in praefatis bonis ubicunque existant

inter suos confines & cum omnibus habentijs & pertinentijs
suis Et hoc pro precio et nomine precij ducatorum quinquaginta duorum auri et librarum quatuor paruorurum Quod precium totum eadem venditrix fuit contenta & confessa se habuisse ac manualiter recepisse a dictis emptoribus Promittensque dicta venditrix per se suosque heredes dictis emptoribus
stipullantibus pro se suisque heredibus & succèssoribus praefatam venditionem et omnia & singula suprascripta perpetuo
firma rata & grata habere tenere obseruare & non contrafacere uel uenire per se uel alium aliqua ratione causa uel
ingenio de iure uel de facto sub pena dupli eius quod peteretur stipullatione in singulis capitulis huius contractus solemni promissa cum obligatione omnium suorum bonorum Qua
pena soluta uel non rata maneant omnia & singula suprascripta.

PRO NICOLAO RAYNTALAR
CONTRA EIUS COGNATUM

Vltrascriptis die loco ac testibus I-
bique Nicolaus quondam Ser Moysi
de pago sponte libere ex certa scien-
tia non per errorem omni exceptione iuris uel facti remota
per se suosque heredes & successores fuit contentus & confessus se iuste teneri & dare debere Nobili Viro Nicolao Ray-
talar eius sororio ducatos decem & septem boni auri & iusti
ponderis et solidos sexaginta quatuor paruorum nomine mutui Quam quidem pecunie quantitatem dare & soluere promisit
dictus debitor praefato creditori ad omnem requisitionem ipsius
creditoris sub pena quarti cum obligatione omnium suorum
bonorum Qua pena soluta uel non &c*)

PROCURA IN GEORGIUM FI-
LI CANOUAM

Die XIII mensis Iulij super nundinis Sce Malgarite de bucharo praesentibus Ser Castelino Iohannis de
pensauro Ser Rafaele de Fossambruno ambobus habitatoribus
dicte terre Fluminis Sci Viti testibus ad haec uocatis & ro-

*) Cancellato, con in margne la nota: „1443 die 17 mensis Iunij
Cancelatum fuit praesens. Instrumentum debiti de voluntate creditoris
praesentibus Iudice Mauro Vidonich & Iudice Tonsa quondam Ser Nicole
testibus ad haec uocatis & rogatis &c — Ego Antonius cancellarius
scripsi"

gatis ac alijs Ibique Tomas gusich de Flanona omni via modo iure & forma quibus magis & melius sciuit ac potuit fecit constituit creauit & ordinauit Georgium Filacanouam quondam Martini absentem sed tanquam praesentem suum uerum
& legitimum procuratorem actorem factorèm & certum nuncium specialem praesertim ad comparendum coram Magnificis
dominis auditoribus sententiarum ueterum comunis Venetiarum
Ad accipiendum citationem qua possit citare Elisabeth olim
concubinam presbyteri Schlaui habitatricem chersi & hoc pro
appellatione ab ipso constituente facta a quadam sentencia
lata per dominum Bernardum Fuscareno tunc potestatem albone & Flanone in fauorem dicte Elisabeth Et generaliter &c
Dans &c Promittens &c.

PRO MARCO RADENEUICH CONTRA DOMINICUM DE AL- BONA

Die XV mensis Iulij In Statione mei
notarij infrascripti praesentibus Mochoro seualich & paulo mortatich
testibus ad haec uocatis & rogatis
ac alijs Ibique Dominicus quondam Ser Grisani de Albona
sponte libere ex certa scientia non per errorem omni excep-
ptione iuris uel facti remota per se suosque heredes & successores fuit contentus & confessus se iuste teneri & dare debere Marco radeneuich de Iuançe praesenti stipullanti & respondenti pro se suisque heredibus & successoribus ducatos
quinquaginta boni auri & iusti ponderis Et hoc pro porcis
habitis a dicto creditore Quos quidem ducatos dare & soluere promisit dictus debitor praefato creditori siue Francisco fabro uel eius uxori usque ad festum assumptionis beate Marie Virginis proxime futurum Et si praefatus debitor in
dicto termino dicto debitori praedictos ducatos non soluerit &
dictum creditorem oportebit ire Albonam ob hanc causam
quod tunc & eo casu dictus debitor dare & soluere teneatur
praedicto creditori ducatos decem auri pro expensis cum obligatione omnium suorum bonorum*)

*) Cancellato, con in margine la nota: „1442 die XV mensis Au-
gusti cancelatum fuit praesens Instrumentum debiti quia magister Franciscus faber fuit contentus & confessus sibi integre solutum & satisfactum
fuisse praesentibus Iudice Mateo Petro Iastinich & quirino glauinich testibus ad haec uocatis & rogatis — Ego Antonius cancellarius scripsi"

Pro Ser Batista cachi de Firmo contra Iudicem Mateum

Vltrascriptis die ac loco praesentibus Iudice Nicolao micolich Iudice Tonsa quondam Ser Nicole Ser Castelino Iohannis de Pensauro omnibus habitatoribus dicte terre Fluminis Ser Iohanne Matiucij de Firmo testibus ad haec uocatis & rogatis ac alijs Ibique Iudex Mateus quondam Ser donati ciuis dicte terre Fluminis sponte libere ex certa scientia non per errorem omni exceptione iuris uel facti remota per se suosque heredes & successores fuit contentus & confessus se iuste teneri & dare debere Prouido viro Ser Baptiste cachi de Firmo praesenti stipullanti & respondenti pro se suisque heredibus & successoribus ducatos ducentos & vndecim boni auri & iusti ponderis quorum ducatorum praefatus Iudex Mateus receperat a praedicto Ser Baptista ducatos ducentos in bona societate cuiusdam quantitatis olei cum pactis & condicionibus uti constat in actis prudentis viri Ser Antonij Nicolai de Firmo notarij & ducatos vndecim· pro lucro secuto ex praedicta quantitate olei Quam quidem pecunie quantitatem dare & soluere promisit dictus debitor praefato creditori super nundinis Recanati proxime futuris Aut Ancone super Bancho mei ab aleis de Florentia per totum mensem septembris proxime futurum sub pena quarti cum obligatione omnium suorum bonorum Qua pena soluta uel non rata maneant omnia & singula suprascripta.

Testificatio

Die XVI mensis Iullij In Terra Fluminis Sci Viti In Statione Iudicis Nicolai Micolich Coram spectabili viro domino Iacobo Raunacher capitaneo Iudicibus & consilio Georgius sarctor quondam Stefani testis productus per Iacobum micolich dicte terre Fluminis in eo de eo & super eo quod ipse Iacobus micolich coram suprascriptis dominis conquestus fuerat qualiter super littore maris coram personis fidedignis Bartolomeus & Michael fratres & filij Ser Antonij de gopo de Tergesto dixerant sibi quod fuerat oblocutus de domina dominica eorum sorore & aliqua uerba inhonesta & turpia de ea dixerat praefato georgio testi ac etiam georgio filio Iudicis Stefani de dreuenico & alijs personis Dato ergo a suprascriptis dominis sacramento tactis scri-

turis praefato georgio sarctori de veritate dicenda praesente dicto
ichaele & Interrogatus si audiuit aut scit quod praelibatus Ia-
obus oblocutus fuerit aut verba turpia & inhonesta dixerit
le dicta domina dominica dixit & testificatus fuit quod per
acramentum quod fecerat quod nec scit nec unquam audiuit quod praelibatus Iacobus oblocutus fuerit siue aliquod uer-
bum inhonestum uel turpe dixerit de suprascripta domina Dominica eorum sorore.

TESTIFICATIO Vltrascriptis die ac loco coram su-
. prascriptis dominis georgius filius
Iudicis Stefani de Dreuenico testis productus per Iacobum
micolich super ultrascripta causa Dato eidem sacramento de
veritate dicenda tactis scripturis a suprascriptis .dominis dixit
& testificatus fuit in omnibus & per omnia uelut praefatus
georgius sarctor.

PRO MARTINO RADAUICH Die XVIo mensis Iulij In publica
CONTRA MALGARITAM platea terre Fluminis Sci Viti praesentibus Teodoro quondam Dominici
Agabito diraçich ambobus habitatoribus dicte terre Fluminis
testibus ad haec uocatis & rogatis ac alijs Ibique Malgarita
uxor quondam Tomaci per se suosque heredes & successores
fuit contenta & confessa se habuisse ac recepisse a martino
radauich de Castua et draga eius uxore ducatos quatuor occasione Sententie late per Iudices arbitros inter ipsas partes
ellectos pro domo.

PRO STEFANO CERNOLICH Die XVI mensis Iulij In Statione
mei notarij infrascripti praesentibus
Iudice Mauro Vidonich Iudice Damiano quondam Matei Ser
Ançelino bonfiolo testibus ad haec uocatis & rogatis ac alijs
Ibique Ser Rafael de Fossambruno promisit Stefano cernolich
praesenti quod quandocunque dictus Stefanus pro se & non
pro alijs uoluerit exigere vincam quam emit ab ipso Rafaele
ipsam sibi restituet pro tanto precio quanto praefatus Ser
Rafael emit eam a dicto Stefano Et quod ipse Ser Rafael
non accipiet ipsam vincam de manibus ipsius Stefani pro ut

nunc tenet ad socedam ad medietatem quousqúe dictus Stefanus candem vineam laborauerit bene & diligenter secundum consuetudinem terre Fluminis Sci Viti *)

PRO IUDICE MATEO CONTRA GREGORIUM GEXIDEUICH

Die XVII mensis Iulij In Statione .mei notarij infrascripti praesentibus Iudice Tonsa quondam Ser Nicole Nicolao Rayntalar testibus ad haec uocatis & rogatis ac alijs Ibique Gregorius gexideuich sponte libere ex certa scientia non per errorem omni exceptione iuris uel facti remota per se suosque heredes & successores fuit contentus & confessus se iuste teneri & dare debere Iudici Mateo quondam Ser donati praesenti stipullanti & respondenti pro se suisque heredibus & successoribus ducatos triginta vnum boni auri & iusti ponderis nomine mutui ac pro croco habito a dicto creditore Quam quidem pecunie quantitatem dare & soluere promisit dictus debitor praefato creditori usque ad festum assumptionis beate Marie Virginis proxime futurum siue animalia dummodo fuerunt concordes pro precio sub pena quarti cum obligatione omnium suorum bonorum Qua pena soluta uel non rata maneant omnia & singula suprascripta.

PRO IUDICE MATEO CONTRA PAULUM LUSTALAR

Die XVIII mensis Iulij In Statione mei notarij infrascripti praesentibus Vito matronich Valentino Iurlinouich ambobus habitatoribus terre Fluminis Sci Viti testibus ad haec uocatis & rogatis ac alijs Ibique Iudex Paulus lustalar de labaco per se suosque heredes & successores fuit contentus & confessus se habuisse ac manualiter recepisse a Iudice Mateo quondam Ser donati ducatos quingentos boni auri & iusti ponderis Et hoc pro parte solutionis unius debiti Renuncians dictus Iudex Paulus exceptioni non date non solute & non numerate dicte quantitatis pecunie omnique alij suo iuri ac legum auxilio

_____

*) Cancellato, con in margine la nota: „1445 die XXV.o mensis nouembris cancelatum fuit praesens Instrumentum debiti de voluntate Stefani cernolich praesentibus Iudice Stefano ruseuich Prodano de pago Blasio dicto blasuth testibus ad haec uocatis & rogatis ac alij — Ego Antonius cancellarius scripsi"

Die XVIIII mensis Iulij In Statione
mei notarij infrascripti praesentibus
presbytero Gaspare cresolich Iohanne
coxarich testibus ad haec uocatis &
rogatis ac alijs Ibique calculata ratione Inter Simonem tolchouich de laurana & georgium diraçich suo nomine ac nomine
matris sue nense pro omnibus & singulis expensis factis in
domo dicti Simonis per Agabitum fratrem dicti georgij in
domo dicta dictus Simon dare debet praefato georgio nominibus quibus supra libras uiginti nouem & solidos octo diffal-
candos singulo anno more solito videlicet libras tresdecim paruorum.

Die 19 mensis Iulij In publica platea terre Fluminis Sci Viti praesentibus Ser Antonio de gopo de Tergesto Ser Rafaele de Fossambruno
testibus ad haec uocatis & rogatis ac alijs Ibique Iudex Paulus lustalar de labaco sponte libere ex certa scientia non per
errorem omni exceptione iuris uel facti remota per se suosque
heredes & successores fuit contentus & confessus se iuste teneri & dare debere Iudici Nicolao micolich praesenti stipullanti & respondenti pro se suisque heredibus & successoribus
ac nomine & vice Ade Antonij de Firmo et eius heredum ducatos quinquaginta octo boni auri et iusti ponderis nomine mutui Quam quidem pecunie quantitatem dare & soluere promisit dictus debitor prefatis creditoribus ad omnem eorum requisitionem sub pena quarti cum obligatione omnium suorum
bonorum Qua pena soluta uel non rata maneant omnia &
singula suprascripta.

Die XXV mensis Iulij apud ecclesiam Sci Iacobi a prelucha praesentibus Iudice Mateo quondam Ser
donati Iuissa Sarctore Satnico Brai-
mano Satnico ambobus de castua testibus ad haec uocatis &
rogatis ac alijs Ibique Coram Nobili viro Bartolo Misuli Capitaneo Castue & Iudice Iachuço Comparuit Iudex Vitus quon-

dam Matchi asserens & dicens qualiter dedit Iohanni Tomiçich de Castua certam quantitatem pecunie ut faceret sibi remos a galea et nunc dictus Iohannes non seruat sibi pacta
nam non dat sibi remos quos facit sed alijs nec etiam ipsi
dat libras centum & quinquaginta quas sibi tenetur vnde
praefatus Iudex Vitus considerato quod promisit remos quos
dare non potest propter defectu dicti Iohannis & ipsi sequi-
tur damnum & verecundia protestatus fuit contra praefatum
Iohannem ibidem praesentem Ducatos uigintisex auri pro singulo centenario remorum & expensas secutas & secuturas

PRO ADAM DE FIRMO<br>CONTRA BLASIUM CERDONEM

Die XXVIII mensis Iulij In publica
platea terre Fluminis Sci Viti praesentibus Ançe sarctore de Alemania
Bartolomeo Matiucij de Firmo ambobus habitatoribus dicte
terre Fluminis testibus ad haec uocatis & rogatis ac alijs I-
bique Blasius cerdo quondam Antonij sponte libere ex certa
scientia non per errorem omni exceptione iuris uel facti remota per se suosque heredes & successores fuit contentus &
confessus se iuste teneri & dare debere Bartolomeo Antonij
de Firmo praesenti stipullanti & respondenti vice ac nomine Ade fratris sui & eius heredum libras uigintiocto et solidos decem paruorum nomine mutui Quam quidem pecunie
quantitatem dare & soluere promisit dictus debitor praefato
creditori ad omnem requisitionem ipsius creditoris sub pena
quarti cum obligatione omnium suorum bonorum Qua pena
soluta uel non rata maneant omnia & singula suprascripta.

CONUENTIO PAULI CIMAL<br>CUM TONSA REMERIO

Die XXVIIII mensis Iulij In Statione mei notarij infrascripti praesentibus Iacobo cerdone de Curçula
Mochoro cergnauaçich ambobus habitatoribus dicte terre Fluminis testibus ad haec uocatis & rogatis ac alijs Ibique Tomas remerius de bucharo promisit & se obligauit dare & consignare Paulo cimali de Venetijs ibidem praesenti mille remos a galea in splagia terre Fluminis per totum mensem
septembris proxime futurum pro precio infrascripto videlicet

quod dictus Paulus dare & soluere debeat & teneatur praefato tome centenarium remorum passuum quinque cum dimidio ducatos sexdecim pro singolo centenario & centenarium re- morum sex passuum ducatos uiginti auri pro singulo centenario Pro quibus omnibus & singulis suprascriptis sic firmi- ter obseruandis attendendis & adimplendis vna pars alteri obligauit omnia sua bona mobilia & immobilia praesentia & futura

PRO DOMINA RADNA CON- TRA MATEUM CERSAT

Die XXVIIII mensis Iullij In pu- blica platea terre Fluminis Sci Viti praesentibus Iudice Mauro Vidonich Martino de Segna aurifice testibus ad haec uocatis & rogatis ac alijs Ibique Mateus cersato sponte libere ex certa scientia non per errorem omni exceptione iuris uel facti remota per se suosque heredes & successores fuit contentus & confessus se iuste teneri & dare debere Nicolao Repeglie praesenti sti- pullanti & respondenti vice ac nomine dominae Radne olim uxoris Matei piliparij & eius heredum pro saldo omnium · & singularum suorum rationum libras decem et octo et solidos decem & nouem paruorum Quam quidem pecunie quantita- tem dare & soluere promisit dictus debitor praefato creditori ad omnem requisitionem ipsius creditoris sub pena quarti cum obligatione omnium suorum bonorum Qua pena soluta uel non rata maneant omnia & singula suprascripta.

PROTESTUS AMBROSIJ QUON- DAM MATCHI CONTRA IOHAN- NEM BRIGADAM

Vltrascriptis die ac Ioco praesenti- bus Iudice Vito quondam Matchi Iu- dice Vito barolich testibus ad haec uocatis & rogatis ac alijs Ibique Co- ram Nobili viro domino Tonsa quondam Ser Nicole honora- bili Iudice dicte terre Fluminis Comparuit Ambrosius quon- dam Matchi pilar asserens & dicens qualiter dedit suam vi- neam Iohanni brigade ad laborandum & quod dictus Iohannes anno praeterito vindimiauit praefatam vincam nec ipsam la- borauit anno praeterito neque praesenti vnde vinea deuastatur Idcirco protestatus fuit contra praedictum Iohannem ibidem praesentem omne damnum quod boni uiri existimabunt dictam

vineam percepisse quia non fuit laborata & expensas secutas
& secuturas.

Concordium consiliario-
rum terre Fluminis cum
magistro georgio mura-
tore de Iadra

Die primo mensis Augusti In terra
Fluminis Sci Viti In Statione Iudicis Nicolai Ibique Venerabilis Vir
dominus presbyter Mateus Arcidiaconus & plebanus Iudex Ambrosius
cresolich Iudex Tonsa quondam Ser Nicole Iudex Maurus Iu-
dex Cosma radolich Iudex Nicolaus micolich Iudex Vitus barolich Iudex Damianus quondam Ser Marci Iudex Mateus
quondam Ser donati Iudex Stefanus blasinich omnes consiliarij dicte terre Fluminis pro se ac suis successoribus fecerunt tale concordium & pacta cum magistro georgio quondam
dimitrij de Iadra muratore videlicet quod dictus Magister georgius teneatur & debeat eleuare ecclesiam Sce Marie de dicta
terra Fluminis duodecim pedibus cum muro equali alio muro
incipiendo mensurare a muro super quo stant trabes a parte
inferiori trabum a duobus lateribus cum frontali & frontaspe-
to cooperto de lauris suis siue tegulis viuis corresponsuris
iuste muro laterum Et hoc cum suis lapidibus quos lapides
laborare debet secundum quod sunt lapides super Ianua parua & ipsas lapides debet fodere & praeparare iuxta mari vbi
est fouea & praefati consiliarij tenentur & debent ipsos lapides calcem & omne praeparamentum iuxta ecclesiam praedictam praeparare Dictus etiam magister georgius ponere debet grondalia sua grossa tribus digitis a duobus lateribus &
a frontali grondalia subtiliora que grondalia dictus georgius
conducere debet usque ad Splagiam Fluminis & illi De Flumine debent conducere debent siue portare uel praeparare
iuxta ecclesiam praedictam dicta grondalia Et debet destruere
exedram iuxta Sacrastiam & ipsam murare & ibidem murum
bene ligare debet etiam facere fornicem siue arcum super Ianua parua de suis lapidibus viuis & facere exedram quae est
super dicta Ianua maiorem tribus pedibus & Ibidem etiam
bene ligare murum et similiter etiam debet ligare murum
iuxta angulum dicte Ianue et tenetur & debet coperire ecclesiam cum calce et omnia lignamina laborare videlicet ca-

tenas & cagnolos dolobrare & leuigare & alia lignamina solummodo dolobrare. Consiliarij autem praefati dare debent
omnia praeparamenta exceptis grondalibus lapidibus & lauris que omnia praefati consiliarij debent praeparare iuxta ecclesiam praedictam Quod opus complere teneatur & debeat
usque ad quatuordecim menses proxime futuros Pro quo quidem opere praefati domini dicto Magistro georgio dare & soluere promiserunt ducatos ducentos boni auri & iusti ponderis & operarios quadraginta Quam quidem pecunie quantitatem dare & soluere promiserunt praefati consiliarij dicto Magistro georgio per terminos infrascriptos videlicet nunc ducatos decem auri pro ara & ducatos quindecim quando reuertetur cum suis instrumentis ad laborandum et ducatos uiginti
quinque usque ad festum natiuitatis domini nostri Ihesu
Christi proxime futurum ipso tamen in dicto opere laborante
Et ducatos quinquaginta usque ad festum Sci georgij proxime futurum ipso Magistro laborante Et ducatos quinquaginta
per totum mensem Iulij proxime futurum Et residuum completo praescripto opere Quam quidem solutionem facere promisit dicto Magistro georgio ludex Mateus quondam Ser donati officialis praefate ecclesie Sce Marie Promittens vna pars
alteri adinuicem omnia & singula suprascripta obseruare attendere & adimplere sub pena ducatorum quinquaginta auri
soluenda per partem non obseruantem parti suprascripta obseruanti cum obligatione bonorum utriusque partis.

CONCORDIUM INTER IU-
DICEM NICOLAUM & GEOR-
GIUM MURATOREM

Die primo mensis Augusti In Statione mei notarij infrascripti praesentibus Iudice Tonsa quondam Ser
Nicole Iudice Mauro Vidonich am-
bobus habitatoribus dicte terre Fluminis testibus ad haec uocatis & rogatis ac alijs Ibique ludex Nicolaus micolich tale
concordium & forum fecit cum magistro georgio quondam Dimitrij de Iadra videlicet quod dictus Magister georgius destruere debeat cauam magnam infra arcum qui est super al-
tari Sce Marie in ecclesia Sce Marie de terra Flumine praedicta usque ad fundamenta & aliam cuuam ibidem construere
de nouo quam protrahere debeat magis extra quinque pedi-

bus siue quatuor cum dimidio magis quam est hec que debet
destrui & dicta cuua debet iuste correspondere muro dicte ecclesie qui debet eleuari & debeat facere frontale & frontaspetum coopertum lauris dicti georgij pro qualitate illa & quemadmodum facere debet frontale & frontaspetum a latere an-
teriori iuxta concordium cum consiliarijs dicte terre fluminis
factum Dictus etiam Iudex Nicolaus dare debet calcem sa-
bulum & lapides iuxta praedictam ecclesiam qui sunt parati
pro domo quam eleuare uolebat & dictis lapidibus deficienti-
bus dictus georgius dare debet suos lapides usque ad perfe-
ctionem praefati operis. Quod opus incipere debet per totum
mensem praesentem & prosequi dictum opus Et hoc pro foro
quinquaginta ducatorum boni auri & iusti ponderis Quos quidem ducatos quinquaginta dare & soluere tenetur praefatus
Iudex Nicolaus praedicto Magistro georgio uelut Ipse laborabit Promittentes vna pars alteri adinuicem solemnibus stipulationibus hinc inde instrumentibus omnia & singula suprascripta attendere obseruare & adimplere sub pena ducatorum
uiginti quinque auri soluenda per partem non obseruantem
parti suprascripta obseruanti cum obligatione bonorum utriusque partis.

Die 3 mensis Augusti sub Arbore
ante portam terre Fluminis Sci Viti
praesentibus Vito matronich Dominico carpentario de Iadra ambobus
habitatoribus dicte terre Fluminis testibus ad haec uocatis &
rogatis ac alijs Ibique Ser Antonius filius Ser Santes paterno
de pensauro Comparuit Coram Nobili Viro Iudice Ambrosio
cresolich honorabili Iudice dicte terre Fluminis asserens &
dicens qualiter vendidit certam quantitatem vini Iudici Mateo
quondam Ser donati cum his pactis & condicionibus videlicet
quod per totum mensem Iulij proxime praeteritum debeat
sibi reddere vassa aptata in quibus erat vinum & mensurare
dictam quantitatem vini per totum suprascriptum terminum
nunc autem dictus Iudex Mateus non reddit sibi vassa omnia
uelut fuerunt eorum pacta vnde praefatus Antonius omni meliori modo iure & forma quibus fieri potest protestatus fuit

contra praefatum Iudicem Mateum praesentem & suprascripta
confitentem pro omni & singula summa tenuto vassorum ad
mensuram pensauri duos bononenos pro hoc anno prout sol-
uitur pensauri eo quod ipsa habere non poterit tempore debito Et naulum quod soluet plus eo quod solueret quia non
potest introponere vassa parua in magnis ut moris est & e-
tiam expensas quas patietur In mittendum vnum hominem
qui mensurabit vinum idest praefata vassa deficientia uel que
deficiunt Et etiam protestatur quod vassa omnia reddantur
sibi aptata prout dicto Iudici Mateo aptata dedit quando vendidit sibi vinum et expensas secutas & secuturas ob hanc
causam

COPIA LITTERE MISSE DO-
MINO CORADO DE FORA-
MINE CAPITANEO PISSINI

Spectabilis ac generose amice caris-
sime Hodie recepimus litteras ve-
stras quibus intellectis bene respon-
demus quod responsum litere vestre
prime dare nequimus propter absentiam Capitanei nostri qui
venit in hoc festo & etiam propter festum omnino tamen hodierna die dabamus vobis responsum scribitis nobis qualiter
capi fecimus Nicolaum Rayntalar contra Serenitatem Sereni-
simi & incliti domini nostri domini Regis romanorum &c &
contra uos quod non fecimus nec facere intendimus ymo
deus auertat quod nos facere nec temptare audeamus rem
aliquam quae contra honorem praefati Serenissimi domini regis uel contra honorem nostrum foret cum ipse sit dominus
Magnifici domini nostri & etiam noster Nam nos capi fecimus dictum Nicolaum tanquam habitatorem & ciuem nostrum
qui collectas fationes & omnes alias angarias facit quemadmodum faciunt alij nostri ciues habitat enim cum tota eius
familia in terra Fluminis Noueritis autem qualiter dictus Nicolaus ciuis noster exiuit terram Fluminis clam & expectauit
aliquos subditos Comitis Cille qui fuerant in dicta terra Fluminis cum suis mercimonijs quosque cum inuenit de nocte
derobauit & ipsis derobatis reuersus est ad terram Fluminis
cum parte derobationis et statim se abscondit & quod fortius
est eadem nocte pertransiturus erat quidam nuncius ducis
mediolanensis cum aliquibus ancipitribus magnis quem prae-

fatus Nicolaus expectabat & pernotabat interrogans aliquos
pastores an dictum nuncium uidissent quod cum dicto nuncio
nutu dei relatum fuisset ab vno pastore quod tres homines
cum stambichinis ipsum pastorem interrogauerant si uidissent vnum hominem equitantem cum duobus pedestribus qui
ancipitres portabant ad terram Fluminis reuersus est non au-
dens ire per terram venditoque equo per mare cum ancipitribus Venetias accessit Quapropter Spectabilitas vestra quae
his multo maiora percipit intelligere potest quod dictus Nicolaus se pessime gessit & magnum delictum ac fallum com-
misit propter que secundum quod iusticia ac iuris ordo exigit
et requirit magnam meretur punitionem vnde credimus et
speramus quod Spectabilitas vestra non male ferret hec cum
Magnificus usque nunc dominus noster pacifice stet cum quacunque persona nec aliquod aliud mandatum a domino nostro
habemus. Quia tamen Spectabilitas vestra nobis scribit quos
nos & bona uostra intromittere ac retinere velletis ob hanc
causam Admiramus quia in aliquo Vobis culpabiles non su-
mus neque scimus ob quam iustam causam aduersus nos uel
bona nostra facere haec intendatis Quocirca vobis supplica-
mus nullam aduersus nos capiatis maliuolentiam nec aduersus
nos aliquam faciatis ncuitatem velut speramus si subditos
nostros maleficientes punire intendimus. Hec autem omnia
intimare intendimus Domino Iohanni Reychenburger vicedomino Magnifici Domini nostri Nosque Spectabilitati vestre
se recommittimus. Datum In Terra Fluminis Sci Viti die XVIII
mensis Augusti 1442.

> Iacobus Raunacher Capitaneus Iudices ac regimen
> terre Fluminis Sancti Viti

> A Tergo
> Circumspecto ac generosissimo Milliti domino Corado yi-
> cecomiti de luncz & Foraminis necnon honorabili Capitaneo
> Pissini amico honorabili &c

PROCURA DOMINAE MARIE
MISULICH

Die XXº mensis Augusti In terra
Fluminis Sci Viti In domo habitationis infrascripte domine Marie prae-

sentibus Iudice quirino spinçich de Castua Valentino Iurlinouich de dicta terra Fluminis testibus ad haec uocatis & rogatis ac alijs Ibique Nobilis domina Maria uxor quondam Nobilis viri Iudicis Iohannis Misuli omni via medo iure et forma quibus magis & melius sciuit ac potuit fecit · constituit creauit et ordinauit Nobilem virum Iudicem Iacobum radouich de Segna praesentem & infrascriptum mandatum sponte suscipientem suum uerum & legitimum procuratorem actorem factorem & certum nuncium specialem
praesertim ad dandum tradendum & vendendum Medietatem
vnius domus siue stationis quam habet Segne pro indiuiso
cum generoso millite domino Nicolao de barnis vicario Segne
& Ad instrumentum venditionis cum solemnitatibus necessarij
faciendum Et generaliter ad omnia alia & singula gerenda &
procuranda quae in praedictis &c Dans &c Promittens &c.

COMPROMISSUM   Die XXIo mensis Augusti In terra
Fluminis Sci Viti In Statione Iudi-
cis Matei infrascripti praesentibus Ançelo de Cristianis de
Ancona Benedito quondam Ser Çonni de pensauro Iohanne
harlech Marco cersatich ambobus habitatoribus dicte terre
Fluminis testibus ad haec uocatis & rogatis ac alijs Ibique
cum verteretur lis & controuersia inter Iudicem Mateum quondam Ser donati & Stefanum Marci callelli multis ac quampluribus differentijs tam occassione societatis inter ipsos habite quam omnium & singularum differentiarum quas quomodocunque haberent siue habere possent ac potuissent quacunque ex causa usque ad praesentem diem volentesque parcere laboribus & expensis promiserunt & compromiserunt
sponte tam de iure quam de facto comuniter & concorditer
in prouidos viros Iudicem Ambrosium quondam Ser Marci de
Flumine & Ser Ancelinum bonfiolo de ̦Florentia Ser Castelinum Iohannis de pensauro & Me Antonium de reno notarium
infrascriptum tanquam in arbitros arbitratores & amicabiles
compositores dispensatores & bonos viros Promittentes praefate partes scilicet vna pars alteri vicissim solemnibus stipulationibus hinc inde interuenientibus stare parere obedire
& non contrafacere uel venire per se uel alium aliqua ratione
causa uel ingenio de iure uel de facto omni & singule Sen-

entie laudo arbitrio terminationi diffinitionibus & pronuntia-
tioni que uel quas praefati arbitri arbitratores & amicabiles
compositores dixerint fecerint pronunciauerint diffiniuerint sententiauerint terminauerint siue arbitrati fuerint cum scriptura
uel sine semel uel pluries diebus feriatis & non feriatis eundo sedendo stando quomodocunque quandocunque qualiter-
cunque & ubicunque cum iuris cognitione & solemnitate uel
sine partibus praesentibus uel absentibus sub pena ducatorum
centum auri cuius pene tercia pars sit & esse debeat Magnifici domini nostri de Valse Tercia pars comunis dicte terre
Fluminis et Tercia pars praedictorum arbitrorum arbitratorum
& amicabilium compositorum stipullatione inter ipsas partes
& ab ipsis ambabus partibus in singulis capitulis huius contractus solemni in solidum promissa que totiens in solidum
committatur & esigi possit quotiens contrafactum fuerit & refectione damnorum & expensarum litis & extra cum obligatione bonorum utriusque partis Qua pena soluta uel non
omnis tamen & singula sentenlia laudum arbitrium terminatio diffinitio & pronunciatio que uel quas praefati arbitri arbitratores & amicabiles compositores dixerint fecerint pronunciauerint terminauerint sententiauerint difiniuerint & pronunciauerint siue arbitrati fuerint rate & firme uel rata & firma
persistant & praesens instrumentum compromissi plenissimam
obtineat firmitatem & robur omni & singula iuris ac litis
exceptione cessante penitus & remota.

SEQUESTRUM IUDICIS MA-
TEI QUONDAM SER DODATI Die XXVIII mensis Augusti In Terra Fluminis Sci Viti In Statione mei
notarij infrascripti praesentibus Iu-
dice Mauro Vidonich Tomasino quondam Tome de Vegla Ambrosio radolich omnibus habitatoribus dicte terre Fluminis testibus ad haec uocatis & rogatis ac alijs Ibique Coram Nobili viro domino Tonsa quondam Ser Nicole honorabili Iudice
dicte terre Fluminis praesente Ser Bartolo de la çichima de
pensauro comparuit Iudex Mateus quondam Ser donati asserens & dicens qualiter Stefanus Marci callelli de Ancona di-
misit pensauri in manibus praefati Ser Bartoli in eius fun-
tico siue statione quinquaginta quinque ballas coriorum ala-

manorúm uel circa et fassios decem ferri uel circa que res
sunt ipsius Matei Quapropter interdixit & sequestrauit in manibus praefati Bartoli praesentis omnes & singulas res supra-
criptas Protestans contra ipsum Bartolum suprascripta coria
& ferrum si ipse Bartolus alicui ipsa consignauerit uel dederit sine eius licencia & damnum & interesse quae ipsi Mateo
ob hoc sequerentur.

PROTESTUS DOMINICI DICTI DOMINACH

VItrascriptis die loco ac testibus Coram Nobili viro domino Tonsa honorabili Iudice dicte terre Fluminis
Comparuit Dominicus carpentarius de Iadra habitator dicte
terre Fluminis asserens & dicens qualiter ipse fuit plegius &
fideiussor coram regimine praefate terre Fluminis pro Stefano
Marci callelli praesentandi dictum Stefanum in iure ad omnem
requisitionem praedicti regiminis nunc vero praedictus Stefanus clam recessit insalutato hospite & ipse Dominicus cogitur
ad soluendum Iudici Mateo quondam Ser donati certam quantitatem pecunie quod ipsi dominico reuertitur in magnum incomodum & detrimentum Quapropter ipse dominicus omnibus & singulis iuris remedijs quibus magis & melius fieri potest protestatus fuit contra praefatum Stefanum licet absentem totum id quod pro eo solueret & omne & singulum damnum quod ob hanc causam pateretur & etiam singula die
qua ob hanc causam non poterit laborare & facere facta sua
solidos quadraginta paruorum & expensas.

PROCURA IOHANNIS MA-
TIUCIJ DE FIRMO

Die 4º Decembris Venetijs in riuo
alto praesentibus Magistro Mateo
sclauo tinctore habitator venetiarum
Tonsa gusich de Flanona testibus ad haec uocatis & rogatis
ac alijs Ibique Prouidus vir Ser Iohannes quondam Matiucij
de Firmo omni via modo iure & forma quibus magis & melius sciuit ac potuit fecit constituit creauit & ordinauit Bartolomeum fratrem suum absentem sed tanquam praesentem
suum verum & legitimum procuratorem actorem factorem &
certum nuncium specialem praesertim ad exigendum & recuperandum a quacunque persona sibi dare debenti tam de-

narios quam alia in terra Fluminis & in omnibus partibus
Schlauonie & de per eum receptis finem dimissionem quietationem & pactum de vlterius non petendo cum solemnitatibus necessarijs faciendum Et ad comparendum si opus fuerit
coram quocunque Iudice ad agendum petendum &c Et generaliter Dans &c Promittens &c.

Die XXIIII mensis decembris In
Statione mei notarij infrascripti praesentibus Crestolo Silçich Laurentio
Marinario quondam Blasij Bencho
de Sagabria testibus ad haec uocatis & rogatis ac alijs Ibique Stefanus cernolich & Stana eius uxor sponte libere ex
certa scientia non per errorem omni exceptione iuris uel facti
remota fuerunt contenti & confessi se iuste teneri & dare debere Ser Rafaeli de Fossambruno praesenti stipullanti & respondenti pro se suisque heredibus libras trigintaseptem paruorum nomine mutui Quam quidem pecunie quantitatem dare
& soluere promiserunt dicti debitores praefato creditori usque
ad festum Sci Michaelis de mense septembris proxime futuro
Et ad maiorem cautelam praefati creditoris dicti debitores
eidem obligarunt & pro speciali pignere designarunt suam
vineam in Rastocine.

**Anno 1443**

IN Christi nomine amen anno natiuitatis eiusdem Millesimo quadrigentessimo quadragessimo tercio Indictione sexta Die secundo mensis
Ianuarij In terra Fluminis Sci Viti
In Statione mei notarij infrascripti praesentibus Iudice Vito
quondam Matchi Iudice Mauro Vidonich Ser Stefano blasinich omnibus habitatoribus dicte terre Fluminis testibus ad
haec uocatis & rogatis ac alijs Ibique Coram Nobili Viro domino Tonsa quondam Ser Nicole honorabili Iudice dicte terre
Fluminis Comparuit Ser Mateus quondam Antonij Schof de
marano asserens & dicens qualiter Ser Paulus cimal de Marano nauliçauit eum pactis & condicionibus infrascriptis vide-

licet quod praedictus Ser Mateus debebat accedere Bucharum
cum suo nauigio & ibi onerare mille remos quibus oncratis
debebat tunc uenire ad Splagiam Fluminis vbi dicitur Reçiçe
& ibidem onerare debebat remos praedicti pauli usque ad
complementum oneris siue carici sui & praefatus Ser Mateus
esse debebat expeditus per terminum octo dierum appulso
nauignio Bucharum quod minime factum est nam ipse appulit ut dixit cum suo nauignio bucharum in vigilia Sancti Nicolai proxime praeteriti & ibidem stetit quampluribus diebus
& non potuit habere nisi octingentos remos deinde uenit ad
Splagiam praedicte terre Fluminis ut oneraret siue caricaret
remos et non inuenit aliquem remum supra dicta splagia &
ibidem expectauit usque ad praesentem diem & non potuit
habere caricum siue onus suum quod praefato Mateo reuertitur ac reuersum est in maximum damnum & detrimentum
propter abundantiam expensarum ipsi occurrentium Vnde praefatus Ser Mateus omnibus & singulis iuris remedijs quibus
magis & melius fieri potest protextatus fuit contra praedictum
paulum cimal absentem sed tanquam praesentem omnes &
singulas expensas damna et interesse ipsi mateo òb hanc causam secutas & secuturas.

PRO ANÇE & CRISMANO     Die 3ọ mensis Ianuarij In Statione
& ÇUPANO VOLCINA     mei notarij infrascripti praesentibus
                 domino presbytero georgio plebano
Castue Çupano Filipo quondam quirini Iudice Antonio sur-
chlinouich ambobus de Castua testibus ad haec uocatis & rogatis ac alijs Ibique praesentè Iudice xauida procuratore ecclesie Sancte Elene de Castua Magister Ianes et Magister
Crismanus ambo de los carpentarij dixerunt & confessi fuerunt qualiter sunt contenti recipere a çupano Volcina schon-
trich de Castua libras quinquaginta duas paruorum et hoc
pro parte solutionis denariorum quos habere debent a Comunitate Castue pro copertura ecclesie Sce elene de Castua Quam
quidem pecunie quantitatem dare & soluere tenebatur praefate ecclesie Sce Elene praedictus Volcina vigore sentencie &
concordij siue arbitrij quam & que fecerunt Çupanus alexander de Nerine Ser doclegna procacino Iudex Fabianus Am-

brosius dobricinich Antonius xobalich omnes de Castua &
ego Antonius notarius infrascriptus tanquam arbitri electi per
dictum Çupanum volcinam & Iudicem xauidam procuratorem
ecclesie praedicte de Mandato domini Iohannis Reycenburger
die ultimo mensis decembris proxime praeteriti Castue in domo suprascripti Çupani Volcine et hoc eo quod fuerat Gastaldio suprascripte ecclesie Sce elene multis annis et nescie-
bat dicere introitus perceptos nec expensas ab ijs factas red-
dentes praefati arbitri ipsum çupanum Volcinam absolutum
de omni eo quod quomodocunque Çupanus Volcina dare teneretur nomine dicte Gastaldarie praedicte ecclesie Sce Elene
soluendo tamen dictas libras quinquaginta duos in quibus ipse
çupanus Volcina per suprascriptos arbitros fuit sententiatus suprascriptis carpentarijs quam quidem pecunie quantitatem dare
& soluere tenetur dictus Çupanus Volcina suprascriptis carpentarijs quandocunque coperient ecclesiam praefatam sub
pena quarti cum obligatione omnium suorum bonorum Qua
pena soluta uel non rata maneant omnia & singula suprascripta.

PRO VALENTINO CONTRA
IUDICEM DAMIANUM & VI-
TUM MATRONICH

Vltrascriptis die ac loco praesentibus Ser Rafaele de Fossambruno
Agabito diraçich Veneciano de Cregnino omnibus habitatoribus dicte
terre Fluminis Sci Viti testibus ad haec uocatis & rogatis ac
alijs Ibique Iudex Damianus quondam Matei et Vitus matronich ambo habitatores dicte terre Fluminis sponte libere ex
certa scientia non per errorem omni exceptione iuris uel facti
remota per se suosque heredes & successores fuerunt contenti & confessi se iuste teneri & dare debere Ser Valentino
Iurlinouich praesenti stipullanti & respondenti pro se suisque
heredibus & successoribus valorem modiorum centum vini uel
plus uel minus secundum quod reperietur in mensura pro
precio & nomine precij soldorum nonagintaduorum pro singulo modio quam vini quantitatem dicti debitores receperunt
in septem vassis plenis Quem valorem vini siue precium dicti
debitores praefato creditori dare et soluere promiserunt usque
ad festum assumptionis beate Marie Virginis proxime futu-

rum sub pena quarti Et ad maiorem cautellam praefati creditoris praedictus Iudex Damianus pro parte sua id est pro
medietate valoris dicti vini eidem obligauit & pro speciali pignere designauit cum voluntate & consensu domine Lepice
uxoris sue uelut coram praefato Ser Rafaele & me notario
infrascripto dixit & contentauit in curia eius habitationis ortum suum positum in luche iuxta Ser Antonium Andregetich
& Ser Castelinum Et si dictus ortus non sufficeret ad solutionem medietatis valoris dicti vini tunc praefatus creditor
potest petere & exigere omne id quod deficiet a suprascripto
Vito Matronich creditore Pro quibus omnibus & singulis obseruandis & attendendis dictus Vitus debitor praefato creditori obligauit omnia sua bona mobilia & immobilia

Pro Nichlino contra Iu-
dicem Maurum
Die quarto mensis Ianuarij In Barbacano terre Fluminis Sci Viti praesentibus Iudice Vito quondam Mat-
chi Iudice Damiano quondam Matei Ser Rafaele de Fossambruno omnibus habitatoribus dicte terre Fluminis testibus ad
haec uocatis & rogatis ac alijs Ibique Iudex Maurus Vidonich
sponte libere ex certa scientia non per errorem omni exccptione iuris uel facti remota per se suosque heredes & successores fuit contentus & confessus se iuste teneri & dare
debere nobili viro Nicolao Rayntalar habitatori dicte terre
Fluminis praesenti stipullanti & respondenti pro se suisque
heredibus & successoribus libras centum et octoaginta paruorum Et hoc pro vino habito a dicto creditore Quos quidem
denarios dare & soluere promisit dictus debitor praefato creditori usque ad festum natiuitatis domini nostri Iehesu Christi proxime futurum sub pena quarti cum obligatione omnium
suorum bonorum Qua pena soluta uel non rata maneant omnia
& singula suprascripta

Pars capta quod nul-
lus possit vendere pro
precio maiori sine lioen-
tia Iudicum
Die Xo mensis Ianuarij in Terra
Fluminis in Stuba Iudicis Matei prope
plateam per dominos Iudices & consilium dicte terre Fluminis considerantes quod multe fraudes commit-

tuntur ab his qui ponunt res suas ad maius precium
quam prius fuerint dicentibus iam sunt tot dies quod
non vendimus eo quod voluimus vendere in cariori foro
& nolentes talia committantur capta fuit pars infrascripti tenoris videlicet quod nulla persona tam terrigena quam
forensis cuiuscunque condicionis existat audeat aut praesumat ponere aliquam rem in maiori precio quam prius vendi-
derit nisi prius notificet dominis Iudicibus sub pena librarum
octo paruorum Que pars eodem die proclamata fuit in locis
consuetis per georgium publicum preconem Et quod scribere
faciat diem qua se praesentauerat his pactis elapsis octo diebus valeat vendere in cariori foro aliter cadat ad suprascriptam penam. *)

PRO TEODORO & VITO  Die XVIII mensis Ianuarij In Statione mei notarij infrascripti prae-
sentibus Ser Rafaele de Fossambruno petromarino de Firmo
testibus ad haec uocatis & rogatis ac alijs Ibique Maurus
Vasmiçich se obligauit Teodoro & Vito Mateieuich praesentibus ad protrahendum ipsorum Sagenam ad eorum libitum
cottidie usque ad Festum resurrectionis domini nostri Ihesu
Christi proxime futurum hoc pacto quod omni & singula nocte
qua dicti Teodorus & Vitus siue alter ipsorum praeciperet praefato Mauro quod iret ad protrahendum ipsorum Sagenam &
non accederet soluere debeat praedictis Teodoro & Vito & illis
qui ipsam Sagenam protraherent libras quatuor pro singula
nocte qua non ibit ad protrahendum sagenam ut supra.

PRO IUDICE IURCHO CON·  Die 3º mensis Februarij In publica
TRA NICOLAUM DE CASTUA  platea terre Fluminis Sci Viti praesentibus Teodoro quondam domi-
nici Vito Mateievich Marco cersatich testibus ad haec uocatis & rogatis ac alijs Ibique Nicolaus quondam Viti bosauich
de Castua sponte libere ex certa scientia non per errorem
omni exceptione iuris uel facti remota per se suosque here-

---

*) Sul margine è annotato: „preconiçata die 5 Ianuarij 1455."

des & successores fuit contentus & confessus se iuste teneri
& dare debere Iudici Iurcho de dreuenico praesenti stipullanti
& respondenti pro se suisque heredibus & successoribus libras octuaginta quatuor paruorum Et hoc pro quadam vinea
vendita dicto debitori a praefato creditore Quam quidem pecunie quantitatm dare & soluere promisit dictus debitor praefato creditori per terminos infrascriptos videlicet medietatem
usque ad festum Sce Malgarite proxime futurum & alteram
medietatem usque ad festum Sci Martini proxime futurum sub
pena quarti cum obligatione omnium suorum bonorum Qua
pena soluta uel non rata maneant omnia & singula suprascripta *)

PROCURA TEODORI     Die quinto mensis Februarij In Statione mei notarij infrascripti in terra
Fluminis Sci Viti praesentibus Iudice Cosma radolich Mel-
chior quondam Leonardi testibus ad haec uocatis & rogatis
ac alijs Ibique Teodorus quondam dominici ciuis terre Fluminis omni via modo iure & forma quibus magis & melius
sciuit ac potuit fecit constituit creauit & ordinauit prouidum
virum Ser Quirinum filium Iudicis Viti dicte terre Fluminis
praesentem & infrascriptum mandatum sponte suscipientem
suum uerum & legitimum procuratorem actorem factorem &
certum nuncium praesertim ad exigendum & recuperandum a
quacunque persona sibi dare debenti pissini & in eius comi-
tatu tam denarios quam alia & de per eum receptis finem
dimissionem & pactum de vlterius non petendo cum solemnitatibus necessarijs faciendum et ad comparendum si opus fuerit coram quocunque Iudice tam ecclesiastico quam saeculari Ad a-
gendum petendum respondendum testes & alia iura sua producendum sententias audiendum & eas executioni mandare
faciendum Et generaliter ad omnia alia & singula &c Dans
&c Promittens &c

---

*) Cancellato, con in margine la nota: „1444 die nono mensis Ianua-
rij cancelatum fuit praesens Instrumentum debiti de voluntate creditoris praesentibus Iudice Mauro Vidonich & Vito matronich testibus ad haec uocatis &
rogatis — Ego Antonius cancellarius scripsi"

Copia Cuiusdam litere Serenissimi & excellentissimi prin-
cipis ac domini domini Sigismundi dei gratia Romanorum im-
peratoris ac Vngarie Boemie Dalmacie croatieque &c regis
scripta per me Antonium notarium anno domini 1443 die secundo mensis Marcij de Mandato Nobilium virorum domini
Ambrosij cresolich· & domini Tonse quondam Ser Nicole honorabilium Iudicum dicte terre Fluminis Sci Viti praesentibus testibus Iudice Mauro Vidonich & Vito matronich omnibus habitatoribus dicte terre Fluminis

Sigismundus dei gratia Romanorum imperator semper
augustus ac Vngarie Boemie Dalmatie Croatieque &c Rex
fidelibus nostris Spectabilibus & Magnificis Iohanni & Ste-
phano Vegle Segne Modrusse Comitibus dictorumque regnorum nostrorum Dalmatie & Croatie banis necnon omnibus fratribus eorumdem similiter comitibus Vegle eorumque vicege-
rentibus & officialibus praesentium noticiam habituris salu-
em & gratiam. Veniens nostre maiestatis in praesentiam fi-
delis noster Antonius de Pensauro ciuis & mercator Ciuitatis
vestre Segnensis nobis exposuit conquerendo Quomodo ipse
alias quondam Antonio popoleschis de Florentia mercatori in
ciuitate nostra budensi residenti certam & non modicam quantitatem olei ac ficuum ad valorem octingentorum florenorum
auri se extendentem in credenciam tradidisset & assignasset
de qua quidem summa forenorum Idem quondam Antonius
popoleschis uita sibi comite ipsi Antonio exponenti nulla satisfactionem impendere curauisset. Iamque mortuo dicto quondam Antonio popoleschis uniuerse res & bona atque mer-
cancie eiusdem hincinde taliter fuissent & essent dissipate
seu ad manus alienas & forsan sociorum & commercatorum
seu magistrorum suorum deuenissent quod q (?) ipse Antonius
de pensauro de huiusmodi suis rebus nihil penitus potuisset
rehabere Supplicans his expositis praefatus exponens Maie-
stati nostre vt sibi superinde de remedio dignaremur prouidere opportuno vnde quia dictus Antonius exponens certis &
euidentibus documentis id coram nobis comprobauit quod praelibatus quondam Antonius popoleschis sibi in praescriptis
octingentis florenis auri debitorio extitit obligatus Ideo Nos
eundem exponentem in praemissis damnum pati nolentes Fi-
delitati vestre firmo nostro sub edicto praecipimus et man-

amus quatenus dum & quandocunque memoratus Antonius
xponens aliquem seu aliquid ex socijs et commercatoribus
eu magistris annotati quondam Antonij popoleschis aut alios
uoscunque mercatores florentinos seu eorundem mercancias
esque & bona quecunque in vestris terris tenutis . ciuitatibus
pidis & villis aut aliorum quorumcunque sub vestris hono-
ibus existentium poterit reperire vosque seu alter vestrum
iarum serie per eum fueritis requisiti aut requisitus ex tunc
rlteriori nostro mandato superinde nullatenus expectato huius
odi mercatores florentinos cunctasque eorum mercancias ac
is et bona arestare ac super praemissis octingentis florenis
iri dicti exponentis expensis per eum pro rehabitione talis-
odi pecuniarum suarum factis de eisdem mercancijs ac rebus
& bonis eidem Antonio exponenti plenam & omnimodam sa-
isfactionem impendere & exhibere modis omnibus debeatis
iuctoritate nostre maiestatis praesentibus vobis in hac parte
ttributa mediante Secus facere non ausuri. Praesentibus prae-
lectis exibendi restituitis. Datum In Tata in festo conceptionis
beate Marie Virginis gloriose Anno domini Millesimo quadrigentessimo tricessimo quinto Regnorum nostrorum anno
Hungarie et cet quadragessimo nono Romanorum vigessimo
sexto Boemie sexdecimo imperij uero tercio.

PRO IOHANNE FILIO DO-
MINI VICARIJ CONTRA IUDI-
CEM TONSAM

Die XVI mensis Marcij In publica
platea terre Fluminis Sci Viti praesentibus Iudice Mauro Vidonich Petromarino de Firmo testibus ad haec
uocatis & rogatis ac alijs Ibique Iudex Tonsa quondam Ser
Nicole sponte libere ex certa scientia non per errorem omni
exceptione iuris uel facti remota per se suosque heredes &
successores fuit contentus & confessus se iuste teneri & dare
debere Iohanni filio generosi militis domini Nicolai de barni
ducatos tresdecim cum dimidio boni auri & iusti ponderis &
hoc pro oleo habito a dicto creditore Quam quidem pecunie
quantitatem dare & soluere promisit dictus debitor praefato
creditori usque ad festum Sancti Georgij proxime futurum
siue tantum ferrum pro precio quo valebit in prompta pecunia quantum ascendat ad suprascriptam [pecunie quantitatem

sub pena quarti cum obligatione omnium suorum bonorum
Qua pena soluta uel non rata maneant omnia & singula suprascripta.

ACCORDATIO MARCI FILIJ
GOLACIJ

Die XXIIII mensis Marcij In Statione mei notarij infrascripti praesentibus Martino terçich georgio gla-
uinich testibus ad hacc uocatis & rogatis ac alijs Ibique Se-
bastianus golaç sponte dedit locauit & affictauit Marcum filium suum praesentem & consentientem hinc usque ad septem annos proxime futuros Magistro Blasio carpentario habitatori terre Fluminis praedicte his pactis & condicionibus
videlicet quod dictus Marcus teneatur & debeat bene & diligenter seruire & obedire praefato Blasio dictis septem annis
& praefatus Blasius dare debeat dicto Marco dictis septem
annis uitum uestitum & calceatum competente & ipsum docere artem suam. Et in capite septem annorum vnum caput
de quolibet genere Instrumentorum artis sue carpentarie Promittentes una pars alteri uicissim omnia & singula suprascripta attendere & obseruare sub pena librarum quinquaginta
paruorum cuius pene medietas deueniat Comuni terre Fluminis & altera parti obedienti stipullatione in singulis capitulis
huius contractus solemni promissa.

Intendit probare & fidem facere praefatus dominus Georgius chersaner qualiter Iohannes dictus Çamin Eberstaner
de pissino non habebat aliquem sibi magis propinquum in affinitate & parentela quam Iohannem chersaner patrem praefati domini Georgij Et hoc per Albertum eberstaner de
lupoglaua.

TESTIFICATIO IN FAUOREM
GEORGIJ CHERSANER

Die XXV mensis Marcij In terra
fluminis Sci Viti In Statione mei
notarij infrascripti Ad Instantiam &
requisitionem praefati Nobilis viri georgij Chersaner Nobilis
vir dominus Ambrosius quondam Ser Marci ad praesens Iudex praedicte terre Fluminis & Iudex damianus quondam Matei consiliarius uenire fecerunt coram se Albertum eberstaner

e lupoglaua & dato per suprascriptos Iudices eidem Alberto
sacramento de veritate dicenda manibus tactis scripturis remotis omnibus iuramento obstantibus et Interrogatus a suprascripto Iudice Ambrosio quid scit de affinitate siue parentela que erat Inter Iohannem dictum Çani et Iohannem Chersaner olim patrem praefati georgij eberstaner de pissino prout
in suprascripta Intentione continetur dixit & testificatus fuit
per sacramentum quod fecerat quod scit bene qualiter praelibatus Iohannes eberstaner non habebat aliquem sibi magis
propinquum in affinitate & parentela quam praefatum Iohannem chersaner Interrogatus quomodo hoc scit respondit quod
hoc audiuit ab ipsis multotiens et etiam a Michsa eberstaner
olim capitaneo pissini cum quo moram contrasit Super generalibus recte respondit

PRO IACOBO RATTICH CON-
TRA IUDICEM NICOLAUM
Die XXVI mensis Marcij In Statione infrascripti Iudicis Nicolai praesentibus Iudice Vito quondam Ma-
tchi Iudice Damiano quondam Matei Grisano quondam Iudicis Martini de pago testibus ad haec uocatis & rogatis ac
alijs Ibique Iudex Nicolaus micolich sponte libere ex certa
scientia non per errorem omni exceptione iuris uel facti remota per se suosque heredes & successores fuit contentus &
confessus se iuste teneri & dare debere Iacobo rattich de Cuceuia praesenti stipullanti & respondenti pro se suisque heredibus & successoribus ducatos centum et triginta duos boni
auri et iusti ponderis Et hoc pro plegiaria siue fideiussione
pro Valentino Iurlinouich & Quirino spinçich Quam quidem
pecunie quantitatem dare & soluere promisit dictus debitor
praefato creditori uel ludici Ambrosio de bucharo usque ad
festum Sci georgij proxime futurum sub pena quarti cum o-
bligatione omnium suorum bonorum Qua pena soluta uel non
rata maneant omnia & singula suprascripta *)

---

*) Cancellato, con in margine la nota: „1443 die XX.o mensis Maij
praesentibus presbytero Gaspare Vito matronich & Paulo barbitonsore
praeceperunt mihi notario infrascripto quatenus praesens Instrumentum
debiti eo quod coram eis creditor fuit contentus sibi integre satisfactum
-- Ego Antonius cancellaui.

PRO VITO MAGRULINO     Vltrascriptis die loco ac testibus I-
bique Iudex Nicolaus micolich Va-
lentinus Iurlinouich & Quirinus spinçich per se suosque heredes promiserunt & obligarunt se ad dandum & soluendum
Michlauo de cuçeuia vice ac nomine Viti Magurlini de Cuçeuia ducatos centum & quadragintatres boni auri & iusti ponderis & libras quatuor paruorum Et hoc pro castratis quos
habuerunt praefati Valentinus & Quirinus a praefato Vito &
soluere debent dictam pecunie quantitatem praedicto Vito siue
Iudici Ambrosio de bucharò usque ad festum Sci georgij proxime futurum sub pena quarti cum obligatione omnium suorum bonorum Qua pena soluta uel non rata maneant omnia
& singula suprascripta. *)

PRO IUDICE NICOLAO CON-
TRA VALENTINUM & QUI-
RINUM SPINÇICH
    Vltrascriptis die loco ac testibus I-
bique valentinus Iurlinouich & Quirinus spincich de Castua per se suosque heredes & successores obligan-
tes se & omnia sua bona promiserunt Iudici Nicolao micolich
stipullanti pro se suisque heredibus & successoribus ipsum
seruare indemnem ab omni damno solutione expensis & interesse quas pati posset quomodocunque occasione plegiarie
siue fideiussionis pro ipsis facta Iacobo rattich de Cuceiua de
ducatis centum & triginta duobus auri & de promissione solutionis facta Vito Magrulino de Cuceuia de ducatis centum
& quadraginta tribus auri & libris quatuor paruorum

PRO MARCO STEFANÇICH
CONTRA GRISANUM LABUTICH
    Die XXVI mensis Marcij In publica
platea terre Fluminis Sci Viti praesentibus Iudice Cosma radolich Ve-

---

*) Cancellato, con in margine la nota: „Ambo Iudices praeceperunt
michi quatenus cancelare deberem praesens Instrumentum debiti eo quod
coram eis creditori fuit satisfactum Et hoc mihi preceperunt praesentibus
presbytero Gaspare Vito matronich & Paulo Vidotich barbitonsore 1443
die XX.o Maij" — Nell' altro margine: „Ego Antonius cancelarius cancelaui de Mandato dominorum iudicum ut scripsi in margine. "

neciano de Cregnino testibus ad haec uocatis & rogatis ac alijs Ibique Grisanus labutich sponte libere ex certa scientia non per errorem omni exceptione iuris uel facti remota per se suosque heredes & successores fuit contentus & confessus se iuste teneri & dare debere Marco stefancich praesenti stipullanti & respondenti pro se suisque heredibus & successoribus ducatos duos cum dimidio Et hoc pro aliquibus possessionibus habitis a dicto creditore Quam quidem pecunie quantitatem dare & soluere promisit dictus debitor praefato creditori usque ad terciumdecimum diem mensis Nouembris de Anno domini MCCCCXXXXIV.to sub pena quarti Qua pena etc Et ad maiorem cautelam praefati creditoris dictus debitor eidem obligauit & pro speciali pignere designauit domum suam positam in dicta terra Fluminis iuxta laurentium labutich & alios eius confines

PRO MARTINO BECHARIO CONTRA BERTOSSAM

Die XXVIIII mensis Marcij In Statione mei notarij infrascripti praesentibus Iudice damiano quondam Matei Gaspare Antonij de Firmo testibus ad haec uocatis & rogatis ac alijs Ibique Bertossa cerdo de Flanona sponte libere ex certa scientia non per errorem omni exceptione iuris uel facti remota per se suosque heredes & successores fuit contentus & confessus se iuste teneri & dare debere Martino macellatori habitatori terre Fluminis praesenti stipullanti & respodenti pro se suisque heredibus & successoribus libras centum & decemnouem paruorum & hoc pro pellibus et çuecha cum calcinario quae fuerunt dranchi cerdonis habitis a dicto creditore Quam quidem pecunie quantitatem dare & soluere promisit dictus debitor praefato creditori ad omnem requisitionem ipsius creditoris sub pena quarti cum obligatione omnium suorum bonorum Qua pena soluta uel non rata maneant omnia & sigula suprascripta.

PRO IUDICE IURCHO CONTRA MATIASIUM

Die quinto mensis Aprilis In publica platea terre Fluminis Sci Viti praesentibus Iudice Vito rosso Iudice Damiano quondam Matei Martino Çouanich testibus ad haec uocatis & rogatis ac alijs Ibique Iudex Iurcho de dreuenico affictauit Matiasio de Iapre ibidem praesenti vnam suam domum positam in dicta terra Fluminis superius & inferius iuxta quam est puteus pro vno anno proxime futuro qui annus incepit die primo mensis suprascripti Hac condicione quod dictus Matiasius soluere teneatur praefato locatori libras sexaginta paruorum nomine affictu et dictus locator possit & valeat sine contradictione praedicti Matiasij in dicta domo tenere inferius totum vinum quod habebit de suis vineis positis in districtu Fluminis.

PRO MATEO TINCTORE DE VENETIJS     Die XVII mensis Aprilis In Statione mei notarij infrascripti praesentibus georgio glauinich Cusma mulsetich testibus ad haec uocatis & rogatis ac alijs Ibique Simon tinctor quondam Petri de Iadra fuit contentus & confessus se iuste teneri & dare debere Magistro Mateo Iohannis tinctori habitatori Venetiarum iuxta pontem naualis ducatos vndecim boni auri & iusti ponderis & solidos triginta octo paruorum Et hoc pro gado habito a dicto creditore Quam quidem pecunie quantitatem dare & soluere promisit dictus debitor praefato creditori usque ad festum ascensionis domini nostri Ihesu Christi proxime futurum sub pena quarti cum obligatione omnium suorum bonorum Qua pena soluta uel non rata maneant omnia & singula suprascripta.

PROCURA IN IUDICEM ROSSUM     Die XXV mensis Aprilis Segne ante portam piscarie praesentibus Martino grubich Mochoro cergnaueçich testibus ad haec uocatis & rogatis ac alijs Ibique Paulus quondam Iohannis de busana omni via modo iure & forma quibus magis & melius sciuit ac potuit fecit coustituit creauit & ordinauit Iudicem Vitum quondam Matchi praesentem & infrascriptum mandatum sponte suscipientem suum uerum & legitimum procuratorem actorem factorem & certum nuncium specialem praesertim ad exigendum & recuperandum a Simone

pilar habitatore terre Fluminis omnem & singulam pecunie quantitatem quam ipse constituens quomodocunque ab ipso habere
deberet & de per eum receptis finem dimissionem quietationem, & pactum de vlterius non petendo cum solemnitatis necessarijs faciendum & ad comparendum si opus fuerit coram
quocunque Iudice tam ecclesiastico quam saeculari ad agendum petendum respondendum libellos & petitiones dandum &
recipiendum testes & alia iura sua producendum sententias
audiendum & eas executioni mandare faciendum Et generaliter &c Dans &c Promittens &c.

TESTIFICATIO IN FAUOREM
IUDICIS MATEI DONADOUICH
Die XXVII mensis Aprilis In Statione Tomasini Coram Nobilibus viris domino Ambrosio cresolich do-
mino Tonsa quondam Ser Nicole honorabilibus Iudicibus dicte
terre Fluminis ac Iudice Stefano rusouich constitutus Ser Nicolaus scabich testis productus per Iudicem Mateum donadouich super eo quod cum Iudex Bartolus erat debitor patris
sui Iuratus & amonitus per suprascriptos Iudices dixit & testificatus fuit qualiter Mater praefati Iudicis Matei rogauit
ipsum dum Iudex Bartolus iaceret infirmus quod accederet
ad eum cum presbytero Iohanne micolich & diceret ipsi quod
recorderetur qualiter estitit debitor Iudicis donati Qui accessit ad ipsum Iudicem Bartolum cum suprascripto presbytero
Iohanni & interrogauerunt eum an esset debitor nomine quo
supra qui post spacium temporis respondit ego ipsis teneor
ipse fecit michi magnum bonum sed quicquid teneor reperietur in scriptis

PROCURA IN IUDICEM MA-
TEUM
Die quinto mensis Maij In domo
habitationis Iudicis Ambrosij In terra
Fluminis Sci Viti praesentibus Ra-
faele Francisci de Fossambruno Prodano de pago Mateo oslich
omnibus habitatoribus dicte terre Fluminis testibus ad haec
uocatis & rogatis ac alijs Ibique Honesta domina Malgarita
uxor quondam Iudicis Pauli cresolich de dicta terra Fluminis tanquam heres mariti sui omni via modo iure & forma

quibus magis & melius sciuit ac potuit fecit constituit creauit & ordinauit Prouidum virum Iudicem Mateum quondam Ser
donati praesentem & infrascriptum mandatum sponte suscipientem suum verum & legitimum procuratorem actorem factorem
& certum nuncium specialem praesertim ad exigendum & recuperandum a Laurentio sarraceno & quacunque alia persona
pensauri omnem & singulam pecunie quantitatem res et quecunque alia que quomodocunque praefato olim Iudici Paulo
dare tenebantur quacunque ex causa & de per eum receptis
finem dimissionem quietationem & pactum de vlterius non
petendo cum stolemnitatibus necessarijs faciendum Et ad comparendum si opus fuerit coram quocunque Iudice tam ecclesiastico quam saeculari Ad agendum petendum respondendum
libellos & petitiones dandum & recipiendum testes & alia iura
sua producendum Sententias audiendum & eas executioni
mandare faciendum Et generaliter ad omnia alia &c Dans &c
Promittens &c

ACCORDATIO FAMULI CUM MAGISTRO ANTONIO

Die sexto mensis Maij In Terra Fluminis Sci Viti In Statione mei notarij infrascripti praesentibus Iudice
Nicolao micolich Ser Castelino de pensauro ambobus habitatoribus dicte terre Fluminis testibus ad haec uocatis & rogatis ac alijs Ibique Gregorius quondam Gerdachi de Crisauaç
non vi non metu sed sua spontanea uoluntate se concordauit
& obligauit ad standum cum Magistro Antonio lapicida et
muratore de Niuelaria pro quatuor annis proxime futuris his
pactis & condicionibus quod dictus gregorius teneatur & debeat praefato Magistro Antonio bene & diligenter seruire ac
fideliter et ipsi tanquam domino & magistro suo obedire praedictis quatuor annis Et praefatus Magister Antonius teneatur
& debeat dare praedicto gregorio vitum & soluere libras
centum & viginti paruorum in fine termini & ipsum docere
artem suam Promittens vna pars alteri vicissim solemni stipullatione omnia & singula suprascripta attendere & obseruare sub pena librarum quinquaginta paruorum Qua pena soluta uel non rata maneant omnia & singula suprascripta.

PRO ·SER CASTELINO CONTRA NICOLAUM RAYNTALAR & MARTINUM ÇANINICH

Die septimo mensis Maij In Statione mei notarij infrascripti praesentibus Iudice Nicolao micolich Iudice Tonsa quondam Ser Nicole testibus ad haec uocatis & rogatis ac alijs Ibique Nicolaus Rayntalar & Martinus çaninich fuerunt contenti & confessi se recepisse · A Ser Castelino Iohannis de pensauro Integram solutionem affictus domus eorum uxorum computatis denarijs datis & expensis in domo factis pro octo annis iam proxime elapsis exceptis ducatis quatuor & solidis quinquaginta quos dictus Ser Castelinus retinuit pro coperiendo dictam domum.

PRO BARTOLOMEO DE FIRMO CONTRA IUDICEM NICOLAUM

Vltrascriptis· die ac loco praesentibus Iudice Vito quondam Matchi Iudice Tonsa quondam Ser Nicole ambobus habitatoribus dicte terre Fluminis testibus ad haec uocatis & rogatis ac alijs Ibique Iudex Nicolaus micolich sponte 'libere ex certa scientia non per errorem omni exceptione iuris uel facti remota per se suosque heredes & successores fuit contentus & confessus se iuste teneri & dare debere Bartolomeo Matiucij de Firmo praesenti stipullanti & respondenti pro se suisque heredibus & successoribus ducatos nonaginta Boni auri & iusti ponderis Et hoc pro duobus milliarijs olei que Ser Castelinus habuit a dicto Bartolomeo in ratione ducatorum quadraginta quinque auri pro singulo miliario Pro quo Ser Castelino praefatus Iudex Nicolaus tanquam plegius & fideiussor se obligauit ut supra Quam quidem pecunie quantitatem dictus Iudex Nicolaus praefato Bartolomeo dare & soluere promisit usque ad quintadecimam diem mensis Nouembris proxime futuri sub pena quarti cum obligatione omnium suoium bonorum Qua pena soluta uel non rata maneant omnia & singula suprascripta. *)

---

*) Cancellato, con in margine la nota: „1441 die ultimo mensis Aprilis Cancelatum fuit praesens Instrumentum debiti de voluntate creditoris praeseatibus Iudice Mauro Vidonich Iudice Tonsa quondam Ser Nicole testibus ad haec uocatis & rogatis — Ego Antonius cancellarius scripsi"

PRO IUDICE NICOLAO CON-
TRA SER CASTELINUM & EIUS
VXOREM

Die septimo mensis Maij In Curia
domus habitationis infrascripti Ser
Castelini praesentibus Iudice Vito
quondam Matchi Iudice Tonsa quon-
dam Ser Nicole ambobus habitatoribus dicte terre Fluminis testibus ad haec uocatis & rogatis ac alijs Ibique Ser Castelinus Iohannis de Pensauro & domina Dobriça eius uxor simul & insolidum sponte libere ex certa scientia non per errorem omni
exceptione iuris uel facti remota per se suosque heredes &
successores fuerunt contenti & confessi se iuste teneri & dare
debere Iudici Nicolao micolich praesenti stipullanti & respondenti pro se suisque heredibus & successoribus ducatos nonaginta Boni auri & iusti ponderis Et hoc pro quadam plegiaria seu fideiussione facta pro dicto Ser Castelino Bartolomeo Matiucij de Firmo Promittentes dicti jugales simul &
quilibet eorum in solidum ipsum seruare indemnem ab omnibus expensis damnis & interesse que ipsi creditori sequerentur pro dicta plegiaria seu fideiussione facta Pro quibus omnibus & singulis suprascriptis sic firmiter obseruandis attendendis & adimplendis dicti jugales simul & in solidum obligarunt omnia sua bona mobilia & immobilia praesentia &
futura.

PRO BARTOLOMEO MATIU-
CIJ CONTRA IUDICEM MAU-
RUM

Die octauo mensis Maij In publica
platea terre Fluminis Sci Viti praesentibus Iudice damiano quondam
Matei Quirino glauinich testibus ad
haec uocatis & rogatis ac alijs Ibique Iudex Maurus Vidonich sponte libere ex certa scientia non per errorem omni
exceptione iuris uel facti remota per se suosque heredes
& successores fuit contentus se iuste teneri & dare debere
Bartolomeo Matiucij de Firmo praesenti stipullanti & respondenti pro se suisque heredibus & successoribus ducatos vi-
gintiduos cum dimidio Boni auri & iusti ponderis Et hoc pro
quadam plegiaria siue fideiussione facta dicto Bartolomeo pro
Iudice Tonsa quondam Ser Nicole pro çabris quinque olei
quos dictus Iudex Tonsa habuit a praefato Bartolomeo Quam
quidem pecunie quantitatem dare & soluere promisit prae-

dictus Iudex Maurus praefato Bartolomeo usque ad festum assumptionis beate Marie Virginis proxime futurum sub pena quarti cum obligatione omnium suorum bonorum Qua pena soluta uel non rata maneant omnia & singula suprascripta. *)

PROTESTUS VALENTINI    Die nono mensis Maij ante portam terre Fluminis Sci Viti a mari praesentibus Iudice Nicolao micolich Simone oslich Teodoro quon-dam dominici testibus ad haec uocatis & rogatis ac alijs Ibique Coram Nobili viro Iudice Stefano rusouich honorabili Iudice dicte terre Fluminis Comparuit Valentinus Iurlinouich asserens & dicens qualiter habet magistros & famulos paratos qui debent edificare sibi domum & dominus frater Albertus prior monasterij Sci Augustini fecit interdicere quod non debeat edificare Quod sibi reuertitur in magnum damnum & interesse Quapropter protextatus fuit omnibus illis iuris remedijs quibus magis & melius potuit aduersus praefatum dominum priorem ibidem praesentem pro suis damno & interesse ducatos quatuor auri singula die & expensas secutas & secuturas.

PRO ANTONIO SER SAN-    Die XIII mensis Maij In terra Flu-
TIS DI PENSAURO CONTRA    minis Sci Viti In Statione mei nota-
VITUM MATRONICH    rij infrascripti praesentibus Bartolo-
meo Matiucij de Firmo Georgio bu-cij de Ortona testibus ad haec uocatis & rogatis ac alijs Ibique Vitus Matronich cum obligatione omnium suorum bono-rum per se suosque heredes & successores promisit & se o-bligauit dare & consignare Antonio Ser Santis pauli paterno de pensauro praesenti stipullanti & respondenti pro se suis-que heredibus & successoribus in dicta terra Fluminis ba-

---

*) Cancellato, con in margine la nota: „1458 die nono mensis Marcij cancelatum fuit praesens Instrumentum debiti de voluntate creditoris praesentibus Martino aurifice quondam Dominici Simone pilar testibus ad haec uocatis & rogatis — Ego Antonius cancellarius scripsi"

rilas quatuor clauorum a vigintiquinque capacitatis duodecim
miliariorum pro singula barila & barilas quinque a quaterno
a barca capacitatis miliariorum nouem pro singula barila Quas
quidem barilas nouem dictus Vitus praefato Antonio dare &
consignare promisit in dicta terra Fluminis usque ad festum
Sce Malgarite proxime futurum sub pena quarti valoris dictarum barilarum Qui quidem Vitus fuit contentus & confessus
sibi integre solutum ac satisfactum fuisse integre a praefato
Antonio pro suprascriptis nouem barilis clauorum dandis & con-
signandis in suprascripto termino *)


PROCURA IUDICIS COSME
IN FILACANOUAM

Die XXᵒ mensis Maij In Terra Fluminis Sci Viti In Statione mei notarij infrascripti praesentibus Iudice
Damiano quondam Matei Iohanne belsterfar aurifice ambobus
habitatoribus dicte terre Fluminis testibus ad haec uocatis & rogatis ac alijs Ibique Iudex Cosma radolich de dicta terra Fluminis
omni via modo iure & forma quibus magis et melius sciuit
ac potuit fecit constituit creauit & ordinauit georgium Martini
Filacanouam habitatorem Venetiarum absentem sed tanquam
praesentem suum uerum & legitimum procuratorem actorem
factorem & certum nuncium specialem praesertim ad exigendum & recuperandum ab Ambrosio quondam Crestoli de laurana habitatore Venetiarum ducatos tres auri Et de per eum receptis finem dimissionem quietationem & pactum de vlterius
non petendo cum solemnitatibus necessarijs faciendum Et ad
comparendum si opus fuerit coram quocunque Iudice tam ecclesiastico quam saeculari Ad agendum petendum respondendum libellos & petitiones dandum & recipiendum testes &
alia iura sua producendum sententias audiendum & eas executioni mandare faciendum Et generaliter &c Dans &c Promittens &c.

---

*) Cancellato, con in margine la nota: „1443 die XVI.to mensis Iu-
lij cancelatum fuit praesens Instrumentum debiti de voluntate creditoris praesentibus Ser Castelino Iohannis de pensauro & Petro Marino Rimidij de Firmo testibus ad haec uocatis & rogatis"

PROUOCATIO IOHANNIS CHER-
GNEL

Die XXº mensis Maij In publica
platea terre Fluminis Sci Viti Praesentibus testibus Vito matronich &
Paulo Vidotich Ibique Iohannes chergnel de Foroiullij considerans quod Spectabilis vir dominus Iacobus Raunacher capitaneus coram quo litigare debebat pro equo quodam quem
georgius crouaç de labaco dicit sibi furatum fuisse non est in
dicta terra Fluminis se prouocauit ad generosum millitem dominum Iohannem Reyhenburger Duini et Crassie capitaneum
deditque fideiussorem pro eo Iudicem Damianum & Iohannem barlech

PROTEXTUS GEORGIJ DE
DROGOMOIE

Vltrascriptis die ac loco Coram domino Stefano rusouich honorabili
Iudice dicte terre Fluminis Georgius
crouaç de drogomie Comparuit asserens et dicens qualiter fuit
sibi constitutus terminus usque ad hunc diem per dominum
Capitaneum & consilium contra Iohannem chergnel pro quodam equo sibi furato quem equum dictus Iohannes vendidit
Iohanni barlech Nunc autem ipse portauit literas qualiter prelibatus equus furatus est & erat ipsius georgij & tamen nullam habere potuit justiciam eo quod dictus Iohannes chergnel
se ad dominum Iohannem de Duino prouocauit Idcirco praefatus georgius considerans quod iam bis uenit ad dictam terram Fluminis cum magno interesse & expensis Idcirco ipse
georgius protextatus fuit contra ipsum Iohannem ibidem praesentem siue eius fideiussores omne & singulum damnum expensas & interesse secutas & secuturas

PROCURA IOHANNIS CHER-
GNEL

Vltrascriptis die loco praesentibus
Vito matronich luca cauretich testibus ad haec uocatis & rogatis ac
alijs Ibique Iohannes chergnel habitator Ciuidali omni via
modo iure & forma quibus magis & melius sciuit ac potuit
fecit constituit creauit & ordinauit Iudicem Damianum quondam Matei praesentem & infrascriptum mandatum suscipientem suum uerum & legitimum procuratorem actorem facto-

rem & certum nuncium praesertim in lite et controuersia
quam habet siue habiturus est cum quacunque persona occasione vnius equi venditi Iohanni Barlech coram quocunque
Iudice ad agendum petendum allegandum respondendum terminos & dillationes petendum testes scripturas & alia iura
sua producendum sententias audiendum & eas executioni mandare faciendum Et generaliter &c Dans &c Promittens &c ˙

PRO IUDICE VIDACIO CON- Die XXXº mensis Maij In Statione
TRA VITUM SARCTOREM mei notarij infrascripti praesentibus
Vito Mateieuich Georgio crastich
Toma de Castua testibus ad haec uocatis & rogatis ac alijs
Ibique Vitus sarctor quondam georgij sponte libere ex certa
scientia non per errorem omni exceptione iuris uel facti remota per se suosque heredes & successores. fuit contentus &
confessus se iuste teneri & dare debere Iudici Vito çouanich
praesenti stipulanti & respondenti pro se suisque heredibus
& successoribus libras quadraginta septem & solidos sex paruorum Et hoc pro vino habito a dicto creditore Quam quidem pecunie quantitatem dare & soluere promisit dictus debitor praefato creditori usque ad festum Sce Malgarite proxime futurum sub pena quarti Qua soluta uel non rata maneant omnia & singula suprascripta Et ad maiorem cautelam
praefati creditoris dictus debitor eidem obligauit & pro speciali pignere designauit domum suam in qua habitat.

PRO MAGNIFICO DOMINO Die XIIº mensis Iunij In Terra Flu-
NOSTRO DE VALSE minis Sci Viti in Statione mei notarij infrascripti praesentibus Ser
Ançelino bonfiolo de Florentia Antonio Ser Santis de pensauro Petromarino quondam Rimidij de Firmo Benedicto Ser
Çoni de Pensauro Antonio nicolai de montealbodio Bartolomeo Matiucij de Firmo testibus ad haec uocatis specialiter & 
rogatis ac alijs Ibique Coram Spectabili ac generoso viro domino Iacobo Raunacher Capitaneo Iudicibus & consilio terre
Fluminis praedicte Comparuit Iudex Vitus Çouanich de dicta
terra Fluminis asserens & dicens qualiter Quirinus eius fi-

lius sine eius scientia consensu & voluntate dedit ac tribuit
Nobili Viro Gaspari quondam Peterlini de Castronouo quemdam cirographum siue scripturam cum bulla seu sigillo pendente per quem uel per quam constat qualiter · Bone ac pie
memorie Magnificus ac Potens dominus Vgo de diuino dare
& soluere tenebatur & debebat ducatos ducentos auri quondam Quirino de dicta terra Fluminis tunc daciario in dicta
terra & patruo praefati Iudicis Viti cuius quidem quirini Iudex Vitus fuit & est legitimus heres Idcirco praefatus Iudex
Vitus tanquam ille ad quem dictus cirographus siue scriptura
cum bulla siue sigillo ipsius domini pendente pertinet vult ac
mandat quod dictus cirographus siue scriptura sit cassus &
vanus siue cassa & vana et pro inefficaci ac cancelato siue
cancelata habeatur & reputetur et nullius sit valoris ita & taliter quod nulla persona cuiuscunque condicionis existat cum
suprascripto cirographo seu scriptura quovis nomine siue
modo uel uia possit nec valeat dictos ducatos ducentos petere
nec exigere ab aliqua persona

PROCURA IUDICIS VIDACIJ      Vltrascriptis die loco ac testibus prae-
                            fatus Iudex Vitus çouanich omni via
modo iure & forma quibus magis & melius sciuit ac ·potuit
fecit constituit creauit & ordinauit Spectabilem virum dominum Iacobum Raunacher praesentem & infrascriptum mandatum sponte suscipientem suum verum & legitimum procuratorem actorem factorem & certum nuncium specialem praesertim ad comparendum coram Magnifico ac potenti domino
Ramperto de Valse ad petendum & impetrandum a praefato
domino omnem & singulam graciam ac debitum

PRO FRANCISCO ET LEMO       Die XVIIII mensis Iunij In Terra
DE ORTONA CONTRA IUDI-      Fluminis Sci Viti In Statione mei
CEM MATEUM                  notarij infrascripti praesentibus Iu-
                            dice Mauro Vidonich de Flumine
Antonio Ser Santis de pensauro Bartolomeo Matiucij de Fir-
mo testibus ad haec uocatis & rogatis ac alijs Ibique Iudex
Mateus quondam Ser donati per se suosque heredes & suc-

cessores fuit contentus & confessus se habuisse ac manualiter recepissa A Francisco çichareli et Lemo nani ambobus
de Ortona ducatos octuaginta auri et vegetes tresdecim olei
in ratione ducatorum quadraginta vnius auri pro singulo miliario et barilas decem & septem Salnitri in ratione ducatorum triginta pro singulo miliario Pro quibus quidem ducatis
octoaginta auri & viginti ducatis etiam auri quos praefati Franciscus & lemus dare promiserunt praefato Iudici Mateo super
nundinis sce Malgarite proxime futuris Et pro dictis tresdecim vegetibus olei praefatus Iudex Mateus dare & consignare
promisit praedictis creditoribus tantum ferrum quantum a-
scendat ad suprascriptam quantitatem denariorum & olei in
ratione ducatorum quatuordecim cum dimidio pro singulo miliario computatis tamen in hac summa barilis clauorom a
quaterno a barcha quas praefatus debitor dictis creditoribus
dare tenetur Quas barilas clauorum & ferrum praefatus debitor dictis creditoribus dare & consignare tenetur in dicta
terra Fluminis per terminos infrascriptos videlicet dictas barilas octo clauorum & miliaria vigintiquinque ferri boni &
mercimonialis usque ad festum Sce Malgarite proxime futurum hoc addito quod si dictus debitor haberet ferrum vltra
suprascripta quantitatem viginti quinque miliariorum dare debeat & teneatur praefatis creditoribus miliaria triginta ferri Et
residuum per totum mensem septembris proxime futurum Et
pro dictis decem & septem barilis salnitri dictus debitor praedictis creditoribus dare & consignare tenetur in dicta terra
Fluminis pelles magnas siue coria in ratione ducatorum quinque cum tribus quartis pro singula balla que balla esse debet ponderis libras centum & triginta quinque et vltra hoc
praefatus debitor ipsis creditoribus donare debet libras centum
coriorum per totum mensem septembris proxime futurum Sub
pena ducatorum centum auri cum obligatione omnium suorum bonorum Qua pena soluta uel non rata maneant omnia
& singula suprascripta. *)

---

*) Cancellato, con in margine la nota: „1444 o die XXX mensis
Iulij Cancelatum fuit praesens Instrumentum debiti & pactorum de voluntate Francisci çichareli creditoris eo quod dixit sibi integre satisfactum

PRO PETRO TRAONATH CON-
TRA MARTINAÇ

Die XXV mensis Iunij In Statione mei notarij infrascripti praesentibus domino Fratre Alberto priore Monasterij Sci Augustini Valentino Iurlinouich testibus ad haec uocatis & rogatis ac alijs Ibique Martinus quondam Çanini sponte libere ex certa scientia non. per errorem omni exce·ptione iuris uel facti remota per se suosque heredes & successores fuit contentus & confessus se iuste teneri & dare debere Petro traonath praesenti stipullanti & respondenti pro se suisque heredibus & successoribus ducatos viginti tres boni auri & iusti ponderis nomine mutui quos quidem ducatos praefatus debitor praedicto creditori dare & soluere promisit usque ad festum Sce Malgarite proxime futurum Sub pena quarti Et ad maiorem cautellam praefati creditoris dictus debitor eidem obligauit & pro speciali pignere designauit omnia sua bona immobilia.

PROCURA PRESBYTERI NI-
COLAI DE BUCHARO

Die XXVIII mensis Iunij In domo habitationis infrascripte Ielene In Terra Fluminis Sci Viti praesentibus presbytero Vito scolich Paulo Vidotich barbitonsore Ambobus habitatoribus dicte terre Fluminis testibus ad haec uocatis & rogatis ac alijs Ibique presbyter Nicolaus quondam georgij piliparij de bucharo omni via modo iure & forma quibus magis & melius sciuit ac potuit fecit constituit creauit & ordinauit Ielenam suselichieuam praesentem & infrascriptum mandatum sponte suscipientem suam ueram & legitimam procuratricem actricem factricem & certam nunciam specialem praesertim ad exigendum & recuperandum a quacunque persona sibi dare debenti tam denarios quam alias res quacunque ex causa in toto Comitati Pissini Piuenti & per totam Ystriam et de per eum receptis finem dimissionem quietationem & pactum de vlterius non petendo cum solemnitatibus necessarijs faciendum Et ad comparendum si opus fuerit co-

Praesentibus Nucio quondam Antonij tonti de ortona Martino aurifice et georgio quondam Stefani ambobus habitatoribus terre Fluminis testibus ad haec uocatis & rogatis — Ego Antonius cancellarius scripsi"

ram quocunque rectore ac Iudice tam ecclesiastico quam saeculari Ad agendum petendum respondendum libellos & petitiones dandum & recipiendum terminos & dillationes petendum testes & alia iura sua producendum · sententias audiendum & eas executioni mandare faciendum Et generaliter &c
Dans &c Promittens &c

PRO IUDICE IURCHO CON-
TRA TEODORUM

Die XXVIII mensis Iunij In publica platea terre Fluminis Sci Viti
praesentibus Martino quondam Ça-
nini Iohanne barlech testibus ad haec uocatis & rogatis ac
alijs Ibique Teodorus quondam dominici sponte libere ex certa scientia non per errorem omni exceptione iuris uel facti
remota per se suosque heredes & successores fuit contentus
& confessus se iuste teneri & dare debere Iudici Iurcho de
dreuenico praesenti stipullanti & respondenti pro se suisque
heredibus & successoribus libras nonaginta duas paruorum Et
hoc pro vino habito a dicto creditore quam quidem pecunie
quantitatem dare & soluere promisit dictus debitor praefato
creditori usque ad XXIII diem mensis Augusti proxime futuri sub pena quarti Et ad maiorem cautelam praefati creditoris dictus debitor eidem obligauit & pro speciali pignere designauit Pastinum suum in Coxala & vincam suam in .draga.*)

PRO IUDICE IURCHO DE
DREUENICO CONTRA MARTI-
NAÇ

Die VI.to mensis Iulij In publica
platea terre Fluminis Sci Viti praesentibus Vito Mateieuich Martino çatanni testibus ad haec uocatis & ro-
gatis ac alijs Ibique Martinus quondam Çanini sponte libere
ex certa scientia non per errorem omni exceptione iuris uel
facti remota per se suosque heredes & successores fuit contentus & confessus se iuste teneri & dare debere Iudici Iur-

---

*) Cancellato, con in margine la nota: „1450 die primo mensis octo-
bris cancelatum fuit praesens Instrumentum debiti de voluntate creditoris praesentibus Vito sarctore quondam georgij Paulo Vidotich testibus
ad haec uocatis & rogatis — Ego Antonius cancellarius scripsi"

ho de dreuenico praesenti stipullanti & respondenti pro se suisque heredibus & successoribus libras quinquaginta paruorum nomine mutui quam quidem pecunie quantitatem dare & soluere promisit dictus debitor praefato creditori usque ad festum assumptionis beate Marie Virginis proxime futurum sub pena quarti Ed ad maiorem cautellam praefati creditoris dictus debitor eidem obligauit & pro speciali pignere designauit domum suam in qua habitat.

PRO IUDICE NICOLAO & ADAM CONTRA PRASNO VRECHIE

Die 15 mensis Iulij In Statione mei notarij infrascripti praesentibus Luciano Ançe cramaro Petro Fainar Antonio Tome omnibus de lach testibus ad haec uocatis & rogatis ac alijs Ibique Michael Prasno Vrechie de lach per se suosque heredes & successores promisit & se obligauit dare & soluere Iudici Nicolao micolich & Ade Antonij de Firmo praesentibus stipullantibus & respondentibus pro se suisque heredibus & successoribus ducatos triginta octo boni auri & iusti ponderis Pro Iacobo Arar de lach quos quidem ducatos triginta octo auri praefatus Iacobus arar dare debebat dictis creditoribus Quos ducatos dare & soluere promisit praefatus Michael dictis creditoribus usque ad festum Sci Michaelis proxime futurum sub pena quarti cum obligatione omnium suorum bonorum Qua pena soluta uel non rata maneant omnia & singula suprascripta.*)

PARS QUOD ALIQUID NON VENDATUR IN CREDENCIAM FAMULIS ET ANCILLIS

Vltrascriptis die ac loco Spectabilis ac generosus Vir dominus Iacobus Raunacher capitaneus Iudices & consiliarij terre Fluminis Sci Viti omnes vnanimes & concordes nemine discrepante considerantes quod multi famuli & ancille deuiant & recedunt a suis patronis &

---

*) Cancellato, con in margine la nota: „1443 die octauo mensis Iulij Cancelaui praesens Instrumentum debiti de voluntate creditoris praesentibus Bartolomeo Matiucij & Grisano de pago testibus ad haec uocatis & rogatis — Ego Antonius cancellarius scripsi.“

volentes in quantum possunt obuiare pro vtilitate & bono sta-
tu dicte terre Fluminis statuerunt & ordinauerunt quod nulla
persona cuiusuis condicionis existat audeat uel presumat vendere
in credenciam alicui famulo vinum panem siue aliquam aliam
rem ad comedendum sine licentia patroni sub pena perde idi
totum illud quod vendant & sub pena restituendi pignus uel
pignera si que haberent absque aliqua solutione nec aliqua
persona audeat emere ab aliquo famulo uel ancilla res patroni
sub pena perdendi denarios siue illud quod daret pro ipsis
rebus emptis nec possit aliquis famulus coram iudicio pro hoc
conueniri Item quod aliqua persona non audeat aliquam rem
uel mercanciam vendere in credenciam alicui famulo sine licencia patroni si quis autem contrafaceret non possit ipse
conueniri donec stabit cum illo patrono & eodem modo intelligatur de ancillis Quod statutum voluerunt inuiolabiliter obseruari in perpetuum Quod fuit proclamatum in locis consuetis per preconem comunis

PROCURA SER CRESULI DE
ARBO IN IUDICEM GEORGIUM
DE SCRISSA

Die XVI mensis Iulij In publica
platea terre Fluminis Sci Viti praesentibus Ser Rafaele de Fossambruno Ser Castelino de pensauro am-
bobus habitatoribus dicte terre Fluminis testibus ad haec uocatis & rogatis ac alijs Ibique Nobilis vir Ser Cresolus de
Dominis de Arbo omni via modo iure & forma quibus magis
& melius sciuit ac potuit fecit constituit creauit & ordinauit
prouidum virum Iudicem georgium mirchouich de Scrissa absentem sed tanquam praesentem suum uerum & legitimum
procuratorem actorem factorem & certum nuncium specialem
praesertim ad exigendum & recuperandum A Martino filio
cossani de districtu arbi & quacunque alia persona sibi dare
debenti omnem & singulam pecunie quantitatem quam ipsi
constituenti dare tenerentur quacunque ex causa Et de per
eum receptis finem dimissionem quietationem & pactum; de
vlterius non petendo cum solemnitatibus necessarijs faciendum
Et ad comparendum si opus fuerit coram quocunque Iudice
tam ecclesiastico quam sacculari ad agendum petendum respondendum libellos & petitiones dandum & recipiendum ter-

inos & dillationes dandum & petendum testes & alia iura
ua producendum sententias audiendum & eas exerutioni man-
are faciendum Et generaliter &c Dans &c Promittens &c

PRO IUDICE NICOLAO &
ADAM CONTRA MATEUM BO-
NAR

Die XVII mensis Iulij In Statione
mei notarij infrascripti praesentibus
Iacobo cerdone Suetina çupanich
Georgio petriçich omnibus habitato-
ibus terre Fluminis praedicte testibus ad haec uocatis & ro-
atis ac alijs Ibique Mateus bobnar mercarius de labaco pro-
isit & obligauit dare & consignare Iudici Nicolao micolich
t Ade Antonij de Firmo in dicta terra Fluminis sarcinas de-
em ferri boni & bullati usque ad decem dies proxime futu-
os in ratione ducatorum quatuordecim auri pro singulo mil-
lari & dictus Mateus promisit & se obligauit accipere ab ipsis
sque ad festum Sci Martini proxime futurum sarcinas sex
olei in ratione ducatorum quadraginta trium auri pro singulo
milliari & dare ipsis ferrum pro precio ducatorum quatuordecim pro singulo milliari Qui Mateus fuit contentus habuisse
ac recepisse a supradictis ducatos quinquaginta auri

PRO BARTOLOMEO DE FIR-
MO CONTRA IUDICEM MA-
TEUM & NUCIUM

Die XVIIII mensis Iulij In Statione
mei notarij infrascripti praesentibus
Ser Castelinus Antonij de pensauro
Francisco çichareli de Ortona Geor-
gio Iudicis Stefani de dicta terra Fluminis testibus ad haec
uocatis & rogatis ac alijs Ibique Iudex Mateus quondam Ser
donati de Flumine & Nucius Antonij de tonto de Ortona per
se & suos heredes fuerunt contenti & confessi se habuisse ac
recepisse a Bartolomeo Matiucij de Firmo Milliaria viginti duo
ferri expediti in ratione ducatorum sexdecim auri pro singulo
milliario super Splagia Fluminis in littore maris cuius quidem
quantitatis ferri decem & octo milliaria onerata fuerunt in
charachia dicti Nucij Et pro qua quidem ferri quantitate dicti
Iudex Mateus & nucius dare & consignare promiserunt praefato Bartolomeo pro se suisque heredibus stipullanti super
Splagia ortone in littore maris tantam quantitatem olei expe-

diti in ratione ducatorum trigintatrium auri pro singulo milliario quantam ascendat ad suprascriptam quantitatem valoris suprascriptorum viginti duo milliariorum ferri Hac condicione quod dictus Nucius teneatur & debeat fieri facere dicto
Bartolomeo sąluumconductum contra fustas Seɪenissimi domini Regis Aragonum pro suprascripta quautitate olei Promittens vna pars alteri adinuicem solemnibus stipulationibus
hinc inde interuenientibus omnia & singula suprascripta obseruare attendere & adimplere sub pena dupli & refectione
damnorum & expensarum ac interesse litis & extra cum obligatione omnium suorum bonorum Qua pena &c

PROCURA IN PERSONAM PRE-
SBYTERI MARCI RADOLICH

Die nono mensis septembris In Statione mei notarij infrascripti praesentibus Iudice Vito quondam Ma
tchi Simone oslich Iohanne dicto Iagnaç testibus ad haec uocatis & rogatis ac alijs Ibique Iohannes quondam Grisani tomasolich omni via modo iure & forma quibus magis & melius sciuit ac potuit fecit constituit creauit & ordinauit dominum presbyterum Marcum radolich praesentem et acceptan-
tem suum uerum & legitimum procuratorem actorem factorem & certum nuncium specialem in omnibus suis placitis litibus & quaestionibus quas habet siue habiturus est cum quacunque persona tam ecclesiastica quam sacculari et ad exigendum & recuperandum a quacunque persona sibi dare debenti tam denarios quam alias res & de per eum receptis finem dimissionem quietationem & pactum de vlterius non petendo cum solemnitatibus necessarijs faciendum Et ad comparendum si opus fuerit coram quocunque Iudice tam ecclesiastico quam sacculari Ad Agendum petendum respondendum libellos & petitiones dandum & recipiendum testes &c
Et generaliter &c dans &c promittens &c

TESTIFICATIO IN FAUOREM
IUDICIS NICOLAI

Die XVII mensis septembris In Statione mei notarij infrascripti Coram
venerabili viro domino presbytero
Mateo Arcidiacono & plebano Iudice Stefano ruseuich Iudice

mbrosio quondam Ser Marci Iudice Mauro Vidonich Iudice
ımiano quondam Matei Iudice Mateo quondam Ser donati
onstituti personaliter Magister Antonius lápicida quondam
agistri benedicti de Venetijs & Magister Antonius lapicida
e Rubino & Interrogati per suprascriptos dominos Iudices &
onsiliarios ac examinati super differentia quae vertitur inter
udicem Nicolaum micolich & magistrum Martinum lapicidam
ccasione lapidum incisorum per ipsum pro tabernaculo cor-
oris Christi dixerunt & testificati fuerunt qualiter omnes la-
ides incissi per dictum Magistrum Martinum nullius sunt
aloris pro dicto tabernaculo & quod nulla via mundi apte
nec bene possunt poni in opere dicti tabernaculi & quod omnes
lapides quo ad dictum opus prorsus sint destructi

PRO IUDICE IURCHO CON-
TRA VITUM MATRONICH

Die XXVIII mensis septembris In
Statione mei notarij infrascripti praesentibus Martino terçich Martino
quondam Çanini ambobus habitatoribus dicte terre Fluminis
testibus ad haec uocatis & rogatis ac alijs Ibique Vitus Matronich sponte libere ex certa scientia non per errorem omni
exceptione iuris uel facti remota per se suosque heredes &
successores fuit contentus & confessus se iuste teneri & dare
debere Iudici georgio quondam Iudicis Stefani de dreuenico
praesenti stipullanti & respondenti pro se suisque heredibus
& successoribus libras ducentas & uiginti octo paruorum nomine mutui quam quidem pecunie quantitatem dare & soluere
promisit dictus debitor praefato creditori ad omnem requisitionem ipsius creditoris sub pena quarti Et ad maiorem cautelam ipsius creditoris dictus debitor eidem obligauit & pro
speciali pignere designauit suum ortum positum in luche cum
omnıbus iuribus & pertinentijs suis quos quidem denarios dictus debitor confessus fuit habuisse mutuo a praefato creditore de anno domini MCCCCXXXVIIIº Conuenitque dictus
Vitus per pactum speciale & expressum quod dictum ortum
non uult posse vendere nec aliquo alio modo allienare alicui
persone nisi praefato Iudici georgio pro illo precio tamen quod
ab aliqua alia persona habere posset debet praedictus Iudex

georgius ab ipso Vito emere siue redimere si ipso voluerit a-
liter non. *)

PRO SER ANÇELINO BON-
FIOLO Die quarto mensis octobris In Terra
Fluminis Sci Viti In publica platea
praesentibus Iudice Nicolao micolich
Iohanne tamburlano de Ancona Vito Mateieuich de Flumine
testibus ad haec uocatis & rogatis ac alijs Ibique Bartolomeus
Matiucij de Firmo coram testibus suprascriptis & me notario
infrascripto dixit & asseruit qualiter de mense Iulij proxime
praeteriti Dum Petrus Marinus quondam Rimidij de Firmo
vellet a dicta terra Fluminis recedere et accedere ad partes
Marchie dictus Petrus marinus vocauit praefatum Bartolomeum
ipsique dixit Ego volo quod denarij omnes de retractu rerum apotece et debitorum meorum siue quoruncunque denariorum meorum qui prius rethrahentur de quauis re mea per
Antonium de Monte Albodio dentur Iudici Mauro usque ad
quantitatem ducatorum triginta auri Sicque rogo te quod mei
ex parte dicas Antonio quod faciat sic procul dubio dictoque
Iudici Mauro det suprascriptos denarios Et hoc Petrus marinus praelibatus dixit coram ipso Iudice Mauro Qui Iudex
Maurus confessus fuit habuisse a Ser Ançelino nomine Antonij suprascripti ducatos vigintitres auri de dictis ducatis triginta.

PRO MICHAELE PRASNO
VRECHIE Die octauo mensis octobris In publica platea terre Fluminis Sci Viti
praesentibus Bartolomeo Matiucij de
Firmo Grisano quondam Martini de pago ambobus habitatoribus dicte terre Fluminis testibus ad haec uocatis & rogatis
ac alijs Ibique Iudex Nicolaus micolich de Flumine & 'Adam

---

*) Cancellato con in margine la nota: „1447 die XXIIII mensis no-
uembris cancelatum fuit praesens Instrumentum de voluntate Iudicis Iurchi creditoris praesentibus Bortolo melcherich Iohanne coxarich Martino
bechario testibus ad haec uocatis & rogatis — Ego Antonius cancellarius
scripsi"

Antonij de Firmo per se suosque heredes & successores fuerunt contenti & confessi se habuisse ac recepisse A Michaele prasno vrechie de lach praesente & numerante ducatos triginta octo boni auri & iusti ponderis Et hoc pro quadam promissione dictis creditoribus facta pro Iacobo arar de lach pro dictis triginta octo ducatis dictis creditoribus dandis ad festum Sci Michaelis proxime praeteritum sub pena quarti uti constat Instrumento scripto manu mei notarij infrascripti die XV° mensis Iulij de anno praesenti Facientes dicti creditores per se suosque heredes praefato Michaeli stipullanti nomine ac uice praelibati Iacobi arar finem remissionem & pactum de vlterius non petendo dictos triginta octo ducatos auri sub pena dupli cum obligatione omnium suorum bonorum Qua soluta uel non rata maneant omnia & singula suprascripta.

PRO MATCHO VIDAÇ CONTRA UXOREM IUDICIS DAMIANI

Die nono mensis octobris In terra Fluminis Sci Viti In domo Iudicis Damiani quondam Matei de Iadra Praesentibus Ser Rafaele Francisci de Fossambruno Iurlino de Alemania hospite ambobus habitatoribus dicte terre Fluminis testibus ad haec uocatis & rogatis ac alijs Ibique domina Lepiça uxor suprascripti Iudicis damiani sponte libere ex certa scientia non per errorem omni exceptione iuris uel facti remota per se suosque heredes & successores fuit contenta & confessa se iuste teneri & dare debere Matcho Vidaç de labaco praesenti stipullanti & respondenti pro se suisque heredibus & successoribus ducatos quadraginta quinque cum dimidio boni auri & iusti ponderis Et hoc pro quadam plegiaria seu fideiussione facta pro dicto Iudice Damiano eius marito pro ferro quod habuit a suprascripto creditore dictus Iudex Damianus Quam quidem pecunie quantitatem dare & soluere promisit dicta debitrix praefato creditori usque ad festum purificationis beate Marie Virginis proxime futurum sub pena quarti Et ad maiorem cautellam praefati creditoris eidem obligauit & pro speciali pignere designauit ortum suum magnum positum in luchi

PROCURA MATEI TINOTO-
RIS IN MARTINUM AURIFI-
CEM

Die nono mensis octobris In publica platea terre Fluminis Sci Viti praesentibus Nicolao Rayntalar Valentino Iurlinouich testibus ad haec uocatis & rogatis ac alijs Ibique Mateus tinctor quondam Iohannis habitator Venetiarum omni via modo iure & forma quibus magis & melius sciuit ac potuit fecit constituit creauit & ordinauit Martinum aurificem de Segna habitatorem dicte terre Fluminis absentem sed tanquam praesentem suum uerum & legitimum procuratorem actorem factorem & certum nuncium specialem ad exigendum & recuperandum a quacunque persona sibi dare debenti in dicta terra Fluminis tam denarios quam alias res & de per eum receptis finem dimissionem quietationem & pactum de vlterius non petendo cum solemnitatibus necessarijs faciendum Et ad comparendum si opus fuerit coram quocunque Iudice tam ecclesiastico quam saeculari ad agendum petendum &c Et generaliter &c dans &c Promittens &c

PROTEXTUS BARLECH

Die Xᵒ mensis octobris In Statione Tomasini de Vegla praesentibus Iudice Nicolao micolich praefato tomasino ambobus habitatoribus dicte terre Fluminis testibus ad haec uocatis & rogatis ac alijs Ibique Ançe barlech protestatus fuit contra & aduersus Iohannem chargnel praesentem omne damnum & interesse ipsi secutum & secuturum occassione vnius equi quem praefatus barlech emit a dicto Iohanne chergnel & post hoc repertum est dictum equum fuisse furatum

PACTA IUDICIS NICOLAI
ET ELIE

Die tercio mensis nouembris In publica platea terre Fluminis Sci Viti praesentibus Iudice Ambrosio quondam Ser Marci Iudice Mauro Vidonich testibus ad haec uocatis & rogatis ac alijs Ibique Iudex Nicolaus micolich dedit & tradidit ad laborandum ad medietatem omnes suas vineas quas habet in districtu laurane Elie marito Çeçele his pactis & condicionibus quod dictus elias teneatur & debeat bene &

diligenter putare dictas vineas & bis ligoçinare usque ad Scum Vitum & ponere hoc anno foueas sexaginta alijs autem annis centum foueas pro singulo anno Et quod dictus Iudex Nicolaus omni & singulo anno teneatur concedere praefato elie libras uiginti paruorum quousque tenuerit dictas vineas & ipse elias teneatur dare dicto Iudici Nicolao vinum singulo anno pro dictis uiginti libris pro precio quo vendetur ab alijs et quod dictus Iudex Nicolaus nequeat accipere dictas vineas dicto elie quousque ipsas bene &. diligenter laborauerit

PACTA IUDICIS NICOLAI & PAULI CIMAL     Die nono mensis nouembris In Terra Fluminis Sci Viti In Statione mei notarij infrascripti praesentibus Ato Ser Francisci de ato de Arimino & Bartolomeo Matiucij de Firmo testibus ad haec uocatis & rogatis ac alijs Ibique Iudex Nicolaus micolich promisit & se obligauit dare & consignare Paulo cimal de Venetijs super Splagia remos mille a galea passuum sex & passuum quinque cum dimidio Hac condicione & pacto quod dictus Paulus cimal teneatur accipere dictos remos mille et etiam si plures essent usque ad Mille & quingentos pro precio infrascripto videlicet remos passuum quinque cum dimidio pro ducatis quatuordecim boni auri & iusti ponderis pro singulo centenario & remos passuum sex pro ducatis decem et octo pro singulo centenario et quod dicta quantitas remorum debeat sortiri super Splagia super qua onerabuntur et confestim facta sorte dictus Paulus cimal teneatur & debeat praedicto Iudici Nicolao soluere pro dictis remis Promittentes vnà pars alteri adinuicem omnia & singula suprascripta perpetuo attendere & obseruare sub pena ducatorum quinquaginta auri Qua pena soluta uel non rata maneant omnia & singula suprascripta.

ACCORDATIO MAGISTRI TOME     Die XII mensis nouembris In Terra Fluminis Sci Viti In Statione mei notarij infrascripti Spectabilis & generosus vir dominus Iacobus Raunacher Capitaneus Iudices & consiliarij dicte terre Fluminis Sci Viti accordauerunt magistrum tomam quondam

Iohannis habitatorem Venetiarum Pro Ciroico his pactis &
condicionibus quod ipse teneatur exercere artem suam in dicta terra Fluminis vno anno proxime futuro incepturo illa die
qua dictus Magister Tomas uenerit cum familia sua ad dictam
terram Fluminis ad habitandum Et quod nullus alius nisi
dictus Magister tomas possit alicui vulnerato in dicta terra
Fluminis neque alicui aduene qui ueniret ad medicandum se
ad dictam terram Fluminis pro vulnere ac alia causa ad artem cirogie pertinente Et quod dictus Magister Tomas habere
debeat libras centum pro salario dicti anni. Teneatur tamen
dictus magister Tomas mederi ciuibus dicte terre Fluminis pro
precio iusto ac rationabili meliorique quam alijs personis. Re-
dijt a Venetijs die XXIIII.to mensis februarij 1444. qua die
incipit salarium eius

PACTA IUDICIS VIDACIJ
ET XIUICI MOLENDINARIJ

Die XIII mensis nouembris In Statione mei notarij infrascripti praesentibus Iudice Mateo quondam Ser
donati Iudice Stefano blasinich Martino xatanni testibus ad
haec uocatis & rogatis ac alijs Ibique Iudex Vitus çouanich
dedit & tradidit ad laborandum ad medietatem Xiuico Molendinario vnam suam vincam positam in borgud de supra
Iasvin cholch his pactis & condicionibus quod dictus Xiuicus
teneatur & debeat bene & diligenter putare & ligoniçare bis
dictam vincam temporibus debitis secundum consuetudinem
dicte terre Fluminis usque ad quatuor annos proxime futuros
et in ipsam singulo anno ponere sexaginta capita vitium Et
dictus Iudex Vitus teneatur praedicto xiuicho concedere libras
uiginti paruorum quas tenere & usufructuare potest praedictus
xiuichus quousque dictam laborabit vineam Promittentes
vna pars Alteri vicissim omnia & singula suprascripta attendere & obseruare

COPIA VNIUS FIDE MA-
GISTRI LAURENTIJ DE AN-
CONA

Cum bonum sit prouidere quod loca
Magnifici ac potentis domini nostri
repleantur ciuibus et maxime artifi-
cibus qui maximam locis conferunt

vtilitatem & comodum Idcirco considerantes Nos Iacobus Raunacher Capitaneus Iudices et consiliarij Terre Fluminis Sci
Viti quod Laurentius quondam Iohannis de Forachoço de Ancona bonus est aurifex per praesentes notum facimus qualiter
praefato Laurentio dedimus & concessimus damus & conce-
dimus fidam ac tutum & indubitatum saluumconductum quinque annis proxime futuris duraturum ita & taliter quod nullo
modo dictus Laurentius ab aliqua persona possit nec valeat
cogi uel costringi in dicta terra Fluminis uel eius districtu
realiter neque personaliter pro aliquo debito usque ad praesentem diem facto nec pro aliqua alia pecunie quantitate quam
quomodocunque actenus alicui dare aut soluere teneretur et
quod dictas ob causas possit et valeat praefatus Laurentius
cum omnibus & singulis bonis ac rebus suis tute libere secure stare commorari et habitare in dicta terra Fluminis &
eius districtu usque ad quinque annos proxime futuros In quorum fidem & testimonium has praesentes patentes litteras fieri
iussimus nostrique Sigilli Sci Viti assueti Impressione mu-
niri. Datum In dicta terra Fluminis Sci Viti die XVII mensis
Nouembris Anno MCCCCXXXXIIIº Indictione sexta

PRO NICHLINO CONTRA
PRESBYTERUM MARCUM

Die XVIII mensis nouembris In Statione mei notarij infrascripti praesentibus Iudice Damiano quondam
Matei Rafaele de Fossambruno testibus ad haec uocatis & rogatis ac alijs Ibique presbyter Marcus radolich per se suosque
heredes & successores fuit contentus & confessus se habuisse
ac emisse A nicolao Rayntalar praesenti & pro se suisque
heredibus stipullante vnum vas vini Rubei tenute modiorum
tresdecim siue plus uel minus prout reperietur in mensura
posita in canipa Magistri Iohannis aurificis in ratione solidorum nonagintasex pro singulo modio Quod vinum soluere
promisit dictus presbyter Marcus praefato Nicolao usque ad
festum assumptionis beate Marie Virginis proxime futurum
sub pena quarti Qua soluta uel non rata maneant omnia &
singula suprascripta Et ad maiorem cautelam praefati Nicolai
dictus presbyter Marcus eidem obligauit & pro speciali pignere designauit medietatem terrenorum cum curia posita in
districtu Fluminis in loco dicto podbreg.

PRO PRESBYTERO MARCO CONTRA ALEXANDRUM DYACONEM

Die XX⁰ mensis nouembris In Statione mei notarij infrascripti praesentibus Quirino cigantich & Iacobo eius fratre testibus ad haec uocatis & rogatis ac alijs Ibique Alexander diacon emit et recepit a presbytero Marco radolich medietatem vini vnius vassis quod ipse presbyter Marcus emit a Nicolao Rayntalar pro illo precio quo ipse presbyter Marcus emit Quod vinum soluere promisit dictus Alexander praefato presbytero Marco usque ad festum Sce Malgarite proxime futurum sub pena quarti Qua soluta uel non rata maneant omnia & singula suprascripta Et ad maiorem cautelam praefati presbyteri Marci praedictus alexander eidem obligauit & pro speciali pignere designauit suam Muraleam cum omnibus pertinencijs suis.

PARS CAPTA QUOD NULLUS POSSIT LIGARE ANIMALIA IN PLATEA

Die XXV⁰ mensis nouembris de Mandato Spectabilis ac generosi viri domini Iacobi Raunacher capitanei Iudicum & consiliariorum terre Fluminis Sci Viti Iurius preco publicus proclamauit quod nulla persona cuiuscunque condicionis existat audeat nec praesumat ligare animalia bouina in publica platea siue vijs publicis dicte terre Fluminis Sub pena solidorum quadraginta paruorum Que pars capta fuit per suprascriptos dominos Capitaneum Iudices & consiliarios dicte terre Fluminis die XXIIII.to mensis nouembris & proclamata in lobia & locis consuetis die XXV⁰ ut supra

PARS CAPTA QUOD INCIDANTUR ARBORES EXISTENTES IN VIJS PUBLICIS

Die XXV⁰ de mandato suprascriptorum domini Capitanei Iudicum & consiliarium Iurius preco publicus in locis consuetis proclamauit quod quelibet persona cuiuscunque condicionis siue status existat habens arbores tam fructiferos quam non fructiferos siue vites plantas in stratis siue vijs publicis aut territorio comunis in dicta terra Fluminis debeat ipsas incidere siue extirpare taliter quod in futurum non appareant usque ad octo

dies proxime futuros Sub pena librarum octo et siquis dicere
siue allegare vellet ipsas arbores siue vites fore plantatas super terreno suo debeat iura sua producere coram suprascriptis
dominis usque ad suprascriptum terminum aliter termino
elapso non audietur in iure Que pars capta fuit die XXIIII.to
mensis Nouembris per suprascriptos dominum Capitaneum
Iudices & consiliarios dicte terre Fluminis Sancti Viti In Statione mei notarij infrascripti.

PROTESTUS STEFANI DE
MARANO

Die primo mensis decembris In terra
Fluminis Sci Viti In Statione mei
notarij infrascripti praesentibus Vito
matronich de Flumine Bartolomeo Antonij de Firmo Vito
Mateieuich de Flumine Magistro Antonio quondam Benedicti
lapicide de Verona habitatore Venetiarum testibus ad haec
uocatis & rogatis ac alijs Ibique Coram Nobili viro domino
Mateo quondam Ser donati honorabili Iudice dicte terre Fluminis comparuit Ser Stefanus quondam dominici de Marano
asserens & dicens qualiter Paulus Cimal de Murano nauliçauit ipsum coram testibus fidedignis quod deberet ire cum suo
nauignio ad Scum Georgium territorij Magnificorum comitum
Segne ad onerandum remos a galea &· illic expectare sex diebus oneratiuis & deinde ire ad Portumre districtus Cregnini
cum dicto Nauigio & illic onerare residuum sui Carici siue
oneris quem Caricum siue onus debeat inuenire promptum &
paratum ibidem taliter quod confestim posset incipere caricare
Et cum sit quod non solum eius Caricum sed prorsus nullum remum ibidem venerit quod est contra Nauliçatum & pro-
missionem sibi factam per dictum Paulum cimal quodque ipsi
Stefano redundat in maximum damnum & detrimentum cum
multis abinde expensis Idcirco Praefatus Stefanus omnibus &
singulis illis iuris remedijs quibus magis & melius fieri potest protestatus fuit contra dictum Paulum Cimal licet absentem Ducatos centum auri Pro damno expensis & interesse
ipsi Stefano ob hanc causam secutis & 'secuturis.

CRIDA IN FAUOREM SI-
MONIS DE PAGO

Die XIIII mensis decembris Iohannes 'publicus preco comunis terre
Fluminis Sci Viti retulit mihi An-

tonio notario infrascripto qualiter de Mandato Nobilium virorum domini Matei calelo & domini Stefano blasinich honorabilium ad praesens Iudicum dicte terre Fluminis alta ac preconia voce clamauit qualiter Simon quondam petri de pago habitator pensauri querelam exposuit coram dominis dominis Iudicibus & consilio aduersus Iohannem rilçich pro aliquibus sibi furtiue acceptis Idcirco praefati domini Iudices & consilium dederunt & assignauerunt dicto Iohanni terminum XXIIII.or dierum proxime futurorum quorum octo pro primo et octo pro secundo et octo pro tercio & peremptorio termino assignauerunt quatenus comparere debeat personaliter coram suprascriptis dominis in iudicio ad respondendum praefato Simoni aliter elapso suprascripto termino 24.or dierum et ipso Iohanne non comparente procedent ipsi domini ad vlteriora eius contumacia non ostante. De Mandato suprascriptorum Iudicum scripsi.

PRO VALENTINO CONTRA IURLINUM HOSPITEM

Die XVIII mensis decembris In Terra Fluminis Sci Viti In Statione mei notarij infrascripti praesentibus Vito matronich Martino Xatanni ambobus habitatoribus dicte terre Fluminis testibus ad haec uocatis & rogatis ac alijs Ibique Iurlinus hospes de alemania sponte libere ex certa scientia non per errorem omni exceptione iuris uel facti remota per se suosque heredes & succeressores fuit contentus & confessus se iuste teneri & dare debere Valentino Iurlinouich praesenti stipullanti & respondenti pro se suisque heredibus & successoribus ducatos triginta septem boni auri & iusti ponderis Et hoc pro vna domo vendita dicto debitori Quam quidem pecunie quantitatem dare & soluere promisit dictus debitor praefato creditori ad omnem requisitionem ipsius creditoris sub pena quarti Qua soluta uel non rata maneant omnia & singula suprascripta Et ad maiorem cautelam praefati creditoris dictus debitor eidem designauit & pro speciali pignere obligauit domum quam emit ab ipso creditore

PRO IUDICE NICOLAO & ADAM CONTRA GULIELMUM FACHINUM

Die XXo mensis decembris In Terra Fluminis Sci Viti In Statione mei notarij infrascripti praesentibus presbytero Gaspare cresolich Iudice Daiano quondam Matei ambobus habitatoribus dicte terre Fluinis testibus ad haec uocatis & rogatis ac alijs Ibique Guielmus quondam Antonij de Pergamo habitator Albone per e suosque heredes & successores fuit contentus & confessus abuisse ac recepisse nomine emptionis A Iudice Nicolao miɔlich & Bartolomeo Antonij de Firmo ambobus habitatorius dicte terre Fluminis vnam vegetem plenam oleo capaciatis çabrorum septem cum dimidio in ratione et precio duatorum quadraginta sex boni auri & iusti ponderis pro miiari Item dixit & confessus fuit praefatus Gulielmus coram estibus suprascriptis qualiter dare & soluere tenetur praelictis Iudici Nicolao & Bartolomeo ducatos octo auri & solios quadraginta tres paruorum pro resto & saldo suarum raionum prius simul habitarum Qui quidem Gulielmus dare & oluere *) praefatis creditoribus dictam quantitatem peccunie precium olei suprascripti usque ad festum purificationis eate Marie Virginis proxime futurum sub pena quarti cum bligatione omnium suorum bonorum Qua pena soluta uel on rata maneant omnia & singula suprascripta.

PRO ANIÇA CONTRA PETRUM & GEORGIUM FRATRES DE STUDENA

Die XXII mensis decembris In Statione mei notarij infrascripti praesentibus Vito matronich Martino coxarich & Iohanne eius filio testibus ad haec uocatis & rogatis ac alijs Ibique Çupanus Petrus de Studena per se ac vice & nomine georgij fratris sui ac suos heredes fuit contentus & confessus se iuste teneri & dare debere Aniçe uxori quondam Vasme de Grobinicho praesenti stipullanti & respondenti pro se suisque heredibus & successoribus libras viginti duas paruorum Quam quidem pecunie quantitatem dare & soluere promisit dictus debitor nomine quo supra praefate creditrici ad omnem requisitionem ipsius creditricis sub pena quarti cum obligatione omnium suorum bonorum Qua pena soluta uel non rata maneant omnia & singula suprascripta.**)

---

*) Evidentemente manca il verbo *promisit*.

**) Cancellato, con in margine la nota: „1444 die X.o mensis Iauarij in Statione mei notarij praesentibus domino presbytero Mateo Ar-

PRO IUDICE NICOLAO CON-<br>TRA VITUM MATRONICH

Die XXIII mensis decembris In Terra Fluminis Sci Viti In Statione mei
notarij infrascripti praesentibus Iu-
dice Mauro Vidonich Martino quondam Çanini ambobus habitatoribus dicte terre Fluminis testibus ad haec uocatis &
rogatis ac alijs Ibique Vitus Matronich sponte libere ex certa
scientia non per errorem omni exceptione iuris uel facti remota per se suosque heredes & successores fuit contentus &
confessus se iuste teneri & dare debere Iudici Nicolao micolich praesenti stipullanti & respondenti pro se suisque. heredibus & successoribus ducatos quadraginta unum boni auri
& iusti ponderis & solidos septuaginta quinque paruorum nomine mutui Quam quidem pecunie quantitatem dare & soluere promisit dictus debitor praefato creditori ad omnem requisitionem ipsius creditoris sub pena quarti Qua soluta uel
non rata maneant omnia & singula suprascripta Et ad maiorem cautellam dicti creditoris praedictus debitor eidem obligauit & pro speciali pignere designauit vineam suam positam in Chleriaç

## Anno 1444.

PROTESTUS CAPITULI TER-<br>RE FLUMINIS

IN Christi nomine amen Anno natiuitatis eiusdem Millesimo quadrigentessimo quadragessimo quarto In-
dictione septima die vigessimo septimo mensis decembris In-
Terra Fluminis Sci Viti In Statione Iudicis nicolai micolich
praesentibus ipso Iudice Nicolao Iudice Tonsa quondam Ser
Nicole Francisco fabro quondam Martini testibus ad haec
uocatis & rogatis ac alijs Ibique Coram spectabili ac generoso
viro domino Iacobo Raunacher honorabili Capitaneo dicte terre Fluminis Domino Mateo quondam Ser donati ad praesens
Iudice dicte terre Fluminis Comparuerunt venerabilis vir pre-

---

cidiacono Iudice Ambrosio & Iudice Damiano testibus Nobilis vir dominus
Iacobus Raunacher precepit michi quod cancelarem praesens Instrumentum debiti eo quod sit cauilosse factum velut ipsa Aniça creditrix fui confessa — Ego Antonius cancellarius scripsi"

sbyter Mateus Arcidiaconus & plebanus Presbyter Gaspar Cresolich presbyter Iohannes micolich, presbyter Vitus scolich
presbyter Antonius Visignich omnes canonici ecclesie Maioris dicte terre Fluminis nomine ac vice totius capituli dicte
terre Fluminis asserentes & dicentes qualiter Bone memorie
vir dominus presbyter Vrbanus plebanus Barbane voluit adhuc
viuens quod suum breuiarium nouum de littera sclaua habens
post singulum psalmum orationem post mortem eius deueniret ad dictum capitulum essetque dicti capituli et hoc eo quod
dictum capitulum liberauit Dominicam sororem dicti quondam
presbyteri Vrbani a quodam liuello librarum quatuor quod
soluere tenebatur annuatim dicto Capitulo uti clare constat
publico Instrumento scripto manu mei notarij infrascripti anno
domini MCCCCXXXVI.to Indictione XIIIIa die XVIII mensis Aprilis Ob quam causam cum ipsis canonicis fuit intimata
mors dicti plebani confestim miserunt presbyterum Vitum
Scolich ad accipiendum praefatum Breuiarium cum suprascripto Instrumento publico Barbanam cui dictum non dederunt
Breuiarium quod ipsis canonicis redundat in maximum damnum & praeiudicium Quapropter praescripti Arcidiaconus &
canonici omnibus iuris remedijs quibus magis ac melius fieri
potest protestati fuerunt contra quamlibet personam siue co-
mune que uel quod contra eorum voluntatem retinet siue retinere facit dictum Breuiarium ducatos centum auri pro dicto
Breuiario & expensas secutas & secuturas praesentibus ibidem dominico genero Blasij fratris quondam dicti plebani a-
pud quem est dictum braeviarium ac, etiam filio dicti Blasij
ac dicentibus quod ipsi in hoc non sunt culpabiles & quod
ipsi libenter dedissent ac darent dictum Breuiarium uelut dictus quondam plebanus praecepit ante mortem suam sed co-
mune Barbane non promittit.

PROTESTUS GREGORIJ & ANDREE DE IUANÇE

Die XXVIII mensis decembris In Terra Fluminis Sci Viti In Statione mei notarij infrascripti praesentibus Martino xatanni Iuanulo de Arbo Simone oslich omnibus habitatoribus dicte terre Fluminis testibus ad haec uocatis & rogatis ac alijs Ibique Coram Spectabili ac generoso viro domino Iacobo Raunacher honorabili Capitaneo dicte terre Flu-

minis Comparuerunt gregorius quondam Andree sudouich &
Andreas filius Marci ambo de Iuançe asserentes & dicentes
qualiter die terciadecima mensis Instantis postquam soluis-
sent dacium capitaneo Cersati pro septuaginta porcis uti moris est & pertransissent Fluuium et iam essent super territorio dicte terre Fluminis Aliqui famuli praefati Capitanei acceperunt dictos porcos vi & ipsos econtrario ultra dictum fluuium
transnatare fecerunt sine scitu ac consensu hominum praefate
terre Fluminis contra omne iuris debitum Quapropter praefati gregorius & Andreas protestati fuerunt pro damno & interesse dictorum porcorum ducatos centum auri & expensas
sccutas & secuturas contra & aduersus quamlibet personam
quae inuenietur in hac causa fore culpabilem

PRO GREGORIO STRAGU-
LICH CONTRA MARTINUM AU-
RIFICEM

Die 29 mensis decembris In Statione mei notarij infrascripti praesentibus Iudice Mauro Vidonich Iudice Damiano quondam Matei Ma-
gistro Iohanne belsterfar aurifice testibus ad haec uocatis &
rogatis ac alijs Ibique Martinus aurifex quondam dominici de
Segna habitator terre Fluminis Sci Viti sponte libere ex certa
scientia non per errorem omni excep'ione iuris uel facti remota per se suosque heredes & successores fuit contentus &
confessus se iuste teneri & dare debere gregorio stragulich
praesenti stipullanti & respondenti pro se· suisque heredibus
& successoribus Ducatos triginta vnum boni auri & iusti ponderis Et hoc pro vna muralea habita a dicto creditore Quam
quidem pecunie quantitatem dare & soluere promisit dictus
debitor praefato creditori per terminos infrascriptos videlicet
ducatos vndecim usque ad festum Sci georgij proxime futurum et residuum ab illa die usque ad vnum annum tunc
proxime sequentem Sub pena quarti cum obligatione omnium
suorum bonorum Qua pena soluta uel non rata maneant o-
mnia & singula suprascripta. *)

---

*) Cancellato, con in margine la nota: „1445 die XXIIII mensis
decembris cancelatum fuit praesens Instrumentum debiti de voluntate
creditoris praesentibus dɔmino presbytero gaspare cresolich plebano Iu-

<table><tr><td>Pars capta pro littera<br>Latina</td><td>Die XXVIIII mensis decembris In Terra Fluminis Sci Viti In Statione</td></tr></table>

mei notarij infrascripti Per Spectabilem ac generosum virum dominum Iacobum Raunacher honorabilem Capitaneum Venerabilem virum dominum presbyterum Mateum Arcidiaconum & plebanum Dominum Mateum
quondam Ser donati dominum Stefanum blasinich honorabiles Iudices dicte terre Fluminis Iudicem Ambrosium Iudicem
Stefanum ruseuich Iudicem Maurum Vidonich Iudicem Cosmam radolich Iudicem Vitum quondam Matchi Iudicem Nicolaum micolich Iudicem Tonsam quondam Ser Nicole consiliarios dicte terre Fluminis capta fuit pars infrascripti tenoris videlicet quod omnes vnanimiter toto posse laborare
debeant quod litera latina debeat esse in ecclesia Sce Marie
dicte terre Fluminis & in capitulo et quod aliquis ipsorum
non contradicet nec huic rei erit unquam contrarius per iuramentum quod Magnifico domino nostro & dicte terre Fluminis fecerunt.

Die XXX mensis decembris In Statione mei notarij infrascripti praesentibus Iudice Stefano ruseuich.....

<table><tr><td>Pro Iudice Nicolao &<br>Adam de Firmo contra<br>Andream Tustan</td><td>Die primo mensis Ianuarij In Statione mei notarij infrascripti praesentibus Iudice Mateo quondam Ser</td></tr></table>

donati Nicolao Rayntalar testibus
ad haec uocatis & rogatis ac alijs Ibique Andreas tustan de
labaco sponte libere ex certa scientia non per errorem omni
exceptione iuris uel facti remota per se suosque heredes &
successores fuit contentus & confessus se iuste teneri & dare
debere Iudici Nicolao micolich & Bartolomeo Antonij de Firmo praesentibus stipullantibus & respondentibus pro se suisque heredibus & successoribus ducatos quinquaginta duos
boni auri & iusti ponderis & solidos sexaginta quatuor paruorum Et hoc pro oleo habito a dictis creditoribus Quam quidem pecunie quantitatem dare & soluere promisit dictus de

dice Damiano quondam Matei testibus ad haec uocatis & rogatis ac
alijs — Ego Antonius cancellarius scripsi"

bitor praefatis creditoribus usque ad festum Sci Georgij proxime futurum sub pena quarti cum obligatione omnium suorum bonorum Qua pena soluta uel non rata maneant omnia
& singula suprascripta.

PRO IUDICE QUIRINO SPIN-
ÇICH CONTRA VITUM SARCTO-
REM

Die secundo mensis Ianuarij In Statione mei notarij infrascripti praesentibus Nicolao Rayntalar Valentino Iur!inouich testibus ad haec
uocatis & rogatis ac alijs Ibique Vitus sarctor quondam georgij
sponte libere ex certa scientia non per errorem omni exceptione iuris uel facti remota per se suosque heredes & successores fuit contentus & confessus se iuste teneri & dare
debere Iudici Quirino spinçich de Castua praesenti stipullanti
& respondenti pro se suisque heredibus & successoribus libras triginta octo & solidos duodecim paruorum Et hoc pro
frumento habito a dicto creditore Quam quidem pecunie quantitatem dare & soluere promisit dictus debitor praefato creditori usque ad festum assumptionis beate Marie Virginis proxime futurum sub pena quarti Et ad maiorem cautellam praefati creditoris dictus debitor eidem obligauit & pro speciali
pignere designauit suam vineam positam in Bergudo Hoc
pacto quod si praefato creditori non videretur pignus ydoneus
quod tunc & eo casu possit petere pro dicto debito dictum
debitorem Qua soluta uel non rata maneant &c

SCOEDA NICOLAI RAYN-
TALAR

Die quinto mensis Ianuarij In Terra
Fluminis Sci Viti In Statione mei
notarij infrascripti praesentibus Iu-
dice Mateo quondam Ser donati Iudice Iurcho de dreuenicho
testibus ad haec uocatis & rogatis ac alijs Ibique Nicolaus
Rayntalar per se suosque heredes & successores dedit & locauit in Socedam Crismano Ieretica de Vragna praesenti &
pro se suisque heredibus stipullanti peccudes quadraginta
usque ad quinque annos proxime futuros hac condicione &
pacto quod dictus Crismanus teneatur & debeat dictas pecudes bene & diligenter pascere & gubernare & dare medieta-

tem omnium fructuum dictarum pecudum singulo anno praefato Nicolao francham in Castro Laurane Et quod dictus Crismanus non debeat diuidere Lanam nec Caseum nisi praefatus Nicolaus siue eius nuncius fuerit praesens Et si repertum fuerit dictum Crismanum facere aliquam falsitatem quod tunc praefatus Nicolaus possit ipsi Crismano dic!as pecudes non dacdo ipsi aliquam partem Et quod dictus Nicolaus non valeat dictas pecudes accipere dicto usque ad praefatum terminum quinque annorum Saluo si inueniretur aliqua falsita Et quod in capite dictorum quinque annorum praefate pecudes & alia que ex eis erunt debeant diuidi inter ipsos paribus portionibus Pro quibus omnibus & singulis suprascriptis sic firmiter obseruandis attenden·lis & adimplendis vna pars alteri adinuicem obligauit omnia sua bona mobilia & immobilia praesentia & futura.

Pro Iudice Nicolao & Adam contra Francigenam

Die septimo mensis Ianuarij In Terra Fluminis Sci Viti In Statione infrascripti Iudicis Nicolai praesentibus Vito matronich Grisano quondam Iudicis Martini gregorio quondam Matei de Modrussia testibus ad haec uocatis & rogatis ac alijs Ibique Ser Iohannes de Vltrarijs de Francia Capitaneus Buchari sponte libere ex certa scientia non per errorem omni exceptione 'iuris uel facti remota per se suosque heredes & successores fuit contentus & confessus se iuste teneri & dare debere Iudici Nicolao micolich et Bartolomeo Antonij de Firmo praesentibus stipullantibus & respondentibus pro se suisque heredibus & successoribus ducatos septuagintaocto boni auri & iusti ponderis Et hoc pro oleo temporibus elapsis habito a dictis creditoribus Pro qua quidem pecunie quantitate dare & consignare promisit dictus debitor praefatis creditoribus tot pelles magnas id est coria in ratione ducatorum quatuor auri cum dimidio pro singulo centenario librarum ponderis ad pondus grossum dicte terre Fluminis et tantum grisum bonum & mercimoniale in ratione solidorum viginti pro singula Macia ad mensuram buchari usque ad festum Sci georgij proxime futurum quot et quantum ascendat ad suprascriptam quantitatem du-

catorum quinquaginta octo sub pena quarti cum obligatione
omnium suorum bonorum Qua pena soluta uel non rata
maneant omnia & singula suprascripta.

PRO SUPRASCRIPTIS CRE-
DITORIBUS CONTRA DICTUM
DEBITOREM

Vltrascriptis die loco ac testibus Praefatus Ser Iohannes debitor Sponte
libere ex certa scientia non per errorem omni exceptione iuris uel fa-
cti remota per se suosque heredes & successores fuit contentus & confessus se iuste teneri & dare debere Iudici Nicolao
micolich & Bartolomeo Antonij de Firmo praesentibus stipullantibus & respondentibus pro se suisque heredibus & successoribus ducatos nonaginta sex boni auri & iusti ponderis
et solidos quadraginta quatuor paruorum Et hoc pro oleo die
suprascripto habito a dictis creditoribus Quam quidem pecunie quantitam dare & soluere prom sit dictus debitor praefatis creditoribus usque ad carnispriuium proxime futurum
Sub pena quarti cum obligatione omnium suorum bonorum
Qua pena soluta uel non rata maneant omnia & singula su-
prascipta.

PRO NICHLINO CONTRA
IACOBUM CIGANTICH & GEOR-
GIUM PETRICICH

Die nono mensis Ianuarij In Statione mei notarij infrascripti praesentibus Iudice Mateo quondam Ser
donati Vito matronich test bus ad
haec uocatis & rogatis ac alijs Ibique Iacobus cigantich &
georgius petricich sponte libere ex certa scientia non per
errorem omni exceptione iuris uel facti remota per se suosque heredes fuerunt contenti & confessi se habuisse ac recepisse A Nicolao Rayntalar praesenti stipulanti & respondenti
pro se suisque heredibus & successoribus vnam vegetem
vini pos tam in penore Iohannis aurificis tenute modiorum
duodecim uel circa siue plus siue minus prout reperietur in
mensura Et hoc pro precio & nomine precij solidorum nonaginta paruorum pro sigulo modio et dicti debitores debeant
soluere canipam pro dicta vegete vini Quod quidem precium
dare & soluere promiserunt dicti debitores praefato creditori

usque ad festum assumptionis beate Marie Virginis proxime futurum sub pena quarti cum obligatione omnium suorum [*bonorum*] qua pena soluta uel non rata maneant omnia & singula suprascripta.

CONDICTIO MARTINI · & ANDREE FRATRUM DE GRUBINICO

Die nono mensis Ianuarij In Statione mei notarij infrascripti praesentibus Iudice Mateo quondam Ser Donati Vito matronich testibus ad haec uocatis & rogatis ac alijs Ibique de consensu Spectabilis viri domini Iacobi Raunacher Capitaneus Martinus quondam Vasme de Grobinico & Andreas eius frater condixerunt vendictioni facte per ipsorum matrem Aniçam Çupano georgio de Studena nomine suo & nomine petri fratis sui de medietate cuiusdam Molendini positi podstene districtus gotnici. Qui dominus Capitaneus praecepit michi notario infrascripto quod dictum Instrumentum dicte venditionis & aliud instrumentum debiti in fauorem dicte Aniçe nemini dare nec publicare absque eius licentia

FINIS PRO IOHANNE RILÇICH

Die XVI mensis Ianuarij In Statione mei notarij infrascripti in Terra Fluminis Sci Viti praesentibus Iudice Mateo quondam Ser donati Iudice Stefano blasinich Iudice Georgio de Dreuenico omnibus habitatoribus dicte terre Fluminis testibus ad haec uocatis & rogatis ac alijs Ibique Simon quondam Petri de Pago habitator pensauri per se suosque heredes & successores fecit Nicolao repeglie Pilipario praesenti stipulanti & respondenti vice ac nomine Iohannis dicti rilçich nepotis georgij glade piliparij habitatoris dicte terre fluminis & eius heredum & successorum finem remissionem quietationem & pactum de vlterius non petendo de omni & singulo iure & actionibus ac omnibus & singulis rebus ad que praefatus Iohannes praedicto Simoni tenebatur siue teneri poterat usque ad praesentem diem occasione vnius barche vini farine ac aliarum rerum intus positarum acceptarum per praedictum Iohannem et quendam petrum de pirano & conductas ad partes ystrie et expensarum damnorum & interesse ac omnium & singularum rerum quas quocunque ratione uel causa praefatus

Iohannes praedicto Simoni dare teneretur Et hoc ideo quia praefatus Simon fuit contentus & confessus sibi integre solutum & satisfactum fuisse A Clara uxore suprascripti Georgij glade nomine ac vice dicti Iohannis de omnibus & singulis rebus ad que praedictus Iohannes praelibato dare teneretur siue teneri poterat quacunque ratione uel causa Renuncians exceptioni non habite non recepte dicte solutionis tempore praefati contractus Liberans & absoluens praefatum Iohannem et eius heredes & successores & bona per acciptilationem et aquilianam stipullationem legitime interpositam Promittensque praefatus Simon per se suosque heredes dicto Nicolao repeglie stipullanti & respondenti nomine praefati Iohannis litem quaestionem uel controuersiam aliquam praelibato Iohanni aut suis heredibus non inferre nec inferenti consentire occasione praedictorum sed omnia & singula suprascripta perpetuo firma & rata habere tenere & non contrafacere uel uenire per se uel alium aliqua ratione causa uel ingenio de iure uel de facto sub pena ducatorum quinquaginta auri stipulatione in singulis capitulis huius contractus solemni promissa qua pena &c.

PRO COMUNITATE CONTRA FAMULOS CAPITANEI CERSATI Vltrascriptis die ac loco Iudices & consilium praeceperunt michi quatenus scribere deberem qualiter aliqui Famuli Iacobi bolfing Capitanei Cersati et aliqui morlachi quorum nomina inferius sunt notata die tercia decima mensis decembris proxime elapsi Postquam Gregorius & andreas de Iuançe pertransissent fluuium labentem iuxta dictam terram Fluminis cum septuaginta porcis & essent cum dictis porcis a latere fluuij super Territorio dicte terre Fluminis aliqui famuli suprascripti Iacobi bolfing et morlachi de Mandato ipsius Iacobi pertransiuerunt dictum fluuium & acceperunt vi suprascriptos porcos existentes super territorio dicte terre Fluminis & ipsos ultra dictum fluuium transnatare fecerunt ad Territorium Castri cersati sine scitu hominum dicte terre Fluminis & contra eorum voluntatem in maximum damnum ac maximam verecundiam tam Magnifici domini quam hominum dicte terre Fluminis nomina illorum qui acceperunt porcos que sciuntur sunt hec primo Gaspar... qui iam diu stetit cum praefato Iacobo Petrus Regoieuich morlachus de planine de Segna

ACCORDATIO FAMULI PRO MAGISTRO GEORGIO DE IADRA

Die XVII mensis Ianuarij In Terra Fluminis Sci Viti In Statione mei notarij infrascripti praesentibus presbytero Gaspare cresolich Georgio filio Iudicis Stefani ruseuich ambobus habitatoribus dicte terre Fluminis testibus ad haec uocatis & rogatis ac alijs Ibique Eufumia uxor Breçschi marinarij habitatoris dicte terre Fluminis dedit locauit & affictauit Magistro Georgio quondam demitrij de Iadra ibidem praesenti Maurum filium suum praesentem & consentientem usque ad decem annos proxime futuros his pactis & condicionibus videlicet quod dictus Maurus teneatur & debeat bene & diligenter seruire & obedire praedicto Magistro Georgio dictis decem annis tanquam domino & magistro suo Et praefatus magister Georgius teneatur & debeat praedicto Mauro dare vitum vestitum & calceatum competentem dictis decem annis & ipsum docere fideliter artem suam Et in capite dictorum decem annorum praedicto Mauro dare teneatur duodecim brachias panni valoris librarum trium pro singulo brachio aut libras triginta sex paruorum & pannos quos tunc habebit et vnum caput de quolibet genere Instrumentorum artis sue et etiam medietatem omnium instrumentorum que ipse Maurus faciet infra dictum terminum decem annorum Promittens vna pars alteri vicissim omnia & singula suprascripta attendere obseruare & ademplere et non contrafacere uel venire per se uel alium aliqua ratione causa uel ingenio de iure uel de facto Sub pena librarum uiginti quinque paruorum stipullatione in singulis capitulis huius contractus solemni promissa qua pena soluta uel non rata maneant omnia & singula suprascripta.

PROCURA IN SER ANTONIUM DE PENSAURO

Die XVIII mensis Ianuarij In publica platea Terre Fluminis Sci Viti praesentibus Iudice Andrea de Crastouiça Grisano quondam Iudicis Martini de pago testibus ad haec uocatis & rogatis ac alijs Ibique Prouidus vir Iohannes filius generosi millitis domini Nicolai vicarij segne omni via modo iure & forma quibus magis & melius sciuit ac potuit fecit constituit creauit & ordinauit prouidum virum Ser Antonium Terencij de pensauro praesentem & infrascriptum man-

datum sponte suscipientem suum verum & legitimum procu-
curatorem actorem factorem & certum nuncium specialem
praesertim in causa siue lite quam habet siue habiturus est
cum Ser Ançelino bonfiolo quacunque ex causa Ad Agendum
petendum respondendum libellos & petitiones dandum & recipiendum testes &c Et ad exigendum a dicto Ser Ançelino
denarios res & quacunque alia et de per eum receptis finem
dimissionem quietationem & pactum de vlterius non petendo
cum solemnitatibus necessarijs faciendum Et generaliter ad
omnia alia & singula dicenda gerenda & procuranda quae in
praedictis & circa praedicta & quolibet praedictorum duxerit
facienda & necessaria ac utilia videbuntur que &c Dans &c
Promittens &c

PRO NICOLAO RAYNTALAR
CONTRA AMBROSIUM RADO-
LICH

Die XXº mensis Iauuarij In Statione
mei notarij infrascripti praesentibus
Iudice Damiano quondam Matei Martino aurifice de Segna testibus ad
haec uocatis & rogatis ac alijs Ibique Anbrosius radolich sponte libere ex certa scientia non per errorem omni exceptione
iuris uel facti remota per se suosque heredes & successores
fuit contentus & confessus tamquam plegius & fideiussor Matei cersati ibidem praesentis habuisse ac recepisse A Nicolao
Rayntalar praesenti stipullanti & respondenti pro se suisque
heredibus & successoribus vnam vegetem vini rubei tenute
modiorum sexdecim siue plus siue minus prout reperietur in
mensura pro precio solidorum octoaginta octo paruorum pro
singulo modio quod vinum habuit dictus Mateus cersato Precium siue valorem dicti vini dictus Ambrosius dare & soluere
promisit praefato Nicolao usque ad festum Sce Malgarite
proxime futurum Sub pena quarti cum obligatione omnium
suorum bonorum qua pena soluta uel non rata maneant omnia
& singula suprascripta *)

---

*) Cancellato, con in margine la nota: 1444 die XXIIIo mensis no-
uembris cancellatum fuit praesens Instrumentum de voluntate Nicolai Rayntalar praesentibus Vito sarctore & Iacobo Sbardelada testibus ad haec uocatis & rogatis ac alijs — Ego Antonius cancellarius scripsi.

PRO AMBROSIO PRAEDICTO COMTRA MATEUM CERSATO  Vltrascriptis die loco ac testibus praefatus Mateus cersat per se suosque heredes & successores se obligauit & promisit dicto Ambrosio praesenti & pro se suisque heredibus stipullanti soluere precium siue valorem dicti vini usque ad festum Sci Petri de mense Iunij Et ad maiorem dicti ambrosij cautellam praefatus Mateus eidem obligauit & pro speciali pignere designauit suam domum in qua habitat pro suprascriptis firmiter obseruandis.

PRO IUDICE ROSSO CONTRA SIMONEM PILAR  Die XXII mensis Ianuarij In Statione mei notarij infrascripti praesentibus Iudice Stefano ruseuich Iudice Damiano quondam Matei Domigna de Grobinico omnibus habitatoribus dicte terre Fluminis testibus ad haec uocatis & rogatis ac alijs Ibique Simon pilar quondam Tome fuit contentus & confessus qualiter iam sunt duo anni elapsi & completi quod conduxit & accepit ad affictum A Iudice Vito quondam Matchi partem molendinorum secce & valce ipsius Iudicis Viti que possessio dicitur Bolchoue selo pro quinque annis tunc proxime secutis his pactis & condicionibus quod dictus Simon tenebatur & debebat omni & singulo anno dare & soluere dicto Iudici Vito pro affictu & nomine affictus dicte partis molendinorum secce & valce libras XL.ta paruorum et in fine ipsius teimini dare & restituere dicta partem molendinorum secce & valche ita bonam et sufficientem sicut et qualem accepit eo tempore quo ipsam partem conduxit Pro quibus omnibus & singulis suprascriptis sic firmiter obseruandis attendendis & adimplendis vna pars alteri vicissim obbligauit omnia sua bona mobilia & immobilia praesentia & futura.

FINIS PRO CERSATO  Die XXIII mensis Ianuarij praesentibus Nicolao Rayntalar paulo franiçich testibus ad haec uocatis & rogatis ac alijs Ibique Iudex Iurcho de dreuenico per se suosque heredes & successores fuit contentus & confessus sibi integre solutum & satisfactum fuisse a Mateo. cersat de omnibus & singulis debitis iuribus & rebus ad que dictus Mateus praedicto Iudici Iurcho quomodocunque tenebatur siue teneri poterat quacunque ratione uel causa faciens ipse Iudex Iurcho praefato Mateo finem remissionem quietationem & pactum de vlterius non petendo de omni & singulo debito ac omnibus & singulis rebus ad que praefatus Mateus ipsi Iudici Iurcho actenus tenebatur seu teneri poterat quacunque ex causa.

PRO CUSMA MIRCOVICH CONTRA PRODANUM DE PAGO — Die vltimo mensis Ianuarij praesentibus Vito matronich Martino Xatanni Valentino Iurlinouich testibus ad haec uocatis & rogatis ac alijs Ibique Ser Prodanus quondam Radeni de pago sponte libere ex certa scientia non per errorem omni exceptione iuris uel facti remota per se suosque heredes & successores fuit contentus & confessus se iuste teneri & dare debere Cusme quondam dragomiri mircouich praesenti stipullanti & respondenti pro se suisque heredibus & successoribus libras viginti quinque paruorum Et hoc pro quadam vinea habita a dicto creditore Quam quidem pecunie quantitatem dare & soluere promisit dictus debitor praefato creditori per terminos infrascriptos videlicet medietatem usque ad festum resurrectionis domini nostri Ihesu Christi proxime futurum et aliam medietatem usque ad festum Sci Martini proxime futurum Sub pena quartí cum obligatione omnium suorum bonorum Qua solulta uel non rata maneant omnia & singula suprascripta. *)

PROCURA IN GEORGIUM SARCTOREM — Vltrascriptis die ac loco praesentibus Iudice Vito quondam Matchi Iudice Mauro Vidonich Iacobo cerdone omnibus habitatoribus dicte terre Fluminis testibus ad haec uocatis & rogatis ac alijs Ibique Georgius Filacanoua quondam Martini habitator Venetiarum omni via modo iure & forma

---

*) Cancellato con in margine la nota: „1444 Die XVII mensis Madij Cancelatum fuit praesens Instrumentum debiti devoluntate creditoris & Francisci eius filij praesentibus Vito sarctore quondam Georgij & Blasio peçich testibus ad haec uocatis & rogatis ac alijs Ego Antonius cancellarius scripsi".

quibus magis et melius sciuit ac potuit fecit constituit creauit
& ordinauit Georgium sarctorem quondam Stefani habitatorem
dicte terre Fluminis suum uerum & legitimum procuratorem
actorem factorem & certum nuncium specialem praesertim ad
exigendum &‑recuperandum A Iudice Ioseph Moieseieuich de
Segna omnem & singulam pecunie quantitatem res & quecunque alia quae quomodocunque ipsi constituenti dare teneretur & de per eum receptis finem dimissionem quietationem
& pactum de vlterius non petendo cum solemnitatibus necessarijs faciendum Et ad comparendum si opus fuerit Coram
domino Capitaneo Iudicibus ac Regimine dicte terre Fluminis
Ad agendum petendum &c Dans &c Promittens &c.

PRO IUDICE NICOLAO CON-
TRA GEORGIUM MURATOREM
DE IADRA

Die XVIII mensis februarij In terra
Fluminis Sci Viti In Statione infrascripti Iudicis Nicolai creditoris praesentibus Ser Adam Antonij de Fir-
mo Iohanne Tomasolich ambobus habitatoribus dicte terre
Fluminis testibus ad haec uocatis & rogatis ac alijs Ibique
Magister Georgius murator quondam demitrij de Iadra sponte
libere ex certa scientia non per errorem omni exceptione iuris uel facti remota per se suosque heredes & successores
fuit contentus & confessus se iuste teneri & dare debere Iudici Nicolao micolich habitatori dicte terre Fluminis praesenti
stipullanti & respondenti pro se suisque heredibus & successoribus ducatos vigintinouem et solidos sexaginta octo paruorum Et hoc pro ferro habito a dicto creditore Quam quidem
pecunie quantitatem dare & soluere promisit dictus debitor
poaefato creditori usque ad festum Sci Georgij proxime futuri
sub pena quarti cum obligatione omnium suorum bonorum
Qua pena soluta uel non rata maneant omnia & singula suprascripta.

PRO SUPRASCRIPTO CON-
TRA PRAESCRIPTUM

Vltrascriptis die loco ac testibus et
adhuc Mateo cersato Ibique Magister Georgius murator quondam de-
mitrij de Iadra fuit contentus & confessus se habuisse ac manualiter recepisse et sibi integre datos ac numeratos fuisse a

Iudice Nicolao micolich ibidem praesente ducatos septuaginta
auri Et hoc pro parte solutionis operis quod dictus georgius
facere debet et tenetur praefato Iudici Nicolao prout constat
quodam cyrographo scripto manu magistri Antonij muratoris
quondam Agnoli de pensauro Renuncians praefatus georgius
exceptioni sibi non date & non numerate dicte quantitatis pecunie omnique alij suo iuri ac legum auxilio Promittensque
omnia & singula suprascripta perpetuo firma rata & grata habere tenere & non contrafacere uel uenire per se uel alium
aliqua ratione causa uel ingenio de iure uel de facto Sub pena
dupli dicte quantitatis pecunie cum obligatione omnium suorum bonorum stipullatione in singulis capitulis huius contractus solemni promissa Qua pena &c

PRO NICHLINO CONTRA
IUDICEM MAURUM

Die XXII mensis februarij In Statione mei notarij infrascripti praesentibus Georgio clarich & Iuanusio
quondam georgij de verbasse testibus ad haec uocatis & rogatis ac alijs Ibique Maurus Vidonich per se suosque heredes
& successores tamquam plegius & fideiussor Teodori quondam
dominici *) habuisse ac recepisse A nicolao Rayntalar praesenti
stipullanti respondenti pro se suisque heredibus & successoribus vnam vegetem plenam vino tenute modiorum XV. siue
plus uel minus prout reperietur in mensura in ratione solidorum nonaginta pro singulo modio Precium autem siue valorem dicti vini dare & soluere promisit dictus Iudex Maurus
praefato Nicolao usque ad festum assumptionis beate Marie
Virginis proxime futurum Sub pena quarti cum obligatione
omnium suorum bonorum qua pena soluta uel non rata maneant omnia & singula suprascripta. **)

---

*) Evidentemente è omesso: „fuit contentus & confessus".

**) Cancellato, con in margine la nota: „1444 die 22 mensis Augusti
cancelatum fuit praesens Instrumentum debiti de voluntate creditoris praesentibus Nobili viro Ser Antonio de Terentijs de pensauro Vito sarctore
quondam georgij testibus ad haec uocatis & rogatis ac alijs — Ego Antonius cancellarius scripsi".

PRAECEPTUM DOMINI CA- Die XXVI Februarij In Statione mei
PITANEI
notarij infrascripti dominus Capitaneus cum consilio praecepit Iudici
Iurcho Vito mateieuich Blasio cerdoni Cipriano Faricih et
bartolo melcherich quatenus per totam ebdomadam proxime futuram debeant simul pacem facere aliter elapso dicto termino
ipse cum consilio prouidebit super hac re prout ipsi videbitur
melius pro Magnifico domino nostro & terra Fluminis prae-
cipiens eis ne simul aliquam faciant quaestionem nec aliquis
occasione alicuius ipsorum Sub pena gratie Magnifici domini
nostri.

PRO IUDICE IURCHO AC Die quinto mensis Marcij In publica
ALIJS PLEGIARIJS IUDICIS DA-
MIANI
platea terre Fluminis Sci Viti praesentibus Iudice Mateo quondam Ser
donati Prodano de pago ambobus ha-
bitatoribus dicte terre Fluminis testibus ad haec uocatis & rogatis ac alijs Ibique Ser Georgius quondam Flori morganich
de Iadra fuit sponte confessus & contentus se habuisse ac recepisse a Iudice Iurcho de dreuenico & eius socijs tanquam
plegijs Iudicis damiani Ducatos viginti quinque auri pro prima
paga anno praeterito Item dixit confessus & contentus fuit se
habuisse ac recepisse a Ser Rafaele Francisci de Fossambruno ducatos decem et octo auri et quartos tres nomine ac vice
debiti suprascripti Iudicis Damiani pro quo fideiusserunt Suprascriptus Iudex Iurchus & eius socij

PROCURA IN PETRUM MA- Die septimo mensis Marcij In publi-
TEUM DE ARIMINO
ca platea terre Fluminis Sci Viti
praesentibus Iudice Mauro Vidonich
Iacobo quondam Iudicis Bachini & Nicolao de Rochacontrata
omnibus habitatoribus dicte terre Fluminis testibus ad haec
uocatis & rogatis ac alijs Ibique Franciscus quondam georgij
de Modrussia habitator murani omni via modo iure & forma
quibus magis & melius sciuit ac potuit fecit constituit creauit
& ordinauit Petrum Mateum Vgulini de Arimino praesentem
& infrascriptum Mandatum sponte suscipientem suum uerum
& legitimum procuratorem actorem factorem & certum nuncium specialem praesertim ad exigendum & recuperandum A

Georgio cancelarich de Segna omnem & singulam pecunie
quantitatem quam quomodocumque ipsi constituenti dare teneretur & de per eum receptis finem dimissionem quietationem & pactum de vlterius non petendo cum solemnitatibus
necessarijs faciendum Et ad comparendum si opus fuerit coram quocunque Iudice tam ecclesiastico quam saeculari ad
agendum petendum respondendum libellos & petitiones dandum & recipiendum testes Instrumenta & alia iura sua producendum Sententias audiendum & eas executioni mandare
faciendum sequestra & cuiuscunque generis contractus faciendum Item ad substituendum loco sui unum uel plures procuratores & eos reuocandum rato manente praesente Mandato
Et generaliter ad omnia alia &c Dans &c Promittens &c

PACTA DOMINI ARCIDIA-
CONI & FRANCISCI ÇICADICH

Die Xͦ mensis Marcij In Statione
mei notarij infrascripti praesentibus
Milasino calafato Vito sarctore quon-
dam georgij Christoforo quondam Iacobi omnibus habitatoribus dicte terre Fluminis testibus ad haec uocatis & rogatis
ac alijs Ibique Vitus mateieuich vice ac nomine venerabilis
viri domini presbyteri Matei Arcidiaconi & eius heredum dedit locauit & affictauit Francisco filio presbyteri Çicade de
Castua praesenti stipullanti & conducenti pro se suisque heredibus & successoribus vnam vineam positam in borgudo
quae fuit presbyteri dominici plebani Castue cum omnibus
pertinentijs suis usque ad uiginti annos proxime futuros hac
condicione quod dictus Francisco teneatur & debeat omni &
singulo anno dictam vineam bene & diligenter laborare secundum consuetudinem dicte terre Flumiminis & omni &
singulo anno ponere capita triginta duo vitium in ipsa
Et quod dictus Franciscus teneatur & debeat usque ad
tres annos dare terciam partem vini cum vinacijs praefato
domino presbytero Mateo uel eius heredibus transactis dictis
tribus annis dictus conductor teneatur & debeat dare omni
singulo anno medietatem solummodo vini cum vinacijs
& in casu quo dictus conductor non laboraret vineam ut supra dictum est siue eius heredes quod tunc dictus locator uel
eius heredes possint & valeant praedicto conductori siue eius

leredibus accipere & facere laborare expensis dicti conductoris
·iue eius heredum & ab ipso siue eius heredibus petere omne
amnum & interesse

Die XI⁰ mensis Marcij Sub Arbore
ante portam terre Fluminis Sci Viti
praesentibus Ser Antonio Terencij
de pensauro Iudice Nicolao micolich Iudice damiano quondam
Antonij omnibus habitatoribus dicte terre Fluminis testibus
ad haec uocatis & rogatis ac alijs Ibique Ser Petrus mateus
Ser Ugulini de Arimino suo nomine & tanquam procurator
Francisci quondam georgij de Modrussa habitatoris Murani
Comparuit Coram Spectabili ac generoso viro domino Iacobo
Raunacher honorabili Capitaneo Nobili viro domino Stefano
blasinich honorabili Iudice dicte terre Fluminis asserens &
dicens qualiter nominibus quibus supra habere debet quam-
plura a georgio cancelarich de Segna uti loco & tempore debitis claris faciet constare documentis et quia charachia praefati georgij cançelarich reperitur & est in manibus Iudicis
Matei quondam Ser donati Idcirco ipsam cum omnibus & singulis rebus intus positis interdixit ac sequestrauit in manibus
praefati Iudicis Matei sic quod dictam charachiam nequaquam
dare nec consignare debeat dicto georgio absque ipsius licencia quam interdictionem & quem sequestrum praefati domini
Capitaneus & Iudex acceptauit inquantum de iure tenentur &
debent Praecipientes ipsi Iudici mateo quatenus suprascriptam
charachiam & res intus positas dicto georgio nequaquam dare
nec consignare debeat absque eorum licencia.

Die XIII mensis Marcij In Statione
mei notarij infrascripti praesentibus
Vito matronich Ser Prodano de pago
Iacobo cigantich testibus ad haec uocatis & rogatis ac alijs
Ibique Antonius quondam Georgij Susich sponte & ex sua
libera uoluntate se concordauit ad standum pro vno anno proxime futuro cum Magistro toma remerio habitatore dicte terre
Fluminis praesente & acceptante hac condicione & pacto quod
dictus Antonius teneatur & debeat bene e & diligenter ac fi-

deliter servire praedicto Magistro Tome tanquam magistro &
patrono suo praefato tempore Et dictus Magister Tomas teneatur & debeat dare praefato Antonio vitum & subtelares Et
in capite dicti anni dictus Tomas dare & soluere teneatur
praefato Antonio libras quinquaginta quinque paruorum Promittens vna pars alteri ad inuicem omnia & singula suprascripta perpetuo attendere & obseruare sub pena librarum centum cum obligatione omnium bonorum utriusque partis Qua
pena soluta uel non rata maneant omnia & singula suprascripta.

Die XVI mensis Marcij In terra
Fluminis Sci Viti in Statione mei
notarij infrascripti praesentibus Ser
Antonio Terencij de Pensauro Ser
Ançelino bonfiolo de Florentia Iudice Nicolao micolich
omnibus habitatoribus dicte terre Fluminis testibus ad haec
uocatis & rogatis ac alijs Ibique Stefanus quondam laurentij
de Clochoç dedit locauit & affictauit Petrum filium suum
praesentem & consentientem Magistro Blasio pictori quondam
demetrij habitatori Ancone usque ad octo annos proxime futuros his pactis & condicionibus quod dictus Petrus teneatur
& debeat bene & diligenter ac fideliter seruire & obedire
praefato Magistro Blasio tanquam magistro & patrono suo
toto tempore dictorum octo annorum Et praefatus Magister
Blasius teneatur & debeat dare vitum vestitum & calceatum
honestum dicto petro toto praelibato tempore & ipsum docere
diligenter artem suam Et ultra hoc dare & soluere debeat
praefatus magister Blasius dicto petro completo termino octo
annorum ducatos octo boni auri & iusti ponderis et Instrumenta sibi necessaria ad artem suam faciendum & operandum
Promittens vna pars alteri adinuicem omnia & singula suprascripta attendere & obseruare sub pena librarum quinquaginta
cum obligatione omnium bonorum utriusque partis Qua pena
soluta uel non rata maneant omnia & singula suprascripta.

Vltrascriptis die loco ac testibus suprascriptus Stefanus dedit locauit &
affictauit Magistro Antonio lapicide
quondam benedicti de Verona habi-

tatori Venetiarum Fabianum filium suum praesentem & consentientem usque ad decem annos proxime futuros his pactis & condicionibus quod dictus Fabianus teneatur & debeat bene diligenter & fideliter seruire & obedire praefato Magistro Antonio tanquam magistro & patrono suo toto tempore dictorum octo annorum Et praefatus Magister Antonius teneatur & debeat dare praedicto Fabiano vitum vestitum & calceatum honestum toto praedicto tempore & ipsum docere diligenter artem suam Et vltra hac dare & soluere debeat praefatus magister Blasius dicto Fabiano completo termino decem annorum ducatos decem boni auri & iusti ponderis & tot instrumenta de arte sua quod possit vbique bene & diligenter operari artem suam Promittens vna pars alteri ad invicem omnia & singula suprascripta attendere & obseruare sub pena librarum quadraginta cum obligatione omnium bonorum utriusque partis Qua pena soluta uel non rata maneant omnia & singula suprascripta.

PRO IUDICE NICOLAO & ADAM CONTRA VORICUM

Die XVI mensis Marcij in via publica ante domum Teodori quondam dominici praesentibus Magistro Iohanne sarctore de Alemania Matiasio de Iapre Michele quondam Michse de dobriniçe omnibus habitatoribus dicte terre Fluminis testibus ad haec uocatis & rogatis ac alijs Ibique Voricus Piliparius de labaco sponte libere ex certa scientia non per errorem omni exceptione iuris uel facti remota per se suosque heredes & successores fuit contentus & confessus se iuste teneri & dare debere Iudici Nicolao micolich & Adam Antonij de Firmo praesentibus stipullantibus & respondentibus pro se suisque heredibus & successoribus ducatos centum & triginta octo boni auri & iusti ponderis nomine mutui & valorem librarum duarum milium et quatuorcentum et quadraginta sex amigdalorum in ratione solidorum trium cum dimidio pro singulo libro in sex sarcinis Quam quidem pecunie quantitatem & valorem dictorum amigdalorum dare & soluere promisit dictus debitor praefatis creditoribus ad omnem requisitionem ipsorum creditorum Sub pena quarti cum

obligatione omnium suorum bonorum qua pena soluta uel non
rata maneant omnia & singula suprascripta *)

PROCURA BUÇARELI Die primo mensis Aprilis In publica
platea terre Fluminis Sancti Viti
praesentibus Magistro Blasio cerdone Alegreto quondam Ru-
cerij ambobus habitatoribus dicte terre Fluminis testibus ad
haec uocatis & rogatis ac alijs Ibique Buçarelus quondam
Cole de ortona a mari omni modo iure & forma quibus magis & melius sciuit ac potuit fecit constituit creauit & ordinauit Franciscum fratrem suum absentem sed tanquam praesentem suum uerum & legitimum procuratorem actorem factorem & certum nuncium specialem praesertim ad exigendum
& recuperandum a quacunque persona sibi dare debenti tam
denarios quam alias res & de per eum receptis finem dimissionem quietationem & pactum de vlterius non petendo cum
solemnitatibus necessarijs faciendum Et ad comparendum si
opus fuerit coram quocunque iudice tam ecclesiastico quam
saeculari Ad agendum petendum respondendum libellos &
petitiones dandum & recipiendum testes & alia iura sua producendum sententias audiendum & eas executioni mandare
faciendum Et generaliter ad omnia alia &c Dans &c Promittens &c

PRO SER ADAM DE FIR- Die secundo mensis Aprilis In Terra
MO CONTRA IOHANNEM MA- Fluminis Sci Viti In Statione Iudi-
TIUCIJS DE FIRMO dicis Nicolai micolich Praesentibus
Nobili viro Ser Antonio quondam
Terentij de pensauro Iudice Mateo quondam Ser donati ambobus habitatoribus dicte terre Fluminis testibus ad haec uocatis & rogatis ac alijs Ibique Iohannes Matiucij de Firmo
mercator in dicta terra Fluminis sponte libere ex certa scientia non per errorem omni exceptione iuris uel facti remota

---

*) Cancellato con in margine la nota: „1449 die XXII mensis No-
uembris cancellatum fuit praesens Instrumentum debiti de voluntate Iudicis Nicolai micholich et Bartolomei Antonij de Firmo tanquam procuratoris Ade fratris sui praesentibus Mateo quondam Ser donati Iudice Damiano quondam Matei — Ego Antonius cancellarius scripsi".

per se suosque heredes & successores fuit contentus & confessus se iuste teneri & dare debere Ser Ade Antonij de Firmo praesenti stipullanti & respondenti pro se suisque heredibus & successoribus ducatus centum et nouem boni auri &
iusti ponderis & solidos uigintiduos paruorum Et hoc pro
ferro habito a dicto creditore Quam quidem pecunie quantitatem dare & soluere promisit dictus debitor praefato creditori usque ad festum Sci georgij proxime futurum absque aliqua mora omni & singula iuris & litis exceptione cessante
penitus & remota Sub pena ducatorum vigintiquinque auri cuius pene medietas sit domini & comunis Fluminis altera medietas dicti creditoris cum obligatione omnium suorum bonorum Qua pena soluta uel non rata maneant omnia & singula
suprascripta.*)

PRO IOHANNE DE LIPA
CONTRA TOMASIUM  Die sexto mensis Aprilis In Terra
Fluminis Sci Viti In Statione mei
notarij infrascripti Praesentibus Ra-
faele de Fossambruno Valentino Iurlinouich testibus ad haec
uocatis & rogatis ac alijs Ibique Tomasium quondam Tome
de Caldana de Vegla sponte libere ex certa scientia non per
errorem omni exceptione iuris nel facti remota per se suosque
heredes & successores fuit contentus & confessus se iuste teneri & dare debere Iohanni fabro de lipa praesenti stipullanti
& respondenti pro se suisque heredibns & successoribus ducatos triginta septem boni auri & iusti ponderis & solidos
nonaginta paruorum Quam quidem pecunie quantitatem dare
& soluere promisit dictus debitor praefato creditori per terminos infrascriptos videlicet medietatem usque ad festum assumptionis beate Marie Virginis futurum Sub pena quarti Pro
quo quidem Tomasino fideiussit dominus frater Albertus prior
monasterij Sci Augurtini pro suprascripta quantitate pecunie
soluenda in suprascriptis terminis cum obligatione omnium
suorum bonorum Sub pena quarti Qua soluta uel non rata
maneant omnia & singula suprascripta.

---

*) Cancellato con in margine la nota: „1444 Die primo mensis Ma-
dij cancellatum fuit praesens Instrumentum debiti de voluntate creditoris
praesentibus Iudice Damiano quondam Matei et Ser Gabriele Lipacij de
Firmo testibus ad haec uocatis & rogatis.

Pro Magnifico domino nostro contra Paulum Barberium

Die VIII mensis aprilis Ante portam terre Fluminis Sci Viti a mari praesentibus Martino çatauni Georgio petriçich ambobus habitatoribus dicte terre Fluminis testibus ad haec uocatis & rogatis ac alijs Ibique Paulus Vidotich barbitonsor sponte libere ex certa scientia non per errorem omni exceptione iuris uel facti remota per se suosque heredes & successores fuit contentus & confessus se iuste teneri & dare debere Iudici Nicolao micolich Daciario praesenti stipullanti & respondenti vice ac nomine Magnifici domini nostri de Valse & eius heredum & successorum ducatos quindecim boni auri & iusti ponderis &t hoc pro quadam plegiaria seu fideiussione facta dicto Iudici Nicolao nomine quo supra pro Magistro Simone tinctore quondam Petri de Iadra Quam quidem pecunie quantitatem dare & soluere promisit praefatus Paulus suprascripto Magnifico domino siue eius comissarij Sub pena quarti cum obligatione omnium suorum bonorum Qua pena soluta uel non rata maneant omnia & singula suprascripta.

Pro Paulo Barberio contra Simonem tinctorem

Vltrascriptis loco ac testibus Magister Simon tinctor quondam Petri de Iadra obligauit & pro speciali pignere designauit suam magnam caldariam & tinam ac omnia & singula eius bona tam praesentia quam futura Magistro Paulo Vidotich barbintosori praesenti stipullanti & respondenti pro se suisque heredibus & successoribus Et hoc pro quadam plegiaria seu fideiussione quam fecit dictus Paulus Iudici Nicolao micolich nomine ac vice Magnifici domini nostri stipullantis pro praelibato Simone tinctore pro ducatis quindecim auri Pro qua quidem plegiaria seu fideiussione dictus Simon praelibatum paulum & eius heredes indemues conseruare promisit cum obligatione omnium suorum bonorum

Pro paulo de Vngaria & iusta de Castua

Die Xº mensis Aprilis In publica platea terre Fluminis Sci Viti praesentibus Iudice Vito quondam Matchi & Iudice Mateo donadouich testibus ad haec uocatis &

rogatis ac alijs Ibique Iusta uxor Michaelis de Castua dedit
& locauit Paulo quondam Petri de Vngaria praesenti usque
ad tres annos proxime futuros vnam vineam suam positam in
burgudo iuxta Quirinum glauinich his pacto & condicione quod
dictus Paulus teneatur & debeat dictam vineam bene & diligenter laborare secundum consuetudinem dicte terre Fluminis
& omnes redditus tam vini quam aliorum fructuum percipere
usque ad dictum terminum

PRO IUDICE NICOLAO &
ADAM CONTRA MARTINUM
BECHARIUM
Die XVIII mensis Aprilis In Statione infrascripti Ade praesentibus Agapito diraçich Bartolo cerdone testibus ad haec uocatis & rogatis ac
alijs Ibique Martinus becharum tanquam plegius quociani de
los per se suosque heredes & successores fuit contentus &
confessus se iuste teneri & dare debere Iudici Nicolao micolich & Ade Antonij de Firmo praesentibus stipullantibus &
respondentibus pro se suisque heredibus & successoribus ducatos duodecim boni auri & iusti ponderis & solidos decem &
octo paruorum Et hoc pro oleo quod dictus Cocianus habuit
a suprascriptis creditoribus Quam quidem pecunie quantitatem
dare & soluere promisit dictus debitor praefatis creditoribus
usque ad unum mensem proxime futurum Sub pena quarti
cum obligatione omnium suorum bonorum Qua pena soluta
uel non rata maneant omnia & singula suprascripta.*)

PROCURA DRAGE DE CA-
STUA
Die XX mensis Aprilis Castue In
domo infrascripte Drage praesentibus
Iusto barberio de Flumine Martino
michaich Stefano Sonchurli ambobus de Castua testibus ad haec
uocatis & rogatis Ibique domina Draga uxor quondam Martini
pilipich de Castua tanquam domina & usufructuaria bonorum
dicti quondam Martini ac ipsius Martini filiarum gubernatrix
omni via modo iure & forma quibus magis & melius sciuit
ac potuit fecit constituit creauit & ordinauit Mateum Matula

---

*) Cancellato, con in margine la nota: „1444 die XXVIIIo mensis
Madij cancelatum fuit praesens Instrumentum debiti de voluntate dictorum
creditorum praesentibus Iohanne lisiçich Veneciano de Cregnino testibus
ad haec uocatis & rogatis — Ego Antonius cancellarius scripsi".

de Castua praesentem & infrascriptum mandatum sponte suscipientem suum uerum & legitimum procuratorem actorem
factorem & certum nuncium praesertim ad exigendum & recuperandum a barnaba dicto Brencho habitatore Betonoge et
quacunque alia persona omnem & singulam pecunie quantitatem quam quomodocunque praefato quondam Martino pilipich
dare tenebantur & de per eum receptis finem dimissionem
quietationem & pactum de vlterius non petendo cum solemnitatibus necessarijs faciendum & ad comparendum si opus fuerit coram domino Capitaneo Gardosseli & quocunque alio Iudice Ad agendum petendum respondendum libellos & petitiones dandum &c & ad iurandum in animam dicte constituentis
Item Ad sustituendum loco sui unum uel plures procuratores
& eos reuocandum rato manente praesente mandato Et generaliter &c dans &c Promittens &c

PRO GENEROSO MILITE DO-
MINO MARTINO RAUNACHER Die XXV mensis Aprilis Ante portam terre Fluminis Sci Viti a mari
praesentibus Iudice Ambrosio quon-
dam Ser Marci Iudice Vito quondam Matchi ambobus habitatoribus dicte terre Fluminis testibus ad haec uocatis & rogatis ac
alijs Ibique Iudex Mateus quondam Ser donati per se suosque heredes & successores sponte libere obligauit & pro speciali pignere designauit generoso milliti domino Martino Raunacher praesenti stipullanti & respondenti pro se suisque heredibus & successoribus suam domum totam & integram a
celo usque in abissum cum omnibus & singulis ingressibus
& eggressibus suis positam in publica platea dicte terre Fluminis pro illa pecunie quantitate quam dictus Iudex Mateus
praefato domino Martino tenetur et de qua pecunie quantitate dare constat cirographo scripto propria manu dicti Iudicis matei qui est apud praelibatum dominum Martinum.*)

---

*) Cancellato, con in margine la nota: „1453 die XXI mensis fe-
bruarij cancelatum fuit praesens Instrumentum debiti de voluntate creditoris praesentibus Iudice Damiano quondam Matei Ser Rafaele de Fossambruno testibus ad haec uocatis & rogatis — Ego Antonius cancellarius scripsi"

Die suprascripto In terra Fluminis
Sci Viti In Statione mei notarij infrascripti per generosum virum do-
minum Iacobum Raunacher capitaneum Iudices & consiliarij
terre Fluminis praedicte nemine discrepante pro vitandis er-
roribus capta fuit pars infrascripti tenoris videlicet quod
quando debet fieri prohibitio vini id est quando vinum illu-
strium dominorum nostrorum seu ecclesie debet vendi ad tabernam quam aliqua persona cuiusuis condicionis existat non
audeat nec praesumat post proclamationem factam ponere
siue uendere aliquod vinum ad tabernam sub pena librarum
octo & perdendi vinum Siquis autem diceret se posuisse vinum ad tabernam ante proclamationem & non haberet cau-
ponem siue omnes mensuras videlicet cagnicium & Medium
cagnicium & solidum non possit nec valeat vendere ipsum
vinum & si venderet cadat ad penam suprascriptam Intelligendo tamen & addendo quod in vna domo siue canipa non
possit esse spina nisi vna & si plures spine essent quilibet
patronus incurrat suprascriptam penam. Que pars non possit
nec valeat reuocari nisi per dominos. Capitaneum Iudices &
omnes consiliarios aliter non.

Die XXVI mensis Aprilis In Statione mei notarij infrascripti prae-
sentibus Magistro Georgio sarctore quondam Stefani Ivanusio
quondam georgij ambobus habitatoribus dicte terre Fluminis
testibus ad haec uocatis & rogatis ac alijs Ibique Anta uxor
gregorij mochlijnich per se suosque heredes & successores
dedit locauit & affictauit domum suam Iohanni quondam Radi
habitatori dicte terre Fluminis hac condicione quod dictus Iohannes teneatur & debeat singulo anno soluere pro afficto &
nomine affictus libras quatuor Et quod debeat dictam domum
aptare taliter quod commodosse possit in ea habitari super
dicto afficto Et quod dicta locatrix si uellet rehabere dictam
domum uel eius heredes quod tunc ipsa uel eius heredes debeant soluere praefato conductori illud quod ipse expendide-
rit in aptando dictam domum & soluendo collectas diffalcando
tamen singulo anno libras quatuor pro afficto Et quod si di-

cta locatrix uel eius heredes uellent vendere dictam domum
quod ipsa uel ipsi teneantur dictam domum vendere dicto
conductori illo precio quo alijs vendere possent Promittens
vna pars alteri adinuicem solemnibus stipullationibus hinc
inde interuenientibus omnia & singula suprascripta attendere & obseruare sub pena librarum quinquaginta cum obligatione omnium suorum bonorum Qua pena soluta uel non
rata maneant omnia & singula suprascripta.

PRO IUDICE NICOLAO &
ADAM CONTRA MICHAELLEM
PINÇICH

Die XXVI mensis Aprilis In publica platea terre Fluminis Sci Viti
praesentibus Vito mateievich Grisano tonchouich Blasio carpentario
omnibus habitatoribus dicte terre Fluminis testibus ad haec
uocatis & rogatis ac alijs Ibique Michael pinçich de lach
sponte libere ex certa scientia non per errorem omni exceptione iuris uel facti remota per se suosque heredes &. successores fuit contentus & confessus se iuste teneri & dare
debere Ser Ade Antonij de Firmo praesenti stipullanti & respondenti pro se suisque heredibus ac vice & nomine Iudicis Nicolai micholich & eius heredum ducatos vigintiquatuor
boni auri & iusti ponderis & solidos septuaginta paruorum
Et hoc pro oleo habito a dictis creditoribus Pro qua quidem
pecunie quantitate dare & consignare promisit dictus debitor
praefatis creditoribus super nundinis Sce Malgarite de bucharo proxime futuris tantam gaçam quanta ascendat ad suprascriptam quantitatem pecunie Sub pena quarti cum obligatione omnium suorum bonorum Qua pena soluta uel non
rata maneant omnia & singula suprascripta

PRO IOHANNE DE SELÇA
CONTRA ANÇE BELSTERFAR

Die XXVII mensis Aprilis In publica platea terre Fluminis Sci Viti
praesentibus Iudice Mauro Vidonich
Vito matronich testibus ad haec uocatis & rogatis ac alijs I-
bique Magister Iohannes belsterfar aurifex sponte libere ex
certa scientia non per errorem omni exceptione iuris uel facti
remota per se suosque heredes & successores fuit contentus
& confessus se iuste teneri & dare debere Iohanni quondam
Francisci de Selça praesenti stipullanti & respondenti pro se

suisque heredibus & successoribus libras sexaginta octo paruorum Et hoc pro quadam plegiaria seu fideiussione facta
pro Iudice Damiano quondam Matei dicto creditori Quam quidem pecunie quantitatem dare & soluere promisit praefatus
Magister Iohannes dicto creditori usque ad festum Sce Malgarite proxime futurum sub pena quarti cum obligatione omnium
suorum bonorum Qua pena soluta uel non rata maneant o-
mnia & singula suprascripta

PRO MATCHO VIDAÇ CON-
TRA IUDICEM DAMIANUM

Die XXVII mensis Aprilis In terra
Fluminis &c In domo presbyteri
Marci radolich in qua ad praesens
habitat infrascriptus Iudex Damianus praesentibus Iudice Mauro Vidonich Valentino Iurlinouich ambobus habitatoribus dicte terre Fluminis testibus ad haec uocatis & rogatis ac alijs
Ibique Domina lepiça uxor Iudicis Damiani quondam Matei
sponte libere ex certa scientia non per errorem omni excep-
ptione iuris uel facti remota per se suosque heredes & successores fuit contenta & confessa se iuste teneri & dare debere Ser Matcho Vidaç de labaco praesenti stipullanti & respondenti pro se suisque heredibus & successoribus ducatos
quadraginta tres boni auri & iusti ponderis Et hoc pro quadam plegiaria seu fideiussione facta pro praefato Iudice Damiano viro suo pro ferro quod praefatus Iudex Damianus habuit a suprascripto Matcho Quam quidem pecunie quantitatem dare & soluere promisit praelibata debitrix dicto creditori usque ad festum natiuitatis beate Marie Virginis proxime
futurum Sub pena quarti Et ad maiorem cautelam praefati
creditoris dicta debitrix eidem obligauit & pro speciali pignere designauit suum ortum magnum positum in luchi Cum
voluntate & consensu dicti viri sui ibidem praesentis

PRO SUPRASCRIPTO MA-
TCHO CONTRA NICHLINUM &
VALENTINUM

Die XXVII mensis Aprilis In publica platea terre Fluminis Sci Viti
praesentibus Antonio rossouich Teodoro quondam dominici ambobus
habitatoribus dicte terre Fluminis testibus ad haec uocatis &
rogatis ac alijs Ibique Nicolaus Raintalar et Valentinus Iurlinouich sponte libere ex certa scientia non per errorem omni

exceptione iuris uel facti remota per se suosque heredes &
successores fuerunt contenti & confessi se iuste teneri &
dare debere Ser Matcho Vidaç de Iabaco praesenti stipullanti
& respondenti pro se suisque heredibus & successoribus ducatos quindecim boni auri & iusti ponderis & solidos triginta
quatuor paruorum Et hoc pro ferro habito a dicto creditore
Quam quidem pecunie quantitatem dare & soluere promiserunt dicti debitores praefato creditori usque ad festum Sci
Michaelis proxime futurum Sub pena quarti cum obligatione
omnium suorum bonorum Qua pena soluta uel non rata maneant omnia & singula suprascripta.

Pro Matcho Curipoio
contra Iohannem aurifi-
cem

Die XXVII mensis Aprilis In publica platea terre Fluminis Sci Viti
praesentibus Antonio rossouich Teodoro quondam dominici ambobus ha-
bitatoribus dicte terre Fluminis testibus ad haec uocatis & rogatis ac alijs Ibique Magister Iohannes belsterfar sponte libere ex certa scientia non per errorem omni exceptione iuris
uel facti remota per se suosque heredes & successores fuit
contentus & confessus se iuste teneri & dare debere Ser Matcho Curipoio de Iabaco praesenti stipullanti & respondenti
pro se suisque heredibus & successoribus ducatos triginta
boni auri & iusti ponderis Et hoc pro ferro habito a dicto
creditore Quam quidem pecunie quantitatem dare & soluere
promisit dictus debitor praefato creditori usque ad festum assumptionis beate Marie Virginis proxime futurum Sub pena
quarti cum obligatione omnium suorum bonorum Qua pena
soluta uel non rata maneant omnia & singula suprascripta.

Pro Michai & Iudice
Iurcho

Die primo mensis Madij In Statione
mei notarij infrascripti praesentibus
Simone oslich Martino Xatanni am-
bobus habitatoribus dicte terre Fluminis testibus ad haec uocatis & rogatis ac alijs Ibique Michael quondam georgij gle-
dnich famulus infrascripti Iudicis Iurchi dixit & affirmauit
qualiter Iohannes dictus Iagnaç habet in suis manibus de
suis libras trigintaquinque paruorum et ducatos septem auri
quos denarios ipse Michael dedit praefato Iohanni in Saluum

praesente dicto Iohanne et confitente Et sic dictos denarios recommittit praefato Iudici Iurcho quod exigere possit & valeat dictus Iudex Iurcho a praelibato Iohanne dicto Iagnaç dictas libras triginta quinque et dictos ducatos septem ad omnem voluntatem & requisitionem praelibati Iudicis Iurchi

PRO PAULO LUSTALAR CONTRA IUDICEM MATEUM & EIUS MATREM

Die secundo mensis Madij In domo habitationis infrascripte domine Naste In Terra Fluminis Sci Viti praesentibus Spectabili viro domino Iacobo Raunacher Capitaneo dicte terre Fluminis Iudice Ambrosio cresolich Valentino Iurlinouich omnibus habitatoribus dicte terre Fluminis testibus ad haec uocatis & rogatis ac alijs Ibique Domina Nasta uxor quondam Iudicis donati et Iudex Mateus eius filius simul & in solidum sponte libere ex certa scientia non per errorem omni exceptione iuris uel facti remota per se suosque heredes & successores fuerunt contenti & confessi se iuste teneri & dare debere Iudici Paulo lustalar de labaco praesenti stipullanti & respondenti pro se suisque heredibus & successoribus ducatos ducentos et nonaginta septem boni auri & iusti ponderis Et hoc pro Ducatis ducentis & quinquaginta auri quos praefatus creditor soluit obtoni de petouia pro dicto Iudice Mateo tanquam fideiussor et ducatis decem et septem pro expensis et ducatos triginta quos dictus Iudex Mateus recepit de bonis dicti creditoris Pensauri quos quidem ducatos praedicto creditori dare et soluere promiserunt dicti debitores simul & insolidum per terminos infrascriptos videlicet ducatos ducentos usque ad festum Sce Malgarite proxime futurum Et residuum usque ad festum Circumcisionis domini nostri Ihesu Christi proxime futurum Sub pena quarti cum obligatione omnium suorum bonorum Qua pena soluta uel non rata maneant omnia & singula suprascripta. *)

---

*) Cancellato con in margine la nota: „1445 Die XVI mensis octobris Cancelatum fuit praesens Instrumentum debiti de voluntate Iacobi olim Capitanei laurane legitimi procuratoris pauli lustalar creditoris praesentibus Iudice Nicolao micolich & Ser Castelino de pensauro testibus ad haec uocatis & rogatis ac alijs — Ego Antonius cancellarius scripsi".

Die secundo mensis Madij In publica platea terre Fluminis Sci Viti
praesentibus Nobili viro Ser Anto-
nio Terentij de Firmo Iudice Mauro Vidonich Ser Iohanne
Matiucij de Firmo omnibus ad praesens habitatoribus dicte
terre Fluminis Sci Viti testibus ad haec uocatis & rogatis ac
alijs Ibique Coram Nobili viro domino Mateo quondam Ser
donati honorabili Iudice dicte terre Fluminis Comparuit Blasius Cicolini de pensauro asserens & dicens qualiter Ser Mer-
linus de montesancto et Ser Antonius eius socius non per-
mittunt nescit qua causa ipsum blasium ingredi marcilianam
cuius ipse est, patronus et intendunt discedere a portu dicte
terre Fluminis cum dicta Marciliana sine ipso ac sine eius
consensu et voluntate quod ipsi Blasio redundat ac redundare
posset in maximum damnum & detrimentum Quapropter protestatus fuit omni via modo iure & forma quibus fieri potest
contra praedictos Ser Merlinum & Ser Antonium ibidem praesentes ducatos ducentos pro ipsa Marciliana siquid accideret

Die tercio mensis Madij In Terra
Fluminis Sci Viti In Statione mei
notarij infrascripti praesentibus do-
mino presbytero Vito scolich Iudice Stefano blasinich ambobus habitatoribus dicte terre Fluminis testibus ad haec uocatis & rogatis ac alijs Ibique Laurentius labutich de dicta
terre Fluminis sponte libere ex certa scientia non per errorem omni exceptione iuris uel facti remota per se suosque
heredes & successores fuit contentus & confessus se iuste teneri & dare debere Sorori Agneti Lucaçiçe praesenti stipullanti & respondenti pro se suisque heredibus & successoribus
Assides seccadicias ducentas et ducatos octo boni auri et iusti ponderis Et hoc pro quadam domo habita a dicta Agnete
creditrice Quas assides dare et consignare promisit dictus debitor praefate creditrici siue ostendenti hoc instrumentum
usque ad festum assumptionis Beate Marie Virginis proxime
futurum Et dictos ducatos octo usque ad festum Sce Malgarite de Anno domini 1445⁰ Sub pena quarti cum obligatione
omnium suorum bonorum Qua pena soluta uel non rata maneant omnia & singula suprascripta.

PROCURA SER BLASIJ GO-
LUBICH IN PRODANUM

Die quarto mensis Madij In publica platea terre Fluminis Sci Viti praesentibus Iudice Mauro Vidonich Mateo cersato ambobus habitatoribus dicte terre Fluminis testibus ad haec uocatis & rogatis ac alijs Ibique Prouidus uir Ser Blasius de columbis de Cherso omni via modo iure & forma quibus magis & melius sciuit ac potuit fecit constituit creauit & ordinauit Prodanum quondam Radeni de pago habitator dicte terre Fluminis praesentem & infrascriptum mandatum sponte suscipientem suum uerum & legitimum procuratorem actorem factorem & certum nuncium specialem praesertim ad exigendum & recuperandum ab Agnolo blancho habitatore Fani ducatos decem auri quos ipse constituens soluit Tomasino de Vegla tanquam plegiarius & fideiussor dicti Agneli & de per eum receptis finem &c Et Ad comparendum si opus fuerit coram quocunque Iudice tam ecclesiastico quam sacculari Ad agendum &c Et generaliter &c Dans &c promittens &c

PRO NICOLAO DE SPA-
LATRO CONTRA IOHANNEM
DE SEGNA

Die quinto mensis Madij In publica platea terre Fluminis Sci Viti praesentibus Martino aurifice quondam dominici Vito sactore quondam Georgij ambobus habitatoribus dicte terre Fluminis testibus ad haec uocatis & rogatis ac alijs Ibique Iohannes quondam Stefani de Segna habitator Venetiarum sponte libere ex certa scientia non per errorem omni exceptione iuris uel facti remota per se suosque heredes & successores fuit contentus & confessus se iuste teneri & dare debere Nicolao quondam Bucacij de spalatro habitatori Venetiarum praesenti stipullanti & respondenti pro se suisque heredibus & successoribus ducatos duodecim boni auri & iusti ponderis Et hoc pro concordio inter dictas partes facto occassione danariorum dicti nicolai derobatorum Laurane per marinarium dicti Iohannis Quam quidem pecunie quantitatem dare & soluere promisit praefatus Iohannes debitor praedicto Nicolao creditori usque ad duos annos proxime futuros sub pena quarti cum obligatione omnium suorum bonorum Qua pena soluta uel non rata maneant omnia & singula suprascripta.

**Pro Ser Antonio de pisauro contra Ser Bernardum Piruçi**

Die sexto mensis Madij In Terra Fluminis Sci Viti In Statione infrascripti Ser Antonij praesentibus Simone Bartolomei de Florentia habitatore Ancone Bartolomeo Matiucij de Firmo Magistro Toma quondam Iohannis barbitonsore ambobus habitatoribus dicte terre Fluminis testibus ad haec uocatis & rogatis ac alijs Ibique Cum Iohannes filius generosi millitis domini Nicolai de barnis vicarij ciuitatis Segue emerit A Ser Iohanne doni de Florentia mercatore in regno appulie miliaria quindecim olei ac ipsum oleum soluerit cuius quidem quantitatis olei praefatus Iohannes vndecim miliaria emit ac soluit nomine et vice Nobilis viri Ser Antonij de Terentijs de pisauro et praescriptum oleum in termino affixo nec in loco ordinato praedicto Ser Antonio non sit datum nec consignatum uelut Ser bernardus perucij de Florentia nuncius assertus praelibati Ser Iohannis doni coram testibus suprascriptis & me notario infrascripto fuit confessus Idcirco praefatus Ser Bernardus nomine ac vice praelibati Ser Iohannis doni pro quo promisit de rato & rati habitione de omnibus & singulis infrascriptis promisit & se obligauit ad dandum & consignandum in Arssia dicta vndecim miliaria olei praetacto Ser Antonio praesenti & pro se suisque heredibus & successoribus stipullanti hac condicione & pacto quod dicta vndecim miliaria olei veniant & ferantur risico ac periculo praedicti Bernardi usque ad Sansegum sed a Sansego usque ad Arssiam quarta pars ipsius olei feratur risico & periculo praefati Ser Antonij Et si praefatus Ser Bernardus non obseruaret attenderet & adimpleret omnia & singula suprascripta quod tunc & eo casu praelibatus Ser Antonius possit & valeat petere omnia & singula damna et interesse non obstantibus aliquibus priuilegijs foris statutis consuetudinibus saluisconductibus tam factis quam qui fient Pro quibus omnibus & singulis suprascriptis sic firmiter obseruandis attendendis & adimplendis vna pars alteri adinuicem obligauit omnia & singula sua bona mobilia & immobilia Quod Instrumentum praedictus Ser Antonius uoluit habere plenissimam firmitatem & robur si et in quantum praelibatus Ser Iohannes doni ipsum retificet & contentet Sin autem ipse Ser Antonius vult posse uti suis iuribus secundum

ɔnorem cirographi dictorum quindecim miliariorum olei qu
st in' manibus Iohannis filij suprascripti domini vicarij Se-
ne non obstante in aliquo hoc Instrumento. Que quidem mi-
laria vndecim olei praefatus Ser Bernardus promisit & se o-
ligauit dare & consignare in Arssia praedicto Ser Antonio
er totum mensem septembris proxime futurum cum obliga-
ione suprascripta.

CONUENTIO SER ANTONIJ ᴅE PENSAURO CUM SER BERᴀARDO PERUCI

Vltrascriptis die loco ac testibus
Prouidus vir Ser Antonius Terentij
de pensauro taliter conuenit cum
Ser Bernardo perucij de Florentia
ʋidelicet quod si dictus ser Bernardus in nauignio super quo
ɔnerabit vndecim miliaria olei que dictus Ser Bernardus prae-
ʄato Ser Antonio dare tenetur onerabit quadraginta currus
ʄrumenti uel circa ipse Ser Antonius est contentus quod medietas dicte quantitatis frumenti feratur periculo ac risico
ipsius Ser Antonij et similiter habere debet ipse Ser Antonius medietatem lucri quod ex dicta frumenti quantitate consequetur et similiter medietatem damni si sequeretur quod
absit

PRO IUDICE ROSSO CON-
TRA DOMINAM DOBRIÇAM

Die XIIII mensis Madij In Terra
Fluminis Sci Viti In domo habitationis infrascripte domine dobriçe
praesentibus Iudice Stefano blasinich Vito matronich Blasio
cerdone quondam Antonij omnibus habitatoribus dicte terre
Fluminis testibus ad haec uocatis & rogatis ac alijs Ibique
domina dobriça uxor Ser Castelini sponte libere ex certa scientia non per errorem omni exceptione iuris uel facti remota
per se suosque heredes & successores fuit contenta & confessa se iuste teneri & dare debere Iudici Vito quondam Matchi praesenti stipullanti & respondenti pro se suisque heredibus & successoribus ducatos vigintisex boni auri & iusti
ponderis Et hoc pro frumento & lignamine habitis a dicto
creditore Quam quidem pecunie quantitatem dare & soluere
promisit dicta debitrix praedicto creditori ad omnem requisitionem ipsius creditoris Sub pena quarti Et ad maiorem cautellam praefati creditoris dicta debitrix eidem obligauit & pro

speciali pignere designauit suum Pastinum positum ad braidam iuxta Iagnaç & Ielenam candichieuam.

Pacta Matessi de Clana & Pauli de otocacio Die XXV mensis Madij In Statione mei notarij infrascripti praesentibus Iudice Vito quondam Matchi Iudice Mauro Vidonich Martino aurifice quondam dominici omnibus habitatoribus dicte terre Fluminis testibus ad haec uocatis & rogatis ac alijs Ibique Mateus bolff de otocacio habitator Clane taliter conuenit cum Paulo quondam Iohannis de otocacio quod praefatus Mateus dare promisit Marinam eius filiam in uxorem praefato Paulo quandocunque erit etatis perfecte his pactis & condicionibus quod quandocunque ipse Paulus praefatam Marinam duxerit in uxorem dictus Mateus per se suosque heredes & successores promisit praelibato Paulo dare in dotem & nomine dotis praefate Marine filie sue medietatem omnium & singulorum suorum bonorum tam mobilium quam immobilium & si accideret quod absit quod aut dicta Marina obiret ante quam dictus Paulus eam in uxorem duceret aut ipse Paulus moriretur ante praedictum terminum quod tunc praefatus Mateus teneatur & debeat omni & singulo anno quo praelibatus Paulus cum ipso steterit ab hodierna die antea dare & soluere ipsi Paulo siue eius heredibus Marcas octo denariorum Pro quibus omnibus & singulis suprascriptis sic firmiter obseruandis attendendis & adimplendis vna pars alteri adinuicem obligauit omnia sua bona mobilia & immobilia praesentia & futura\*)

Pars pro igne Die XXVI mensis Madij Per Spectabilem ac generosum Virum Dominum Iacobum Raunacher Capitaneum Iudicem Stefanum blasinich Iudicem Mateum quondam Ser Donati ad praesens honorabiles Iudices Iudicem Ambrosium cresolich Iudicem Stefanum ruseuich Iudicem Vitum quondam Matchi Iudicem

---

\*) Cancellato, con in margine la nota: „1446 Die XXII mensis nouembris cancelatum fuit praesens Instrumentum pactorum de voluntate amborum partium praesentibus Iudice Vito barolich Iudice Vito matronich testibus ad haec uocatis & rogatis — Ego Antonius cancellarius scripsi".

Maurum Vidonich Iudicem Cosmam radolich Iudicem Vitum
barulich Iudicem Damianum quondam Matei Iudicem Tonsam quondam Ser Nicole omnes consiliarios terre Fluminis
Sci Viti sedentes In Statione mei notarij infrascripti volentes inquantum possunt quod damna non eueniant & inobe-
dientes puniantur statutum & ordinatum fuit iuxta consuetudinem & ordinem antiquum actenus obseruatum quod aliqua persona cuiusuis condicionis existat non audeat nec praesumat tenere fenum uel paleam aut aliquod stramen in aliqua domo sita in dicta terra Fluminis in qua persona aliqua
habitat siue persone habitant ignem accendentes uel facientes Sub pena librarum quinquaginta Sed siquis uult fenum
siue paleam aut aliud stramen tenere in dicta terra Fluminis
debeat ipsa tenere in loco in quo non accendetur uel fiat I-
gnis.

## DIE XXVII MAIJ

Incipit tenor Franchisie quam Illustris ac Magnificus dominus Dominus Reympert de Ballse ac dominus noster gra-
tiosus sua assueta benignitate concessit hominibus terre Fluminis Sci Viti Imprimis quod nec in dicta terra Fluminis nec
in eius districtu in ciuili causa ius aliquod alicui aduene red-
datur siue administretur aduersus aliquem aduenam Nisi in
confectione debiti facti fuerit Specialis mentio quod debitor
possit cogi ad solutionem in dicta terra Fluminis quia tunc
ius debet ministrari. Et similiter debet ius ministrari si debitum contractum fuisset in dicta terra Fluminis siue eius districtu In Criminali vere causa Talis iustitia siue tale ius red-
datur aduene aduersus aduenam in dicta terra Fluminis qua-
lis & quale redditur siue administratur ciuibus dicte terre
Fluminis in illo loco de quo loco erit ciuis siue habitator qui
aduersus aduenam querelam exponet
Incipit tenor Franchisie nundinarum quam Illustris ac
Magnificus dominus dominus Reimpertus de Balsse dominus
noster generosissimus concessit sua solita clementia sue terre
Fluminis Sci Viti circa festum natiuitatis beati Iohannis baptiste Inprimis suprascriptus Illustris dominus vult & ordi-
nat quod franchisia nundinarum singulo anno durare debeat

septem diebus continuis videlicet tribus ante festum ipsius natiuitatis beati Iohannis baptiste et in ipso die et tribus diebus post ipsum festum his modis et condicionibus videlicet
quod omnes & singule mercationes & res cuiusvis condicionis existant que conducentur siue portabuntur ad dictam terram Fluminis suprascriptis diebus septem et extrahentur de
dicta terra Fluminis exceptis Oleo ferro pelibus magnis ‹ ru-
dis conducentes ipsas res uel mercancias franchi sint et aliquod datium pro ipsis rebus non teneantur soluere Et similiter extrahentes Et hoc intelligatur de rebus conductis illis
septem diebus tantum Et si post terminum dictorum dierum
septem Aliquis extrahere voluerit res conductas praefatis suprascriptis septem diebus extrahens teneatur ad solutionem
Datij pro ipsis mercancijs siue rebus non obstantibus in aliquo nundinis seu franchisiam praelibatorum septem Dierum
Et similiter si quis extraxerit res uel mercancias conductas
ante praefatam franchisiam aut nundinas soluere teneatur &
debeat Datium pro ipsis rebus aut mercancijs non obstantibus in Aliquo suprascriptis nundinis aut franchisia

Item quod aliquis ciuis siue habitator dicte terre non
teneatur transacto Anno praesenti soluere collectas siue col-
lectam marcharum

Vt autem prelibatus Magnificus dominus damnum omnino propter talem Franchisiam datam dicte terre Fluminis et
nundinas concessas non patiatur facte fuerunt infrascripte
constitutiones et prouisiones videlicet

Primo quod quilibet ciuis habitans in dicta terra Fluminis soluere debeat datium et mutam pro omnibus et singulis mercancijs et rebus uelut soluebant ante praescriptam
Franchisiam

Item quod quilibet forensis siue aduena cuiusuis con-
dictionis existat siue habitet in dicta terra Fluminis siue non
teneatur soluere datium et mutam tam omnium et singularum mercantiarum et rerum quas conducet ad dictam terram Fluminis siue eius districtu quam illarum quas extra-
het videlicet in conducendo ducatos duos cum dimidio et totidem in extrahendo Et hoc intelligatur solum de mercancijs
et rebus que conducentur per mare aut extrahentur

Item quod si qua persona forensis uel aduena volens habere et uti priuilegijs et immunitatibus quas habent et quibus utuntur eius dicte terre Fluminis habitantes in ea vellet se dare in ciuem et habitare in dicta terra Fluminis debeat se praesentare coram domino Capitaneo Iudicibus et consilio dicte terre Fluminis Qui aspecta condicione et considerata intentione volentis se dare in ciuem et habitare ne id faceret ad cautellam dolum siue fraudem póssint ipsum acceptare & refutare

Item quod quilibet forensis siue ciuis qui emet mercancias siue res per mare conductas Alibi quam in dicta terra Fluminis ab aliqua persona uolente defraudare suprascriptum datium siue quod emens uellet ipsum datium defraudare quod tunc et eo casu persona que emeret cuiuscunque condicionis existeret teneatur soluere quinque ducatos pro centenario mercanciarum siue rerum taliter emptarum datiario praelibati Magnifici domini Quam fraudationem judicare perspicere et examinare debeant et valeant praefati dominus Capitaneus Iudices consilium et datiarius dicte terre Fluminis

Suprascriptas Franchisiam immunitatem et nundinas obtinuerunt Iudices Consilium Et comunitas praedicte terre Fluminis mediante fauore auxilio et suffragio circumspecti ac generosi millitis domini Iohannis Reychenburger dignissimi Capitanei Duini et Crassie ac locum tenentis praelibati domini de Balsse Et proclamata fuerunt omnia & singula suprascripta per Iohannem publicum praeconem in platea de mandato et consensu praedicti domini Iohannis et generosorum virorum domini Iacobi Raunacher capitanei dicte terre Fluminis domini Iohannis obeimburger Capitanei prem et domini Tome Elachar Capitanei Sinoxechij Die XXVII mensis Maij. Franchisia incipere debet in die Sci Michaelis de mense septembris proxime futuro Et nundine de anno proxime futuro. Deo gratias Amen.

PRO IUDICE NICOLAO & ADAM CONTRA COCIANUM DE LOS

Die XXVIIII mensis Madij in littore maris ante portam terre Fluminis Sci Viti praesentibus Iohanne lisiçich Veneciano de Cregnino ambobus habitatoribus dicte terre Fluminis testibus ad haec uo-

catis & rogatis ac alijs Ibique Cocianus de los sponte libere
ex certa scientia non per errorem omni exceptione iuris uel
facti remota per se suosque heredes & successores fuit contentus & confessus se iuste teneri & dare debere Iudici Nicolao micolich & Ade Antonij de Firmo praesentibus stipull-
lantibus & respondentibus pro se suisque heredibus & successoribus ducatos decem et nouem boni auri & iusti ponderis Et hoc pro oleo habito a dictis creditoribus usque ad
festum Sci Viti proxime futurum Sub pena quarti cum obligatione omnium suorum *(bonorum)* Et si dictus debitor in praefato termino non solueret quod dicti creditores expensis praefati
debitoris possint & valeant mittere ad exigendum suprascriptam
pecunie quantitatem

PRO VALENTINO & QUI-
RINO SPINÇICH CONTRA PE-
TRUM ET VITUM PILIPARIOS

Die XXXº mensis Madij In Statione mei notarij infrascripti praesentibus Vito matronich Vito sarctore
quondam georgij ambobus habita-
toribus dicte terre Fluminis Sci Viti testibus ad haec uocatis
& rogatis ac alijs Ibique Petrus quondam Marci de Segna &
Vitus quondam georgij de Schrisa ambo piliparij sponte libere ex certa scientia non per errorem omni exceptione iuris
uel facti remota per se suosque heredes & successores fuerunt contenti & confessi se iuste teneri & dare debere Valentino Iurlinouich & Quirino Spinçich praesentibus stipullantibus & respondentibus pro se suisque heredibus & successoribus libras centum quatuordecim et solidos quinque paruorum Et hoc pro lana nigra habita a dictis creditoribus Quam
quidem pecunie quantitatem dare & soluere promiserunt praefati debitores suprascriptis creditoribus usque ad festum Sci
Viti proxime futurum Sub pena librarum centum cuius pene
medietas sit dominij Sub quo peteretur suprascripta pecunia
& altera medietas suprascriptorum creditorum cum obligatione
omnium suorum bonorum Qua pena soluta uel non rata maneant omnia & singula suprascripta. *)

---

*) Cancellato con in margine la nota: „1444 Die XXVI mensis Iu-
nij cancellatum fuit praesens Instrumentum debiti de voluntate · Valentini
creditoris praesentibus Vito Matronich Vito sarctore testibus ad haec uocatis & rogatis — Ego Antonius cancellarius scripsi".

neri & dare debere Ade Antonij de Firmo praesenti stipullanti & respondenti pro se suisque heredibus & successoribus ducatos quinquaginta boni auri & iusti ponderis Et hoc pro vna domo vendita praefato debitori a dicto creditore que domus olim fuit Christofori Sadgnidam Pro qua quidem pecunie quantitate dare & consignare promisit dictus debitor praefato creditori tantum ferrum bonum mercimoniale in dicta terra Fluminis quantum ascendat ad suprascriptam quantitatem denariorum in ratione quatuordecim ducatorum pro singulo miliario usque ad festum Sci Martini proxime futurum Sub pena quarti cum obligatione omnium suorum bonorum Qua pena soluta uel non rata maneant omnia & singula suprascripta.*)

PRO GEORGIO DE OTOCACIO CONTRA CHIRINUM SPINÇICH

Die XVᵒ mensis Iullij In publica platea terre Fluminis Sci Viti praesentibus domino presbytero Curilo plebano cersati presbytero Georgio plesiuaç capelano cersati testibus ad haec uocatis & rogatis ac alijs Ibique Quirinus spinçich sponte libere ex certa scientia non per errorem omni exceptione iuris uel facti remota per se suosque heredes & successores fuit contentus & confessus se iuste teneri & dare debere Georgio çiuich de otocacio ducatos quinquaginta nouem boni auri & iusti ponderis Et hoc pro animalibus habitis a dicto creditore Quam quidem pecunie quantitatem dare & soluere promisit dictus debitor praefato creditori usque ad diem decimam octavam mensis Augusti proxime futuri Sub pena quarti hoc pacto quod si praefatus non solueret in suprascripto termino quod elapso dicto termino stet in dicta terra Fluminis quousque soluerit supradictum debitum cum obligatione omnium suorum bonorum Qua pena soluta uel non rata maneant omnia & singula suprascripta.**)

---

*) Cancellato, con in margine la nota: „1444 die VII.o mensis decembris cancelatum fuit praesens Instrumentum debiti de voluntate Ade creditoris praesentibus Iudice Vito matronich et Martino çaninich testibus ad haec uocatis & rogatis ac alijs — Ego Antonius cancellarius scripsi"

**) Cancellato, con la nota: „1444 die XVI mensis Augusti cancelatum fuit praesens Instrumentum debiti de voluntate creditoris praesentibus Nicolao quondam Cusme de Albona & Chirino filio Iudicis Viti çouanich testibus ad haec uocatis & rogatis — Ego Antonius cancellarius scripsi"

Ínterdictio Ser Iohan-
nis & Ser Antonij deCher-
so

Die XVII mensis Iulij In Terra Fluminis Sci Viti In Statione Iudicis
Nicolai micolich Coram Iudicibus &
consilio Comparuerunt Nobiles viri
Ser Iohannes de bochina & Ser Antonius de bochina de Cherso
tanquam procuratores asserti uxorum suarum dicentes qualiter
vigore testamenti quondam Ser donati callelli de Anchona
Medietas omnium & singulorum bonorum quondam Ser donati praedicti pertinet & spectat eorum uxoribus tanquam fi-
liabus & heredibus dicti quondam Ser donati Quapropter
interdicunt medietatem dictorum bonorum ac sequestrant atque
contradicunt quod nulla persona ualeat dictam medietatem
bonorum praefatorum attingere aliqua occasione sine eorum
licentia siue illius cui hanc causam recomittent dicentes quod
sunt prompti & parati nominibus quibus supra stare in Iudicio in dicta terra Fluminis ac parere Iudicio dummodo eis
fuerit relatum siue illi aut illis quibus recomittent hanc causam
in dicta terra Fluminis Promittentes quod hanc rem siue causam recomittent vni uel pluribus in dicta terra Fluminis cui
uel quibus poterit Iudices & consilium causam reuelare &
praecipere

Qui Iudices & consilium responderunt quod bona dicti
quondam Ser donati sunt in dicta terra Fluminis & ideo ibidem debet esse iudicium Quapropter si qua persona coram
eis comparuerit dicti Iudices Iustitiam ministrabunt Ideo aut
dicti Ser Antonius & Iohannes remaneant aut aliquem procuratorem siue plures loco eorum qui respondeant in iudicio eo
quod ipsi Iudices & consilium non tenentur alicui dare scien-
tiam.

Pro Martino aurifice
contra menelaum

Die XXVIII mensis Iulij In Terra
Fluminis In Statione mei notarij infrascripti praesentibus Vito sarctore
quondam Georgij Mateo cersato ambobus habitatoribus dicte
terre Fluminis testibus ad haec uocatis & rogatis ac alijs
Ibique Menelaus Michael de Venetijs habitator parentij sponte
libere ex certa scientia non per errorem omni exceptione iuris
uel facti remota per se suosque heredes & successores fuit

contentus & confessus se iuste teneri & dare debere Martino
aurifici ciui dicte terre Fluminis praesenti stipullanti & respondenti pro se suisque heredibus & successoribus libras viginti
paruorum Et hoc pro quadrelis quadraginta habitis a dicto
creditore Quam quidem pecunie quantitatem dare & soluere
promisit dictus debitor praefato creditori usc ꞁe ad festum assumptionis beate Marie Virginis proxime futurum Sub pena
quarti cum obligatione omnium suorum bonorum Et ad maiorem cautelam praefati creditoris Tomas remarius de bucharo
se obligauit in solidum cum dicto debitore praefato creditori
pro suprascripta pecunia ipsi soluendo ut supra cum obligatione omnium suorum bonorum Pena autem suprascripta soluta uel non &c*)

Pro Iudice Nicolao A-
dam & Acatio

Die vltimo mensis Iulij In publica
platea terre Fluminis Sci Viti praesentibus Iudice Stefano blasinich Ag-
gabito diraçich ambobus habitatoribus dicte terre Fluminis testibus ad haec uocatis & rogatis ac alijs Ibique Iurlinus seydel
de labaco vice ac nomine Acatij de Stayn eius sororij per se
& suos heredes promisit & se obligauit dare & consignare Iudici Nicolao micolich & Ade Antonij de Firmo praesentibus
& pro se suisque heredibus stipullantibus quadraginta miliaria
ferri boni & mercimonialis in dicta terra Fluminis per terminos infrascriptos videlicet miliaria viginti usque ad festum Sci
Martini proxime futurum & alia viginti miliaria usque ad festum natiuitatis domini nostri Ihesu Christi proxime futurum
in ratione ducatorum quatuordecim pro singulo miliario Pro
qua quidem ferri quantitate dictus Acatius accipere debet oleum
a dicto Iudice Nicolao & Adam pro illo precio quo ipsi vendent
alijs mercatoribus Pro quibus omnibus sic firmiter obseruandis attendendis & adimplendis vna pars alteri adinuicem obli-

---

. *) Cancellato, con in margine la nota: „1450 die XVIII mensis Nouembris cancelatum fuit praesens Instrumentum debiti de voluntate creditoris praesentibus domino presbytero Iohanne arcidiacono domino presbytero Gaspare plebano testibus ad haec uocatis & rogatis — Ego Antonius
cancellarius scripsi"

gauit omnia sua bona mobilia & immobilia praesentia & futura.\*)

PRO PLEBANO CREGNINI CONTRA IUDICEM DAMIANUM. Die vltimo mensis Iulij In publica platea terre Fluminis Sci Viti praesentibus Iudice Iurcho de dreuenico Georgio filio Iudicis Stefani ruseuich ambobus habitatoribus dicte terre Fluminis testibus ad haec uocatis & rogatis ac alijs Ibique Iudex Damianus quondam Matei per se suosque heredes sponte promisit & se obligauit dare & soluere venerabili viro domino presbytero Mateo plebano Cregnini praesenti & pro se suisque heredibus *(stipulanti)* ualorem siue precium vnius calicis qui fuit in pignere apud Iudicem Mateum de bucharo siue ipsum calicem usque ad vindimias proxime futuras et si non dederit calicem dare debet vinum nouum pro.precio quo vendetur in dicta terra Fluminis admodum tantum quantum ascendat ad ualorem dicti calicis cum obligatione omnium suorum bonorum

PRO IOHANNE BONO CONTRA IAGNAÇ Die XIIII mensis Augusti In Terra Fluminis Sci Viti In Statione mei notarij infrascripti praesentibus Paulo Enrici de Arimino Iohanne de Segna marinario habitatore Venetiarum testibus ad haec uocatis & rogatis ac alijs Ibique Iohannes dictus Iagnaç sponte libere ex certa scientia non per errorem omni exceptione iuris uel facti remota per se suosque heredes & successores fuit contentus & confessus se iuste teneri & dare debere Iohanni bono de spalatro habitatori Venetiarum libras viginti quinque et solidos sexdecim nomine mutui Quam quidem pecunie quantitatem dare & soluere promisit dictus debitor praefato creditori usque per totum mensem septembris proxime futurum Sub pena quarti cum obligatione omnium suorum bonorum Hoc pacto quod quandocunque prae-

---

\*) Cancellato con la nota: „1445 die secundo octobris cancellatum fuit praesens Instrumentum de voluntate partium Crestolo Silçich & bencho fornario testibus ad haec uocatis & rogatis ac alijs — Ego Antonius cancellarius scripsi"

fatus creditor veniret uel mitteret pro dicto debito exigendo
elapso dicto termino & dictus debitor non solueret quod tunc
praelibatus creditor siue eius nuncius stare debeat expensis
dicti debitoris usque ad integram satisfactionem suprascripti
debiti.

Accordatio famuli pro suprascripto

Die ultrascripto In publica platea
terre Fluminis Sci Viti praesentibus
Iudice Quirino spinçich Toscano quon-
dam Çanobij ambobus habitatoribus dicte terre Fluminis testibus ad haec uocatis & rogatis ac alijs Ibique Leonardus filius
Iohannis banni de Castua non vi non metu sed sua spontanea
voluntate se obligauit & concordauit ad standum & seruiendum
tribus annis continuis proxime futuris Iohanni bono de Spa-
lato habitatori Venetiarum his pactis & condicionibus quod
dictus Leonardus teneatur & debeat bene & diligenter & fideliter ipsi seruire ac ipsi obedire tanquam patrono suo tóto
tempore praedicto trium annorum & dictus Iohannes teneatur
& debeat dare dicto Leonardo vitum & vestitum & calceatum
honestum & in capite trium annorum dare & soluere dicto
Leonardo libras quadraginta paruorum pro suo salario Promittens vna pars alteri omnia & singula suprascripta attendere
& obseruare cum obligatione omnium suorum bonorum

Pro filijs Georgij molendinarij

Die XVI mensis Augusti In publica
platea terre Fluminis Sci Viti praesentibus Luca Samburich Georgio
quondam Antonij molendinario ambobus habitatoribus dicte terre
Fluminis testibus ad haec uocatis & rogatis ac alijs Ibique Antonius et Bencho fratres & filij quondam Georgij molendinarij
dederunt libertatem Magistro Milasino calafato praesenti quod
possit domum ipsorum positam in dicta terra Fluminis Locare
& affictare prout ipsi Milasino videbitur & ipsam facere aptare
super affictu dicte domus & ipsum affictum recipere Promittens dicti fratres habere firmum & ratum quicquid dictus Mi-
lasinus in predictis fecerit

PRO TOMA BARBITONSORE & DOMINICO DICTO DOMINAUA DE CAPISOLO

Die XVI mensis Augusti In Statione infrascripti Magistri Tome barbitonsoris praesentibus presbytero Iohanne de Barberio Quirino filio Iudicis Viti çouanich de Flumine testibus ad haec uocatis & rogatis ac alijs Ibique dominicus quondam Matei cherpunich de Capisolo tanquam plegius & fideiussor Petri sipaç de Castro Muschlo se obliqauit ad dandum & soluendum magistro Tome quondam Iohannis barbitonsori habitatori dicte terre Fluminis ducatos quindecim boni auri & iusti ponderis eo quod dictus Magister Tomas debet ipsi mederi. Qui Petrus promisit praefatum dominicum seruare indemnem a suprascripta plegiaria seu fideiussione cum obligatione omnium suorum bonorum

PROCURA DOMINE LIMPE UXORIS MARCI DE CHERSO IN MARINAM UXOREM LUCE OSLICH

Die XVI mensis Augusti In publica platea terre Fluminis Sci Viti praesentibus Chirino filio Iudicis Viti Çouanich Martino çaninich Iohanne marnich testibus ad haec uocatis & rogatis ac alijs Ibique domina Limpa uxor Marci Rauani de cherso omni via modo iure & forma quibus magis & melius sciuit ac potuit fecit constituit creauit ordinauit Marinam uxorem Luce oslich praesentem & infrascriptum mandatum sponte suscipientem suam ueram & legitimam procuratricem actricem factricem et certam nunciam specialem praesertim ad petendum exigendum & recuperandum a Iohanne loiica pilipario omnem & singulam pecunie quantitatem res & quecunque alia quae quomodocunque ipsi statuenti dare teneatur Et de per eam receptis finem dimissionem quietationem & pactum de vlterius non petendo cum solemnitatibus necessarijs *(faciendum)* Et ad comparendum si opus fuerit coram regimine dicte terre Fluminis & quocunque alio Iudice Ad agendum petendum respondendum libellos & peticiones dandum & recipiendum testes & alia iura sua producendum Sententias audiendum & eas executioni mandare faciendum Et generaliter ad omnia alia &c Dans &c Promittens &c

Pro Ser Gregorio Mor-
ganich de Iadra

Die XVII mensis Augusti In Terra Fluminis Sci Viti In Statione mei notarij infrascripti praesentibus Iudice Stefano ruseuich Iudice Mauro Vidonich Iudice Nicolao micolich omnibus habitatoribus dicte terre Fluminis testibus ad haec uocatis & rogatis ac alijs Ibique Iudex Damianus quondam Matei de Iadra per se suosque heredes & successores dixit asseruit & confessus fuit qualiter domus cum Stuba in quibus ad praesens habitat Ser Antonius quondam Simonis de terentijs posita in dicta terra Fluminis iuxta Malgaritam posniçichieuam ab vno latere & iuxta uiam publicam a 2obus lateribus ac alios confines cum omnibus & singulis iuribus habentijs & pertinentijs suis Et vinea posita in Coxala iuxta Blasutam & Iudicem Vitum quondam Ser Matchi & viam publicam ac alios confines cum omnibus & singulis iuribus habentijs & pertinentijs suis Et ortus positus in loco dicto Malinschiçich iuxta iura ecclesie Sce Marie & viam publicam cum omnibus Iuribus habentijs & pertinentijs suis fuerunt & sunt bona propria Nobilis viri Ser Gregorij morganich de Iadra Idcirco praefatus Iudex Damianus per se suosque heredes & successores dedit tradidit & designauit in iure proprio & perpetuo suprascriptas possessiones videlicet domum vineam & ortum Ser Georgio quondam Flori praesenti stipullanti·& respondenti vice ac nomine praefati Ser Gregorij eiusque heredum & successorum Ad habendum tenendum possidendum & quicquid dicto Ser Georgio eiusque heredibus & successoribus deinceps placuerit perpetuo faciendum cum omnibus & singulis quae in praedictos continentur confines uel alios si qui forent et cum omni iure usu seu requisitione dicto Iudici Damiano ex eis uel pro eis rebus aut ipsis rebus datis traditis & designatis ut supra quomodocunque spectantibus & pertinentibus.

Locatio Ser Gregorij
morganich in Iudicem da-
mianum

Vltrascriptis die loco ac testibus Ser Georgius quondam Flori morganich de Iadra vice ac nomine Nobilis Viri Ser Gregorij morganich de Iadra pro quo promisit de rato & rati habitatione de omnibus & singulis infrascriptis dedit tradidit & locauit ad usufructuandum Iudici

damiano quondam Ser Matei de Iadra habitatóri dicte terre
Fluminis usque ad voluntatem praedicti Ser Gregorij domum
cum Stuba in quibus ad praesens habitat Ser Antonius quondam Simonis de terentijs de pensauro positam in dicta terra
Fluminis et vnam vincam positam in coxala et vnum ortum
positum in loco dicto Malinschijç quas possessiones dictus
Iudex Damianus usque ad praesentem diem tenuit & usufru-
ctuauit Hac condicione et pacto quod dictus Iudex Damianus
teneatur & debeat dictas possessiones bene & diligenter laborare gubernare et in culmo tenere de usufructibus ipsarum
possessionum Quas quidem possessiones dictus Iudex Damianus possit & valeat tenere & usufructuare quousque Placuerit
praelibato Ser Gregorio siue eius heredibus et ipsorum fuerit
voluntas Et quod praedictus Iudex Damianus non possit nec
valeat dictas possessiones vendere nec alienare nisi solummodo
usufructuare usque ad voluntatem praetacti Ser Gregorij siue
eius heredum Promittens vna pars alteri adinuicem omnia &
singula suprascripta attendere & obseruare cum obligatione
omnium suorum bonorum

Pro Ançe maçach con-
tra Iudicem Mateum
Vltrascriptis die ac loco praesentibus domino presbytero Iohanne plebano Laurane Iurlino Crouath de
Stayn Michaele Cos de lach testibus ad haec uocatis & rogatis
ac alijs Ibique Iudex Mateus quondam Ser donati per se suosque heredes & successores fuit contentus & ccnfessus se iuste
teneri & dare debere Iohanni Maçach de lach praesenti stipull-
lanti & respondenti pro se suisque heredibus & successoribus
ducatos decem et septem boni auri & iusti ponderis Et hoc
pro vomeribus habitis a dicto creditore Quam quidem pecunie
quantitatem dare & soluere promisit dictus debitor praefato
creditori usque ad festum beatorum Apostolorum Petri & Pauli
proxime futurum siue nuncio dicti creditoris Sub pena quarti
cum obligatione omnium suorum bonorum Qua soluta uel non
rata maneant omnia & singula suprascripta.

PRO MATEO SOSTER DE LACH CONTRA IUDICEM MATEUM

Vltrascriptis Die loco ac testibus Ibique Iudex Mateus quondam Ser donati omni exceptione iuris uel facti remota per se suosque heredes & successores fuit contentus & confessus se iuste teneri & dare debere Mateo Soster de lach praesenti stipullanti & respondenti pro se suisque heredibus & successoribus ducatos octoaginta sex boni auri & iusti ponderis Et hoc pro ferro habito a praefato creditore Quam quidem pecunie quantitatem dare & soluere promisit dictus debitor praefato creditori usque ad quatuor annos proxime futuros videlicet singulo anno quartam partem Sub pena quarti cum obligatione omnium suorum bonorum Qua pena soluta uel non rata maneant omnia & singula suprascripta

PACTA BARTOLOMEI MATIUCIJ DE FIRMO CUM FACTORE MATCHI VIDAÇ

Vltrascriptis die ac loco praesentibus Georgio filio Iudicis Stefani Georgio carpentario quondam demetrij Iohanne strich omnibus habitatoribus dicte terre Fluminis testibus ad haec uocatis & rogatis ac alijs Ibique Iohannes de Viena famulus Matchi Vidaç cl (?) vice ac nomine dicti Matchi promisit & se obligauit dare & consignare in dicta terra Fluminis Bartolomeo Matiucij de Firmo praesenti stipullanti & respondenti pro se suisque heredibus & successoribus Miliaria quadraginta ferri boni & mercimonialis in ratione ducatorum quatuordecim pro singulo miliario usque ad festum Sce Marie proxime futurum His pactis & condicionibus quod dictus Bartolomeus dare debet dicto Iohanni nomine ut supra ad praesens ducatos centum auri quos quidem dictus Iohannes fuit confessus & contentus se habuisse ac recepisse a dicto Bartolomeo Et ducatos centum auri usque ad festum Sci Martini proxime futurum Et miliaria septem olei in ratione ducatorum quadraginta quatuor olei Et quicquid residui fuerit ad summam dicte quantitatis ferri dare & soluere debeat praefatus Bartolomeus usque ad festum natiuitatis domini nostri Ihesu Christi proxime futurum Sub pena quarti cum obligatione omnium suorum bonorum Qua pena soluta uel non rata maneant omnia & singula suprascripta.*)

*) Cancellato, con in margine la nota: „1445 die XXI mensis Aprilis cancelatum fuit praesens Instrumentum pactorum de voluntate ambarum

PROTESTUS ABBATIS A PRELUCHA

Vltrascriptis die ac loco praesentibus Rafaele de Fossambruno Valentino Iurlinouich ambobus habitatoribus dicte terre Fluminis testibus ad haec uocatis & rogatis ac alijs Coram Iudice Mateo quondam Ser donati Comparuit Venerabilis Abbas Sci Iacobi a prelucha asserens & dicens qualiter Iohannes merçarius habuit eius domum ad affictum & ipsam non coperuit sicut tenebatur vnde trabes sunt fetide et etiam ob hanc causam perdidit squartadicias centum quas emerat Quapropter omnibus illis remedijs quibus melius fieri potest dictus dominus Abbas protestatus fuit contra praefatum Iohannem licet absentem ducatos sex auri & expensas secutas & secuturas

PROTESTUS GEORGIJ HA-BITATORIS VENETIARUM

Die XVII mensis Augusti In publica platea terre Fluminis Sci Viti praesentibus Iudice Iurcho de drevenico Blasio dicto Blasuth ambobus habitatoribus dicte terre Fluminis testibus ad haec uocatis & rogatis ac alijs Ibique Coram Iudice Stefano blasinich Comparuit Georgius quondam Alegreti de Iadra babitator Venetiarum asserens & dicens qualiter Iohannes Ielenchouich de Bucharo accusauit & inculpauit ipsum quod acceperit sibi violenter aliquas res Qua propter non potest recedere a terra Fluminis Quod sibi redundat in maximum damnum & detrimentum eo quod habeat super Splagia dicte terre Fluminis barcham cum marinarijs Idcirco protestatus fuit ipse Georgius contra & aduersus dictum Iohannem licet absentem singulo die ducatos tres auri & omne damnum quod sequeretur ob hanc causam ac etiam expensas secutas & secuturas Quem protestum praefatus Iudex admisit inquantum de iure tenetur et debet et aliter non

PRO MICHAELE CHOS CON-TRA QUIRINUM GLAUINICH

Die XX mensis Augusti In Statione mei notarij infrascripti praesentibus Iudice Mauro Vidonich Teodoro qm

partium praesentibus Biasio dicto blasolo carpentario et Petro sarctore de Iadra ad praesens habitatoribus terre Fluminis Sci Viti testibus ad haec uocatis & rogatis — Ego Antonius cancellarius scripsi"

dominici testibus ad haec uocatis & rogatis ac alijs Ibique Quirinus glauinich per se suosque heredes & successores fuit
contentus & confessus se iuste teneri & dare debere Michaeli
chos de lach praesenti stipullanti & respondenti pro se suisque heredibus & successoribus ducatos quindecim boni auri &
iusti ponderis et solidos triginta Et hoc pro clauis quos habuit
Iudex Damianus quondam Matei Quam quidem pecunie quantitatem dare & soluere promisit dictus debitor praefato creditori
usque ad festum Sci Michaelis proxime futurum Sub pena
quarti cum obligatione omnium suorum bonorum Qua pena
soluta uel non rata maneant omnia & singula suprascripta.*)

Procura domini Iohan-
nis de Valentinis Die XXº mensis Augusti In publica
platea terre Fluminis Sci Viti praesentibus Petro glauinich Vito Sar-
ctore quondam georgij Georgio mladonich omnibus habitatoribus dicte terre Fluminis testibus ad haec uocatis & rogatis
ac alijs Ibique Nobilis miles dominus Iohannes de Valentinis
de Venetijs ciuis Iustinopolis omni via modo iure & forma
quibus magis melius ac efficacius fieri potest fecit constituit
creauit & ordinauit prouidum virum Ser Danadunch ciuem Iustinopolis absentem sed tanquam praesentem suum uerum & legitimum procuratorem actorem factorem & certum nuncium
specialem praesertim ad exigendum & recuperandum a quacunque persona sibi dare debenti quomodocunque tam denarios
quam alias res et de per eum receptis finem dimissionem quietationem & pactum de vlterius non petendo cum solemnitatibus necessarijs faciendum Et ad locandum & affictandum
omnes & singulas dicti constituentis possessiones & precium
ipsorum affictuum siue locationum exigendum & recipiendum
Et ad comparendum si opus fuerit coram domino potestate Iustinopolis & alio quocunque Iudice tam ecclesiastico quam saeculari
Ad agendum petendum respondendum libellos & petitiones

*) Cancellato, con in margine la nota: „1444 die VI.to mensis octo-
bris cancelatum & aboletum fuit praesens Instrumentum debiti de voluntate
creditoris praesentibus Ser Antonio de terentijs & Magistro Toma barbitonsore testibus &c — Ego Antonius cancellarius scripsi"

dandum & recipiendum terminos & dillationes petendum testes
scripturas &c sententias audiendum & eas executioni mandare
faciendum &c

PACTA ÇERSATI CUM PETRO
SLACTICH
Die XXII mensis Augusti In Statione mei notarij infrascripti praesentibus Teodoro quondam dominici Vito sarctore quondam georgiji ·testibus ad haec uocatis & rogatis ac alijs Ibique Petrus Slachtich se obligauit et concordauit cum Mateo cersato quod debeat cum ipso accedere ad insulam arbensem ad piscandum & alio si opus fuerit cum Sagena hac condicione & pacto quod dictus Mateus soluere debet valles Sagenam unam uel duas dare & vnam barcham et dictas valles siue loca in quibus piscabuntur Sagenam vnam uel duas et unam barcham solum suis expensis et habere solummodo medietatem Lucri & alteram medietatem habere debet dictus Petrus cum socio qui pertrahent Sagenam vnam uel plures Et dictus petrus teneatur & debeat obedire dicto Mateo in his quae meliora videbuntur pro societate usque ad festum natiuitatis domini nostri Ihesu Christi proxime futurum Promittens vna pars alteri adinuicem omnia & singula suprascripta attendere & obseruare Sub pena librarum quinquaginta cuius pene medietas sit & esse debeat domini siue Regiminis sub quo fieret aut verteretur lis super praedicta & Altera medietas partis obseruantis cum obligatione omnium suorum bonorum Qua pena soluta uel non rata maneant omnia & singula suprascripta.

PRO MARTINO RAUNA-
CHER
Die XXVIII mensis Augusti in domo habitationis infrascripte done dobriçe praesente Iudice Vito quondam Matchi dona dobriça uxor Ser Castelini de Pensauro fuit contenta quod Bona que generosus Miles dominus Martinus Raunacher videlicet Muraleas positas iuxta Suetinam & Muraleam iuxta Petrum glauinich & vineam siue pastinum positum ad braidam sequestrauit & interdixit de anno praesenti die septimo mensis Iulij Coram Regimine terre Fluminis Sci·Viti vti

constat in actis mei notarij infrascripti sint dicto domino Martino in pignere pro denarijs quos ipse habere debet a dicto Ser Castelino

PROCURA GEORGIJ FILACANOUO IN IURAÇ

Die primo mensis septembris In Terra Fluminis Sci Viti In Statione mei notarij infrascripti praesentibus Nobili viro Ser Antonio quondam Simonis de Terentijs de Pensauro Petropaulo quondam Pauli de Fuligno ambobus habitatoribus dicte terre Fluminis testibus ad haec uocatis & rogatis ac alijs Ibique Georgius Filacanouo quondam Martini habitator Venetiarum omni via modo iure & forma quibus magis & melius sciuit ac potuit fecit constituit creauit & ordinauit Georgium sarctorem quondam Stefani absentem sed tanquam praesentem suum verum & legitimum procuratorem actorem factorem & certum nuncium specialem praesertim ad exigendum & recuperandum a Gulielmo quondam Antonij de Bergamo habitatore Albone omnem & singulam pecunie quantitatem res & quaecunque alia que quomodocunque ipsi costituenti dare teneretur & de per eum receptis finem dimissionem quietationem & pactum de vlterius non petendum cum solemnitatibus necessarijs *(faciendum)* Et ad comparendum si opus fuerit coram quocunque Iudice tam ecclesiastico quam saeculari Ad agendum petendum respondendum libellos & petitiones dandum & recipiendum testes scripturas & alia jura sua producendum Sententias audiendum & eas executioni mandare faciendum Et generaliter &c Dans &c Promittens &c

PROCURA FRANCISCI ÇICARELI IN GEORGIUM DE ORTONA

Die septimo mensis septembris In publica platea terre Fluminis Sci Viti praesentibus Iudice Vito rosso Iudice Mauro Vidonich Rafaele de Fossambruno testibus ad haec uocatis & rogatis ac alijs Ibique Franciscus Cichareli de Ortona omni via modo iure & forma quibus magis & melius sciuit ac potuit fecit constituit creauit & ordinauit Georgium bucij Iacobi cete de ortona absentem sed tanquam presentem suum verum & legitimum procuratorem

actorem factorem & certum nuncium specialem praesertim ad
exigendum & 'recuperandum a quacunque persona sibi dare
debenti in dicta terra Fluminis tam denarios quam alias res
& de per eum receptis finem dimissionem quietationem &
pactum de vlterius non petendo cum solemnitatibus necessarijs . . . .

PROCURA SER IOHANNIS
DE FRANCIA

Die octauo mensis septembris In
publica platea terre Fluminis Sci Viti
praesentibus Iudice Cosma radolich
Antonio rossouich Iohanne marnich omnibus habitatoribus
dicte terre Fluminis testibus ad haec uocatis & rogatis ac alijs
Ibique Nobilis vir Iohannes de Vararijs de Francia omni via
modo iure & forma quibus magis & melius sciuit ac potuit
fecit constituit creauit & ordinauit prouidos viros Tomam Antonij Marcheti Gabrielem lipacij & Bartolomeum Antonij omnes
de Firmo & quemlibet eorum in solidum ita quod occupantis
conditio melior non existat sed quod vnus inceperit alius siue
alij mediare & finire valeant absentes sed tanquam presentes
suos ueros & legitimos procuratores actores factores & certos
nuntios speciales praesertim ad exigendum & recuperandum
a Çilio cicareli de portu Firmi omnem & singulam pecunie
quantitatem quam quomodocunque ipsi constituenti dare teneretur & de per eos siue alium ipsorum receptis finem dimissionem quietationem & pactum de vlterius non petendo cum
solemnitatibus necessarijs faciendum Et ad comparendum si
opus fuerit coram quocunque Iudice tam ecclesiastico quam
saeculari Ad agendum petendum respondendum libellos & petitiones dandum & recipiendum terminos & dillationes petendum testes scripturas & alia iura sua producendum sententias
audiendum & eas executioni mandare faciendum Et Ad appellandum & appellationes persequendum Et generaliter ad omnia
alia & singula dicenda gerenda &c Dans &c Promittens &c

PRO VORICHO CONTRA IU-
DICEM MATEUM

Die octauo mensis septembris In terra
Fluminis In Statione .mei notarij infrascripti praesentibus Iudice Vito

rosso Iudice Mauro Vidonich Ser Ançelino bonfiolo de Florentia omnibus habitatoribus dicte terre Fluminis testibus ad haec
uocatis & rogatis ac alijs Ibique Iudex Mateus quondam
Ser donati sponte libere ex certa scientia non per errorem
omni exceptione iuris uel facti remota per se suosque heredes
& successores fuit contentus & confessus se iuste teneri &
dare debere Vorichio Pilipario de labaco praesenti stipullanti
& respondenti pro se suisque heredibus & successoribus ducatos centum et septuaginta boni auri & iusti ponderis Et hoc
pro resto & saldo omnium & singularum .suarum rationum
Quam quidem pecunie quantitatem dare & soluere promisit
dictus debitor praefato creditori vsque ad quatuor annos proxime futuros Sub pena quarti videlicet singulo anno quartam
partem dicte quantitatis pecunie cum obligatione omnium suorum bonorum Hac tamen condicione quod dictus debitor teneatur & debeat cuilibet ostentanti hoc instrumentum dare &
soluere dictam quantitatem pecunie Qua pena soluta uel non
rata maneant omnia & singula suprascripta.

TESTIFICATIO MAGISTRI
TOME BARBITONSORIS
Die quarto mensis octobris In publica platea terre Fluminis Sci Viti Coram Spectabili Viro domino Iacobo
Raunacher Iudicibus & consilio terre Fluminis constitutus Magister Thomasius quondam Iohannis salariatus comunis dicte
terre Fluminis testis productus coram suprascriptis dominis Ad
petitionem seu requisitionem Nicolai fachini de Cherso tanquam
nuncij generosi Viri domini Bernardi nani comitis honorabilis
Chersi et Auseri et examinatus delato eidem prius sacramento
de veritate dicenda manibus tactis scripturis remotis omnibus
sacramento obstantibus Lecta prius eiusdem Intentione suprascripti domini comitis dixit et testificatus fuit qualiter Petrus
Sipaç de Capisulo .qui obijt in dicta terra Fluminis eius iudicio
per sacramentum quod fecit non est mortuus de vulneribus
lapidis in fronte nec eorum causa unquam jacuisset Sed de
vulnere cum ense facto .eidem in capite quod vulnus ensis
eius iudicio fuit principium et causa mortis prelibati Petri eo
quod dubitat quod sanguis dicti vulneris decurserit ad infe-
riora Nam dictus Petrus habuit vulnera in sinistro brachio

per se facta & pedibus tantam fundentia putredinem quod non solum ipsi sed alijs medicis qui ea viderunt mirabile visum fuit. Super generalibus interrogatus recte respondit

PROCURA IN FRANCISCUM FABRUM

Die sexto mensis octobris In Teria Fluminis Sci Viti In Statione Iudicis Nicolai micolich praesentibus Iudice Stefano blasinich Iudice Stefano ruseuich Iudice Tonsa quondam Ser Nicole testibus ad haec uocatis & rogatis ac alijs Ibique Gregorius filius Andree Sudeuich de Iuançe omni via modo iure & forma quibus magis & melius sciuit ac potuit fecit constituit creauit & ordinauit Franciscum fabrum quondam Martini presentem & infrascriptum mandatum sponte suscipientem suum uerum & legitimum procuratorem actorem factorem & certum nuncium specialem praesertim ad Comparendum Coram Magnifico domino nostro de Valse ac omnibus & singulis eius rectoribus & officialibus ac ceteris omnibus & singulis dominis alijs ac iudicibus in lite siue placito que habet uel habiturus est cum quacunque persona occasione porcorum LXXa acceptorum in territorio dicte terre Fluminis contra omne iuris debitum per Iacobum Bolfin Capitaneum Cersati nulla praeueniente causa Ad agendum petendum respondendum libellos querellas & petitiones dandum & recipiendum testes & alia iura sua producendum damna interesse & expensas petendum Sententias audiendum & eas executioni mandare faciendum Et ad exigendum & recuperandum a quacunque persona sibi dare debenti tam denarios quam alias res Et de per eum receptis finem dimissionem quietationem & pactum de vlterius non petendo cum solemnitatibus necessarijs faciendum Et generaliter &c Dans &c Promittens &c

PRO GEORGIO AROMATARIO DE TERGESTO CONTRA DOMINICUM DEL DUCHA DE VEGLA

Die septimo mensis octobri In publica platea terre Fluminis Sci Viti praesentibus Iudice Vito quondam Matchi Antonio eius filio ambobus habitatoribus dicte terre Fluminis testibus ad haec uocatis & rogatis ac alijs Ibique dominicus de ducha de Vegla sponte

libere ex certa scientia non per errorem omni exceptione iuris
uel facti remota per se suosque heredes & successores fuit
contentus & confessus se iuste teneri & dare debere magistro
Georgio Malgranelo aromatario ciui tergestino praesenti & pro
se suisque heredibus & successoribus stipullanti libras octoaginta
quatuor paruorum Et hoc pro gladijs habitis a dicto creditore
Quam quidem pecunie quantitatem dare & soluere promisit
dictus debitor praefato creditori in reuersione barcharum ve-
glensium a Venetijs in festo ascensionis domini nostri Ihesu
Christi proxime futuro Sub pena quarti cum obligatione o-
mnium suorum bonorum Et ad maiorem cautelam praefati
creditoris Tomasinus quondam Tome de Caldana de Vegla se
constituit plegium & fideiussorem dicto creditori pro suprascripto debito soluendo ut supra cum obligatione omnium
suorum bonorum

| | |
|---|---|
| LOCATIO ORSOLE FILIE IOHANNIS DE VRAGNA APUD NICHLINUM | Vltrascriptis die ac loco praesentibus Iudice Vito barulich Chirino çouanich ambobus ciuibus dicte terre Flumi- |

nis testibus ad haec uocatis & roga-
tis ac alijs Ibique Iohanne chematouich de Vragna sponte dedit
& locauit Orsulam filiam suam annorum quinque uel circa
Nicolao Raintalar ibidem praesenti & respondenti his pactis
& condicionibus quod praefatus Nicolaus dictam Orsulam debeat & teneatur gubernare & corrigere amore dei tanquam
filiam suam et maritare tempore debito ut moris est & ipsa
orsula debeat dicto Nicolao bene & fideliter seruire tanquam
domino suo Quam Orsulam dictus Iohannes recommisit super
anima praedicti Nicolai & quod dictus Iohannes ipsam orsulam
nullo modo valeat auferre a praefato Nicolao nisi causa adesset tam probabilis quod posset iuridice probari Promittens
vna pars alteri adinuicem omnia & singula suprascripta attendere et obseruare Sub pena librarum quinquaginta cuius pene
medietas sit & esse debeat partis obseruantis et altera medietas
sit regiminis siue dominij sub quo pars non obseruans cogetur
ad soluendum dictam penam cum obligatione omnium suorum
bonorum Qua pena soluta uel non rata maneant omnia & singula suprascripta.

FINIS PRO HONOFRIO DE
SCO ELPIDIO

Die octauo mensis octobris In publica platea terre Fluminis Sci Viti
praesentibus Antonio rossouich Mar-
tino Çaninich Laurentio marinario de Vegla omnibus habitatoribus dicte terre Fluminis testibus ad haec uocatis & rogatis
ac alijs Ibique Tomasinus quondam Tome [de] Caldana de
Vegla habitator dicte terre Fluminis per se suosque heredes
& successores fecit Honofrio quondam Agnoli de Sco Elpidio
praesenti & pro se suisque heredibus & successoribus stipullanti finem dimissionem transactionem & pactum de vlterius non
petendo specialiter de ducatis ducentis et sex auri Et generaliter
de omni iure & actione & de omnibus & singulis ad que dictus
honofrius praefato Tomasino tenebatur seu teneri poterat occasione alicuius debiti siue rei siue alia quacunque ratione uel
causa usque ad presentem diem Et hoc ideo quod dictus Tomasinus fuit contentus & confessus se a dicto Honofrio habuisse ac recepisse ac sibi integre satisfactum fuisse de omnibus debito iure & actione ac omnibus & singulis ad que ipsi
tenebatur seu teneri poterat praedictus Honofrius quacunque
ratione uel causa usque ad presentem diem Promittens dictus
Tomasinus per se suosque heredes & successores praefato
Honofrio stipullanti pro se suisque heredibus & successoribus
ipsi Honofrio uel suis heredibus litem quaestionem uel controuersiam aliquam occasioue praedictorum non inferre nec inferrenti consentire Sed potius omnia & singula suprascripta per-
petua firma rata & grata habere tenere & non contrafacere
uel venire per se uel alium aliqua ratione causa uel ingenio
de iure uel de facto Sub pena ducatorum viginti quinque auri
stipullatione in singulis capitulis huius contractus solemni
promissa Qua pena soluta uel non rata maneant omnia &
singula suprascripta.

PROCURA SER ANTONIJ DE
TERENTIJS

Vltrascriptis die ac loco praesentibus
Iacobo mateievich Antonio rossouich
Martino aurifice quondam dominici
Iohanne marnich omnibus habitatoribus dicte terre Fluminis
testibus ad haec uocatis & rogatis ac alijs Ibique Nobilis vir
Ser Antonius de terentijs de Pisauro ad praesens habitator

dicte terre Fluminis omni via modo iure & forma quibus magis
& melius sciuit ac potuit fecit constituit creauit & ordinauit
Ser Iohannem filium generosi millitis domini Nicolai de barnis
vicarij ciuitatis Segne et petrumpaulum quondam Pauli de
Fuligno absentes sed tanquam praesentes simul & quemlibet
eorum in solidum ita quod occupantis conditio melior non
existat sed quod vnus inceperit alter mediare & finire valeat
suos veros & legitimos procuratores actores factores & certos
nuntios speciales praesertim in omnibus & singulis litibus
placitis & controuersijs que uel quos habet siue habiturus est
cum Ser Iohanne de Florentia mercatore in regno Appulie
seu cum Ser Bernardo Perucij de Florentia occasione milliariorum undecim olei que dictus Bernardus nomine ac vice
praedicti Iohannis doni praefato constituenti dare & consignáre
promisit in Arssia per totum mensem septembris proxime futurum prout constat publico Instrumento scripto manu mei
notarij infrascripti de anno praesenti die uero sexto mensis
Madij siue alia quacunque ratione uel causa Et ad exigendum
& recuperandum a praefatis Iohanne doni & Bernardo dicta
vndecim Miliaria Olei omnem & singulam pecunie quantitatem
& quamcunque aliam rem quam quomodocunque ipsi constituenti
dare teneretur quacunque ex causa et de per eos siue alterum ipsorum receptis finem dimissionem quietationem & pactum de vlterius non petendo cum solemnitatibus necessarijs faciendum Et
ad comparendum si opus fuerit coram quocunque rectore Iudice
& officiali tam ecclesiastico quam sacculari Ad agendum petendum respondendum libellos & petitiones dandum & recipiendum
terminos & dillationes petendum testes scripturas & alia iura
sua producendum & productis opponendum Sententiam unam
uel plures audiendum & eas executioni mandare faciendum
Appellandum & appellationes persequendum Et generaliter ad
omnia alia & singula dicenda gerenda & procuranda quae in
praedictis & circa praedicta & quodlibet praedictorum duxerint
facienda & necessaria ac utilia videbuntur que & quemadmodum ipse constituens facere posset si adesset Dans & concedens eisdem procuratoribus suis & cuilibet eorum in solidum
in praedictis & circa praedicta & quodlibet praedictorum plenum arbitrium & generale mandatum cum plena libera & generali administratione agendi & exercendi omnia & singula

suprascripta Promittens eisdem procuratoribus suis & cuilibet
eorum in solidum ac mihi notario infrascripto tanquam publice
persone stipullanti & respondenti vice ac nomine omnium
quorum interest uel interesse poterit quicquid per dictos procuratores & quemlibet eorum in solidum actum & factum fuerit
perpetuo habiturum firmum & ratum Insuper ipsos & quemlibet
eorum in solidum ab omni satisdationis onere releuante Et
ex nunc releuans promisit mihi notario ut supra de Iudicio
Sisti & Iudicatum soluendo Sub ypoteca & obligatione omnium
suorum bonorum

PRO NICHLINO CONTRA
AMBROSIUM RADOLICH

Die 9 mensis octobris In Statione
mei notarij infrascripti praesentibus
Chirino filio Iudicis Viti Çouanich
Milasino calafato testibus ad haec uocatis & rogatis ac alijs
Ibique Ambrosius radolich per se suosque heredes & successores fuit contentus & confessus se iuste teneri & dare debere
Nicolao Raintalar praesenti & pro se suisque heredibus & successoribus stipullanti libras viginti et solidos duodecim paruorum Et hoc pro quadam plegiaria facta pro Mateo cersato
Quam quidem pecunie quantitatem dare & soluere promisit
dictus debitor praefato creditori usque ad festum Sci Martini
proxime futurum Et ad maiorem cautelam praefati creditoris
dictus Ambrosius eidem obligauit & pro speciali pignere designauit suam vineam positam in Scurigna

PRO PLEBANO CASTRI MU-
SCHLI CONTRA CHISAÇ

Die XVI mensis octobri In Statione
Iudicis Nicolai micolich praesentibus
Quirino Spinçich Iohanne dicto Ia-
gnaç testibus ad haec uocatis & rogatis ac alijs Ibique Quirinus cigantich per se & suos heredes fuit contentus & confessus se iuste teneri & dare debere domino presbytero Iohanni
plebano Castri muschli praesenti & pro suisque (sic) heredibus stipullanti solidos XLta paruorum Quam quidem pecunie quantitatem dare & soluere promisit dictus debitor praefato
creditori usque ad festum Sci Nicolai proxime futurum Sub

pena dupli cum obligatione omnium suorum bonorum Qua pena
soluta uel non rata maneant omnia & singula suprascripta.

PRO SER ANTONIO DE PI-
SAURO & PAULO DE SCRISA

Die XVIII mensis octobris In Terra
Fluminis Sci Viti In Statione mei notarij infrascripti praesentibus Antonio
Ser Santis de pensauro Francisco petri de Fano petro sarctore
quondam blasij omnibus ad praesens habitatoribus dicte terre
Fluminis testibus ad haec uocatis & rogatis ac alijs Ibique
Paulus quondam gregorij de Schrissa promisit & se obligauit
dare & consignare in portu dicte terre Fluminis usque ad festum natiuitatis domini nostri Ihesu Christi proxime futurum
prouido viro Ser Antonio quondam Simonis de terentijs de
pisauro quartas quingentas frumenti ad mensuram Schrise
pro precio et nomine precij solidorum viginti octo paruorum
pro singula quarta Quod frumentum debet esse tale quale fuit
illud quod nunc praefatus paulus vendidit in dicta terra Fluminis his pactis & condicionibus quod praedictus Ser Autonius Illico appulso praefato paulo cum frumento debeat & teneatur ipsum paulum expedire quod si dictus Ser Antonius
non faceret quod tunc teneatur & debeat ipse Ser Antonius
soluere dicto Paulo omnes & singulas expensas damna & interesse Et si praedictus Paulus suprascriptam quantitatem non
dederit et consignauerit ut supra quod tunc & eo casu dictus
Paulus teneatur e debeat soluere & reficere praedicto Ser Antonio damna & interesse et omnes & singulas expensas quas
dictus Ser Antonius faceret tam in eundo et mittendo Schrisam
quam aliter in petendo iustitiam aduersus dictum Paulum
propter non obseruationem promissionis & obligationis suprascripte Pro quibus omnibus & singulis suprascriptis sic firmiter
obseruandis attendendis & adimplendis vna pars alteri adinuicem obligauit omnia & singula Sua bona Qui Paulus coram
suprascriptis testibus per se & suos heredes fuit contentus &
confessus se habuisse ac manualiter recepisse a praelibato Ser
Antonio libras quinquaginta paruorum pro ara ac parte solutionis suprascripte quantitatis frumenti dande & consignande
per ipsum paulum eidem Ser Antonio ut supra.

TERMINUS SIMONI PILAP.
& EUFEMIE UXORI QUONDAM
MAGISTRI IACOBI VENTURINI
DE CORONO

Die XXIII mensis octobris per Spectabilem et generosum virum dominum Iacobum Raunacher honorabilem Capitaneum Iudices et consilium terre Fluminis Sci Viti dederunt & assignauerunt terminum peremptorium Simoni pilar & Eufemie uxori quondam Magistri Iacobi Venturini de Corono in causa quae vertitur inter dictum Simonem & praedictam Eu femiam occasione hereditatis . . . . . uxoris quondam blasij pilar & sororis dicte Eufemie usque ad festum Sci Michaelis de mense septembris proxime futuro et si altera dictarum partium in praescripto termino cum iuribus suis non comparuerit perdet ius suum nec ultra audietur In iure

PRO CAPITULO CONTRA PRESBYTERUM GEORGIUM SUSSICH

Die XXVIII mensis octobris In publica platea terre Fluminis Sci Viti Coram Spectabili ac generoso viro domino Iacobo Raunacher Capitaneo ac alijs quampluribus consiliarijs dicte terre Fluminis comparuerunt Presbyter Gaspar cresolich presbyter Iohannes micolich presbyter Vitus scolich & presbyter Antonius Visignich omnes canonici dicte terre Fluminis dicentes qualiter bene considerauerunt & cogitarunt ac scripturas capituli dicte terre Fluminis perlegerunt que prohibent quod nullus presbyter male condicionis aut fame debeat acceptari in dictum capitulum quauis causa Idcirco responderunt praefatis domino Capitaneo et consiliarijs qui ipsos rogauerant quod vellent acceptare presbyterum Georgium Sussich in canonicum quod nulla via mundi ipsum possunt acceptare in canonicum cum non sit dignus pluribus de causis omnibus notorijs. Qua responsione audita praefatus dominus Capitaneus vna cum quampluribus consiliarijs praefatos canonicos laudarunt quod tales presbyteros in canonicos acceptare nolunt & rectificauerunt ac confiirmauerunt scripturam siue consuetudinem dicti capituli uolentem quod nullus presbyter male condicionis uel fame debeat in canonicum dicti capituli acceptari.

PROTESTUS IUDICIS MAURI
CONTRA IUDICEM MATEUM

Die secundo mensis nouembris In Lobia terre Fluminis Sci Viti Coram Spectabili ac generoso viro domino

Iacobo Raunacher Capitaneo et consilio dicte terre Fluminis
Comparuit Iudex Maurus Vidonich asserens & dicens domine
Capitanee scitis qualiter generosus miles dominus Iohannes
Reychenburger Capitaneus duini et Crassie vna vobiscum die
XXᵒ mensis octobris proxime praeteriti dedit & assignauit
terminum Iudici Mateo quondam Ser donati dierum quindecim
tunc immediate sequentium quod ipse Iudex Mateus dare &
numerare deberet michi ducatos ducentos et viginti tres saluis
tamen alijs meis iuribus aliter praefato Iudice Mateo non sol-
uente in suprascripto termino dictos ducatos ducentos & viginti
tres auri dicto Iudici Mauro ipse Iudex Mateus dare & soluere
volebat ac se reficere obligabat omne damnum expensas ac
interesse que ipsi Iudici Mauro sequerentur ob hanc causam
Et quia dies Crastina erit dies termini praefixi et adhuc ipse
Iudex Mateus nichil soluit dicto Iudici Mauro Idcirco ipse Iudex Maurus omnibus illis remedijs quibus magis & melius fieri
potest protestatus fuit contra praelibatum Iudicem Mateum
praesentem & assentientem omne & singulum damnum & interesse ac omnes et singulas expensas que et quas patietur
ob hanc causam ut supradictum est.

Pro Iudice Iurcho con-
tra Gastaldum

Die tercio mensis nouembris In publica platea terre Fluminis Sci Viti
praesentibus Bencho de Sagabria
Petro eius filio Iacobo petriçich omnibus habitatoribus dicte
terre Fluminis testibus ad haec uocatis & rogatis ac alijs Ibique Cresta uxor quondam Matei gastaldi dixit & asseruit qualiter praefatus quondam Mateus eius vir cum eius consensu
& voluntate dessignauit pro speciali pignere Iudici Iurcho de
dreuenico unum eorum terrenum vacuum situm in dicta terra
Fluminis sub Slognin turan pro libris quatuordecim et solidos
sexdecim paruorum quos denarios praefatus quondam Mateus
dare tenebatur Iudici Iurcho.

Pro suprascripto Iurcho
contra dominam Dobriçam

Die suprascripto ante domum habitationis infrascripte debitricis praesentibus Iohanne dicto Iagnaç Mo-
choro Seualich ambobus habitatoribus dicte terre Fluminis
testibus ad haec uocatis & rogatis ac alijs Ibique domina do-

briça uxor Ser Castelini de pensauro dedit et pro speciali
pignere designauit Iudici Iurcho de dreuenico unam suam
Muraleam sitam in dicta terra Fluminis iuxta Petrum glauinich & georgium glauinich pro ducatis octo auri quos dicta dobriça fuit contenta & confessa se dare debere praefato Iudici
Iurcho quos quidem ducatos dicta dobriça dare & soluere promisit praefato Iudici Iurcho usque ad duos annos proxime
futuros- videlicet singulo anno ducatos quatuor auri.

Pro Ser Bonaçonta con-
tra Iudicem Nicolaum Die tercio mensis Nouembris In Terra
Fluminis Sci Viti In Statione infra-
scripti Iudicis Nicolai praesentibus
Iudice Mauro Vidonich Petro marino quondam Rimidij de
Firmo Grisano quondam Iudicis Martini de pago omnibus
habitatoribus dicte terre Fluminis testibus ad haec uocatis &
rogatis ac alijs Ibique Iudex Nicolaus micolich ciuis dicte terre
Fluminis fuit contentus & confessus se habuisse ac recepisse
A Ser Bonaçonta Nicolai bonareli de Ancona ibidem presente
miliaria duodecim et medros viginti quatuor olei pro precio
& nomine precij quadraginta vnius ducatorum auri Renuncians
exceptioni non habite non recepte & non mensurate dicte
quantitatis olei tempore praesentis contractus Pro qua quidem
olei quantitatem praefatus Iudex Nicolaus debitor dare & consignare promisit Ancone praelibato Ser Bonaçonte creditori
omnibus suis periculis & expensis tantam ferri quantitatem
quanta ascendat ad ualorem siue precium dicte quantitatis olei
in ratione et precio ducatorum vndecim auri cum dimidio pro
singulo miliario ferri ad librationem Ancone usque ad Carnis
priuium proxime futurum Sub pena quarti Et si dictus Iudex
Nicolaus debitor non posset aut nollet dare ferrum ut suprascriptum est quod tunc ipse teneatur usque ad suprascriptum
terminum sub eadem pena dare & soluere suprascriptam quantitatem olei siue illam partem olei quae non erit persoluta in
prompta pecunia ita tamen quod illa pars suprascripte quantitatis olei pro qua dahit et numerabit promptam pecuniam
debeat rationari ac persolui in ratione et precio ducatorum
quadraginta auri pro singulo miliario Pro quibus omnibus &
singulis suprascriptis sic firmiter obseruandis attendendis &

adimplendis praefatus debitor suprascripto creditori obligauit omnia sua bona mobilia & immobilia praesentia & futura Pena autem soluta uel non rata maneant omnia & singula suprascripta.*)

PRO IUDICE NICOLAO CONTRA SER BONAÇONTAM

Vltrascriptis die loco ac testibus praefatus Ser Bonaçonta fuit contentus & confessus se habuisse ac recepisse a praedicto Iudice Nicolao ducatos viginti octo auri et solidos quadraginta quatuor paruorum in prompta pecunia pro parte solutionis suprascripte quantitatis olei**)

SOCIETAS AMBORUM PRO 400 PELLIBUS

Vltrascriptis die loco ac testibus praefati Iudex Nicolaus micolich & Ser Bonaçonta onerarunt simul et in societate boni & mali quadringentas pelles bouinas videlicet uterque ipsorum ducentas in barcha siue charachia Nicolai Antonij de Venetijs habitatoris Ancone quas deo conducente dictus Nicolaus portare & conducere debet Anconam. His pactis & condicionibus quod praelibatus Iudex Nicolaus teneatur & debeat soluere omnes & singulas gabellas & expensas que occurrent in dicta terra Fluminis usque ad litus maris et dictus Bonaçonta teneatur & debeat soluere omnes & singulas gabellas & expensas que occurrent Ancone et de ipsis pellibus facere finem prout ipsi melius videbitur pro utilitate utriusque Et quicquid lucri consequetur debeat diuidi paribus portionibus inter ipsos Et similiter si damnum sequeretur quod absit debeant illud pati paribus portionibus. Pro quibus omnibus & singulis suprascriptis sic firmiter obseruandis vna pars alteri adinuicem obligauit omnia sua bona mobilia & immobilia praesentia & futura**)

---

*) Cancellato, con in margine la nota: „1452 die VI mensis Marcij cancelatum fuit praesens Instrumentum debiti de mandato dominorum Iudicum praesente Iudice Tonsa vigore cuiusdam litere scripte manu Leonardi Nicolai bonareli et Iudicis Iacobi micolich Ancone die XVIII mensis Marcij Anno domini MCCCCXXXXV.o Et similiter infrascripta duo Instrumenta de voluntate etiam Iudicis Nicolai micolich — Ego Antonius cancellarius scripsi"

**) L'uno e l'altro cancellati; v. nota precedente.

Pro Chirino spinçich contra Simonem pilar

Die quinto mensis nouembris In Sta
tione mei notarij infrascripti praesentibus Iusto Vidotich barbitonsore
Georgio marolich de Castua ambobus habitatoribus dicte terre
Fluminis testibus ad haec uocatis & rogatis ac alijs Ibique Simon
pilar habitator dicte terre Fluminis per se suosque heredes &
successores fuit. contentus & confessus se habuisse ac recepisse
A Iudice Chirino spinçich de Castua tria vassa plena vino
tenute modiorum viginti siue plus uel minus prout reperietur
in mensura pro precio & nomine precij solidorum sexaginta
nouem pro singulo modio Quod quidem precium siue praefati
vini valorem soluere promisit praefatus Simon dicto Chirino
usque ad festum assumptionis beate Marie Virginis proxime
futurum Hoc modo videlicet quod dictus Simon dare debeat
dicto Chirino assides segadicias bonas & mercimoniales tantas
& tales quod possint vendi prout alij mercatores vendere po-
terunt suas in ratione librarum viginti paruorum pro singulo
centenario. Hoc tamen pacto quod quandocunque dictus Simon
praefato Iudici Chirino dederit ducentas segadicias ipse Chirinus vnum centenarium soluere debeat in prompta pecunia
pro precio quo supra & alterum recipere in diffalcatione dicti
debiti praefato Simoni et sic continuet usque ad integram satisfactionem debiti usque ad suprascriptum terminum Et ad
maiorem cautelam praefati Chirini creditoris presbyter Antonius Visignich & Iudex Cosmas radolich se constituerunt plegios & fideiussores eidem Chirino pro suprascripto Simone pro
dicto debito soluendo ut supra

Pro presbytero Antonio Visignich & Iudice Cosma radolich contra Simonem pilar

Vltrascriptis die loco ac testibus praefatus Simon pilar promisit suprascriptis presbytero Antonio Visignich
& Iudici Cosme radolich suis fideius-
soribus et plegijs eos conseruare in-
demues pro suprascripta plegiaria siue fideiussione et ad ipsorum fideiussorum cautelam praefatus Simon eisdem obligauit
& pro speciali pignere designauit suam domum positam in
dicta terra Fluminis et suam vincam positam in xenicoui cum
omnibus iuribus habentijs & pertinentijs dictis possessionibus
spectantibus & pertinentibus

Pro Nicolao Suetaç — Die quinto mensis nouembris In publica platea terre Fluminis Sci Vit praesentibus presbytero Vito scolich Martino bechario Iusto Vidotich barbitonsore omnibus habitatoribus dicte terre Fluminis testibus ad haec uocatis & rogatis ac alijs Ibique Iudex Mateus quondam Ser donati ad praesens honorabilis Iudex dicte terre Fluminis praecepit mihi notario infrascripto quatenus publicum conficerem instrumentum Nicolao Suetac in quo constarent & apparerent omnes denarij quos ipse Nicolaus soluit creditoribus ueris Radoie quondam petri de Srigne de ipsius Iudicis Matei et alterius Iudicis mandato Et primo heredibus Stanche buchierauene ducatos tres auri quos praefatus Radoia soluere tenebatur pro solutionis complemento domus quam emit a dicta quondam Stancha Item Iudici Nicolao micolich libras sex et solidos quatuordecim Item petro glauinich pro collecta vini solidos quinquaginta quinque Item uxori quondam Iudicis Pauli cresolich libras quinque Item Matiasio de Iapre libras sex cum dimidio Item Simoni pilar libras duas Et residuum librarum XLVe et solidorum octo paruorum fuit dicto Nicolao pro debito librarum octo & solidorum octo quod habere debebat dictus Nicolaus a praefato Raduia nomine mutui Quos quidem denarios praefatus Nicolaus ideo soluit quia domum dicti Radoie emit ad publicum incantum pro libris quadraginta quinque et solidos octo paruorum & expensis secundum consuetudinem dicte terre Fluminis die XVe mensis septembris de anno praesenti uti constat publico Instrumento scripto manu mei notarij infrascripti Anno et Indictione suprascriptis die uero XVe mensis septembris.

Pro suprascripto contra Simonem pilar — Die octauo mensis Nouembris In publica platea terre Fluminis Sci Viti praesentibus Iudice Mateo quondam Ser donati Luca cauertich Iuanulo de Arbo testibus ad haec uocatis & rogatis ac alijs Ibique Simon pilar per se suosque heredes fuit contentus & confessus se iuste teneri & dare debere Nicolao Suetaç praesenti & pro se suisque heredibus & successoribus stipullanti Marchas sex et solidos quatuor paruorum Et hoc pro quadam domo vendita a praefato Nicolao

dicto Simoni que domus fuit Radoie quondam petri de Srigne
Quam quidem pecunie quantitatem dare & soluere promisit dictus debitor praefato creditori per terminos infrascriptos videlicet medietatem usque ad festum carnispriuij proxime futurum
& Alteram medietatem usque ad unum annum proxime futurum Sub pena quarti cum obligatione omnium suorum bonorum
Qua pena soluta &c Qui Nicolaus coram testibus suprascriptis
recepit a dicto Simone pro parte medietatis dicte quantitatis
pecunie quam soluere debet usque ad carnispriuium libras vndecim paruorum

DONATIO PRO DOMINA NI-
CHOLINA UXORE GEORGIJ IU-
DICIS STEFANI CONTRA DI-
CTUM GEORGIUM DE LIBRIS
CENTUM PARUORUM

Die XIII mensis Nouembris In Terra
Fluminis Sci Viti In statione mei
notarij infrascripti praesentibus Iudice Mauro Vidonich Iudice Mateo
quondam Ser donati Iacobo quondam
Iudicis Iohannis Misuli omnibus ha-
bitatoribus dicte terre Fluminis testibus ad haec uocatis &
rogatis ac alijs Ibique Ser Georgius filius Iudicis Stefani ruseuich per se suosque heredes & successores Nomine pure libere simplicis & irreuocabilis donationis quae fit & datur inter
viuos dedit tradidit atque donauit venerabili viro domino presbytero Dominico vguiçe quondam gregorij de Vegla praesenti
stipullanti & respondenti vice ac nomine domine Nicoline eius
nepotis & uxoris dicti Georgij & heredum & successorum dicte
domine Nicoline nomine boni mane quod dicitur Schlaboniçe
dobraiutrigniça libras centum paruorum Promittens praefatus
Georgius per se suosque heredes & successores praedicto presbytero dominico stipullanti nomine ac vice praefate domine
Nicoline eiusque heredum & successorum praescriptam donationem perpetuo firmam & ratam habere tenere & non contrafacere uel uenire per se uel alium aliqua ratione uel ingenio
de iure uel de facto Sub pena dupli Qua solulta uel non rata
maneant omnia & singula suprascripta.

PRO IOHANNE MATIUCIJ
DE FIRMO CONTRA VITUM
MATEIEUICH

Die XXII mensis nouembris In publica platea terre Fluminis Sci Viti
praesentibus Adam Antonij de Firmo
Antonio Santis de pensauro Tomasi-

no de Vegla Rafaele de Fossambruno Prodano de Pago Teodoro quondam dominici omnibus ciuibus dicte terre Fluminis testibus ad haec uocatis & rogatis ac alijs Ibique Vitus Mateieuich uti coram regimine dicte terre Fluminis asseruit cum voluntate & consensu domini Arcidiaconi patris sui sponte libere ex certa scientia non per errorem omni exceptione iuris uel facti remota per se suosque heredes & successores fuit contentus & confessus se iuste teneri & dare debere Ser Iohanni de Firmo mercatori in dicta terra Fluminis praesenti stipullanti & respondenti pro se suisque heredibus & successoribus ducatos vigintiseptem boni auri & iusti ponderis Et hoc pro quadam plegiaria seu fideiussione facta a dicto vito debitore dicto Ser Iohanni pro Iudice Mateo quondam Ser donati Quam quidem pecunie quantitatem dare & soluere . promisit dictus Vitus debitor praefato Ser Iohanni creditori usque ad octo menses proxime futuros Sub pena quarti cum obligatione omnium suorum bonorum Qua pena soluta uel non rata maneant omnia & singula suprascripta

Pro praedicto Iohanne contra Nicolaum çopich Vltrascriptis die loco ac testibus Ibique Nicolaus çopich de dicta terra Fluminis sponte libere ex certa scientia non per errorem omni exceptione iuris uel facti remota per se suosque heredes & successores fuit contentus & confessus se iuste teneri & dare debere Ser Iohanni Matiucij de Firmo mercatori in dicta terra Fluminis praesenti stipullanti & respondenti pro se suisque heredibus & successoribus ducatos vigintiseptem boni auri & iusti ponderis Et hoc pro quadam plegiaria seu fideiussione facta a dicto Nicolao debitore dicto Ser Iohanni creditori pro Iudice Mateo quondam Ser donati Quam quidem pecunie quantitatem dare & soluere promisit dictus Nicolaus debitor prefato creditori usque ad sexdecim menses proxime futuros Sub pena quarti cum obligatione omnium suorum bonorum Qua pena soluta uel non rata maneant omnia & singula suprascripta

Pro praedicto Iohanne contra presbyterum Gasparem Vltrascriptis die loco ac testibus dominus presbyter Gaspar cresolich de dicta terra Fluminis sponte libere ex certa scientia non per errorem omni

exceptione iuris uel facti remota per se suosque heredes &
successores fuit contentus & confessus se iuste teneri & dare
debere Ser Iohanni Matiucij de Firmo mercatori in dicta terra
Fluminis praesenti stipullanti & respondenti pro se suisque
heredibus & successoribus ducatos triginta boni auri & iusti
ponderis Et hoc pro quadam plegiaria seu fideiussione facta a
dicto presbytero Gaspare praefato Ser Iohanni creditori pro Iudice Mateo quondam Ser donati Quam quidem pecunie quantitatem dare & soluere promisit dictus presbyter Gaspar praefato
creditori usque ad duos annos proxime futuros Sub pena quarti
cum obligatione omnium suorum bonorum Qua pena soluta uel
non rata maneant omnia & singula suprascripta.

PEO CHIRINO SPINÇICH · CONTRA TEODORUM

Die XXVII mensis nouembris In
Statione mei notarij infrascripti praesentibus petro glauinich Martino ça-
ninich testibus ad haec uocatis & rogatis ac alijs Ibique presbyter Antonius Visignich tanquam plegius & fideiussor Teodori
quondam dominici fuit contentus & confessus se habuisse ac
recepisse a Chirino spinçich de Castua vna (sic) vegetem plenam vino tenute modiorum sexdecim siue plus siue minus
pro ut reperietur in mensura in ratione solidorum septuaginta-
nouem pro singulo Modio Quod precium vini soluere promisit
praefatus presbyter Antonius dicto Chirino pro terminos infrascriptos videlicet Medietatem usque ad festum Sci Georgij proxime futurum et alteram medietatem usque ad festum Sci
Michaelis proxime futurum Sub pena quarti cum obligatione
omnium suorum bonorum Qua pena soluta uel non rata maneant omnia & singula suprascripta.*)

PRO PRESBYTERO ANTONIO VISIGNICH CONTRA TEODO-RUM

Vltrascriptis die loco ac testibus Teodorus quondam dominici Promisit
presbytero Antonio Visignich ipsum
seruare indemnem a plegiaria seu

*) Cancellato con in margine la nota: „1452 die XVI mensis Nouembris
cancellatum fuit praesens Instrumentum debiti de voluntate creditoris praesentibus Iudice Damiano quondam Matei & Rafaele de Fossambruno testibus
ad haec uocatis & rogatis — Ego Antonius cancellarius scripsi"

fideiussione facta a dicto presbytero Antonio Chirino spinçich pro dicto Teodoro pro vna vegete vini tenute Modiorum sexdecim uel plus uel minus pro ut reperietur in mensura in ratione solidorum LXVIIII pro singulo modio Et ad maiorem cautelam praelibati presbyteri Antonij dictus Teodorus eidem obligauit & pro speciali pignere designauit suum pastinum in Choxala iuxta presbyterum Vitum scholich & viam publicam a duobus lateribus

PRO MARTINO AURIFICE CONTRA TOMAM REMERIUM

Die XXVI mensis nouembris In publica platea terre Fluminis Sci Viti praesentibus Martino Satanni prodano de pago testibus ad haec uocatis & rogatis ac alijs Ibique Tomas Remerius de bucharo per se suosque heredes & successores fuit contentus & confessus se iuste teneri & dare debere Martino aurifici quondam dominici habitatori dicte terre Fluminis praesenti stipullanti & respondenti pro se suisque heredibus & successoribus libras centum pro trauibus quos habuit menelaus habitator parentij Quam quidem pecunie quantitatem dare & soluere promisit dictus debitor praefato creditori ad omnem requisitionem ipsius creditoris Sub pena quarti Et ad maiorem cautelam prefati creditoris dictus debitor eidem obligauit & pro speciali pignere designauit domum suam positam in dicta terra Fluminis & etiam alia sua bona si dictum pignus non satisfecerit ad Solutionem suprascriptam debiti. Pena etiam suprascripta soluta uel non rata maneant omnia & singula suprascripta.*)

PRO IURACIO SARTORE CONTRA VITAM EIUS COGNATAM

Die XXVIII mensis Nouembris In Terra Fluminis Sci Viti In domo infrascripte Vite debitricis praesentibus Martino Satanni Agabito diraçich testibus ad haec uocatis &

---

*) Cancellato, con in margine la nota: „1452 die XVIII mensis Nouembris cancelatum fuit praesens Instrumentum debiti de voluntate creditoris praesentibus domino presbytero Iohanne arcidiacono domino presbytero Gaspare plebano testibus ad haec uocatis & rogatis — Ego Antonius cancellarius scripsi"

rogatis ac alijs Ibique Vita uxor Iohannis merçarij sponte libere
ex certa scientia non per errorem omni exceptione iuris uel
facti remota per se suosque heredes & successores fuit contenta
& confessa se iuste teneri & dare debere Georgio sarctori quondam Stefani praesenti stipullanti & respondenti pro se suisque
heredibus & successoribus ducatos duodecim boni auri & iusti
ponderis nomine mutui Quam quidem pecunie quantitatem dare
& soluere promisit dicta debitrix praefato creditori ad omnem
requisitionem ipsius Sub pena quarti et ad maiorem cautelam
praefati creditoris dicta debitrix eidem obligauit & pro speciali
pignere designauit terrenum cum pastino positum ad Sanctam
ceciliam iuxta dictum creditorem & Gregorium Stregulich &
viam publicam. Qua pena soluta uel non rata maneant omnia &c

PROTESTUS PRODANI Die primo mensis decembris in publica platea terre Fluminis Sci Viti
praesentibus domino presbytero Gaspare cresolich nicolao çopich testibus ad haec uocatis & rogatis ac alijs Ibique Coram
Nobili viro Iudice Ambrosio cresolich ad praesens honorabili
Iudice dicte terre Fluminis comparuit Prodanus quondam Radeni de pago asserens & dicens qualiter fideiussionem siue
plegiariam fecit Dominico Carpentario pro Stefano mortath
pro ducatis triginta auri et ipsi prodano pro dicto debito pro
suprascripto Stefano fideiusserunt Iudex Nicolaus Iudex Vitus
matronich & Michael cerdo et pro dicta fideiussione ipsum
prodanum praefatus dominicus astrinxit in Iudicio vnde ipsum
oportuit dare ipso dominico pignus sicque dedit suam vineam
positam in Schurigna que iam Incantatur Idcirco praefatus
Prodanus omnibus illis remedijs quibus melius fieri potest
protestatus fuit ducatos quadraginta auri pro dicta sua vinea
si erit perdita ad incantum contra praescriptos Iudicem Nicolaum micolich Iudicem Vitum matronich et Michaelem cerdonem

PROTESTUS SUPRASCRIPTI Die quarto mensis decembris In publica platea terre Fluminis Sci Viti
praesentibus Iudice Mateo quondam Ser donati Antonio ros-

souich Martino çaninich testibus ad haec uocatis & rogatis ac
alijs Ibique Coram Nobiii viro Iudice Vito matronich ad praesens honorabili Iudice dicte terre Fluminis comparuit Prodanus
suprascriptus asserens & dicens qualiter pro fideiussione facta
pro Stefano mortath dominico Carpentario pro ducatis triginta
ipse perdidit suam vineam in Scurigna Idcirco praesente dicto
Stefano protestatus fuit omnibus iuris remedijs quibus melius
fieri potest aduersus praefatum Stefanum ducatos quadraginta
auri pro suprascripta vinea.

PROTESTUS IUDICIS VITI
MATRONICH

Vltrascriptis die loco ac testibus Iudex Vitus matronich protestatus fuit
suam vegetem vini modiorum circa
XVIIII que debet incantari ad petitionem dominici carpentarij
pro ducatis septem cum dimidio pro fideiussione facta ipsi
dominico pro Stefano mortath pro suprascripta pecunie quantitate aduersus praedictum Stefanum mortath libras octoaginta
paruorum

PROCURA IUDICIS MATEI

Die quinto mensis decembris In publica platea terre Fluminis Sci Viti
praesentibus Iudice Vito matronich Iudice Damiano quondam
Matei Prodano de pago omnibus ciuibus dicte terre Fluminis
testibus ad haec uocatis & rogatis ac alijs Ibique Iudex Mateus
quondam Ser donati ciuis dicte terre Fluminis omni via modo
iure & forma quibus magis & melius sciuit ac potuit fecit constituit creauit & ordinauit Prouidum virum Ser Antonium verich
de Cherso absentem sed tanquam praesentem suum uerum &
legitimum procuratorem actorem factorem & certum nuncium
specialem praesertim ad exigendum & recuperandum a quacunque persona sibi dare debenti Chersi & in tota insula tam
denarios quam alias res et de per eum receptis finem dimissionem quietationem & pactum de vlterius non petendo cum
solemnitatibus necessarijs faciendum Et ad comparendum si
opus fuerit coram domino Comite Chersi & quocunque alio
Iudice Ad agendum petendum respondendum libellos & peticiones dandum & recipiendum terminos & dillationes petendum

testes scripturas & alia iura dicti constituentis producendum
Sententias audiendum& eas executioni mandare faciendum Et
generaliter &c Dans &c Promittens &c

PROTESTUS CHIRINI SPIN-
ÇICH

Die quinto mensis decembris in littore maris terre Fluminis Sci Viti ante
macellum praesentibus Georgio sar-
ctore quondam Stefani Blasio dicto blasuth ambobus habitatoribus dicte terre Fluminis testibus ad haec uocatis & rogatis
ac alijs Ibique Coram Nobili viro Iudici Vito matronich ad
praesens honorabili Iudice dicte terre Fluminis Comparuit Chirinus spinçich asserens & dicens qualiter pro fideiussione quam
fecit Tomasino de Vegla . . . conopsich de los et pro fideiussione quam fecit dicto Tomasino pro Viçscho de pisino dictus
Tomasinus ponere fecit ad publicum incantum vnam eius vac-
cam Idcirco praefatus Chirinus omnibus illis iuris remedijs
quibus melius fieri potest protestatus fuit contra dictos absentes sed tanquam presentes . . . . . et Viçschum ducatos tres
auri pro dicta vacca si perdetur ad incantum

PRO ADAM ANTONIJ DE
FIRMO CONTRA OSUALDUM
DE LACH

Die septimo mensis decembris In publica platea terre Fluminis Sci Viti
praesentibus Iudice Vito matronich
Martino çaninich ambobus habitato-
ribus dicte terre Fluminis testibus ad haec uocatis & rogatis
ac alijs Ibique Osualdus de lach sponte libere ex certa scientia
non per errorem omni exceptione iuris uel facti remota per se
suosque heredes & successores fuit contentus & confessus se
iuste teneri & dare debere Ade Antonij de Firmo praesenti
stipullanti & respondenti pro se suisque heredibus & successoribus ducatos viginti duos boni auri & iusti ponderis & solidos quadraginta octo paruorum nomine mutui Quam quidem
pecunie quantitatem dare & soluere promisit dictus debitor
praefato creditori usque ad festum natiuitatis domini nostri
Ihesu Christi proxime futurum Sub pena quarti cum obliga-

tione omnium suorum bonorum Qua pena soluta uel non rata
maneant omnia & singula suprascripta*)

PRO DICTO OSUALDO CON-
TRA IUDICEM MATEUM

Vltrascriptis die ac loco praesentibus
Adam Antonij de Firmo Iohanne
barlech ambobus habitatoribus dicte
terre Fluminis testibus ad haec uocatis & rogatis ac alijs Ibique
Iudex Mateus quondam Ser donati sponte libere ex certa scientia non per errorem omni exceptione iuris uel facti remota per
se suosque heredes & successores fuit contentus & confessus
se iuste teneri & dare debere Osualdo de lach praesenti stipullanti & respondenti pro se suisque heredibus & successoribus
ducatos triginta octo boni auri & iusti ponderis Et hoc pro
ferro habito a dicto creditore Quam quidem pecunie quantitatem dare & soluere promisit dictus debitor praefato creditori
usque ad festum natiuitatis beate Marie Virginis proxime futurum Sub pena quarti cum obligatione omnium suorum bonorum Et ad maiorem cautelam praefati creditoris dictus debitor
eidem obligauit & pro speciali pignere designauit suam vincam
na reçiçe Pena autem soluta uel non rata maneant omnia &
singula suprascripta.

PROCURA SER IOHANNIS
VICARICH DE SEGNA IN GE-
ORGIUM BUCIJ IACOBI CETE
DE ANCONA

Die decimo mensis decembris In publica platea terre Fluminis Sci Viti
praesentibus Iudice Mateo donadouich Georgio glauinich ambobus habitatoribus dicte terre Fluminis testi-
bus ad haec uocatis & rogatis ac alijs Ibique Nobilis vir I‹ -
hannes filius generosi militis domini Nicolai vicarij Segne
omni via modo iure & forma quibus magis & melius sciuit
ac potuit fecit constituit creauit & ordinauit Georgium bucij
Iacobi cete de Ortona presentem & infrascriptum mandatum

---

*) Cancellato, con in margine la nota: „1445 Die XVI mensis Au-
gusti cancelatum fuit praesens Instrumentum debiti de voluntate creditoris
praesentibus Petro Nichola & Iohanne Matiucij ambobus de Firmo testibus
ad haec uocatis & rogatis — Ego Antonius cancellarius scripsi"

sponte suscipientem suum uerum & legitimum procuratorem actorem factorem & certum nuncium specialem praesertim ad exigendum & recuperandum a quacunque persona sibi dare debenti in dicta terra Fluminis tam denarios quam alias res & de per eum receptis finem dimissionem quietationem & pactum de vlterius non petendo cum solemnitatibus necessarijs faciendum Et ad comparendum si opus fuerit coram domino Capitaneo Iudicibus ac Regimine dicte terre Fluminis Ad agendum petendum respondendum libellos & petitiones dandum & recipiendum terminos & dillationes petendum testes scripturas & omnia alia jura sua producendum Sententias audiendum & eas executioni mandare faciendum Et generaliter &c Dans &c Promittens &c

Die XXII mensis decembris In Statione mei notarij infrascripti praesentibus Georgio sarctore quondam Stefani Vito sarctore quondam georgij testibus ad haec uocatis & rogatis ac alijs Ibique Malgarita uxor Gasperlini matlinouich de consensu dicti Mariti sui fuit contenta & confessa per se suosque heredes & successores se iuste teneri & dare debere Iudici Mateo quondam Ser donati praesenti stipullanti & respondenti pro se suisque heredibus & successoribus libras decem paruorum Et hoc pro fideiussione facta pro dicto marito Quam quidem pecunie quantitatem dare & soluere promisit dicta debitrix praefato creditori usque ad unum annum proxime futurum Sub pena quarti cum obligatione omnium suorum bonorum Qua pena soluta uel non rata maneant omnia & singula suprascripta.

Vltrascriptis die loco ac testibus Iudex Vitus barolich Iudex Tonsa quondam Ser Nicole Iudex Iurco de dreuenico Teodorus quondam dominici per se suosque heredes & successores tanquam plegij & fideiussores Gasperlini matlinouich fuerunt contenti & confessi se iuste teneri & dare debere Iudici Mateo quondam Ser donati praesenti stipullanti & re-

spondenti pro se suisque heredibus & successoribus libras quadraginta paruorum Quos quidem denarios dare & soluere promiserunt dicti debitores praefato creditori usque ad tres annos
proxime futuros hoc est singulo anno tertiam partem pro rata
Sub pena quarti cum obligatione omnium suorum bonorum
Qui Gasperlinus praedictis plegijs dedit in pignus pro eorum
cautela omnes & singulas res quas dictus Iudex Mateus habebat in manibus

TESTIFICATIO IN FAUOREM IUDICIS NICOLAI

Die XXIII mensis decembris In Statione infrascripti Iudicis Nicolai micolich praesentibus Iudice ambrosio
cresolich Iudice Mauro Vidonich Iudice Stefano blasinich Iudice Vito matronich omnibus habitatoribus dicte terre Fluminis
testibus ad haec uocatis & rogatis ac alijs Ibique Spectabilis
ac generosus vir dominus Iacobus Raunacher honorabilis Capitaneus dicte terre Fluminis Interrogauit Tomasinum quondam
Tome de Caldana de Vegla ibidem presentem dicens Tomasine
homines iniqui multotiens et vtplurimum loquuntur iniqua quam-
vis sint falsa Idcirco quia ego audiui a pluribus Subditis Magnificorum Comitum Segne quod tu dixisti quod in festo
assumptionis beate Marie Virginis proxime praeterito quando
aduenit discordia Inter famulos Capitanei cersati & aliquos
Ciues nostros Iudex Nicolaus micolich praecepit tibi Sub pena
quod deberes accedere cum ciuibus nostris adversus illos de
Cersato Ideo peto te an hoc dixeris et si aliquis illud praecepit tibi Qui Tomasinus respondit ego hoc non dixi nec est
uerum ymo dico vobis certe quod nec Iudex Nicolaus nec
aliquis alius unquam hoc nec similia praecepit mihi.

PARS CAPTA PRO SENTEN-TIJS IN FUTURUM SCRIBENDIS

Vltrascriptis die ac loco Per Spectabilem ac generosum virum Iacobum
Raunacher honorabilem Capitaneum
Nobiles viros Ser Ambrosium cresolich Ser Vitum matronich
ad praesens Iudices et omnes consiliarios terre Fluminis Sci
Viti capta fuit pars nemine coram in aliquo discrepante quod
ab hodierna die in antea omnes terminationes et sentencie

que fient per Iudices presentes & futuros siue consilium dicte
terre Fluminis incipiendo a libris tribus supra scribi debeant
per cancellarium dicte terre Fluminis qui tunc erit siue per
illum qui erit eius loco ac vice aliter pro nichilo reputentur
et nullius sint valoris que terminationes & Sententie Proferri .
& dare debeant per ipsos Iudices solum in Lobia comunis
aliter nullius sint valoris. Et quod omnes & singuli Iudices
tam praesentes quam futuri sedere debeant singulo die non
festiuo in Lobia comunis per horam ad ius reddendum. Quam
partem voluerunt suprascripti domini in perpetuum inviolabiliter obseruari. Et pars sententiata soluere debeat expensas
Sentencie.

NOTA. — Siccome il cancelliere non è punto coerente nella grafia, nel
risolvere le abbreviazioni io ho seguito l'ortografia regolare. Vera-
mente al posto del gruppo fonetico ae avrei dovuto mantenere l'e
semplice, l'unico caso nel quale il cancelliere si mostra coerente.

# INDICE.

## 1. FRANCHIGIE.

## 2. DELIBERAZIONI DEL CONSIGLIO.

## 3. QUESTIONI ECCLESIASTICHE.

## 4 NUOVI CITTADINI.

## 5. DENUNZIE, LITI E SENTENZE.

IV

## 8. CONTRATTI.

## 9. CONTRATTI DI LAVORO.

## 10. AFFITTI.

## 11. PROTESTI.

## 12. ACCOMODAMENTI.

### 13. COMPROMESSI.

### 14. DEBITORIALI.

## 15. RICEVUTE E QUIETANZE.

## 16 DONAZIONI E CESSIONI.

## 17. SEQUESTRI.

Lightning Source UK Ltd.
Milton Keynes UK
UKHW021848140219
337217UK00005B/294/P